制药行业质量风险管理：
实践指南

何国强　主编

香港奥星集团　组织

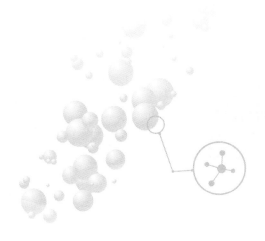

Quality Risk Management
in Pharmaceutical Industry:
A Practical Guide

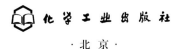

·北京·

内 容 提 要

本书旨在为制药行业提供一种成功且有效的综合质量风险管理实践应用方案。

全书分为3个部分：第1部分为概述性内容，说明了质量风险管理在产品生命周期中的应用，质量风险管理与质量文化，质量风险管理方法和工具，质量风险管理计划与质量风险管理团队四方面的内容；第2部分为应用实践部分，阐述了质量风险管理在工艺、项目、设施、计算机化系统、验证、质量体系、质量控制、运营维保等不同方面的实践工作；第3部分为质量风险管理与相关指南简述。此外，本书还阐述了交叉污染风险管控、高危害药物、云合规、数据完整性等国内外制药行业重点关注的主题。

本书适用于制药行业从业技术人员。

图书在版编目（CIP）数据

制药行业质量风险管理：实践指南/何国强主编；香港奥星集团组织．—北京：化学工业出版社，2020.10
ISBN 978-7-122-37448-6

Ⅰ.①制… Ⅱ.①何…②香… Ⅲ.①制药工业-产品质量-质量管理-风险管理-中国-指南 Ⅳ.①F426.7-62．

中国版本图书馆CIP数据核字（2020）第134133号

责任编辑：杨燕玲　　　　　　　　　　　　　　　装帧设计：史利平
责任校对：王素芹

出版发行：化学工业出版社（北京市东城区青年湖南街13号　邮政编码100011）
印　　装：凯德印刷（天津）有限公司
880mm×1230mm　1/16　印张21¾　字数551千字　2020年10月北京第1版第1次印刷

购书咨询：010－64518888　　　售后服务：010－64518899
网　　址：http://www.cip.com.cn

凡购买本书，如有缺损质量问题，本社销售中心负责调换。

定　价：168.00元

编写人员名单

主　编　何国强

副主编　何建红　陈跃武

编　者

何国强	何建红	陈跃武	贾晓艳	张　新	韩　源
刘宪如	赵卫忠	董　宁	贾翠玲	袁炳辉	孔　贺
宋晓龙	蔡文昌	韩　俭	曹蓓楠	刘志军	王　法
梁国忠	赵厚猛	聂　飞	康　安	柯争先	Minglu Qiu
徐文斌	耿　攀	史　毅	杨英伟	张　涛	李庆峰
刘　转	杨莉军	吴国强	王亚欣	刘　致	赵晓科
朱印全	谢晓明	刘　慈	鲍晓领	臧传梅	路　涛
温丽燕	贺玮洁	张建业	刘前进	陈　勇	叶坚强
崔　勇					

审核人员

何国强	何建红	陈跃武	刘继峰	贾晓艳	徐文斌
袁炳辉	韩　源	张　龙	邓　哲	桂加胜	马安亮
周　宁	李艳平				

技术顾问组

康　伟	王　玮	Daniel Ding	Xu Xuan	张　扬
闫永辉	Vincent Hon Kin Li			

序言译文[1]

药品的临床疗效与其质量密切相关。过去几十年，质量均是通过生产厂家质量保证部门预先制定一系列关键指标检测药品性能的方式来衡量的。在这种情况下，如果一批产品未能满足某项或所有性能指标，那么常规的方法是将该批产品处理掉。而失败的根本原因很少得到认真的调查。从本质上说，这种有时成功、有时不成功的制造方法是通过测试获得质量的基础。这不仅是一项繁琐、浪费的劳动密集型程序，而且与现今短时间抢占市场的情况格格不入。

21世纪的来临，为确保药品质量的新方法创造了合适的环境。基于科学的和预测性属性的方法，已得到广泛的认可。ICH质量指南的规范化，特别是《Q8 药品开发》《Q9 质量风险管理》和《Q10 药品质量体系》，就体现了这一点。这些指南构成了现代质量保证科学方法的基础，称为"质量源于设计"（QbD），即从一开始就将质量设计到产品中，而不是在事后才考虑。

QbD的核心是质量风险管理（QRM）。QRM的主要原则是评估产品质量风险，并记录与风险水平相适应的工艺。QRM可以系统地确定在产品生命周期中任何时候出现的产品缺陷的可能来源。

本书的独特之处在于它侧重于实际操作，并汇集了奥星（AUSTAR）及其附属公司的技术人员在将QRM中常见原则转化为实际执行中所获得的经验。本指南还涵盖了国内外制药行业关注的主题，如交叉污染风险控制、高危害药物、云合规以及数据完整性。

本书具有多重价值，包括强调了在产品生命周期内产品设计和工艺要求取得专家理解的重要性，在产品设计中采用基于科学和风险的方法的优点，以及整合当前国际GxP法规要求以实现质量风险管理的承诺。最重要的是，我要祝贺编者团队的远见卓识，让大家认识到知识管理和持续改进在整个产品生命周期中维持产品质量的重要性。此外，编者团队还重申了质量文化在维持药品质量方面的核心作用，其重要性超越了本书中所述的所有规定措施。

本书的目标受众不仅包括质量保证（QA）、质量控制（QC）、工程设备和制造方面的一线专家，还包括从事技术转移、项目管理、调试、确认和验证的专家。这些专业人员可能会发现，无论是在原料药生产（低效价至高效价）还

---

[1] 本序言为英文撰写，编者译为中文。

是在药品生产（口服和注射，包括生物制剂）的各种 GxP 领域，集中进行案例研究是日常工作中一个极好的学习工具。在我看来，本书可以作为高度竞争行业中其他人员的模板，用于记录他们在实施 QRM 和相关质量指南时的经历。这样做，将对推动中国药品质量产生积极作用。

Vincent H. L. Lee, Ph. D., D. Sc.
香港中文大学医学院　研究教授
2020 年 5 月

序言原文

The clinical efficacy of a drug product is intricately linked to its quality. For decades, quality was measured by how well the drug product performed against a set of key performance indicators specified in advance by the manufacturer's Quality Assurance unit. In such a scenario, if a batch of products failed to meet any or all the performance metrics, the routine recourse was to dispose of that batch. The underlying reason for failure was seldom investigated vigorously. In essence, this hit-and-miss approach of manufacturing is the foundation of quality by testing. Not only is it a tedious, wasteful labour intensive procedure, it also is incompatible with today's preoccupation with short time to market.

The dawning of the 21st century has created the right setting for a new approach to ensure the quality of drug products. This approach is science-based and predictive attributes that have been recognized internationally. This is indicated by the formalization of ICH quality guidelines, in particular, *Q8 Pharmaceutical Development*, *Q9 Quality Risk Management* (QRM), and *Q10 Pharmaceutical Quality System*. These guidances formed the foundation of a modern scientific approach of quality assurance called quality by design (QbD), whereby quality will be designed into the product at the outset rather than as an afterthought.

At the heart of QbD is quality risk management (QRM). The primary principles of QRM are evaluation of risk to product quality and documentation of the process commensurate with the level of risk. It affords the systematic identification of the possible source of defect(s) in the product should that arise at any point in the product's life cycle.

The uniqueness of this book is its focus on the how-to and also on the experience gained by the technical staff at AUSTAR and its affiliates in translating the familiar principles in QRM into action. This guide also covers topics of concern to the pharmaceutical industry at home and abroad, such as cross-contamination risk control, highly active products, cloud compliance, and data reliability.

The value of this handbook is several fold, including its emphasis on the importance of achieving an expert understanding of product design and process requirements spanning the product life cycle, the merit of adopting a science-based and risk-based approach in product design, and the commitment to integrate the requirements of current international GxP regulations in achieving quality risk management. Above all, I wish to congratulate the team of editors for their foresight in shining the spotlight on the growing importance of knowledge management and continuous improvement in sustaining the product quality throughout the product life cycle. Moreover, the editors also reiterate the central role of a quality culture in sustaining drug product quality above and beyond all the prescriptive measures described in this handbook.

The target audience of the present text comprises frontline specialists in QA, QC, engineering equipment, and manufacturing, as well as those engaged in technology transfer, project management, commissioning, qualification, and validation. These professionals may find the collection of case studies a fantastic learning tool in their daily activities on various GxP aspects of manufacturing of active pharmaceutical actives (low potency to high-potency) and drug products (oral and parenteral including biologics). In my opinion, this text may serve as a template for others in a highly competitive industry to document their experience with QRM and related quality guidances. In so doing, it may pave the way for changing the perception of the world in China's heretofore cavalier attitude in drug product quality.

Vincent H. L. Lee, Ph. D. , D. Sc.
Research Professor, School of Medicine, Chinese University of Hong Kong
2020-5

前 言

背景

近年来，全球制药行业监管法规和质量管理理念不断发展，特别是质量风险管理（QRM）、质量源于设计（QbD）及产品生命周期中的药品质量体系（PQS）、数据完整性等理念和要求逐渐在制药行业得到了广泛的认可。为了使这些理念在药品生命周期活动中能够更好地贯彻，中国、欧美、WHO 等的药监组织发布或更新了一系列法规和指南。法规和指南的更新必然会要求制药行业按照严格的标准建立稳健的药品质量体系，同时需要落实在药品生命周期全过程中。

在药监系统全力推行科学监管的背景下，制药行业也在积极使用风险管理的理念和方法进行合规决策、质量决策、投资决策、运营决策等系列活动。

本书基于 ICH《Q9 质量风险管理》的框架，结合 ICH《Q8 药品开发》、ICH《Q10 药品质量体系》等原则和理念，为制药行业提供一种成功且有效的综合质量风险管理应用方案，侧重在"实践"层面。

范围

本书分为 3 个部分。第 1 部分为概述性质内容，说明了质量风险管理在产品生命周期中的应用实践基础，涉及质量文化、方法和工具以及质量风险管理计划等方面的内容；第 2 部分为应用实践部分，阐述了质量风险管理在工艺、设施/设备、计算机化系统、验证、质量体系、QC 实验室活动、运营维保等不同方面的风险管理实践工作，同时针对原料药、无菌药品、生物制品、口服固体制剂等不同产品类型的风险管理应用活动进行了说明；第 3 部分为质量风险管理与相关指南。

本书同时还囊括了交叉污染风险管控、高危害药物、云合规、数据完整性等国内外制药行业重点关注的主题。

特点

以下为本书的重要原则：

- 强调药品生命周期（lifecycle）。
- 强调"质量源于设计"（QbD）。
- 采用基于科学的方法。

- 采用基于风险的方法。
- 强调对产品和工艺的理解。
- 强调关键质量属性（CQA）和关键工艺参数（CPP）的重要性。
- 综合国际药品监管组织现行 GxP 法规对质量风险管理的要求。
- 良好工程管理规范（GEP）。
- 知识管理。
- 持续改进。

本书的内容是指导制药行业质量风险管理工作做什么及如何做，任何描述均是对质量风险管理实践应用工作的补充，本书中同时贯穿了最新的风险管理要求和案例分析。

术语和缩略语

本书作者尽可能引用了国际通用的标准术语和缩略语，由于翻译或引用外文著作时的局限性及国内应用的普遍性，在专业性上可能仍然存在差异，请各位读者及同行批评指正。

致谢

本书由香港奥星集团组织编写，主编何国强，副主编何建红、陈跃武，多名 GMP 专家、验证专家、制药工艺技术专家、制药工程装备专家参与编写和审核。

本书编写人员包括：

何国强、何建红、陈跃武、贾晓艳、张新、韩源、刘宪如、赵卫忠、董宁、贾翠玲、袁炳辉、孔贺、宋晓龙、蔡文昌、韩俭、曹蓓楠、刘志军、王法、梁国忠、赵厚猛、聂飞、康安、柯争先、Minglu Qiu、徐文斌、耿攀、史毅、杨英伟、张涛、李庆峰、刘转、杨莉军、吴国强、王亚欣、刘致、赵晓科、朱印全、谢晓明、刘慈、鲍晓领、臧传梅、路涛、温丽燕、贺玮洁、张建业、刘前进、陈勇、叶坚强、崔勇。

本书审核人员包括：

何国强、何建红、陈跃武、刘继峰、贾晓艳、徐文斌、袁炳辉、韩源、张龙、邓哲、桂加胜、马安亮、周宁、李艳平。

本书的技术顾问组成员包括：

康伟、王玮、Daniel Ding、Xu Xuan、张扬、闫永辉、Vincent Hon Kin Li。

本书特别感谢香港中文大学医学院研究教授 Vincent H. L. Lee，他曾任香港中文大学药学院院长，在制药领域有着深厚的专业基础、丰富的教学和研究经验，参与出版了多本药学专业论著。他对本书的编写工作给予了充分的肯定。

全书由何国强、何建红、陈跃武统稿。

本书可作为从事制药企业技术转移、项目建设、调试确认和验证活动及常规生产质量活动的 QA 人员、QC 人员、工程设备人员、生产人员的工具书。读者可以从全书针对风险管理实践与案例的系统展示中，全瞻性地掌握制药企业进行的一些通用风险管理活动，从而对制药项目有参考和指导作用。

由于制药行业科学技术日新月异，药品监管规范和标准逐步稳健发展，本书内容仅反映了截至其完稿日期前对编者质量风险管理相关的法规、指南和标准的理解。同时，由于编者水平有限、时间仓促，书中可能存在不妥之处。本书中翻译参考了部分英文文献，若译文与英文文献原文不一致或广大读者对内容存疑，请参阅英文原文，并以英文原文为准。我们衷心希望制药行业专家和广大同仁不吝赐教、批评指正。

编者
2020 年 5 月

缩略语表

缩略语	英文	中文
AD	abnormal data	异常数据
ADE	acceptable daily exposure	每日可接受暴露量
AHU	air handling unit	空调机组
AIQ	analytical instrument qualification	分析仪器确认
AMD	analytical method development	分析方法开发
AMT	analytical method transfer	分析方法转移
AMV	analytical method validation	分析方法验证
ANOVA	analysis of variance	方差分析
ANSI	American National Standards Institute	美国国家标准学会
APC	analytical method comparability	分析方法比对
API	active pharmaceutical ingredient	活性药物成分,原料药
APP	application	应用程序
APS	aseptic process simulation	无菌工艺模拟
APT	analytical platform technology	分析平台技术
ASTM	American Society for Testing and Materials	美国材料与试验协会
ATMP	advanced therapy medicinal products	先进治疗药品
ATR	audit trail review	审计追踪回顾
BIPM	Bureau International des Poidset Measures	国际计量局
BMS	building management system	楼宇管理系统
BPR	batch production record	批生产记录
BSL	biosafety level	生物安全等级
C&Q	commissioning & qualification	调试与确认
CA	critical aspects	关键方面
CAPA	corrective and preventative action	纠正和预防措施
CC	change control	变更控制
CCP	critical control points	关键控制点
CCS	contamination control strategy	污染控制策略
CCTV	closed circuit television	闭路电视
CDE	critical design element	关键设计要素
CFR	Code of Federal Regulations	美国联邦法规

续表

缩略语	英文	中文
CIP	cleaning in place	在线清洁
cGMP	current good manufacturing practice	现行药品生产质量管理规范
CMA	critical material attribute	关键物料属性
CMC	chemistry, manufacturing and controls	化学、制造与控制
COA	certificate of analysis	分析数据单
COM	commissioning	调试
CPP	critical process parameter	关键工艺参数
CPT	containment performance targets	密闭性能目标
CPV	continued process verification	持续工艺确认
CQA	critical quality attribute	关键质量属性
CRA	critical risk assessment	关键性风险评估
CRM	cleanroom	洁净室
CS	control strategy	控制策略
CSV	computer system validation	计算机化系统验证
DCS	distributed control system	分布式控制系统
DEL	design exposure limits	设计暴露限
DI	data integrity	数据完整性
DoE	design of experiment	实验设计
DQ	design qualification	设计确认
DR	design review	设计审核
DS	design specification	设计说明
EC	established conditions	既定条件
ECC	engineering change control	工程变更控制
ECM	engineering change management	工程变更管理
EDI	electrodeionization deionization (US filter)	电极法去离子(美国滤材)
EHS	environment health safety	环境健康安全
EMA	European Medicines Agency	欧洲药品管理局
EMS	environmental monitoring system	环境监测系统
EP	European Pharmacopoeia	《欧洲药典》
ERP	enterprise resource planning	企业资源计划
ETOP	engineering turnover packages	工程交付包
EU	European Union	欧盟
FAT	factory acceptance testing	工厂验收测试
FDA	Food and Drug Administration	美国食品药品管理局

缩略语	英文	中文
FDS	functional design specification	功能设计说明
FMEA	failure mode and effect analysis	失效模式和影响分析
FMECA	failure mode, effects and criticality analysis	失效模式、影响和危害性分析
FS	function specification	功能说明
FTA	fault tree analysis	失效树分析
GAMP	good automated manufacturing practice	良好自动化生产实践规范
GDP	good documentation practice	良好文件管理规范
GEP	good engineering practice	良好工程管理规范
GMP	good manufacturing practice	药品生产质量管理规范
GPG	good practice guide	良好实践指南
GSSP	good storage and shipping practices	良好储存与运输规范
GUR	general user requirement	一般用户需求
GxP	good x practice	药品质量管理规范
HACCP	hazard analysis and critical control point	危害分析及关键控制点
HAZOP	hazard and operability analysis	危险和可操作性研究
HBEL	heath-based exposure limit	基于健康的暴露限
HDS	hardware design specification	硬件设计说明
HEPA	high efficiency particulate air filter	高效空气过滤器
HPLC	high performance liquid chromatography	高效液相色谱
HVAC	heating, ventilation and air-conditioning	采暖、通风和空调系统
IaaS	infrastructure as a service	基础设施型服务
ICH	International Conference on Harmonization of Technical Requirements for Registration of Pharmaceuticals for Human Use	人用药品注册技术要求国际协调会议
ID	identification	标识
IFC	issued for construction	用于施工
IFD	issued for design	用于设计
IPA	isopropyl alcohol	异丙醇
IQ	installation qualification	安装确认
ISO	International Standards Organization	国际标准化组织
ISPE	International Society of Pharmaceutical Engineers	国际制药工程协会
IT	information technology	信息技术
KPI	key performance indicator	关键绩效指标
LIMS	laboratory information management system	实验室信息管理系统

缩略语	英文	中文
MA	material attribute	物料属性
MAH	marketing authorisation holder	上市许可持有人
MaPP	risk-based manufacture of pharmaceutical products	基于风险的药品生产
MES	manufacturing execution system	制造执行系统
MFV	media fill validation	培养基模拟灌装试验
MHRA	Medicines and Healthcare Products Regulatory Agency	英国药品与医疗保健产品管理局
MOC	material of construction	材质
N/A	not applicable	不适用
NEMA	National Electrical Manufacturers Association(US)	美国国家电气制造商协会
NIR	near-in-frared spectrometry	近红外光谱法
NMPA	National Medical Products Administration	中国国家药品监督管理局
NOAEL	no observed adverse effect level	最大无毒性反应剂量
OCC	occurance	发生可能性
OEB	occupational exposure bands	职业暴露等级
OEE	overall equipment efficiency	设备综合利用率
OEL	occupational exposure limit	职业暴露限
OMCL	official medicines control laboratories	官方药品控制实验室
OOE	out of expectation	超预期
OOS	out of specification	检验结果偏差
OOT	out of trend	检验结果超常
OQ	operational qualification	运行确认
P&ID	piping and instrumentation diagrams	管道和仪表图
PaaS	platform as a service	平台型服务
PAO	poly-apha olefin	聚α-烯烃
PAT	process analytical technology	过程分析技术
PDA	Parenteral Drug Association	美国注射剂协会
PDCA	plan、do、check、act	全面质量管理的思想基础和方法依据
PDE	permitted daily exposure	每日允许暴露量
PDF	portable document format	可移植文件格式
PFD	process flow diagrams	工艺流程图
PHA	preliminary hazard analysis	预先危害分析
PIC/S	Pharmaceutical Inspiration Convention and Pharmaceutical Inspection Co-Operation Scheme	国际药品检查协会组织

续表

缩略语	英文	中文
PK/PD	pharmacokinetic/pharmacodynamic	药动学/药效学
PLC	programmable logic controller	可编程逻辑控制器
PM	preventative maintenance	预防维护
POU	point of use	使用点
PP&PQMS	process performance and product quality monitoring system	工艺性能和产品质量监控体系
PPE	personal protective equipment	人员保护装备
PPQ	process performance qualification	工艺性能确认
PQ	performance qualification	性能确认
PQS	pharmaceutical quality system	药品质量体系
PUR	process user requirement	工艺用户需求
PV	process validation	工艺验证
QA	quality assurance	质量保证
QbD	quality by design	质量源于设计
QC	quality control	质量控制
QMS	quality management system	质量管理体系
QPP	quality and project plan	质量及项目计划
QRM	quality risk management	质量风险管理
QRMP	quality risk management plan	质量风险管理计划
QTPP	quality target product profile	目标产品质量概况
RA	risk assessment	风险评估
RABS	restricted access barrier system	限制进出隔离系统
RAID	redundant array of independent disks	磁盘阵列
RFQ	release for qualification	放行确认
RO	reverse osmosis	反渗透
RPN	risk priority number	风险优先值
RR&F	risk ranking and filtering	风险排序和过滤
RTM	requirements traceability matrix	需求追溯性矩阵
SaaS	software as a service	软件型服务
SAL	sterility assurance level	无菌保证水平
SAT	site acceptance testing	现场验收测试
SCADA	supervisory control and data acquisition	检测控制和数据收集
SCR	source code review	源代码审核
SDI	silt density index	污染指数

缩略语	英文	中文
SDS	software design specification	软件设计说明
SIP	sterilization in place	在线灭菌
SLA	service level agreement	服务级别协议
SME	subject matter expert	主题专家
SMP	standard management procedure	标准管理规程
SMT	software module test	软件模块测试
SOP	standard operating procedure	标准操作规程
SOW	scope of work	工作范围
SPC	statistical process control	统计过程控制
SQL	structured query language	结构化查询语言
SRA	system risk assessment	系统风险评估
TM	traceability matrix	追溯性矩阵
TMS	temperature monitoring system	温度监控系统
TOC	total organic carbon	总有机碳
TPM	total productive maintenance	全面生产维护
TR	technical report	技术报告
TSB	trypticase soy broth	胰酪大豆胨液体培养基
TT	technology transfer	技术转移
UPS	uninterrupted power supply	不间断电源
URB	user requirements brief	用户需求简介
URS	user requirements specification	用户需求说明
USP	United States Pharmacopoeia	《美国药典》
VHP	vaporize hydrogen peroxide	汽化过氧化氢
VMP	validation master plan	验证主计划/验证总计划
VP	validation plan	验证计划
VSR	validation summary report	验证总结报告
WAN	wide area network	广域网
WHO	World Health Organization	世界卫生组织
WMS	warehouse management system	仓库管理系统
XaaS	X as a Service	基础设施型、平台型、软件型三种服务模型统称

目 录

第 1 部分　概述　　001

第 1 章　质量风险管理在产品生命周期中的应用 …… 003
参考文献 …… 007

第 2 章　质量风险管理与质量文化 …… 009
2.1 与质量风险管理有关的规范性文件及指南解析 …… 009
2.2 质量风险管理在质量管理体系核心要素中的应用 …… 010
2.3 质量风险管理的实践应用探讨 …… 011
2.4 小结 …… 013
参考文献 …… 013

第 3 章　质量风险管理方法和工具 …… 015
3.1 风险管理工具与方法的简要说明 …… 015
3.2 风险管理工具案例说明 …… 017
3.3 小结 …… 019
参考文献 …… 020

第 4 章　质量风险管理计划与质量风险管理团队 …… 021
4.1 质量风险管理计划 …… 021
4.2 质量风险管理团队 …… 022
参考文献 …… 023

第 2 部分　质量风险管理实践　　025

第 5 章　质量风险管理在工艺中的应用 …… 027
5.1 工艺开发与 QbD …… 027
5.2 技术转移风险评估 …… 034
5.3 混粉工艺风险评估 …… 043

5.4　消毒效果确认风险评估 ……………………………………………… 047
　　5.5　无菌工艺模拟试验风险评估 …………………………………………… 050
　　5.6　工艺验证风险评估 ……………………………………………………… 055
　　5.7　清洁验证风险评估 ……………………………………………………… 060
　　5.8　包装工艺风险评估 ……………………………………………………… 064
　　5.9　运输工艺风险评估 ……………………………………………………… 068
　　参考文献 …………………………………………………………………………… 075

第6章　质量风险管理在项目中的应用 …………………………………………… 077
　　6.1　项目风险评估 …………………………………………………………… 077
　　6.2　风险管理与GEP …………………………………………………………… 081
　　6.3　GMP设计审核 ……………………………………………………………… 085
　　6.4　多产品共线评估 ………………………………………………………… 096
　　6.5　高危害药物生产设施风险评估 ………………………………………… 107
　　参考文献 …………………………………………………………………………… 112

第7章　质量风险管理在设施中的应用 …………………………………………… 115
　　7.1　制药用水系统风险评估 ………………………………………………… 115
　　7.2　HVAC系统风险评估 ……………………………………………………… 121
　　7.3　仓储系统风险评估 ……………………………………………………… 127
　　参考文献 …………………………………………………………………………… 133

第8章　质量风险管理在计算机化系统和数据完整性中的应用 ………………… 135
　　8.1　质量风险管理在计算机化系统中的应用 ……………………………… 135
　　8.2　质量风险管理在数据完整性中的应用 ………………………………… 143
　　8.3　云合规验证与风险评估 ………………………………………………… 155
　　参考文献 …………………………………………………………………………… 167

第9章　质量风险管理在验证活动中的应用 ……………………………………… 169
　　9.1　验证策略的设计 ………………………………………………………… 169
　　9.2　确定需求和用户需求说明 ……………………………………………… 176
　　9.3　设计与设计风险评估 …………………………………………………… 179
　　9.4　系统审核与再验证活动 ………………………………………………… 181
　　参考文献 …………………………………………………………………………… 186

第10章　质量体系中的风险管理 …………………………………………………… 187
　　10.1　质量风险管理在偏差处理中的应用 ………………………………… 187
　　10.2　风险评估用于确定CAPA ……………………………………………… 192

- **10.3** 质量风险管理在变更中的应用 ················ 199
- **10.4** 质量风险管理在供应商审计中的应用 ········ 204
- **10.5** 缺陷项目的分类评估 ······························ 210
- 参考文献 ·· 215

第 11 章 质量风险管理在质量控制中的应用 ············ 217
- **11.1** 分析仪器风险评估 ································ 217
- **11.2** 分析方法风险评估 ································ 223
- **11.3** OOS、OOT 的调查与趋势评估 ·············· 231
- 参考文献 ·· 239

第 12 章 风险管理与运营维保 ································ 241
- **12.1** 精益生产 ·· 241
- **12.2** 校准 ·· 251
- **12.3** 维护 ·· 261
- **12.4** 退役 ·· 266
- 参考文献 ·· 270

第 13 章 质量风险管理在药品生产中的应用 ············ 271
- **13.1** 质量风险管理在原料药生产中的应用 ······· 271
- **13.2** 质量风险管理在无菌药品生产中的应用 ···· 276
- **13.3** 质量风险管理在生物制品生产中的应用 ···· 282
- **13.4** 质量风险管理在口服固体制剂中的应用 ···· 295
- 参考文献 ·· 302

第 14 章 数据统计分析 ·· 305
- **14.1** 监管机构的"统计"期望 ························ 305
- **14.2** 取样方法简介 ······································ 305
- **14.3** 描述性统计量 ······································ 306
- **14.4** 数据的可视化 ······································ 307
- **14.5** 推断性统计量 ······································ 309
- **14.6** 统计过程控制 ······································ 313
- **14.7** 小结 ·· 316
- 参考文献 ·· 316

第 3 部分　质量风险管理与相关指南　317

第 15 章 质量风险管理与监管组织 ························ 319

- 15.1 NMPA ··· 319
- 15.2 ICH ··· 319
- 15.3 FDA ··· 320
- 15.4 欧盟 ··· 320
- 15.5 PIC/S ··· 321
- 15.6 WHO ··· 321
- 15.7 行业组织 ··· 322
- 15.8 小结 ··· 323
- 参考文献 ··· 323

第16章 质量风险管理主要指南简述 ··· 325

- 16.1 ICH《Q9 质量风险管理》 ··· 325
- 16.2 WHO《质量风险管理指南》 ··· 325
- 16.3 PIC/S《质量风险管理实施备忘录》 ··· 327
- 16.4 小结 ··· 328

第 1 部分

概述

第 1 章　质量风险管理在产品生命周期中的应用

第 2 章　质量风险管理与质量文化

第 3 章　质量风险管理方法和工具

第 4 章　质量风险管理计划与质量风险管理团队

第1章 质量风险管理在产品生命周期中的应用

风险管理（risk management）的理念已被有效地运用到经济和政府管理的众多领域和部门中，如金融、保险、职业安全、公共健康等。

质量风险管理（quality risk management，QRM）是一种事先的、有组织的活动，要求企业基于各种历史数据、理论分析、意见及风险涉众，对所有风险相关过程进行分析和评估，识别出潜在风险；进而进行风险分级，通过风险评估的结果来决定所需采用的适宜控制方法，从而达到质量风险管理的目的。风险的评估、控制、审核和沟通是质量风险管理程序的关键内容。

随着当今制药行业内外部日趋复杂的环境，国际药监组织、各国 GxP 合规应用的大力推动以及质量风险管理法规和指南的陆续问世，全球制药行业的质量风险管理水平被提升到了一个全新的高度，质量风险管理已成为制药企业能够良好运营及发展的一个重要因素。

开展质量风险管理工作的主要益处包括以下方面。
- 认识风险及其对目标的潜在影响；
- 为决策者提供信息；
- 有助于认识风险，以便帮助选择应对策略；
- 识别那些造成风险的主要因素，揭示系统和组织的薄弱环节；
- 有助于明确需要优先处理的风险事件；
- 有助于进行事故预防；
- 有助于选择风险应对策略；
- 有助于满足法规监管要求。

ICH《Q9 质量风险管理》将质量风险管理定义为贯穿整个产品生命周期中，用于药物（医疗）产品质量风险评估、控制、沟通和评审的系统化过程。图 1-1 概述了符合 ICH Q9 的典型质量风险管理模型。

图 1-1 中并未标明判断节点，这是因为在此过程中的任何一个点均可能需要做出判断。这些判断可能会返回上一步，并进一步寻找信息，对风险模型进行调整，甚至根据可以支持这个判断的信息来终止风险管理流程。

图 1-1 中流程通常由几个步骤组成，包括如下。
- 识别所有输入、输出和现有控制措施的流程图；

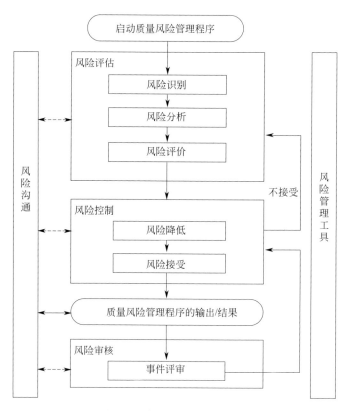

图1-1 质量风险管理的模型

- 风险评估（包括风险识别、风险分析和评价）；
- 风险控制（包括风险降低和风险接受）；
- 风险沟通（即剩余风险应当与监管机构和客户进行必要的沟通和交流）；
- 风险的定期回顾。

ICH《Q9 质量风险管理》附录Ⅱ中描述了多种质量风险管理的应用场景，并且介绍了这些场景是出于说明的目的且仅是建议的质量风险管理的潜在用途，引用节选如下：

"Ⅱ.1 作为完整的质量管理的一部分的质量风险管理
- 文件
- 培训与教育
- 质量缺陷
- 审计/检查
- 定期评审
- 变更管理/变更控制
- 持续改进

Ⅱ.2 作为监管操作一部分的质量风险管理
- 检查与评估活动

Ⅱ.3 开发部分的质量风险管理

Ⅱ.4 厂房、设备和公用设施的质量风险管理
- 厂房/设备的设计
- 设施的卫生状况
- 厂房/设备/设施的确认
- 设备清洁和环境控制

- 校准/预防性维护
- 计算机化系统以及计算机控制设备

Ⅱ.5 物料管理部分的质量风险管理
- 供应商和合同制造商的评估和评价
- 起始物料
- 物料使用
- 贮存、物流以及流通条件

Ⅱ.6 生产部分的质量风险管理
- 验证
- 中间体取样和检测
- 生产规划

Ⅱ.7 实验室控制和稳定性研究部分的质量风险管理
- 超标结果
- 复验期/有效期

Ⅱ.8 包装和标签部分的质量风险管理
- 包装的设计
- 容器密闭系统的选择
- 标签控制"

具体内容请参见 ICH Q9。

需要注意的是，QRM 不应当是一个独立的体系，它应当完全嵌入质量保证（QA）或质量管理体系（QMS）中。

ICH《Q10 药品质量体系》(pharmaceutical quality system，PQS)中产品生命周期 (product lifecycle) 为包括一个产品从最初设计到商业化生产至其退市的整个生命的所有阶段。ICH Q10 是一个可以贯穿产品生命周期不同阶段来实施的药品质量体系模式。在整个产品生命周期中实施 ICH Q10 应当促进创新与持续改进，并加强药品开发与生产活动间的联系。

ICH Q10 中提及，对新产品与现有产品，产品生命周期包括如下技术活动：

"（1）药品研发
- 原料药开发；
- 剂型开发（包括容器/密闭系统）；
- 临床研究用药的生产；
- 给药系统开发（如果相关）；
- 生产过程开发与放大；
- 分析方法开发。

（2）技术转移
- 新产品从开发直至转移至生产；
- 已经上市产品在生产与检验场地内部或之间转移。

（3）商业生产
- 原料的采购与控制；
- 设施、公用设施与设备的配置；
- 生产（包括包装与贴标签）；
- 质量控制与保证；

- 放行；
- 贮存；
- 流通（不包括批发商的活动）。

（4）产品退市
- 文件的保留；
- 留样；
- 持续的产品评估和报告。"

ICH Q10 针对药品质量体系管理模型如图 1-2 所示。

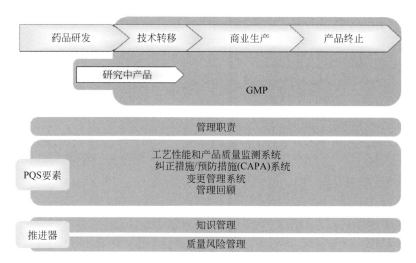

图 1-2　药品质量体系管理模型

图 1-2 中所示，质量风险管理是药品质量体系中两个"推进器"之一，需要贯穿生命周期的始终，是药品生命周期实现过程中的关键内容。

ICH Q10 中提及了将生命周期方法应用至药品质量方面，可促进其革新与持续改进。对于 ICH《Q8 药品开发》、ICH《Q9 质量风险管理》等 ICH 指南文件来说，生命周期理论构成了其基本原则，原则提供了质量体系管理工具，并在全球药品监管科学中广泛应用。

制药行业和药品监管组织、机构拥有共同的目标，就是通过提供可信赖的安全有效的药品保护公众健康。在制药企业，识别和管理风险对于建立与加强对药品、工艺、生产和辅助生产系统的理解以降低潜在对患者的影响是至关重要的。良好稳健的质量风险管理能确保药品的高质量。质量风险管理与质量体系的有机结合，是一项指导科学性和实践性决策用以维护产品质量的过程。

目前，在全球药品监管法规指南的革新之下，制药行业内倡导了基于科学与风险的原则，这种时机下产生了新的风险管理模型——主动式的、"自上而下"的质量风险管理，即从目标产品质量概况（QTPP）正向找到关键方面（CA）加以适宜的控制策略，符合预期用途。风险管理是任何基于科学的和风险的现代药物研发与生产方法的基石。

质量风险管理活动在药品研发、技术转移、商业生产、产品流通中的应用模型，如图 1-3 所示。

图 1-3 中，质量风险管理活动在药品生命周期中应用新的风险管理模型，将"质量源于设计"（QbD）的方法应用到以产品和工艺理解为前提的生产过程中，从而持续地保证产品质量和患者安全。在药品生命周期中应用 QRM 的原则和规范可以用于保证患者获得高质量药品。

对产品与工艺的理解可以通过在产品生命周期间获得的知识来更新，从而增加对风险的

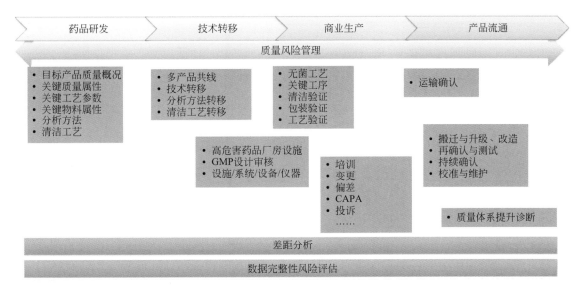

图 1-3　质量风险管理活动在药品生命周期中的应用

了解程度。应用质量风险管理的方法，可以确定和实施适宜的产品质量改进、工艺改进、创新和药品质量体系改进，以此提高持续满足需求的能力。同时，质量风险管理有助于确定持续改进领域和优先排序。

总之，随着制药行业科学技术水平的发展，制药行业的各种管理规范必将更加严格和完善，药品生命周期的质量管理水平也势必会不断提高，相应的质量风险管理水平也会提高，有效的质量风险管理可以促使制药企业做出更好和更有远见的决策，来促进产品质量和患者安全。

参考文献

[1] ICH. Q9 Quality Risk Management [S/OL]. 2005-11-9. https://ich.org/page/quality-guidelines.
[2] ICH. Q10 Pharmaceutical Quality System [S/OL]. 2008-06-04. https://ich.org/page/quality-guidelines.
[3] ICH. Q8（R2）Pharmaceutical Development [S/OL]. 2009-08. https://ich.org/page/quality-guidelines.
[4] ISPE. T42 Applying Quality Risk Management（QRM）Training Courseware [C]. 2013.
[5] PIC/S. PI 038-1，Aide-memoire，Assessment of Quality Risk Management Implementation [S/OL]. 2012-03-26. https://pic-scheme.org/en/publications#selSection_Aide-Memoires.
[6] 国家药品监督管理局. 药品生产质量管理规范（2010 年修订）[S/OL]. 2011-01-11. http://www.nmpa.gov.cn/WS04/CL2077/300569.html.
[7] WHO. TRS 981，Annex 2 WHO Guidelines on Quality Risk Management [S/OL]. 2013. https://www.who.int/medicines/areas/quality_safety/quality_assurance/regulatory_standards/en/.
[8] ASTM. Standard E2500—13，Standard Guide for Specification，Design，and Verification of Pharmaceutical and Biopharmaceutical Manufacturing Systems and Equipment [S/OL]. 2013-11. https://www.astm.org/.

第 2 章 质量风险管理与质量文化

医药行业是一个特殊的行业，药品质量直接关系到公众用药安全，关系到患者健康。《中华人民共和国药品管理法（2019 修订）》（以下简称《药品管理法（2019 修订）》）明确指出，"药品管理应当以人民健康为中心，坚持风险管理、全程管控、社会共治的原则，全面提升药品质量，保障药品的安全、有效、可及。"

2.1 与质量风险管理有关的规范性文件及指南解析

与质量风险管理有关的规范性文件及指南包括：ISO 系列标准、制药行业相关指南（主要指 ICH 指南）以及具有强制执行效力的法律法规等。

2.1.1 ISO 的要求

中华人民共和国国家标准《GB/T 19001—2016/ISO 9001：2015 质量管理体系要求》"0.1 总则"指出，"基于风险的思维使组织能够确定可能导致其过程和质量管理体系偏离策划结果的各种因素，采取预防控制，最大限度地降低不利影响，并最大限度地利用出现的机遇。"

本标准强调在组织的管理工作中，机遇往往与风险共存，基于风险的思维，在策划质量管理体系时，组织应充分理解组织的管理目标和期望，识别组织及其环境中可能导致质量管理体系偏离的各种影响因素。识别不利因素，制订相关的应对措施，预防或减少不利因素造成的影响；识别有利因素，增加有利因素的影响；应对措施应与风险和机遇对产品和服务符合性的潜在影响相适应。

这些内容在制药企业质量风险管理中，同样是适用的。基于风险的思维是实现质量管理体系有效性的基础。企业需要主动地识别和控制风险，合理地分配和利用企业资源，科学进行风险控制，从而实现规避风险、把握机遇，推动质量体系目标的实现，推动持续改进。

2.1.2 国内质量风险管理相关法规的要求

《药品生产质量管理规范（2010 年修订）》第十三条指出，"质量风险管理是在整个产品生命周期中采用前瞻或回顾的方式，对质量风险进行评估、控制、沟通、审核的系统过程。"

这从实施的层面上，指出了质量风险管理的应用方式，包括前瞻式的风险识别，预先识别风险，建立应对措施，从而减少潜在不利影响；对于已发生的质量风险事件，可采取基于事实和数据的因素分析，识别风险的不利影响，采取纠正和预防措施，以保证产品质量。

《药品管理法（2019修订）》第二十五条指明，"对申请注册的药品，国务院药品监督管理部门应当组织药学、医学和其他技术人员进行审评，对药品的安全性、有效性和质量可控性以及申请人的质量管理、风险防控和责任赔偿等能力进行审查；符合条件的，颁发药品注册证书。"

《药品管理法（2019修订）》强调上市许可持有人应具备质量管理、风险防控和责任赔偿等能力，应建立从药品研制、生产、经营、使用等各个环节的全生命周期的质量风险管理。

药品上市许可持有人应当对受托药品生产企业、受托药品经营企业、受托储运药品的企业，进行质量保证能力和风险管理能力的评估，与其签订委托协议，明确药品质量责任及相关内容，并对受托方进行监督。

药品上市许可持有人应当建立年度报告制度；制订药品上市后风险管理计划；对附条件批准的药品，应当采取相应风险管理措施，并在规定期限内按照要求完成相关研究；开展药品上市后不良反应监测；建立药品追溯制度等。这些制度的建立，促使药品上市许可持有人能系统地识别风险，建立风险防控措施，确保质量责任的全面落实，从而保证产品质量。

2.1.3　ICH 相关指南及国外相关规范的要求

（1）ICH《Q9 质量风险管理》　ICH Q9 中对质量风险定义如下：风险，即危害发生的可能性及危害严重性的组合。该指南提出了质量风险管理有两条基本原则：其一，对质量风险的评价要以科学知识为基础，与保护患者的最终目的相关联；其二，质量风险管理过程的力度、正式程度和文件化程度都应该与风险水平相适应。

ICH Q9 作为制药企业质量风险管理应用性指南，不仅给出了质量风险管理的基本思路和方法，也给出了相应的质量风险管理工具，本指南的应用将有助于企业质量风险工作的有效开展。

（2）ICH《Q10 药品质量体系》

"1.6.2　质量风险管理

质量风险管理是构成有效药品质量体系不可或缺的部分。它能为识别、科学评估和控制潜在的质量风险提供主动的方法；在整个产品生命周期内，促进工艺性能和产品质量的持续改进。ICH Q9 提供了质量风险管理的原则和方法实例，可应用于药品质量的不同方面。"

ICH《Q10 药品质量体系》，是制药企业质量管理体系的应用性指南，它强调了质量风险管理在质量管理体系中的重要性；它强调了主动的风险识别和风险控制，提倡药品全生命周期中全面应用质量风险管理的方法，来推动产品质量的持续改进。

2.2　质量风险管理在质量管理体系核心要素中的应用

对制药企业来说，质量管理体系中所有关键质量职能活动的顺利开展，均需要与质量风险管理密切结合。

2.2.1 变更管理与质量风险管理

在制药企业的生产质量管理活动中，变更通常是无法避免的。ICH Q10 指出，创新、持续改进、工艺性能和产品质量监测结果以及纠正和预防措施会导致变更。同时，在整个产品生命周期内，鼓励公司评估创新方法对提高产品质量的机会。

有变更的需求就要有变更的评估和管理。在制药领域，一个未经科学评估的变更可能导致结果"失之千里"，后果不堪设想。在变更实施之前，应针对拟进行变更的事项对产品质量所带来的影响进行评价，确定在变更实施之前要采取的措施，以高度保证不会产生意外的变更后果。

2.2.2 偏差管理与质量风险管理

偏差管理是企业质量管理体系的关键要素，任何重要的偏差均应进行调查，并记录调查的过程和结果。偏差管理是企业发现问题、科学组织改善、降低质量风险，实现持续改进的重要保障。偏差管理中，偏差的分级、根本原因调查、针对根本原因制订相应的纠正和预防措施，以及相关产品的处置等活动，均需要应用质量风险管理的思路和方法，以做出合理的分析、判断和决策。

2.2.3 纠正和预防措施与质量风险管理

纠正和预防措施是企业质量体系的关键要素，是企业发现重大问题或趋势，科学组织改善，降低质量风险，实现持续改进的重要保障。

质量风险管理和持续改进是相辅相成的。没有持续改进，企业可能会缺少活力；没有质量风险管理，持续改进工作有引发不必要的风险或损失的可能。二者的有机配合，才能推动企业的持续健康发展。

2.2.4 知识管理与质量风险管理

ICH《Q10 药品质量体系》的"1.6.1 知识管理"指出，"从研发直至并包括产品退市，贯穿于产品的整个商业生命周期，都应对产品和工艺知识进行管理。知识管理是收集、分析、储存和传播关于产品、生产工艺及组分信息的系统方法。"

作为药品质量体系的推进器，知识管理有助于推动企业向知识型、学习型的企业发展。同时知识管理有助于提高企业质量风险管理的能力。没有科学的知识就谈不上风险管理。同时，单靠质量风险管理部门（通常是企业的质量管理部门）的努力很难建立起风险导向的管理模式；采取什么措施来降低已识别的质量风险，需要相关主题专家的积极参与和知识贡献。只有基于现有的知识积累与对风险的合理评估，才有可能提出切实可行的措施来降低质量风险。

2.3 质量风险管理的实践应用探讨

在企业的质量风险管理实践中，也会面临诸多的挑战，下面从 5 个方面来分析质量风险管理的实践应用策略。

2.3.1 质量风险管理的启动

所谓风险，通常是指尚未发生的，但一旦发生，未来会引起不好的影响、产生不良后果的危害事件。风险管理就是对尚未发生的危害进行提前预防，将风险降到最小。所以，质量风险管理的最终目的在于防患于未然。

最佳的风险管理是消除风险于未形成之前，即预先评估危害发生的可能性及危害严重性、危害发生的条件、发展的趋势等，基于科学的知识，确定相应的控制措施，从而建立风险预防的体系。

风险评估是质量风险管理的起点。质量风险评估包括对危害的识别、分析和评价暴露于相应的危害下的风险。质量风险评估的启动时机很重要，因为如果进行得太早，收集和掌握的背景材料、相关数据和信息可能不充分，可能会导致决策出现偏离；如果进行得太晚或是事后评估，有可能损失已经无法避免，对问题的解决将于事无补。通常来说，应在项目正式启动后，优先进行系统的质量风险评估，确保采取行动前，已充分进行了必要的质量风险评估。

2.3.2 质量风险管理工具的应用

在ICH Q9中，提到了多种风险管理工具。对于简单的质量风险评估事项，可采用简单的或非正式的质量风险管理工具，如会议讨论的形式等；对于较为复杂的风险事件或系统性的风险，通常要使用多种方法和工具，才能达到风险管理的目的。

选择和使用正确的风险管理工具有助于正确地识别风险、分析和评价风险，从而提出有效的风险控制措施。

2.3.3 质量风险控制的思考重点

风险控制的目的是降低风险至可接受的水平。质量风险控制应当以结果为导向，在采取相应的风险控制措施之后，质量风险应能控制在可接受水平之内；反之，如果采取相应的风险控制措施之后，质量风险仍不可接受水平，则应重新进行风险评估，采取进一步的措施来减少危害的严重性或发生的可能性。降低危害发生可能性及提高危害与质量风险的可检测性的过程也可能作为风险控制策略的一部分。

对风险控制所采取的措施应与该风险的严重性相适应。决策制订者可采用包括收益成本分析在内的不同方法来理解最佳的风险控制水平。找出收益、质量风险和资源之间的平衡点，通常情况下，需要评估该质量风险对短期利益与长期利益的影响，以及对资源的配备与协调等情况进行综合考虑。对于药品来说，虽然有多种的风险利益相关方，包括患者、药品生产者、上游供应商、下游药品经营企业以及监管机构等，对所有相关方而言，患者应当永远是最重要的相关方。通过质量风险管理来保护患者，应被视为头等要事。

2.3.4 质量风险评估与法律法规要求的关系

质量风险评估的一个常见误区是企业试图利用风险评估的工具来规避GMP的要求，这样的做法是不正确的。基于法律法规及相关规范要求的严肃性，企业应当充分理解并遵守相关的要求，不应该也不可以通过质量风险评估来规避法规的要求。ICH Q9明确指出恰当地使用风险管理可以有助于促进制药企业的合规性，但是却不能免除制药企业遵守法律法规的责任；风险评估不可以被用来规避执行任何 GMP 的要求。

2.3.5 人员培训的重要性

ICH Q9 强调在质量风险管理中人员培训的重要性。培训是一种有组织的知识传递、技能传递、信息传递的行为，对制药企业相关人员和监管机构人员进行质量风险管理流程培训，有助于更好地了解决策过程，更充分地识别风险，建立风险防控措施，也有助于对质量风险管理的结果建立信心。

当每一个员工学习和掌握了质量风险管理的思维方式，并逐渐转化为习惯和普遍的期望，当需要做出判断和决策时，对产品质量和患者安全的影响是将成为首要考虑因素。当遇到疑难问题时，员工应用质量风险管理的思维模式，会有助于做出更有效、更科学的决策；当每位员工掌握了这种质量风险管理思维，加之企业对质量体系相关要素的系统化管理，会逐步形成基于质量风险进行决策的良好质量文化。

2.4 小结

总之，质量风险管理可以且应该被应用到以药品为核心，关注公众安全的制药企业的日常运作中。一套科学、有效的质量风险管理体系，是企业质量文化的核心组成部分，是企业稳定经营和持续发展的基础。

参考文献

[1] ICH. Q9 Quality Risk Management [S/OL] 2005-11-09. https://ich.org/page/quality-guidelines.
[2] 中华人民共和国药品管理法 [EB/OL]. 2019-08-27. http://www.nmpa.gov.cn/WS04/CL2076/357712.html.
[3] GB/T 19001—2016/ISO 9001：2015 质量管理体系 [S].
[4] ICH. Q10 Pharmaceutical Quality System [S/OL]. 2008-06-04. https://ich.org/page/quality-guidelines.
[5] 国家药品监督管理局. 药品生产质量管理规范（2010 年修订）[S/OL]. 2011-01-17. http://www.nmpa.gov.cn/WS04/CL2077/300569.html.

第3章 质量风险管理方法和工具

制药行业质量风险管理实践过程中,有多种风险管理的技术、方法和工具,选择合适的风险管理工具和方法,有助于获得高效可靠的风险管理结果。合适的风险管理方法和工具应具备但不限于以下特点:
- 适应企业自身特点;
- 适合产品、工艺、设施系统等特点;
- 适合事件特性;
- 可追溯性。

3.1 风险管理工具与方法的简要说明

本节列举了一些常用的定性或定量的风险管理工具,更多信息请参考ICH《Q9质量风险管理》。

ICH Q9 中推荐的风险管理工具有:
- 失效模式和影响分析(failure mode and effects analysis, FMEA);
- 失效模式、影响和危害性分析(failure mode, effects and criticality analysis, FMECA);
- 失效树分析(fault tree analysis, FTA);
- 危害分析及关键控制点(hazard analysis and critical control points, HACCP);
- 危害和可操作性分析(hazard and operability analysis, HAZOP);
- 预先危害分析(preliminary hazard analysis, PHA);
- 风险排序和过滤(risk ranking and filtering, RR&F);
- 支持性统计工具;
- 简易的风险管理方法(图片、检查表等)。

基于 ICH Q9 提供的用于制药质量不同方面的质量风险管理工具的原则和示例。在风险管理工具选择前应使团队关注于风险管理的以下方面:
- 确定描述初步的风险问题;
- 定义风险评估的范围和边界;

- 搜集找出现有的数据来支持评估；
- 进行一个初步风险识别过程。

风险初步识别可以快速地进行，根据风险的复杂程度和关键程度，这种初步的理解可以通过以下方式实现：

- 非正式的方式，如松散的团队讨论；
- 更结构化的头脑风暴，如鱼骨图或联系图。

对风险的初步理解将会产生：

- 一个明确描述的问题；
- 识别出有关待处理风险的已有数据；
- 形成一个对风险类型的共同理解，这些风险类型会在将来的评估中讨论。

为了选择最合适的风险管理工具，风险评估团队要考虑10个关键先决问题。

① 什么是要解决的问题或该风险评估的目的是什么？
② 评估的范围是什么？复杂吗？关键吗？
③ 被评估的潜在负面事件（风险）的性质是什么？系统或工艺出问题的模式是什么？是操作活动或与质量体系规程不一致，还是其他？
④ 风险及其原因是清楚明白的，还是本质上未知？
⑤ 这些风险的原因之间是独立的，还是相互关联的？
⑥ 对这些风险，已存在哪种层面的数据或理解？或者说，当前产品/工艺/系统在其生命周期中处于什么阶段？
⑦ 已有数据集合主要是定性的，还是定量的？
⑧ 是否已有方法或数据可以用来进行经典的风险评级？如用发生的可能性、影响的严重性和/或检测的能力来对风险进行分级。
⑨ 风险评估所期望的结果类型是什么（按分级排序的风险登记表、危害源控制计划等）？
⑩ 风险评估的结果将被提交给谁（被谁审核）？

对以上问题的回答将帮助团队利用后续的风险管理工具决策表（表3-1），并最终选择合适的风险管理工具。

表 3-1 风险管理工具决策表

需要考虑的方面	FMEA	FTA	鱼骨图	HACCP	HAZOP	PHA	RR&F
如果对工艺/产品/系统的了解是有限的（如生命周期的早期阶段）	×	√①	√	×	√①②	√	√②
如果对工艺/产品/系统的了解是丰富的（如生命周期的后期阶段）	√	√	√	√	√	×	√
如果问题描述简单，或者简练的评估是合适的	√②	√	√	√②	√②	√	√
如果问题描述高度复杂，或者要求详细的评估	√	√①	×	√	√①	×	×
要求风险评级	√	×	×	×	×	√	√
如果检测风险的能力受限	×	×	×	×	!	!	!
如果数据的性质更加定量化	√	√	×	√	√	√	√

续表

需要考虑的方面	FMEA	FTA	鱼骨图	HACCP	HAZOP	PHA	RR&F
如果要求证明风险控制的有效性	√	×	×	√	×	×	×
如果风险的识别是一个挑战，如果需要揭示隐藏的风险，或者如果要求结构化的头脑风暴	×	√	√	×	√	×	×

① 对于这些类型的评估，这种工具的头脑风暴能力可能特别有益。
② 这种工具的能力可以缩减以适应定性的或更简单的评估。
注：√—在这种考虑下，工具可能是合适的并且设计用于此的，或者可以按这种方式执行。
×—在这种考虑下，工具可能更少（或没有）能力实现，或者对于任务要么过分复杂，要么过分简单。
！—工具可能适用，然而，由于某些可能性评级方面的挑战，其有效性有限。如果在第一时间能检测这些风险的方式有限，风险可能性的评级可能会受到挑战。

对于风险管理流程，并不要求一定要按正式的风险管理流程和方式来进行。在一些不复杂且潜在风险很低的情况下，非正式的风险管理流程也是可接受的。

3.2 风险管理工具案例说明

3.2.1 FMEA

失效模式和影响分析（FMEA）是确定某个产品或工艺的潜在失效模式、评定这些失效模式所带来的风险、根据影响的重要程度予以分类并且制定和实施各种改进和补偿措施的设计方法。

（1）潜在使用领域
- 优先考虑的风险。
- 监控风险控制活动的效力。
- 设备和设施。
- 为了识别高风险步骤和关键参数分析一个生产工艺。

（2）如何实施？
- 成立评估小组。
- 将大的复杂的工艺分解成易处理的步骤。
- 识别已知和潜在的失效模式。
- 生成已知问题和集体讨论的其他潜在问题的列表。

本书中案例分析使用 FMEA 工具时，如在各小节中无特殊说明，针对风险评估的表达将使用定性描述，如"高（H）""中（M）""低（L）"。一个风险的判定依靠风险优先性来定义。

- 严重性。严重性是衡量危害可能后果的一个指标。在此阶段需要对失效的可能后果进行评估。
- 可能性。发生的可能性是列出可能发生的原因及产生所描述的失效模式的可能性。在现有或类似的设计/过程历史数据可用来评估可能性。了解失效发生的可能性，帮助选择适宜的控制方法对所确定的风险进行控制。
- 可检测性。可检测性是基于确定的过程控制/检查将产生原因在失效前预防或消除的可能性。了解失效的可检测性也可以帮助选择适宜的控制方法对所确定的风险进行控制。失效可以通过自控系统自动检测，或是通过手动方法进行检测。

基于严重性、可能性、可检测性，描述风险评估判定如表 3-2 所示。

表 3-2 风险评估判定标准

	严重性	可能性	可检测性
高（H）	预期对产品质量具有显著的影响（质量不符合标准要求）	偶尔会发生	通过设备控制系统自动检测并报警，可能自动采取恢复措施
中（M）	预期对产品质量具有较小的影响（质量不符合标准要求）	预期较少发生	操作人员可很容易地查到或具有报警装置
低（L）	预计会对产品质量无影响或很微小的影响（质量在标准之内）	不太可能发生	不太可能由操作人员或设备控制系统查到

将把严重性和可能性合在一起来评价风险级别。在进行评价之后，将风险级别和可检测性合并到一起来确定整体的风险优先性（risk priority），通过如下方式对风险优先性进行评价，如表 3-3、表 3-4 所示。

表 3-3 风险级别判定矩阵

风险级别	可能性低	可能性中等	可能性高
严重性高	风险级别 2	风险级别 1	风险级别 1
严重性中	风险级别 3	风险级别 2	风险级别 1
严重性低	风险级别 3	风险级别 3	风险级别 2

表 3-4 风险优先性判定矩阵

风险优先性	可检测性低	可检测性中等	可检测性高
风险级别 1	风险优先性高	风险优先性高	风险优先性中
风险级别 2	风险优先性高	风险优先性中	风险优先性低
风险级别 3	风险优先性中	风险优先性低	风险优先性低

FMEA 简略矩阵示例如表 3-5 所示。

表 3-5 FMEA 简略矩阵示例

项目	潜在失效	最差情况	严重性	可能性	可检测性	风险优先性	采取措施

3.2.2 HACCP

危害分析及关键控制点（HACCP）是一种系统化、积极主动和预防性的方法，用以确保产品的质量、可靠性和安全性。

(1) 潜在使用领域
- 用以识别并处理物理、化学和生物危害相关联的风险。
- 当对工艺了解足够全面时非常有助于支持关键控制点的识别。
- 促进生产工艺中关键点的监测。

(2) 如何实施？
- 实施危害分析。
- 为工艺的每个步骤识别预防性的方法。

- 定义关键控制点（CCP）。
- 建立目标级和关键限度。
- 建立 CCP 监测系统。
- 建立纠正措施并在 CCP 超出控制时实施。
- 建立确认规程并证明 HACCP 行之有效。
- 对所有规程步骤建立文件并保留记录。

其中针对严重性、可能性的描述如下所示。

- 严重性。发生危害后对产品质量的影响程度。
- 可能性。发生偏差或缺陷等危害的可能性。

基于严重性、可能性，危害评估判定如表 3-6 所示。

表 3-6　危害评估判定标准

	严重性	可能性
高（H）	对产品质量有影响，必须严格控制才能保证质量，参数偏离范围为重大偏差	操作范围接近于设定范围，或参数范围比较窄，参数本身较难控制。正常情况下也可能会偏离范围
中（M）	对产品质量可能有影响。不严格控制会出现主要偏差	操作范围接近于设定范围，或参数范围比较宽，参数本身比较容易控制。异常情况下才会偏离范围
低（L）	对产品质量影响很小，参数偏离范围为次要偏差	操作范围远比设定范围窄，或参数范围比较宽，紧急情况下才会偏离设计空间

将严重性和可能性合在一起来评价关键性，将采用如表 3-7 所示来确定关键性。

表 3-7　关键性判定矩阵

关键性	可能性低	可能性中等	可能性高
严重性高	潜在关键	关键	关键
严重性中等	非关键	潜在关键	关键
严重性低	非关键	非关键	潜在关键

在此情况下，就可以对每个关键工序和设施中确定关键、潜在关键和非关键。关键控制点和潜在关键控制点需要给出合理建议，关键控制点需确定适宜的控制方法。

HACCP 简略矩阵示例如表 3-8 所示。

表 3-8　HACCP 简略矩阵示例

项目	危害描述	严重性	可能性	关键性	控制措施	监测程序	纠正措施	文件记录

针对不同的风险管理工具的使用方法和应用领域请参考 ICH Q9。

3.3 小结

在日常的工作和业务中，每天都有可能需要进行风险决策。建议基于事件的复杂性和潜在的风险来决定选择合适的风险管理工具和方法。对于不复杂和风险低的风险做决定，可考虑选择采用一个简略性的风险方法（例如，决策树）。可随着复杂性和风险的提升，使用更复杂的风险管理工具。

参考文献

[1] ICH. Q9 Quality Risk Management [S/OL]. (2005-11-09). https：//ich. org/page/quality-guidelines.
[2] ICH. Q10 Pharmaceutical Quality System [S/OL]. (2008-06-04). https：//ich. org/page/quality-guidelines.
[3] ICH. Q8（R2）Pharmaceutical Development [S/OL]. (2009-08). https：//ich. org/page/quality-guidelines.
[4] ISPE. T42 Applying Quality Risk Management (QRM). Training Courseware [C]. 2013.
[5] PIC/S. PI 038-1, Aide-memoire, Assessment of Quality Risk Management Implementation [S/OL]. 2012-03-26. https：//picscheme. org/.
[6] 国家药品监督管理局. 药品生产质量管理规范（2010年修订）[S/OL]. 2011-01-17. http：//www. nmpa. gov. cn/WS04/CL2077/300569. html.
[7] WHO. TRS 981，Annex 2 WHO Guidelines on Quality Risk Management [S/OL]. 2013. https：//www. who. int/medicines/areas/quality_safety/quality_assurance/regulatory_standards/en/.
[8] WHO. TRS 908，Annex 7，Application of Hazard Analysis and Critical Control Point (HACCP) methodology to pharmaceuticals [S/OL]. 2013. https：//extranet. who. int/prequal/zh-hans/node/11161.

第4章 质量风险管理计划与质量风险管理团队

4.1 质量风险管理计划

质量风险管理流程中的第一步是制定计划,即质量风险管理计划(QRMP)。该计划是对需要进行的质量风险管理活动进行一个总体规划,这个规划本身其实也包含了一个风险评估的过程,也就是对整个体系进行一次前瞻性的风险评估,来决定哪些环节、哪些活动需要进行风险评估,需要哪种形式的风险评估,并为计划采取的风险控制措施提供决策。

(1) 作用
- 有计划地使用质量风险管理。
- 有计划地组织质量风险管理活动是良好风险管理所必备的。
- 质量风险管理计划为风险管理提供路线图。
- 质量风险管理计划支持客观性,并有助于防止遗漏关键要素。
- 高层管理人员为前瞻性的质量风险管理活动提供明确的支持。

对于制药企业而言,质量风险管理计划与验证总计划类似,其实本意是主规划,也就是做一件事首先需要进行一个总体规划然后再去执行。

(2) 内容 质量风险管理计划可以是如下。
- 风险方针。
- 风险接受标准。
- 判定可接受的风险。
- 包括在不能预估伤害发生可能性的情况下接受风险的标准。

(3) 特点
- 制药企业一个项目、工厂或部门等可以有多个风险管理计划。
- 计划本身或计划的一部分可以随着时间的推移而更新(需要记录变更历史)。
- 计划可以是一个独立的文件,或者可以整合到其他文件中[如质量及项目计划(QPP)、验证总计划(VMP)或其他质量文件]。
- 计划的复杂性和详细程度应与制药企业风险级别和风险管理活动相适应(如生物制品生产企业、无菌药品生产企业、CRO、CMO等企业)。

- 计划可以含有多种类型的风险管理活动，也可以引用其他文件（如 SOP、工作指南等）。

（4）范围
- 定义风险管理活动的总体目标和范围。
- 定义人员或职能团队执行特定风险管理活动的责任。
- 确保这些职责得到支持。
- 确定使用什么风险管理工具（应与风险项目、风险级别相适应）。
- 确定应用质量风险管理流程后相关的产出成果。
- 描述使用什么样的参考资料来支持风险评估活动。
- 根据所选择的风险管理工具，确定所采用的风险评估的度量单位（定性、定量）。
- 进一步定义和描述可接受及不可接受风险级别的标准。
- 定义哪些必须要消除或处理的风险标准。
- 确定需要和谁交流，在什么时候进行交流。
- 定义风险审核的频率以及风险审核在其他质量体系内的整合（内部审计、变更控制、偏差管理等）。

（5）质量风险管理计划的内容 可包括但不限于如下内容。
- 目的。
- 范围。
- 项目、工艺、产品或系统简述。
- 风险管理团队的职责。
- 风险管理流程。
- 必要的风险管理工具说明。
- 假设或预期的风险。
- 计划或需要提交的成果。
- 风险评估和可接受标准。
- 风险沟通和审核的标准。
- 其他需要注意的事项。

完善的质量风险管理计划可以有效引导组织执行质量风险管理活动，规避风险的发生。质量风险管理应整合到质量管理体系中，包括对计划的变更管理。

质量风险管理计划可以有不同的应用场景，可以根据制药项目产品所处的不同阶段，如药品研发阶段、技术转移阶段；或是项目建设所处的阶段，如项目新建、改造阶段等，进行合理的规划。

4.2 质量风险管理团队

风险管理活动并不一定要形成正式的团队，但是不管什么类型或级别的风险都应该由合适的人员来参与评估。

正式的质量风险管理活动通常由多学科的团队执行，即形成质量风险管理团队或风险评估小组，团队成员应该包括主题专家（SME，为在某一特定区域或领域有特殊技能的个人），另外还可以包括相关功能模块的代表，例如，质量、生产、工程、法规事务、销售和市场、统计、研发实验室、临床安全等。

建议在评估时适宜的职能和技术人员包括如下。
- 负责/质量风险评估小组主导人。
- 产品研发专家。
- 工艺研发专家。
- 技术转移人员（如适宜）。
- 生产操作最终用户。
- 工程维护/技术支持负责人。
- 质量部门项目负责人。
- 现场质量检验负责人（实验室操作、样品管理、确认支持）。
- 厂房设计负责人。
- 工艺设计负责人。
- 设备设计负责人，如适宜包括供应商。
- 公用设施设计负责人。
- 空调净化系统设计负责人。
- 如适宜，项目经理/小组负责人（设计、建造、调试和确认等）。

质量风险管理团队的职责如下。
- 遵守、执行质量风险管理程序。
- 确保按照质量风险管理程序的规定执行各种活动、收集和处理从所有这些活动中获得的数据，并完成有关文件的操作。

在质量风险管理团队中，一个人可以承担多个功能或角色，对于岗位分工较细或专业技术要求高的模块，建议增加代表人或是主导者，确保有正确的和拥有经验知识的人员参加，以充分应对质量风险管理事件，避免评估和实施出现问题和缺失。

参考文献

[1] ICH. Q9 Quality Risk Management [S/OL]. 2005-11-09. https：//ich. org/page/quality-guidelines.
[2] ICH. Q10 Pharmaceutical Quality System [S/OL]. 2008-06-04. https：//ich. org/page/quality-guidelines.
[3] ICH. Q8（R2）Pharmaceutical Development [S/OL]. 2009-08. https：//ich. org/page/quality-guidelines.
[4] ISPE. T42 Applying Quality Risk Management（QRM）Training Courseware [C]. 2003.
[5] PIC/S. PI 038-1，Aide-memoire，Assessment of Quality Risk Management Implementation [S/OL]. 2012-03-26. https：//pic-scheme. org/en/publications♯selSection_Aide-Memoires.
[6] 国家药品监督管理局. 药品生产质量管理规范（2010年修订）[S/OL]. （2011-01-17）http：//www. nmpa. gov. cn/WS04/CL2077/300569. html.
[7] WHO. ETRS 981，Annex 2 WHO Guidelines on Quality Risk Management [S/OL]. 2013. https：//www. who. int/medicines/areas/quality_safety/quality_assurance/regulatory_standards/en/.

第 2 部分

质量风险管理实践

第 5 章　质量风险管理在工艺中的应用

第 6 章　质量风险管理在项目中的应用

第 7 章　质量风险管理在设施中的应用

第 8 章　质量风险管理在计算机化系统和数据完整性中的应用

第 9 章　质量风险管理在验证活动中的应用

第 10 章　质量体系中的风险管理

第 11 章　质量风险管理在质量控制中的应用

第 12 章　风险管理与运营维保

第 13 章　质量风险管理在药品生产中的应用

第 14 章　数据统计分析

第 5 章 质量风险管理在工艺中的应用

5.1 工艺开发与 QbD

5.1.1 概述

FDA 在 2011 年发布的《工艺验证：一般原则与规范》指南要求生命周期方法的工艺验证从工艺设计开始，经工艺确认到持续工艺确证。在此情况下，药品的质量控制模式从"质量源于生产"，前移到研发阶段，即"质量源于设计"（QbD）。ICH《Q8 药品开发》对 QbD 的定义是：是一套系统的、基于充分的科学知识和质量风险管理的研发方法，从预先确定的目标出发，强调对产品和工艺的理解以及工艺控制。

实施 QbD 的理想状态是，不需要药政部门过多的监管，能持续可靠且高效灵活地生产出高质量的产品。

QbD 的基本内容为，以预先设定的目标产品质量概况（QTPP）作为研发的起点，在确定产品关键质量属性（CQA）的基础上，基于风险评估和实验研究，确定关键物料属性（CMA）和关键工艺参数（CPP），进而建立能满足产品性能且工艺稳健的控制策略，并实施产品和工艺的生命周期管理（包括持续改进）。

QbD 的适用范围很广，如分析方法、清洁方法等均有应用。

5.1.2 工艺开发

工艺开发是药品开发的重要组成部分，基于科学和风险的开发为产品和工艺开发带来更系统、更成熟的方法，并与患者需求直接相关，这种对产品和工艺理解的提高能推动验证的成功和随后的商业化生产。在药品开发阶段应用质量风险管理步骤迭代的 QbD 方法，如图 5-1 所示。

5.1.2.1 关键质量属性判定

关键质量属性（CQA）是指产品的物理、化学、生物或微生物性质或特征，应在适当的限度、范围或分布之内，以确保预期的产品质量。一般来说，CQA 与原料药、辅料、中间体（过程中物质）和药品相关。从目标产品质量概况和/或已有的知识中，可以初步获得所研发药品的 CQA，从而指导产品和工艺研发。在选择处方和生产工艺时，随着对产品知识

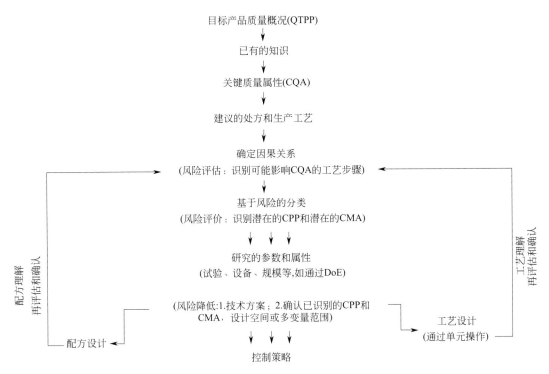

图 5-1 药品开发中应用风险管理的方法

和工艺的不断了解，可以调整这些初步确立的 CQA。在后续的评价过程中，可运用质量风险管理方法，再对 CQA 进行优先排序。通过反复的质量风险管理过程，以及评价参数变化对药品质量影响程度的实验，可以最终确定相关的 CQA。下面展示了 3 个案例用于评估关键质量属性。需要说明的是，CQA 是一种"关键的连续体"，并不是直接将结果按照得分分为"关键"和"非关键"，需要综合比较确定其属性。另外，使用不同的工具由于评分方式不同，评估的结果（关键性得分或风险优先性水平）可能存在差异。

案例 1

产品关键质量属性风险评估在评估早期通常使用"严重性"与"不确定性"，而不是常见的"严重性"与"可能性"。严重性水平基于对患者的潜在影响，即安全性和有效性，而不确定性水平则基于用于确定特定属性潜在严重性水平可获取信息量（产品知识及临床经验）的多少。对部分评估结果进行进一步研究，以减少高风险属性不确定性的数量。如表 5-1 所示为研发早期的一个 CQA 的风险评估矩阵（还不确定潜在 CQA 与对患者危害的明确关系）。

表 5-1　产品属性关键性风险评估矩阵

关键性	不确定性低 （大量内部知识、大量文献知识）	不确定性中 （若干内部知识与科学文献）	不确定性高 （没有/很少内部知识、科学文献中信息十分有限）
严重性高 （对患者产生灾难性影响）	关键	关键	关键
严重性中 （对患者产生中度影响）	潜在关键	潜在关键	潜在关键
严重性低 （对患者产生边缘性影响）	非关键	非关键	潜在关键

案例 2

下面列举了一个利用风险排序工具确定单克隆抗体 CQA 的研究案例。表 5-2 和表 5-3 分别展示了"影响性"和"不确定性"的定义。风险得分＝影响性×不确定性，其分值在 2～140 之间。

表 5-2 影响性的定义

影响性得分	有效性	PK/PD	免疫原性	安全性
20（非常高）	非常明显的影响	明显影响 PK	抗治疗抗体对安全性产生影响	出现不可逆不良事件
16（高）	明显影响	对 PK 有中度影响且对 PD 有影响	抗治疗抗体对有效性产生影响	出现可逆的不良事件
12（中等）	中度影响	对 PK 有中度影响但对 PD 无影响	抗治疗抗体对体内影响可控	不良事件可控
4（低）	轻度的影响	对 PK 有轻度影响且对 PD 无影响	抗治疗抗体仅有微小体内影响	轻微和短暂的不良事件
2（无）	无影响	对 PK 或 PD 无影响	未检出抗治疗抗体或抗治疗抗体与体内影响无关	无不良事件

表 5-3 不确定性的定义

不确定性得分	说明
7（非常高）	造成的影响无信息提供
5（高）	造成的影响仅有文献报道
3（中等）	造成的影响只有非临床或体外数据，或仅有同类分子非临床、体外或临床数据
2（低）	造成的影响已体现在临床试验中
1（非常低）	造成的影响已被证实

案例 3

下面列举了使用预先危害分析（PHA）对质量属性进行排序，风险评估基于两个维度——严重性和可能性（概率）。严重性考虑与患者安全（毒性、免疫原性）和产品功效（效力、药动学/药效学）相关的风险。免疫原性是安全风险的一个子集。一个属性的严重性级别评估对安全性和有效性的结果（已知的或潜在的），它基于特定于产品的通用平台或已有的知识（表 5-4）。可能性被定义为由于质量属性超出基于已有知识空间的既定范围而导致不良事件影响安全性和/或有效性的概率。知识空间是建立在临床和非临床研究的基础上，具有类似的分子和相关的文献资料（表 5-5）。当某一特定质量属性对影响安全性和/或有效性的可能性的临床数据有限时，给出一个保守的评分（≥5）。风险优先值（RPN）表示属性的相对重要性，其计算方法是将严重性得分与可能性得分相乘。由于在产品生命周期中获得的知识增加（通常反映在减少的可能性得分中），属性的临界性可能会降低。

表 5-4 严重性定义

严重性得分	严重性（影响产品有效性和患者安全性）
9	极高（微生物相关感染、过敏免疫反应）
7	高[较低的疗效（效价，PK/PD）或严重的免疫应答导致癌症快速恶化]
5	中等[中度免疫原性或疗效降低（效价，PK/PD）]
3	低[低免疫原性潜能或疗效较少降低（效价，PK/PD）]
1	非常低（没有可测量的影响）

表 5-5 可能性定义

可能性得分	严重性的可能性
9	非常高
7	高
5	中等
3	低
1	非常低或从未观察到

5.1.2.2 处方研究和工艺研究

在研发过程中，可通过风险级别评估（表 5-6），确定高风险属性和/或参数，进而确定需要进行哪些研究，来增加对产品和工艺的理解，建立相应的控制策略。随着对产品和工艺理解的不断加深，初始阶段进行的风险评估得到更新，直至将风险降低至可接受的程度。

表 5-6 属性风险级别说明

风险级别	说明
高	风险不可接受，需要进一步研究以降低风险
中	风险可接受，可能需要进一步研究以降低风险
低	为广泛接受的风险，无须进一步研究

对物料（原料药、辅料等）属性的风险评估主要基于物料的理化性质和生物学特性等对产品 CQA 的影响。对产品 CQA 有明显影响的，即为高风险属性，需要通过全面理解处方和/或工艺等一系列活动来降低该风险。表 5-7 展示了一个原料药属性风险评估的案例。本案例中采用高、中、低的风险分级系统评估物料属性对 CQA 的影响。

表 5-7 对原料药 A 属性的风险评估

药品 CQA	原料药 A 属性								
	晶型	粒度分布	引湿性	溶解度	水分	残留溶剂	工艺杂质	降解产物	流动相
含量	低	中	低	低	低	低	低	高	中
均匀度	低	高	低	低	低	低	低	低	高
溶出度	高	高	低	高	低	低	低	低	低
有关物质	中	低	低	低	低	低	低	高	低

表 5-8 给出了部分属性风险评估的合理性说明。

表 5-8 原料药 A 属性风险评估的合理性说明（部分）

原料药 A 属性	药品 CQA	合理性说明
晶型	含量	原料药 A 的晶型不影响片剂含量和含量均匀度，风险低
	含量均匀度	
	溶出度	不同晶型的原料药溶解性不同，会影响片剂溶出，风险高 Ⅲ型结晶体是最稳定的晶型，而且原料药厂家提供的始终是这种晶型。此外，Ⅲ型结晶体在各种强制条件下不会发生晶型转化。因此，不需要进一步研究晶型对制剂溶出度的影响
	有关物质	不同晶型的原料药可能会有不同的化学稳定性，并可能影响片剂的降解产物，风险为中度
粒度分布	含量	小的粒径和宽的粒度分布会对混合物流动性产生不利影响。在极端情况下，流动性差会导致含量不合格，风险为中度
	含量均匀度	粒度分布对原料药的流动性有直接的影响，最终影响到含量均匀度。本案例中原料药是磨碎的，因此风险高
	溶出度	该原料药是 BSC Ⅱ类化合物，因此，粒度分布会影响溶出度，风险高
	有关物质	原料药厂家已评估减小粒度对原料药稳定性的影响，磨碎的和未磨碎的原料药具有相似的稳定性，风险低

续表

原料药 A 属性	药品 CQA	合理性说明
引湿性	含量	原料药 A 没有引湿性,风险低
	含量均匀度	
	溶出度	
	有关物质	

对处方变量的风险评估,先要确定与处方关系最为密切的 CQA,随后要评估最有可能导致制剂 CQA 不合格的处方变量,再对这些变量进行研究,以便更好地理解处方,并最终确定处方。可通过表 5-7 和表 5-8 所示的评估方式,找到高风险的处方变量,通过采用 DoE 等进行研究,增加对变量的理解,使其风险程度得以降低,最后更新风险评估表,确定最终的处方。

也可以通过上述方法,对影响 CQA 的工艺步骤进行初步分析,列出所有的实施步骤,列出实施步骤的选择理由。另外,还要根据已有数据选择工艺。如在实验室规模(1.0kg)对混料采用直接压片的方式,但由于其混合均一性差,所以在后续工艺就不能采用直接压片工艺。另外,根据强制条件研究结果发现,物料对温度敏感,因此排除了湿法制粒工艺,为避免造成环境污染,采用有机溶剂的湿法制粒也被排除。采用干法制粒时,原辅料的混粉在高压下被压成薄片,压片前再经过整粒,药物颗粒分层的风险可被降低,通过控制颗粒粒度分布和流动性,可降低药品含量均匀度差的风险,因此在进一步研究中,选择干法制粒工艺。确定工艺之后进行工艺变量的初始评估,确定影响成品 CQA 的每一个工艺步骤中输出物料(中间体)CQA。对中间体 CQA 和工艺参数进行风险评估,以确定高风险的物料属性和工艺参数。

5.1.2.3 工艺参数关键性判定

根据已有的知识和初始实验数据,可利用风险管理工具确定可能会影响产品质量的参数(如,工艺、设备和物料),并对其进行排序。例如通过鱼骨图(图 5-2)来确定对所需质量属性可能有影响的变量,之后再使用 FMEA 或其他工具对变量进行排序。最初确立的参数可能是很广泛的,但通过进一步的研究(如通过实验设计组合、机理模型),可以对这些参数加以调整和优化,明确各个变量的重要性及其潜在的相互作用。一旦确定了重要参数,可以对其做进一步研究(如通过实验设计组合、数学模型或相关的机理研究),从而对工艺有更深的了解,图 5-3 为参数关键性判定的决策树。

5.1.2.4 设计空间和控制策略

工艺输入(物料属性和工艺参数)和关键质量属性间的关系可在设计空间(design space)中进行描述。

通过前述的风险评估和实验,不仅可以了解工艺参数和物料属性与产品 CQA 之间的关系及对其产生的影响,还有助于确定各个变量及其范围,以确保获得稳定的质量。因此这些工艺参数和物料属性可被选入设计空间。设计空间是 DoE 研究的直接结果。设计空间可以用数学表达式表示,也可以用图形表示。

DoE 是一种实验设计方法,DoE 主要应用数理统计学的基本知识,讨论如何合理地安排实验、取得数据,然后进行综合科学分析,从而尽快获得最优组合方案。在产品设计中,利用 DoE 能以最低的实验成本,在最短时间内有效地设计和验证产品的性能;在制造过程中,利用 DoE 可以从诸多影响因素中,快速找到对过程输出指标影响显著的工艺参数,并将其最佳化。

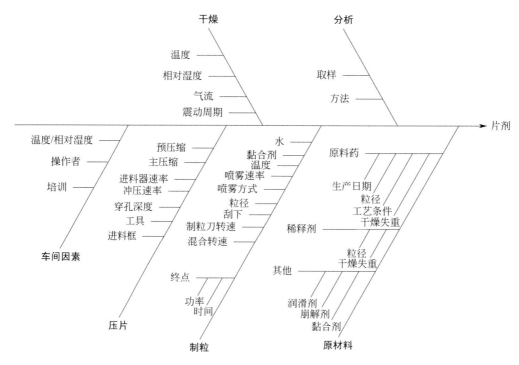

图 5-2 鱼骨图示例

DoE 是一种质量源于设计的方法，与传统的工艺开发相比，它能够基于已有的知识和产品相关经验，全面地理解工艺，使用统计设计的方法，通过多变量研究，建立参数与产品质量属性之间的可预测关系，并且用设计空间标识可接受的操作条件。DoE 识别出对潜在因素 CPP 和 CMA 或中间 CQA，以及这些因素与工艺可操作的空间之间的交互作用，以满足 CQA 的期望，此外还确定了不影响 CQA 的非 CPP 和物料属性。DoE 可以尽可能少地进行实验，以获得足够的信息来理解对 CQA 的影响。

Minitab、JMP 等软件可帮助开发 DoE，DoE 的基本流程如图 5-4 所示。

(1) 实验设计　一般来说，一个实验设计应该至少清楚地说明：
- 目标。
- 至少一个因子：这个需要有经验的人员来定义，比如喷雾干燥的进风温度、浓度等。
- 因子水平：在选择因子的时候，可以结合鱼骨图、FMEA、ANOVA。设置因子时每个因子至少取两个水平。通过增加中心点可以提高模型精度。
- 至少一个响应变量：如喷雾干燥的收率。
- 确定实验单元。

实验设计时根据实验目的、因子数、成本等因素选择适宜的因子方法，如全因子设计、分式析因设计、PB（Plackett-Burman）设计。其中全因子设计能衡量所有实验设计的组合。Minitab 可提供两种类型的全因子设计：当每个实验因子仅有两个水平时，采用两水平因子设计（2^k）；当任意因子超过两个水平时，采用一般全因子设计，如因子 A 有两个水平，因子 B 有三个水平。设计时要考虑随机化和区组化。

(2) 实验实施　根据实验安排，依次做实验并收集实验数据。

(3) 实验分析　将实验结果输入软件中，拟合几个模型，找出能够代表数据的模型，使用因子图查看主效应和互效应。

(4) 实验优化　通过效应帕累托图或方差分析表和 P 值判断模型，找到影响响应变量的主要因素，剔除不显著的因素，并重新拟合模型。

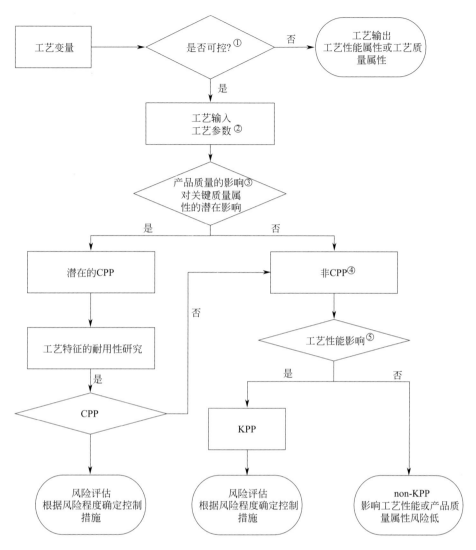

图 5-3 参数关键性判定的决策树

① 判断。是：直接可控的工艺输入参数理论上有助于工艺变异。否：不直接可控的工艺输出为受监测属性，可表明工艺性能或产品质量。
② 工艺参数指潜在影响关键质量属性。
③ 判断。是：如怀疑有影响，或若数据显示参数变化可能影响关键质量属性，则将该参数指定为关键工艺参数。初期将一个参数归类为关键工艺参数，但后面的工艺特征的耐用性研究数据可能会得出，即使参数变动巨大也不会影响关键质量属性。此种情况下，应进行第二次风险评估，将其变更为非关键工艺参数。否：参数是一个非关键工艺参数，需要进一步评估。
④ 非关键工艺参数指如果在规定的范围外运行，对工艺性能或一致性具有潜在影响。
⑤ 判断。是：将参数指定为重要工艺参数，应进行第二次风险评估，判定其风险程度并确定进一步的控制措施。否：在一个宽泛范围内，参数对工艺影响很小。判定参数为非重要工艺参数。

注：1. 图中决策树将工艺参数分为关键工艺参数（CPP）、重要工艺参数（KPP）、非重要工艺参数（non-KPP）三类。
2. 工艺变量可以是一个单元操作的输出，也可以是另一个单元的输入。对于给定的单元操作，每个变量都是在直接受控的基础上，作为某一参数或属性进行初始建立。

（5）实验调优　根据优化后的回归模型，使用响应优化器找出最佳的因子水平设置。响应优化器根据合意度标准，基于最新的模型拟合并计算解决方案，响应变量可以最小化、最大化或达到目标值。

（6）实验验证　根据调优结果，检验因子水平取值能否满足工艺要求，如果经实验能够验证，则可确定最佳的工艺条件。

通过 DoE，重复理解了工艺变量、物料属性等输入参数对 CQA 的影响。通过小试规模

图 5-4 DoE 的基本流程

对工艺开发和理解，诸如几何相似性、动力学相似性、运动学相似性等原则，继续制定中试规模的实验设计，进一步考察工艺放大的影响。

根据工艺开发阶段的分析，制定出物料控制策略、工艺控制策略作为第一阶段工艺验证的输出。针对不易控制的风险，可能需要通过 PAT 等技术对指标进行在线监控，在整个工艺开发中，不断对风险评估的结果进行更新。

第一阶段的工艺验证完成后，对产品和工艺的理解并未结束，需要持续改进，加深对变异的理解，以便持续生产出符合质量要求的产品。

5.1.3 小结

采用 QbD 进行生命周期方法的工艺验证，融入了 ICH《Q9 质量风险管理》的理念，对于后期的工艺确认和持续工艺确证打下坚实的基础。在此期间，用到了多种风险管理工具，如工艺流程图、鱼骨图、风险排序和过滤、PHA、FMEA、HACCP、DoE、方差分析、帕累托图、回归分析等，这些工具对消除和降低风险，并进而实施合适的控制策略起到了十分重要的作用。

5.2 技术转移风险评估

5.2.1 技术转移的作用及在药品生命周期的意义

技术转移是药品生命周期中的关键阶段，技术转移是药品从研发阶段到商业化生产的桥梁，技术转移成功与否直接关系到一个新的产品能否成功生产并实现最终的商业化。

ICH《Q10 药品质量体系》中针对技术转移进行说明:"技术转移活动的目标是在开发与生产之间,和/或生产场地内或之间转移产品与工艺知识,以便完成产品实现。这些知识形成了生产工艺、控制策略、工艺验证方法与持续改进的基础。"

(1) 技术转移应用的活动
- 新产品从研发向生产转移。
- 已上市产品在生产场地和检测场地内或之间的转移。

技术转移可以作为一个项目来进行管理,在这个项目过程中主要管理的是工艺过程、分析方法以及产品知识和相应的文件体系,这些构成了一个全面的知识管理过程,而要把知识管理、过程管理和质量管理相互结合起来,并且很好地操作和运行,就离不开质量风险管理;而质量风险管理在这个过程中起到了"润滑剂"的作用,"润滑"良好就能保证技术转移过程的顺利,如果"润滑"不好,就会影响技术转移的质量或进度,甚至会直接关系到技术转移的成败。

(2) 技术转移中风险评估的原则要求
- 质量风险管理必须基于科学知识并最终和技术转移成功生产联系在一起。
- 质量风险管理过程的规范和文件化程度应该与技术转移风险的水平相适应。
- 依据风险级别的高低进行活动优先次序的安排。
- 风险管理不能为违反相关行业法规和 GMP 要求等提供借口。

(3) 技术转移中风险评估解决的问题

产品的生命周期中由研发到中试生产再到商业化生产的自然过渡。
- 解决现有产品线或生产能力不足的问题。
- 提高产品投放市场的速度,缩短上市时间。
- 解决研发内部能力不足和资源缺乏的问题。
- 帮助一个公司合并收购的顺利进行。
- 最大限度地降低企业的成本。
- 减少不必要的活动,实现一次成功。

(4) 阶段　技术转移可以分为如图 5-5 中所示的 5 个阶段进行。

图 5-5　技术转移项目管理阶段

由于质量风险管理在技术转移项目中的关键作用,故将技术转移各阶段的工作结合风险评估和分析来进行相关流程(图 5-6)的说明。

5.2.2　启动阶段的风险评估

项目立项的风险评估是一个初步评估,决定了技术转移项目的可行性,为后期的项目深入进行提供了基础,同时也为公司或集团的高层决策提供依据。

项目启动立项时,必须确定技术转移项目的产品的处方和工艺研发的状态,清楚项目的整体信息,即涉及的单位、产品注册/备案的相关法规要求以及可能涉及人员的技能要求与实践水平;产权情况,有无专利保护;转移的合规性;在同类产品中的优劣势分析;市场前景及后期的盈利情况;EHS 情况分析是否符合转入地情况等。

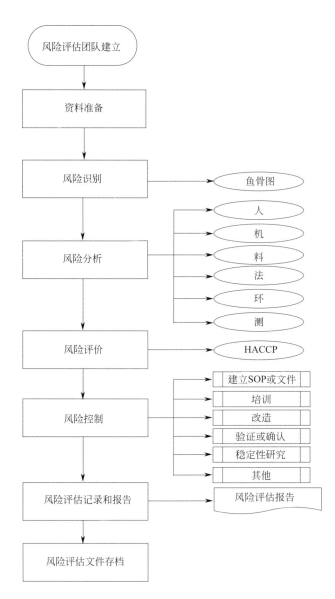

图 5-6 技术转移风险评估流程

如果以上的风险分析结果显示可行，则可以启动此项技术转移工作，并应经过公司或集团的高层批准。技术转移项目的启动是最初决定是否进行技术转移的先决条件，只有确定了才可以进行后面的分析和评价。

因为技术转移最终的目的都是为了商业化生产，所以市场情况以及后期的盈利显得至关重要，虽然这不是 GMP 的要求，但对于一个企业来说是不可或缺的。这一部分一般不需要使用复杂的质量风险评估工具，如使用列表的形式即可达到评估的要求，可参考表 5-9。

表 5-9 技术转移项目的初步评估

序号	分析方面	具体情况
1	上市情况分析	是否为原研药；若不是原研药，则仿制情况有几家，分布在哪里，市场是否饱和，有几家在开展临床试验，几家已经获批等
2	拟开发产品的分析	同类型或同适应证的药品情况；服药的方便性，副作用大小，药品价格，原材料获得的情况，未来患病人数的增长情况，是否有地区差异

续表

序号	分析方面	具体情况
3	拟生产药品与公司的发展分析	是否能够增加公司的生产品种、类别,弥补产品的不足,有利于公司的上市、融资;本地政府对此类药物有无优惠政策等
4	EHS 分析	是否能够符合公司和当地的政策要求,排放和各种废弃物的处理是否合适,现有的 EHS 处理能力是否能够满足等
5	财务分析	项目费用预算、转移的周期、上市的时间、产量要求、预期盈利情况等

通过上面的评估,若评估结果是技术转移不可行,需要评估其他的供选方案;若技术转移评估后是可行的,则确定进行技术转移。

确定技术转移后需要成立项目组。在成立项目组的时候也需要进行风险评估,因为项目组的成员包括哪些专业的人员,每个专业的人员需要多少人参与是需要根据转移的项目和规模确定的,一般包括研发人员、生产人员、验证人员、工程设备人员、QC 检验人员、QA 人员及安全、环保人员等。而项目组的负责人及项目经理的人选更应该是需要评估的,是否有组织能力,是否有项目管理的经验,对转移的产品是否熟悉和具有相关的工作经验。

5.2.3 计划阶段的风险评估

技术转移团队必须创建适宜的技术转移项目环境。项目环境可能涉及公司方针与规程、系统、人才培养与知识、现有资源,以及文化、管理模式,包括职责与能力,必须在这一步进行,并包括基于风险决策的事项。主要的风险判断将为技术转移团队人员提供必要的风险意识。在这个阶段应当有企业风险管理方针,确定需求、目的与目标,以及关键绩效指标、成功的标准等。技术转移团队应该熟练掌握基本项目管理方法来设计考虑成本(包括物料与人员资源)计划、时间表(包括即将转移产品的支持)、范围、与项目相关的技术,以及产品的质量、安全性与有效性等。

5.2.3.1 召开项目启动会

启动会的规模和内容应根据项目的规模进行,启动会应该包括转出方和接收方双方的人员,至少双方主要的人员应参加。

启动会的内容包括转移项目的介绍和内容,明确双方人员的职责和任务,项目转移的时限和中间过程的节点要求,各方的汇报方式、沟通方式等。

5.2.3.2 项目计划

项目计划阶段主要是识别相关的文件,保证文件的齐全和完整。

(1) 转出方应提供的技术转移风险评估资料 包括但不限于:
- 产品工艺资料(包括工艺规程和工艺历史数据)。
- 原辅料和包装材料特性资料。
- 处方特性资料。
- 产品质量标准、分析方法和操作规范。
- 分析方法验证和工艺验证资料。
- 转移产品历史数据(生产、检验和稳定性等)。
- 产品关键质量属性和关键工艺参数信息。
- 技术转移风险评估报告模板。

(2) 接收方应提供的资料 包含但不限于:
- 厂房设施资料(如布局图)。

- 生产设备资料（设备清单、验证资料等）。
- 原辅料信息。
- 各岗位需求人员信息。
- 技术转移相关法规。
- 有关 SOP。
- 现有产品信息。
- 现有技术水平。
- 其他相关资料。

5.2.3.3 质量协议

质量协议是保障接收方权益的有效方式，也是为了规范转出方和接收方双方按照约定要求进行技术转移的具体要求。

一般应在技术转移质量协议中明确转出方的责任、接收方的责任、争议的解决办法等。

（1）转出方的责任　提供原辅料的质量标准、生产厂家，包装材料（特别是与药品直接接触的包装材料）的选择依据和质量标准，药品的处方、生产工艺、工艺参数，主要生产设备/检验仪器（包括所用试剂）及操作参数、设备/仪器型号等。

（2）接收方的责任　应具备足够厂房、设备、知识和经验以及人员，满足技术转移产品的生产或检验工作的要求，对转出方的资料、工艺、质量标准等进行确认和复核，对转移的产品进行稳定性考察等。

5.2.4 项目准备阶段的风险评估

5.2.4.1 技术转移风险识别

风险识别目的在于识别技术转移中可能存在的风险和问题。

技术转移风险识别：应用鱼骨图的工具列出技术转移活动所需要的人、机、料、法、环、测 6 个方面，并将技术转移活动分解成独立的因素，至少包含：

- 工艺及过程控制。
- 质量控制。
- 厂房设施设备准备情况。
- 原辅材料和物料情况。
- 人员需求及培训。
- 合规性。
- EHS。
- 其他。

鱼骨图分析如图 5-7 所示，但需要根据待转移的产品和项目特点进行调整。

在图 5-7 中应对以下内容进行分析。

- 人员。对技术转移项目团队的建立、接收方现有人员的知识水平和技能水平进行评估，识别接收方在人员技能上可能存在的问题。
- 设施、设备。需对转入生产线的整体布局、公用设施等情况进行评估，确认厂房设施能力是否满足转入的产品需求，设施、设备可能会带来哪些风险。
- 原辅料、包装材料（简称"包材"）的相关文件。主要是质量标准（包括物料特性）和供应商。需详细列出所有原辅料、包装材料的特性及对生产工艺和制剂的影响，并评估新

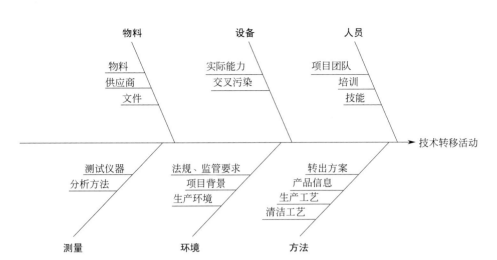

图 5-7 技术转移鱼骨图分析

增加供应商的原辅料、包装材料。

• 处方、工艺。比较转出方和接收方物料来源,评估原料来源变化对处方工艺的影响;比较转出方和接收方设备差异,评估可能引起的工艺参数的变化;评估批量差异引起的工艺参数变化。

• 法规。转移产品是否符合注册法规及相应生产质量管理规范。接收生产线的生产环境是否能够满足转移产品的要求,存在哪些问题。

• 检测。首先包含实验室的检测条件是否满足检测的需要,是否存在相应的检验仪器,仪器的精度性能是否能达到检测的性能要求。检验方法不仅包括原辅料、包装材料、成品、中间产品、中控项目的检验方法,还包括清洁验证的检验方法、评估研发阶段的检验方法在商业化生产的适用性。

对各环节中的因素进行分析,列出历史中已知的缺陷与此次风险评估中发现的风险点,进行逐一识别,查找导致风险的直接原因,对可能的后果进行评估,并按其对产品质量的影响程度进行初步分类,影响程度可描述为高影响、中等影响和低影响。

5.2.4.2 技术转移差距分析评估和执行

技术转移差距分析小组依据转出方提供的产品资料、体系要求结合法规,从"人、机、料、法、环、测"方面进行对比。

风险级别根据对产品质量的影响程度,由低到高分别为:
• 有利影响。
• 无影响。
• 不利影响。

对不利影响的需要制定相应的控制措施来降低风险。

(1) 质量体系　接收方应有明确组织机构,设有相应质量体系管理部门,如质量保证部门、质量控制部门。

质量管理部门应具有完善的质量管理体系。

(2) 人员　转出方和接收方共同对企业现有人员,包括质量保证人员、质量控制人员、生产技术人员及生产操作人员、物料管理人员、设备工程人员进行比较分析,根据产品特性、工艺要求、检验要求以及法规要求对相关人员的数量、教育背景、工作经验及能力进行评估,以指导培训计划的制定。

（3）厂房设备　双方相关人员对接收方与新产品生产相关的厂房设施设备和质量控制实验室的厂房设施设备进行评估，找到影响技术转移成功的不利因素，并制定相应的措施，保证技术转移项目的顺利实施。

① 厂房。与转出方生产布局图（包括人、物流图）对比分析，对生产工序进行确认是否满足生产要求，必要时进行生产区域布局调整。

② 设备。与转出方研发设备或生产设备的原理、能力及工序对应设备要求（型号、规格）等进行比较，根据比较结果以及预期用途，对商业化生产的设备性能提出设备设施方面要求。必要时，需要进行设备改造或采购新设备。

③ 公用设施（如制药用水系统、压缩气体系统）。根据转出方的生产情况以及产品工艺的要求对企业的公用设施的设计、能力等方面进行分析，根据分析结果，对企业目前使用的公用设施提出相应的控制措施。

④ 仪器。对转出方提供物料、产品检验仪器明细（型号、精确度等）进行分析，根据分析结果、检验标准要求，对目前检验仪器提出相应的控制措施。

（4）环境　双方共同对接收方的HVAC（压差、温湿度等）、洁净级别要求及交叉污染控制措施进行差距分析。

① 分析目前生产厂房（包括仓库）HVAC是否满足产品要求，生产过程中产生的有毒、有害气体、液体或粉尘是否有相应控制和处理措施。

② 产品核心区域，如无菌操作监测设施，是否满足相应的要求。

③ 清洁方法（清洁剂、残留限度、操作流程等）对比分析，根据企业目前使用清洁剂、残留限度、溶解性等评估现有清洁方法的适用性，必要时重新制定清洁方法并验证。

（5）物料　双方共同对转出方的物料清单及其质量标准、供应商进行对比分析，根据物料的影响程度评估差异的风险级别，从而制定相应的控制措施。

① 相同供应商或级别的物料依据企业供应商管理体系审核企业的供应商档案资料，评估供应商的管理和审计是否充分。

② 对于新增物料或供应商以及级别不同的物料，需转出方详细列出原辅料、包装材料的特性及对生产工艺和产品的影响，对原辅料、包装材料进行评估确定是否需要新增供应商。

（6）检测方法

① 根据转出方提供原辅料、包装材料、成品、中间产品、中控项目的检验方法对公司现有的分析方法进行分析，评估技术转移前后使用的检验方法的适用性，是否进行分析方法转移。

② 清洁验证的检验方法（接收标准等）分析，根据公司目前清洁检验回收率、灵敏度评估其适用性，是否需要进行分析方法的转移。

（7）生产操作　按转出方提供生产操作及工艺流程要求，分析评估公司目前的生产流程、生产工艺步骤，确定适用性，并制定相应的控制措施。

（8）EHS

① 需对预转移产品的生产过程及操作进行分析，是否需要特殊的人员防护，现有的防护措施是否能满足要求。

② 对生产及检验中使用的物料或生产的产品以及产生的废弃物进行分析，评估目前的防护措施及物料的处理方式是否满足要求。

通过差距分析评估结果，指导随后的技术转移实施过程，若实施过程中发现新的风险，应对新的风险单独进行评估，以保证技术转移的顺利实施。

5.2.5 项目实施阶段的风险评估

5.2.5.1 厂房设施系统评估

进行技术转移过程中厂房设备存在风险因素的识别，主要包括仓库、洁净厂房、空调系统、纯化水系统、注射用水系统、纯蒸汽系统、洁净压缩空气系统、工艺设备8个方面，就8个方面的主要和次要影响因素进行分析，如表5-10所示。

表5-10 厂房设施系统评估表（示例）

方面	评估内容
仓库	布局、储存能力、温湿度控制
洁净厂房	分区、布局、洁净环境、清洁消毒
空调系统	温湿度控制、压差控制
纯化水系统	系统能力、分配、制定标准
注射用水系统	系统能力、分配、标准控制
纯蒸汽系统	系统能力、分配、标准控制
洁净压缩空气系统	系统能力、分配、标准控制
工艺设备	设备性能、工艺参数或是操作范围、清洁/灭菌方法、确认、校准

对各环节中的因素进行分析，列出已知的缺陷与此次风险评估中发现的风险点，进行逐一识别，查找导致风险的直接原因，对可能的后果进行评估，并按其对技术转移的影响程度进行初步分类，针对各项因素的评估结果分别制定相应措施，保证技术转移的正常实施。

5.2.5.2 工艺评估

进行技术转移过程中工艺存在风险因素的识别，主要从人、机、料、法、环、测6个方面进行，就6个方面的主要和次要影响因素进行分析，如表5-11所示。

表5-11 工艺评估表（示例）

方面	评估内容
人员	知识背景、培训、技能、经验
设备	设备性能、设备参数、设备变更
物料	原料供应商、辅料供应商、包材供应商、物料储存
方法（工艺）	生产批量、工艺流程、工艺操作
环境	空调系统级别、温湿度、压差
测量	仪器校准、取样、分析

对各环节中的因素进行分析，列出已知的缺陷与此次风险评估中发现的风险点，进行逐一识别，查找导致风险的直接原因，对可能的后果进行评估，并按其对技术转移的影响程度进行分类。针对各项因素的评估结果分别制定相应措施，保证技术转移的正常实施。

5.2.5.3 清洁工艺评估

进行技术转移过程中清洁工艺存在风险因素的识别，主要从人、机、料、法、环、测6个方面进行，就6个方面的主要和次要影响因素进行分析，如表5-12所示。

表 5-12 清洁工艺评估表（示例）

方面	评估内容
人员	培训、经验、细心、其他干扰
设备	设备材料、清洁设备、生产设备
物料	水质、清洁工具、清洁剂
方法	分析方法、取样方法、清洁方法
环境	空调系统级别、温湿度、清洁设备储存
测量	仪器校准、取样、分析

对各环节中的因素进行分析，列出已知的缺陷与此次风险评估中发现的风险点，进行逐一识别，查找导致风险的直接原因，对可能的后果进行评估，并按其对技术转移的影响程度进行分类。针对各项因素的评估结果分别制定相应措施，保证技术转移的正常实施。

5.2.5.4 分析方法评估

进行分析方法转移过程中存在的风险因素的识别，主要从 5 个方面进行考虑：实验室环境、物料、仪器、方法和人员，就各个方面的主要和次要影响因素进行分析，如表 5-13 所示。

表 5-13 分析方法评估表（示例）

方面	评估内容
实验室环境	实验室环境(悬浮粒子、温度、湿度)、设施环境(水、电、压力等)
物料	样品完整性、试剂稳定性(运输、储存、使用经验、制备)
仪器	仪器失效(软件、光学漂移、电不稳定)、仪器维护不充分(污染、漂移)
方法	方法是否验证
人员	操作能力、培训能力、操作人员的配置

对各环节中的因素进行分析，列出已知的缺陷与此次风险评估中发现的风险点，进行逐一识别，查找导致风险的直接原因，对可能的后果进行评估，并按其对分析方法转移的影响程度进行初步分类。针对各项因素的评估结果分别制定相应措施，保证技术转移的正常实施。

5.2.6 项目关闭阶段的风险评估

在技术转移的最后阶段，应对技术转移的过程及结果进行汇总和总结，包括对厂房、设施、设备、工艺、清洁、分析方法等方面的差异和风险而展开的技术转移的措施进行总结，并确定措施的有效性。

对中间产品和最终产品的质量与转出方的进行对比，同时与稳定性考察的样品进行对比，对不同的对比结果进行评估，评估前设定质量参数的差异标准，对超标准范围的数据进行分析和说明，达到最终可接受的标准。如果不可接受，应该分析原因，转出方和接收方共同进行改进，以达到设定的标准范围。

通常情况下，由于不重视其目标（例如，太严或过于宽泛的工艺规范）注定会导致技术转移项目的失败。因此，在项目团队设计并实施的所有的技术转移活动中，团队需牢记已经管理的技术范围以及潜在技术转移失败的影响。

经常被忽视并对技术转移项目有不良影响的一些常见风险是：

- 目的不明确（或没有明确界定）。
- 目标不能正确地沟通。
- 不能实现的转移目标。
- 没有变更控制。

无论一个项目转移范围如何，在着手技术转移项目前应考虑这些风险中的项目成本以及潜在投资回报，来确定基于转出方和接收方之间目标或标准的一个可接受的成本/收益率。

5.2.7 小结

总之，技术转移的目的就是为了最终产品转移的成功生产和上市，所以每一阶段的风险评估均是为了后续工作的顺利进行和开展，防止前面评估不完全而对后面造成更大的损失。这也是技术转移风险评估最大的意义所在。

5.3 混粉工艺风险评估

固体制剂由于具有物理、化学稳定性好及包装运输方便等优点，是现在药品市场上的主要剂型之一。在固体制剂的生产过程中，常常会因为一些不可控因素影响到产品的质量，进而影响产品的安全性和有效性。

对于常见的口服固体制剂工艺（如干粉直压、干法制粒、湿法制粒等）来说，混粉工艺均是其中最重要的步骤之一。混粉的目的是保证产品中各主要组分的均一性，因此，在对该工序进行工艺风险评估时，应重点从物料的混合均一性、物料的污染以及交叉污染等方面考虑，通过相关风险评估的结果制订相应的检查及控制措施，从而保证产品质量的安全性、稳定性和一致性。

与传统的质量管理模式不同，在运用质量风险管理的方法进行各个工序步骤的工艺风险评估时，首先要在对目标产品质量概况（QTPP）以及关键质量属性（CQA）充分理解的基础上，对关键工艺参数（CPP）、其与CQA间的关联以及潜在的高风险变量进行充分研究和筛选，并建立设计空间（design space），即影响产品CQA的关键工艺参数范围组合，以此加强对工艺过程的理解和控制，确保产品质量的持续控制。基于科学的质量风险管理，是把研究重点放在对产品和生产工艺的理解、设计和控制策略上，明确关键质量属性、关键工艺参数以及潜在的高风险变量，理解工艺变异的主要来源并加以控制。将质量风险管理结合到对药品和工艺的深刻理解中，促进工艺的评估、控制和改进，来持续保证产品质量。

5.3.1 主要风险方面

具体工艺步骤的质量风险管理，应基于对相关工艺流程和物料特性等知识的理解，来分析该步骤中对于产品质量有潜在风险的方面。对于口服固体制剂混粉工艺来说，影响产品质量的方面主要有物料的粉体性质、物料批量、加料顺序以及具体的工艺参数等。

5.3.1.1 物料的粉体性质

影响混粉工艺混合效果的关键物料属性（CMA）包括：粒度分布、堆密度、含水量、流动性、黏附性等。在混粉工序的工艺设计阶段，应根据使用到的具体的物料特性来选择合适的设备及工艺参数。在进行混粉工艺的工艺设计阶段，应尽量选择粒度较为接近的物料（可以通过粉碎或研磨的方法降低粒度和改善粒度分布，能够增加物料颗粒的数目，避免由于大颗粒或粒度分布不均导致产品的均一性问题）。不同的物料密度应尽量接近，物料密度相差太大容易导致物料在混合的过程中分层。对于球形的颗粒来说，其流动性良好，较短的混合时间即可使得其混合均匀，但是如若混合时间过长，也会导致过度混合。如若在工艺设计阶段物料选择不合理，或者与制定的混合工艺不相配，那么在物料的不同特性（密度、粒度、性质等）的共同作用下，则会加速恶化混合均一性的问题。

5.3.1.2 物料批量

物料批量是影响物料最终混合均一性的重要因素之一。一般情况下，最佳的混合批量的范围为混合容器容量的30%～70%。过低（小于20%）的批量，会导致物料过度混合，致使混合均一性较差；过高（大于80%）的批量，则会使混合效率降低，需要较长的混合时间弥补较高的填充水平，生产效率低且混合效果不理想。

5.3.1.3 加料顺序

物料混合的过程，其实就是物料从高浓度区向低浓度区扩散并达到分布均匀的过程。对于一些需要外加的崩解剂、助流剂、润滑剂等，一般用量较少，如果在混粉工艺进行时与API及其他大批量的辅料同时加入混合料斗中，则会需要更长的混合时间来达到所需的均匀性。因此，为了更好更快地达到混合均一，常采用等比例稀释法或部分预混合。

5.3.1.4 工艺参数

混合时间和混合速率是物料混合均一性的关键参数。混合时间过短，物料混合不均匀；混合时间过长，则不同种类粒度的物料可能分层，影响混合均一性，还容易导致润滑剂的过度润滑。

5.3.2 取样方法和取样计划

取样方法和取样计划应详细描述从何处（容器中的位置）取样，如何从混合物料中抽取样品以及从每个位置抽取的样品数量。对于拆卸方便且易于取样的混合容器（比如混合料斗、滚筒或搅拌机等），可根据该容器的具体构造和程序确定特定的取样位置。如果物料混合工序完成后倒入其他中转容器中，那么具体的取样位置可考虑根据中转容器的构造进行设计。确定的取样点应能代表整批混合物料的混合均匀情况。

5.3.3 混粉工艺风险评估示例

在进行混粉工艺的风险评估时，首先应明确关键质量属性（CQA），来确定已存在的风险或需要进行减轻或控制的区域，进而确定潜在的CPP和潜在的CMA，之后再进一步了解是否存在相应的风险。混粉工艺风险级别评价如表5-14所示。

表 5-14 混粉工艺风险级别（示例）

工序	产品 CQA	风险级别
混粉	外观	低
	检定	低
	纯度	高
	溶解度	低
	硬度	低
	崩解时限	低
	混合均一度	高
	重量	低
	脆碎度	低
	厚度	低

风险评估一般包括风险识别、风险分析以及风险评价 3 个步骤。在风险评估过程中需主要关注 4 个方面：①导致风险产生的原因；②风险产生的严重程度；③风险发生的可能性；④风险的可检测性。

5.3.3.1 风险识别

以混粉工艺所需达到的质量标准为目标，列出不符合质量目标的潜在风险，并对造成该风险的原因进行分析，见表 5-15。

表 5-15 不符合质量目标的潜在风险

工序	质量标准	潜在风险	影响因素
混粉	混合均匀	物料均匀性差，影响产品均一性	混合装量
			混合转速
			混合时间
			加料顺序
	无污染及交叉污染	物料污染，影响最终产品质量	设备与物料接触材质
			设备密封性

5.3.3.2 风险分析及风险评价

FMEA 作为一种积极的前瞻性风险分析技术，在推动设计过程、制造过程和服务过程的质量改进方面得到了广泛的应用。其从风险产生的严重性、可能性、可检测性三个方面分别对风险进行量化，评分模式根据具体的风险评估对象可有多种，常见的有高、中、低分级评估以及打分法两种。

以打分法为例，严重性、可能性、可检测性的分数越高，分别表示该影响因素越严重、出现的可能性越大、产生的后果更隐蔽。最终将每个因素的 3 项分值相乘，即得到该风险的风险优先值（RPN）。在 FMEA 中，RPN 越大，预测的失败模式的影响程度越大，即潜在的风险越大。评价标准可参见表 5-16。

表 5-16 风险分析评价表

评分	严重性	可能性	可检测性
3	对产品的质量造成显著影响	经常发生	参数失控时很难发现或检测
2	对产品质量造成影响	可能发生	参数失控时较难发现或检测
1	对产品的质量可能造成较小的影响	较不可能发生	参数失控时容易发现或检测

将风险分为不同的级别，再根据不同的级别，采取不同的风险控制手段。结合混粉工艺的具体情况以及企业内部的风险接受能力，对混粉工艺的风险接受级别进行划分，参见表5-17。

表 5-17 风险接受级别

RPN	评价标准	风险级别
18～27	高风险,不可接受,必须采取措施	高
6～17	中风险,警戒,需采取措施控制风险	中
<6	低风险,可接受,不需采取措施	低

针对混粉工艺风险评估结果中的中、高风险，应采取相应的风险控制措施降低风险。结合到具体的混粉工艺中，其具体的风险评估示例如表5-18所示。

表 5-18 混粉工艺风险评估表

影响因素	严重性	可能性	可检测性	RPN	风险级别	影响因素	风险控制措施
混合装量	装量过少导致过度混合,均匀性较差;装量过多会导致混合不充分(3)	按SOP操作,双人复核称量(2)	不易观测结果(3)	18	高	混合装量	● 制定操作SOP,确定实际生产装量 ● 验证中确认装量的范围
混合转速	混合速度过慢,则物料相互混合不充分;混合速度过快,则易导致分层(3)	转速设定一般为特定值,易偏移(3)	不易观测实际转速结果(3)	27	高	混合转速	● 制定操作SOP,确定实际生产转速 ● 验证中进行转速的确认
混合时间	混合时间不足,物料混合不均匀;混合时间长,则物料易发生粘连(3)	时间设定一般为特定值,易偏移(3)	可观测设备系统时间(2)	18	高	混合时间	● 制定操作SOP,确定实际混合时间 ● 验证中进行时钟准确度的确认
加料顺序	加料顺序不合适,影响混合效果(1)	日常生产根据SOP制定的顺序执行(1)	容易观察(1)	1	低	N/A	N/A
设备与物料接触材质	设备材质不合格会污染物料;设备表面粗糙度过大会使清洁变难,易残留杂质污染物料(3)	设备材质需供应商确认,设备使用磨损会加深粗糙度(3)	不易直接观察,需检查证书或现场测试(2)	18	高	设备材质	● 建立设备维护保养SOP ● 验证确认设备的材质及表面粗糙度
设备密封性	设备密封性差,易泄漏物料并造成产品污染(2)	密封胶圈易磨损(3)	容易观察(1)	6	中	密封性	● 建立设备维护保养SOP ● 验证过程中检查设备运行时是否有泄漏

5.3.4 小结

风险评估用以评价整个风险管理活动的有效性、科学性以及适用性，从而判断风险管理的实施过程中各个风险控制手段实施的效果，以及最后的风险管理效果是否可以达到预定的目标。混粉工艺在整个生产过程中应开展定期风险审核，建立质量风险管理体系，回顾生产工艺中已经确认的风险，预测将可能出现的新的风险，通过不断循环，使混粉工艺始终处于稳定、可控的状态。

5.4 消毒效果确认风险评估

5.4.1 概述

消毒效果确认是对消毒程序的监控和评价，它体现了良好的卫生控制系统。药品生产要求保持卫生环境，不同洁净区对生产环境、设备和人员等有不同的卫生要求。为了保证整个生产过程处于卫生受控状态，就要求建立一整套有效的消毒程序来确保药品质量。

消毒（disinfection）是指用化学试剂减少活性微生物数量的过程，也是指用化学试剂抑制或杀灭病原微生物的过程。消毒时所用的化学试剂称为消毒剂。

5.4.2 风险评估方法

消毒效果确认风险评估的目的是应用ICH《Q9质量风险管理》的原则以及风险管理工具评估确定出生产过程中消毒程序相关的潜在危险和关键控制点等，以保证风险具有适宜的控制和消毒程序的有效性。

消毒效果确认从试剂来源，化学成分及微生物有效性测试，消毒剂的制备、使用及储存，生产区域及设备的清洁消毒程序等相关的工艺系统进行确认。这些系统要进行设计审核，然后根据相关的可接受标准确认，证明已达到系统的相关要求。

在消毒效果确认执行的过程中，有很多影响消毒效果确认不成功的因素，每个因素都存在着不同的潜在的风险，必须对每个因素进行充分的分析、评估，确保消毒效果确认顺利地进行。从人、机、料、法、环、测6个方面，找出可能发生危害的因素，审核消毒程序中的人员、设备、物料、方法、环境、测量。使用图5-8来表示所有的影响因素，这些因素对消毒效果确认存在不同的潜在的影响，有的项目需要进行风险评估，有的项目只需进行现行的控制即可，以下对图5-8中识别的人员、设备、物料、方法四个因素进行具体的描述。

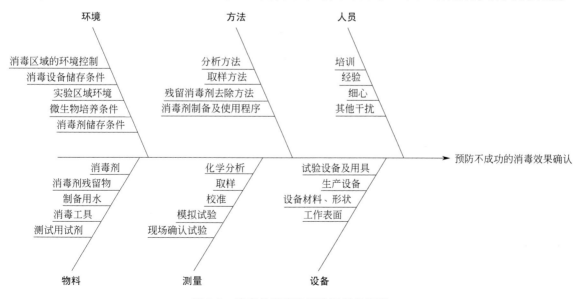

图5-8 消毒效果确认风险识别鱼骨图

5.4.2.1 人员

对于参与消毒效果确认的相关人员,特别是与消毒效果确认相关设备消毒的操作人员,必须对相关的操作规程及消毒技术进行严格的培训,保证设施、设备消毒操作的一致性,必要时在消毒效果确认过程中可以采用不同的班组人员对设备进行消毒,从而证明消毒程序的耐用性。消毒效果确认可能涉及的人员有操作人员、取样人员、分析检测人员。

5.4.2.2 设备

消毒效果确认需要根据设备材质和工作台面的性质,选择有代表性的设备和材料进行试验。洁净区域消毒操作所涉及的设备材质和工作表面主要包括如下。

(1) 层流罩、净化工作台或生物安全柜　层流罩、净化工作台以及生物安全柜通常在其使用前和使用后都需要清洁和消毒。

(2) 非产品接触设备表面　此非产品接触设备表面指的是接近产品接触表面的区域。由于其所在位置关键,应进行清洁消毒操作,确保残留消毒剂被清除,并且不会被扩散到产品接触表面。

(3) 工作台表面　工作台表面,如工作台、推车等,都有可能在产品或与产品直接接触的部件附近。这些表面也应该进行日常的清洁和消毒。

(4) 规则洁净室表面　规则表面如墙壁、天花板以及地板,应该定期清洁和消毒。频次的确定依据环境监测结果和/或风险分析。

(5) 不规则洁净室表面　考虑到不规则表面会污染洁净环境,对于此类表面应进行日常的清洁消毒。此类表面包括:非结构性表面,如罐、小车、支架、楼梯及管道外表面等,及难以清洁表面,如门顶部、传送带、电话、轮子及设备下表面等。

(6) 工具　不同洁净级别区域使用的工具应规定其消毒程序。工具通常用于在不同级别环境下执行或协助机械操作或调整,如螺丝刀、扳手、钳子。工具的清洗、消毒或灭菌取决于该工具将使用的区域洁净级别。

5.4.2.3 物料

为了使设备的消毒达到一定的洁净度,设备的清洗消毒需要采用相关的消毒剂和消毒工具。消毒剂需要根据法规要求进行注册和批准,然后才可被选择使用。常见消毒剂有乙醇、氯和次氯酸钠、含碘/溴化合物、过氧乙酸/过氧化氢、醛类、季铵类化合物、酚类、二氧化氯等。

消毒工具一定要选择没有任何脱落物质的消毒工具,重要的消毒工具的变更可能导致重新验证消毒程序。鉴于部分消毒剂需要用水稀释至适宜浓度后使用,稀释用水的水质要有一定要求,以保证所制备消毒剂的质量。比如,在A级区和B级区,为确保消毒剂不成为污染源,消毒剂使用前应过滤除菌或灭菌,配制消毒剂则需要使用灭菌注射用水,或者直接使用从外部供应商采购有文件证明其无菌性的可直接使用或直接混合的无菌消毒剂。

消毒效果确认要求进行活性化学分析以及微生物有效性测试,测试用试剂会影响测试结果,所以也应加以关注。

5.4.2.4 方法

消毒效果确认涉及的方法主要有三类:消毒剂的制备及使用程序、残留消毒剂去除方法、分析方法和取样方法。

基于风险的方法确定日常清洁和消毒频率的示例见图5-9。该图提供了不同类别的生产工艺和洁净级别的风险级别。根据风险级别、生产类别，列出了相应的清洁和消毒频率。该图表明，因为环境对产品污染的风险、人员暴露以及生产活动类型不同，具有相同洁净级别的不同生产区域的清洁和消毒频率可能不同。

多种方法可以用于选择洁净区清洁和消毒频率，环境监控数据证明污染得到有效控制。但是，基于产品暴露于环境、人员以及生产工艺本身带来的产品风险的方法，提供了最大的灵活性和能力，从而可以根据特定厂房设计、区域使用和生产风险来调整污染控制和消毒程序。

另外，消毒效果确认执行之前，必须完成与消毒效果确认相关的分析方法验证和取样方法以及所有相关设备的清洗消毒 SOP。

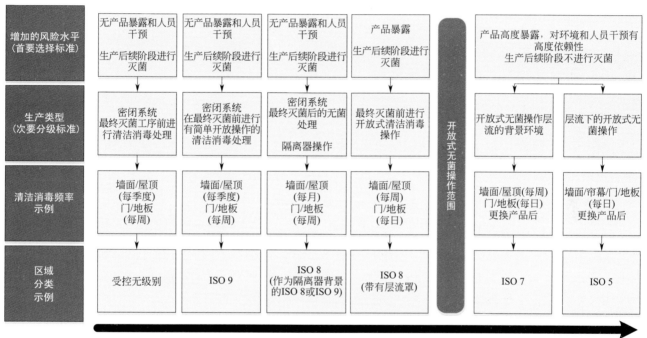

图 5-9　日常清洁和消毒频率示例

可采用一种消毒剂和一种杀孢子剂交替使用的系统，以更有效地降低微生物负荷。这种交替使用要优于多种消毒剂的轮换。亦可仅采用已证实有效的一种杀孢子剂，而不进行交替使用。只要定期使用，则可破坏污染水平确保达到适当的环境要求。然而，考虑到杀孢子剂本身的腐蚀性，并不建议只使用杀孢子剂。

如果使用会产生残留的消毒剂，比如酚类、季铵类或漂白剂，应该在达到规定的消毒作用时间以后再次进行清洁擦拭，保证残留最大限度被去除。如此操作可以避免残留从被消毒区域扩散到关键区域，也可以防止残留消毒剂造成的工作表面的腐蚀和变质。

（1）分析方法　消毒剂要进行活性成分化学分析以及微生物有效性测试。

活性成分化学分析需要采用理化分析方法。常见的理化分析方法包括容量分析法、分光光度法、液相色谱法、气相色谱法等。

微生物有效性测试方法包括菌悬液与菌片的制备、活菌培养计数、残留消毒剂去除试验、中和剂鉴定、细菌杀灭试验、真菌杀灭试验、病毒灭活试验等。

（2）取样方法　消毒效果确认中取样方法包括沉降菌取样、浮游菌取样及表面微生物取样。

空气微生物检测采用沉降菌取样和浮游菌取样。表面微生物检测包括接触碟法和擦拭法，它可以监测生产区域表面以及设备表面的微生物负荷。

沉降菌和浮游菌取样要求按照通用的国家标准或推荐的指南标准进行操作。对于表面微生物取样方法需要进行方法确认：将分离得到的代表性微生物，接种于试验表面，然后按常规方法进行取样及处理，计算回收率。用于接种的试验表面通常为方形或圆形薄片，材料多为塑料、玻璃和不锈钢类，以尽可能模拟实际监测时的环境设施表面。

当消毒效果确认时，需要选择有代表性的洁净室和位置进行微生物取样测试。洁净室和位置的选择需要通过风险评估来确定。

洁净室的选择依据主要为房间的功能，并考虑可能消毒效果最差及微生物污染风险最高的房间。

5.4.3　小结

风险管理在消毒效果确认策略中是不可缺少的。风险管理是一个持续的过程，要分析和评估关键的输入和数据，以及执行的风险控制措施，以确保设计的输出已被合适地考虑和确认，从而有效地控制消毒程序中的风险。

5.5　无菌工艺模拟试验风险评估

5.5.1　概述

无菌工艺模拟试验是指采用适当的培养基或其他介质，模拟无菌工艺生产的无菌药品的生产过程，评价该工艺无菌保障水平的一系列活动。无菌药品生产需要控制微生物、粒子和热原污染，其污染来自物料、设备、产品暴露的情况等对产品的污染。众所周知，影响无菌的有害因素很难用可测量方式加以明确，并且不易监测或控制。一旦发生灭菌效果或内毒素不合格的情况，由于现有取样与测试方法缺乏灵敏度，检测污染的能力是有限的。因此，无菌过程的结果难以预料，其必然存在更多的风险。了解并管理与无菌过程相关的风险，对做出恰当决策、确保产品质量来说至关重要。

无菌工艺模拟试验是一种挑战性试验，是对设备、环境以及人员操作的一种系统验证，其完全模拟无菌产品的生产准备、配制和分装工艺，以一种可以促进微生物生长的培养基替代无菌产品，在验证生产过程中的每一支产品都经过相应的培养。它可以直观、方便、准确地反映出无菌生产过程受污染的情况及问题。几乎在所有情况下，微生物在培养中的繁殖和生长要比在实际产品中更容易。它可以全面反映整个生产过程采用无菌工艺生产无菌产品的能力。

无菌生产工艺的设计基于对产品特性、工艺技术和无菌保证措施的认知和经验的累积。设计模拟试验方案前应对无菌生产工艺开展系统性风险评估，以充分识别无菌生产过程中潜在风险点，充分考虑风险评估的结果，对于暴露风险高的无菌操作环节，如无菌管路连接、部件安装、设备对接和转运等。另外，生产线有多种无菌生产工艺，应采用风险管理的模式，在综合评价不同无菌生产工艺的基础上设计模拟试验方案，以评价每种无菌工艺过程的可靠性。如无菌生产工艺存在显著差异，宜对每种工艺开展模拟试验。

5.5.2　风险评估的过程

5.5.2.1　风险识别

产品的关键质量属性，如无菌保证和可接受的内毒素限度是无菌工艺要达到的目标。由于不经过破坏性实验很难检测到无菌失败，所以应当关注导致产品被微生物污染的失效过程。对无菌工艺中的风险进行识别，如人员、过程、设备、部件、无菌/去除热原、设施/公用设施等，找到无菌工艺过程中可能存在的风险。可采用鱼骨图、失效树分析等评估工具识别危害源。

5.5.2.2 风险分析

在识别出风险后，可采用FMEA进行风险分析，针对每个无菌工艺模拟试验已经确定的操作单元和参数进行分析，分析其失效时可能产生的危害，再对其发生的可能性及其可检测性进行定性或定量的分析。

风险评估的表达使用定性描述，如"高""中""低"。一个风险的判定依靠风险优先性来定义。

(1) 严重性　发生危害后对产品无菌/内毒素的影响程度。
- 高（H）。对产品无菌/内毒素有影响，必须严格控制才能保证无菌/内毒素合格。
- 中（M）。对产品无菌/内毒素可能有影响。不严格控制会出现无菌/内毒素不合格。
- 低（L）。对产品无菌/内毒素影响很小，一般不会出现无菌/内毒素不合格的发生。

无菌得不到保证及内毒素超标，其严重性通常为高。

(2) 可能性　发生无菌/内毒素超标的可能性。
- 高（H）。经常发生。
- 中（M）。周期性发生。
- 低（L）。很少发生。

(3) 可检测性　发生无菌/内毒素超标的可检测性。
- 高（H）。失效可以检测到，例如每次发生均可检测到。
- 中（M）。可由人员很容易地查到或具有报警。
- 低（L）。不太可能由人员或设备控制系统查到。

把严重性和可能性合在一起来评价风险级别。按照由高到低分为3个级别：风险级别1、风险级别2、风险级别3，如表3-3所示。

风险优先性是对相关的所有风险的衡量，在进行风险级别评价之后，将风险级别和可检测性合并确定整体的风险优先性，通过表3-4对风险优先性进行评价。

5.5.2.3 风险控制

一旦经过评估辨识了潜在过程失效、其影响、发生可能性与检测可能性，应当判定如何关注这些风险。存在不可接受风险的过程，应当减少并控制使其达到可接受水平。如果风险可以接受，过程可保持原来设计，或改进过程合理步骤进一步降低风险。

下文以典型的无菌原料药和无菌制剂的操作过程进行举例，介绍无菌工艺的风险评估流程，需要注意的是，这些评估并不完整，也未包含有关的先决条件评估。

5.5.3　无菌原料药的无菌工艺模拟试验风险评估

无菌原料药典型的工艺包含配制、除菌过滤、结晶、分离、精制、干燥、磨粉、混合以及分装。无菌工艺模拟试验应从第一步无菌操作开始，即经除菌过滤或其他方法获取无菌药液，直至无菌产品完全密封结束。评估过程中除了要考虑操作本身外，还要考虑无菌器具、包材的灭菌等准备工序，各个工艺步骤保留时间。

无菌原料药工艺风险评估示例如表5-19所示。

表 5-19 无菌原料药工艺风险评估示例

工艺步骤/单元操作	潜在的失败模式	失败的可能原因	失败的影响	风险评估 严重性	风险评估 可能性	风险评估 可检测性	风险评估 风险级别	当前的控制	建议采取的措施	实施措施后风险评估 严重性	实施措施后风险评估 可能性	实施措施后风险评估 可检测性	实施措施后风险评估 风险级别
物料称量	微生物污染	物料超过效期或物料检测项目不合格（如物料检测的微生物限度超标）	微生物负载不符合要求，增加过滤器负荷，导致产品无菌不合格	H	L	H	L	每批原辅料入厂后均进行微生物检测，检测合格后方可用于生产	N/A	N/A	N/A	N/A	N/A
料液配制	微生物污染	滤前液不符合要求	除菌过滤前微生物负载不符合要求，增加过滤器负载，导致产品无菌不合格	H	L	H	L	每批料液对滤前液进行检查	N/A	N/A	N/A	N/A	N/A
除菌过滤	除菌过滤失败	除菌过滤器破损、完整性不符合要求	产品受到污染	H	L	H	L	冗余设计 过滤后进行完整性检测	N/A	N/A	N/A	N/A	N/A
无菌结晶工艺步骤	可能造成微生物污染	晶种加入时污染	产品受到污染	H	M	M	H	对晶种进行无菌检测 晶种传递时对外表面和器具消毒 对操作环境进行在线粒子和微生物监测	无菌工艺模拟过程中对该操作进行模拟	H	L	M	M
		设备灭菌不合格 设备的密封性不合格	产品受到污染	H	L	M	M	进行了成功的灭菌效果验证 灭菌过程中在线监测温度和压力	无菌操作模拟程序，灭菌后设备的保存工序时间 定期进行灭菌工艺验证 定期测试结晶罐的完整性	H	L	H	L
无菌精制、分离工艺步骤	可能造成微生物污染	设备灭菌不合格 设备的密封性不合格	直接影响产品无菌性	H	L	M	M	建立SOP规范操作程序，确定工序时间、操作条件 对系统的灭菌效果已经进行了成功的验证	无菌工艺模拟操作程序，灭菌后设备的保存工序时间 定期进行灭菌工艺验证 定期测试设备的完整性	H	L	H	L

续表

工艺步骤/单元操作	潜在的失败模式	失败的可能原因	失败的影响	风险评估 严重性	可能性	可检测性	风险级别	当前的控制	建议采取的措施	实施措施后风险评估 严重性	可能性	可检测性	风险级别
无菌干燥工艺步骤	可能造成生物污染	物料转运过程不符合要求系统的密封性不合格	直接影响产品无菌性	H	L	M	M	无菌管路转运系统的密封性已经进行了成功的验证	无菌工艺模拟过程模拟操作程序,工序时间,灭菌后设备的保存时间 定期进行灭菌工艺验证 定期测试系统的完整性	H	L	H	L
		设备灭菌不合格 设备的密封性不合格	直接影响产品无菌性	H	L	M	M	建立SOP规范操作程序,确定工序时间,操作条件 对设备的灭菌效果已经进行了成功的验证	无菌工艺模拟过程模拟操作程序,工序时间,灭菌后设备的保存时间 定期进行灭菌工艺验证 定期测试设备的完整性	H	L	H	L
无菌混合工艺步骤	可能造成生物污染	在此步骤所添加的无菌物料不合格	产品受到污染	H	M	M	H	每批对无菌物料进行无菌检测	无菌工艺模拟实验中模拟无菌物料上料	H	L	M	M
		无菌物料转运对接系统的密封性不合格	直接影响产品无菌性	H	M	H	H	上料过程采用灭菌的转接桶对接,成功的灭菌效果验证建立了对接操作的SOP	在无菌转运操作中,转料桶的最长保存时间 定期测试桶的完整性	H	L	H	L
		操作过程中操作不当,工艺时间过长,操作条件不符合要求 设备的密封性不合格	直接影响产品无菌性	H	M	H	H	建立SOP规范操作程序,确定工序时间,操作条件 设备已经执行了成功的灭菌效果验证	无菌工艺模拟操作程序,工序时间,操作条件 定期测试设备的完整性	H	L	H	L
分装过程	可能造成生物污染	工器具,包材灭菌不合格	产品无菌性不符合要求	H	M	H	H	按SOP规范操作程序,进行操作 在无菌工艺验证前,工器具,包材灭菌效果验证已完成验证	在模拟最差条件下,模拟该工序的操作	H	L	H	L
	分装过程中操作不符合要求,可能造成微生物污染	人员操作不规范,操作会干扰气流流型 人员干预次数过多	产品无菌性不符合要求	H	M	M	H	进入B级区的人员均经过资质确认,且经QA批准后方可进入 完成了动态气流流型验证	无菌工艺模拟试验中安排所有需要进入B级区的人员参与模拟灌装,并进行关键操作的模拟,进行干扰所有的操作模拟	H	L	M	M
	可能造成微生物污染	RABS内部操作环境不符合A级环境要求	产品无菌性不符合要求	H	L	H	L	按照SOP的要求操作 操作过程中进行在线环境监测 A级区进行动态粒子和微生物监测	不需特殊控制措施	N/A	N/A	N/A	N/A
	可能造成微生物污染	灌装总时间过长	产品无菌性不符合要求	H	M	M	M	根据生产条件确定最长灌装时间	在无菌工艺模拟试验时,模拟最长分装时间	H	L	H	L

注：H—高；M—中；L—低；N/A—不适用,全书同。

表 5-20 无菌制剂灌装工艺风险评估示例

工艺步骤/单元操作	潜在的失败模式	失败的可能原因	失败的影响	风险评估 严重性	风险评估 可能性	风险评估 可检测性	风险级别	当前的控制	建议采取的措施	实施措施后风险评估 严重性	实施措施后风险评估 可能性	实施措施后风险评估 可检测性	风险级别
灌装准备	可能造成微生物超标	未进行清场或清场不合格,导致污染配制过程中的环境	产品无菌不合格	H	L	M	M	生产前检查清场合格证以及期内,生产结束后将清场合格证附在批记录当中	无菌工艺模拟试验模拟清洁后的最长保存时间	H	L	H	L
灌装准备		涉及的无菌器具(如灭菌后的灌装机器具、设备维修用的灌装工具)在无菌转运过程受到污染	产品无菌不合格	H	L	M	M	标准操作规程规定各无菌器具、转运路线在转运过程中的无菌保护方式及相应的操作	无菌工艺模拟试验中模拟无菌的操作过程	H	L	H	L
灌装准备		无菌连接的操作规程不规范,造成连接过程中受到的污染	产品无菌不合格	H	M	M	H	标准操作规程规定的操作过程	无菌工艺模拟试验中模拟无菌安装的操作过程	H	L	H	L
灌装准备		装量调节过程中,受到外界的污染	产品无菌不合格	H	L	M	M	标准操作规程规定装量调节的操作过程	无菌工艺模拟试验中模拟装量调节的操作过程	H	L	H	L
灌装	过快的速度可能造成倒瓶/碎瓶等情况的增加,在处理过程中造成微生物污染风险。过慢的速度可能造成额外的暴露风险,造成更高的微生物污染风险	灌装速率不符合工艺要求	产品无菌不合格	H	L	M	M	标准操作规程规定,灌装机对灌装速率进行设置,参数记录在批记录中并由双人复核	无菌工艺模拟试验中模拟灌装速率最快及最慢速率的操作过程	H	L	H	L
灌装	可能造成的污染	异常情况的处理过程中,不规范生物可能造成微生物污染,如处理倒瓶/碎瓶、胶塞堵道卡胶塞、处理胶塞异常后的西林瓶、设备异常的维修等	产品无菌不合格	H	M	M	H	标准操作规程规定异常情况的处理有效的流程	无菌工艺模拟试验中模拟异常情况的处理过程	H	L	H	L
灌装	可能造成微生物的污染	环境监测过程中,人员可能造成污染,如更换沉降碟	产品无菌不合格	H	L	M	M	环境监测中规定环境监测规程、操作规程的位置,操作规程、灌装周期	无菌工艺模拟试验中模拟环境监测的操作过程	H	L	H	L
灌装	过长的灌装时间可能造成额外的暴露风险,操作人员操作不规范,造成更高的微生物污染风险	灌装时间超过工艺规程的规定	产品无菌不合格	H	L	M	M	标准操作规程规定灌装时间范围,灌装起止时间及总时间记录在此批记录中	无菌工艺模拟试验模拟最长的灌装时限	H	L	H	L

5.5.4 无菌制剂的无菌工艺模拟试验风险评估

无菌制剂典型的工艺包含包材的灭菌、半成品配制、除菌过滤、灌装和全压塞、轧盖等操作。中国《无菌工艺模拟试验指南（无菌制剂）》规定："企业应根据风险评估确定无菌工艺模拟试验的起始工序。"如配制后不能除菌过滤的产品，无菌工艺模拟还应涵盖原液配制。采用风险评估的方式统筹考虑该生产线生产使用的容器类型、规格大小，产品类别，灌装速度、过程中断等环节，进行试验方案的设计。无菌生产工艺的暴露操作是影响最终产品无菌特性的重要环节，如设备（或管道）的无菌连接、无菌容器的转运和更换、灌装等关键操作。模拟试验方案设计应考察以上过程无菌保证措施的有效性。进行模拟试验方案设计时，应结合工艺过程中的暴露操作环节，重点考察有人员参与的关键操作，评价人员无菌操作素养和防护措施的可靠性。下面以灌装工序为例，采用FMEA工具介绍该评估过程。

无菌制剂灌装工艺风险评估示例如表5-20所示。

5.6 工艺验证风险评估

FDA工艺验证指南中，对工艺验证定义为3个阶段：工艺设计、工艺性能确认、持续工艺确认。其中工艺设计阶段，对关键质量属性和关键工艺参数的评估和确定，已在"5.1 工艺开发与QbD"一节中进行说明，在此进行简单介绍。本节侧重介绍工艺验证第二阶段（工艺性能确认阶段，也就是传统的"工艺验证"）的风险评估及第三阶段（持续工艺确认阶段）的风险评估。

5.6.1 工艺设计阶段的风险评估

工艺设计阶段的风险评估，主要是涉及关键质量属性、关键工艺参数和关键物料属性的评估，且这个评估是迭代的，在工艺设计阶段随着对工艺的理解以及对工艺的控制不断地更新。

工艺设计阶段的关键质量属性将通过QTPP进行识别，关键质量属性是一种物理、化学、生物或微生物属性或特性，应在适当的限度、范围或分布范围内，以确保所要求的产品质量。

通过识别可能影响产品质量属性的工艺步骤，并对这些工艺步骤中工艺参数可变性对产品关键质量属性的影响性进行评估（通过定性的方式进行确定：高/中/低；或者直接通过影响性进行判断），以及对物料（原料、溶剂、中间体、辅料、包装材料等）关键质量属性可变性对产品关键质量属性的影响性进行评估（通过定性的方式进行确定：高/中/低；或者直接通过影响性进行判断），确定出潜在的关键物料属性和关键工艺参数。

后续通过进行实验设计和实验实施，逐步进行中间体CQA的评估，并进行测试，在实验实施结束后，确认关键工艺参数及物料CQA、最终CQA。

5.6.2 工艺性能确认阶段的风险评估

对于工艺验证第二阶段的风险评估，将从CPP/CQA/CMA/中间体CMA的审核和确认、工艺验证批次的评估、取样计划的风险评估、工艺验证内容的风险评估等方面进行考虑。

对于第二阶段CPP/CQA/CMA/中间体CMA的确定，需要重新进行审核和确定。

在工艺验证前，企业需要根据产品知识和工艺理解，评估和确定验证批次的数量和PPQ研究方案的设计。

基于工艺理解，可以从以下方面进行考虑：对工艺理解的程度，包括其相互作用；预测性和建模；变异性理解；规模效应等。

基于控制策略有效性，可以从以下方面进行考虑：物料标准；设备能力；工艺需求；工艺性能经验；监控能力和可检测性等。

对于取样计划的评估，需要在工艺验证方案设计前完成，或者在工艺验证方案中进行。

5.6.2.1 基于风险评估的第二阶段的关键工艺参数/关键质量属性/关键物料属性的审核

① 对于关键工艺参数和关键质量属性，将采取科学和迭代的方式进行评估和更新。

② 第二阶段，将根据试验阶段、工艺转移、试生产的数据，对数据进行分析和统计，基于对工艺知识的理解，根据工艺耐用性研究确定第一阶段（工艺设计）的 CPP/CQA/CMA/中间体 CMA 是否还适用。

5.6.2.2 基于风险评估的工艺验证批次的确定

① 对于第二阶段工艺性能确认阶段批次的确定，需要结合第一阶段工艺设计阶段的工艺数据，确定工艺的可用性和可重复性，在剩余风险评估中考虑能够接受的置信度、工艺的批间变异性，从而确定工艺验证的批次。

② 首先根据产品知识、工艺理解和控制策略有效性评估剩余风险，然后基于经验、统计数据和结果或者两者结合，根据风险知识确定批量生产验证批次数。如需要进行第一阶段的研发、临床试验、技术转移、工业批次、原始稳定性批次等的数据与第二阶段的验证过程的代表性和关联性的评估，还应进行第一阶段制造过程与 PPQ 过程的相似性的评估。

当工艺知识理解较多且控制策略比较完善，相应的第一阶段的数据比较多，相应的未进行控制的风险比较少（未识别的工艺可变性比较少），则后续第二阶段的工艺验证可能需要常规的三批就可以。但是如果第一阶段对工艺知识的理解比较少，且数据比较少，相应的未识别的工艺可变性的风险比较大，则后续第二阶段需要进行工艺验证的批次就会相对增多。

③ 基于风险评估确定工艺性能确认批次数量之后，可以计算需要包含在第一阶段中的批次数量。可以根据风险评估的工具对第一阶段的批次进行评估，确定其是否代表了要验证的预期商业生产工艺。通过对批次的累积风险点与能否将工艺设计阶段和工艺性能确认阶段进行融合的标准进行比较，以确定工艺设计阶段批次是否纳入合并到工艺设计阶段和工艺性能确认阶段的统计分析中。

④ 在执行 PPQ 方案之前，应记录批准最小批数（N）的理由。这些理由分为两大类：基于经验的和基于统计的。这两种方法也可以结合使用。

⑤ 对于中国和欧盟 GMP 而言，至少进行连续 3 次成功的工艺验证批次。

5.6.2.3 工艺验证取样计划的评估

工艺验证的取样策略需要综合考虑过程中的工艺变异性（比如位置变化对工艺的影响）、参数关键性和风险程度以及在前期研发阶段数据变异性和数据偏离目标的程度，进行取样计划的制定。同时取样应该合理，能涵盖和考虑到变异方面（批内和批间）的不同因素。可以使用统计学的方法定义取样计划和标准。

取样可以采用随机取样、分层随机取样和系统取样。

5.6.2.4 工艺验证前的风险评估

在工艺验证前，可以采用 HACCP 或者 FMEA 工具对各工序以及工艺的相应因素（人员、环境、检测方法、设备、物料等）的项目进行描述，以下为采用简略的 HACCP 方式进行评估的举例（表 5-21），并分析危害影响和危害原则，评估危害发生的严重性、可能性，

表 5-21 工艺验证前的风险评估示例

序号		危害描述	危害影响	严重性	可能性	关键性	预防措施	控制措施
人员								
1		生产操作、清洁维保人员、取样人员、检验人员等没有按照 SOP 进行执行，不具体相应的专业能力	可能会造成生产或检验失败，对产品产生风险	高	中	关键	①所有人员接受 SOP 培训合格后上岗操作；②相关专业人员（尤其是检验人员）必须进行相关专业培训；③进入人员的确认是经过更衣确认且只有合格后才能进入无菌区域	①在工艺验证对实施人员的培训记录和结果进行相关的确认；②对相应的工艺验证方案进行培训
环境								
2		生产环境不符合要求	可能会对产品造成影响	高	中	关键	①洁净区空调系统和无菌区隔离系统经过确认、日验证合格；②制定环境监测计划，对环境进行日常环境监测	①在生产前对环境相关系统的验证状态进行确认；②对环境监测状态进行确认；③在工艺验证时，对环境按照要求进行环境监测
物料								
3		原辅料、溶剂、包装材料等不符合要求	影响产品生产质量	高	中	关键	制定相应的检验要求，并按照检验 SOP 进行取样和检测	①在工艺验证前，对物料（原料、包装材料、溶剂）检验报告进行确认；②在生产过程中，按照相应要求对物料进行取样和检测
方法								
4		操作、维保、清洁和检验 SOP 不符合实际情况或者不完善	不能保证相应的执行人员按照完善有效的 SOP 进行操作，生产工艺不能得到有效保证	高	中	关键	①在生产前，对 SOP 进行审核并进行批准；②在 SOP 使用过程中，如有不符合情况或全面的情况，需要及时进行更新和升级	①在工艺验证过程中，按照 SOP 进行操作和执行；②在工艺验证过程中，确认使用的 SOP 是现行最新版本
5		分析方法 SOP 不完善或者未进行验证确认	不能保证按照一致的检测要求进行检测，不能保证质量方面的一致性	高	中	关键	在生产前，对相应的分析方法进行建立，并进行验证	①在工艺验证前，对工艺验证过程中涉及的分析方法对方法 SOP 进行确认，并对分析方法的验证状态进行确认
设备								
6		生产和清洁设备未进行校准和不在验证状态下	造成检测、生产无法正常运行，或者数据不准确或无效	高	高	关键	①在计划内进行校准；②在生产前，对设备进行验证	在工艺验证过程中，对设备的校准和验证状态进行确认
测量								
7		检测仪器未在校准或验证有效期内	造成检测不准确或无效	高	高	关键	①在计划内进行校准；②在生产前，对设备进行验证	①在工艺验证前，对设备的校准和验证状态进行确认
8		检测用分析方法不合理	分析方法不准确，造成检测失效	高	中	关键	在生产前，建立相应的分析方法，并进行验证	①在工艺验证前，对工艺验证过程中涉及的分析方法对方法 SOP 进行确认，并对分析方法的验证状态进行确认
9		取样工具未进行清洁	造成取用物料污染	高	高	关键	在生产前，建立取样工具清洁 SOP，并按照要求进行清洁	在工艺验证过程中，对取样工具进行清洁 SOP
称量								
10		称量环境不合格	不能保护称量 API 的质量不受到环境的影响	高	高	关键	①在经过确认的负压称量罩中进行称量；②在日常监测过程中，对称量罩的风速、粒子等进行日常监测	①在工艺验证前，对称量罩的验证状态进行确认；②在日常使用前，先开启称量罩 30min，稳定后再使用

续表

序号		危害描述	危害影响	严重性	可能性	关键性	预防措施	控制措施
称量								
11		称量后长时间暴露于环境中,引起原辅料吸潮	影响物料的质量和配比	高	高	关键	在物料转移过程中,盛装物料的容器是否密封良好	在称量后,立即装入容器中进行物料的转移
12		称量物料错误	可能会影响整个产品质量	高	中	关键	在工艺规程和批生产记录中规定的物料名称,并对领取的物料进行相应贴签,避免混淆	在称量前,将对物料进行核对
13		称量不准确	影响原辅料配比,影响含量等	高	高	关键	在工艺规程和批生产记录中规定双人复核	称量过程中,需要进行双人复核
配液								
14		配液系统故障	影响配液的正常运行	高	高	关键	①配液系统按照调试与确认的原则和策略进行确认 ②定期对设备进行维保,并填写维保记录	①在工艺验证中对配液系统的验证状态进行确认 ②在工艺验证过程中,启动设备,并检查设备运行状态
15		物料添加顺序错误	影响溶解度或者产品质量	高	中	关键	在工艺规程中规定好物料的添加顺序和方式	在工艺验证中按照工艺规程规定的顺序和方式进行确认
洗瓶								
16		洗瓶机故障	影响西林瓶的正常清洗	高	高	关键	①按照调试与确认的原则和策略进行确认 ②定期对设备进行维保,并填写维保记录	①在工艺验证中对配液系统的验证状态进行确认 ②在工艺验证过程中,启动设备,并检查设备运行状态
西林瓶除热原								
17		隧道烘箱故障	影响西林瓶的正常除热原	高	高	关键	①按照调试与确认的原则和策略进行确认 ②定期对隧道烘箱进行维保,并填写维保记录	①在工艺验证中对隧道烘箱的验证状态进行确认 ②在工艺验证过程中,启动设备,并检查设备运行状态
灌装加塞								
18		灌装加塞机故障	影响灌装加塞机正常运行	高	高	关键	①按照调试与确认的原则和策略进行确认 ②定期对灌装加塞机进行维保,并填写维保记录	①在工艺验证中对灌装加塞机的验证状态进行确认 ②在工艺验证过程中,启动设备,并检查设备运行状态
19		灌装过程中,环境不符合要求	对产品造成污染,影响灌装后的无菌要求	高	高	关键	①按照调试与确认的原则和策略进行确认 ②定期对隔离器进行维保,并填写维保记录 ③对额外的环境表面进行定期环境监测	①在工艺验证中对隔离器的验证状态进行确认 ②在工艺验证过程中,启动设备,并检查设备运行状态 ③在工艺验证中对灌装区域环境粒子进行实时在线检测,并在灌装验证方案中对灌装区域内的浮游菌和表面微生物(如沉降菌、浮游菌等)取样进行检测 ③对灌装后的产品的无菌性进行取样和检测
铝盖密封								
20		轧盖机系统故障	影响轧盖机正常运行	高	高	关键	①按照调试与确认的原则和策略进行确认 ②定期对设备进行维保,并填写维保记录	①在工艺验证中对轧盖机的验证状态进行确认 ②在工艺验证过程中,启动设备,并检查设备运行状态

确定其关键性，并对当前控制措施进行回顾（包括但不限于系统的自控或程序设计，以及相应的规程规定），执行控制措施（包括但不限于在SOP中制定规程或在后续工艺验证中进行确认）。

另外，可以在控制策略制定的时候，对工艺中的影响因素（如人、机、料、法、环、测、工序和工艺参数）制定相应PPQ阶段的监测、取样和工艺验证执行要求。在控制策略制定前，可以是在工艺设计阶段，根据实验设计和实验研究的结果，制定相应的工艺控制策略，包括但不限于工艺中的关键控制点；对工艺规程中需要控制的工艺参数、相应的质量属性以及相应的工艺要求（如环境、人员等）进行说明，还可包括相应的中间体与日常监测的项目和要求；同时可以对第二阶段工艺验证中需要进行控制的关键参数和属性制定相应的控制范围以及取样计划和策略等；还可以根据风险级别制定第三阶段的要求等。控制策略随着对工艺知识的理解不断更新，并逐渐地修订和升级相应的规程和工艺验证的方案和设计等。

无论采用哪种方式，风险管理工具只是进行相应活动的评估和确定的工具，没有严格的固定形式，只要能够通经过评估识别和分析出风险，并对风险加以合理的控制即可。

5.6.3　持续工艺确认阶段的风险评估

对于工艺验证第三阶段（持续工艺确认阶段），将基于风险评估、科学、统计的方式制定持续工艺确认阶段的策略。

5.6.3.1　新产品的持续工艺确认

持续工艺确认阶段将分成两个阶段：3.1阶段和3.2阶段。

在3.1阶段（即工艺性能确认完成后的阶段，加强监测阶段），对某些或所有参数将继续按照PPQ阶段制定的取样和监测策略和频率进行取样，或者基于风险确定相应的加强取样策略。

在3.2阶段（常规监测阶段），将基于统计学的常规放行取样和测试。

在制定第三阶段监测和取样计划时，需要考虑以下方面的风险评估活动。
- 质量属性的关键等级。
- 单元操作和参数变化对质量属性和现有能力的影响。
- 物料经验范围的变化对质量属性的影响。
- 评估现有工艺操作变化对质量属性的影响。
- 任何可预见模型的重现性。

如果在3.1阶段采用部分参数进行PPQ阶段的取样策略，可以采用风险评估的方式对第三阶段的监测进行分类，可以对设备参数、原材料属性等（输入）影响工艺的风险以及属性（输出）影响患者的风险进行排序，并优先考虑可能对工艺和患者最有影响的元素。同时第三阶段的监测也要结合PPQ阶段的结果，比如在PPQ阶段批内可变性比较小、数据比较稳定，则第三阶段可以采用常规水平；或者产品质量属性值接近接受限度的边缘，则可能是第三阶段继续执行第二阶段的加强取样和测试频率，以充分获得影响的属性的工艺知识。

3.1阶段转入3.2阶段，也就是可以减少PPQ级取样策略时。应基于满足各种统计标准（例如，预测间隔、容忍间隔、缺陷率或满足定义置信度的其他统计标准、工艺稳定性等）

以及工艺和相关控制策略的总体评估。

5.6.3.2 遗留产品的持续工艺确认

对于遗留产品的持续工艺确认，通过关键性/风险评估定义 CQA、CPP 和 CMA/中间体 CMA。基于 CQA 的工艺知识、日常监测和取样的数据分析和趋势、质量历史，建立第三阶段的初始计划。将通过评估工艺的稳健性提高保证质量能力和工艺理解。

对于不是基于 QbD 的理念进行工艺开发的遗留产品，可能没有 CQA、CPP、CMA 的评估，应该基于当前的工艺理解，进行相应的评估，确定出可能影响患者安全性、疗效和产品质量的 CQA 和 CPP。

现有/遗留产品的第三阶段的取样，将基于风险评估和统计制定常规取样计划和验收标准。

在 ISPE 基于生命周期的工艺验证实施指南中，推荐的流程如下：创建/审查遗留产品的公司高级别战略（基于剂型和风险框架、市场 GMP、公司质量体系、遗留产品工艺知识和趋势分析以及质量历史）；将通过差距评估确定补救优先级；通过检查现场是否有 CPV，针对 CPV 的传统控制策略进行产品初始的评估，以确定工艺/数据完善，根据产品性能和变化评估 CQA 和验收标准（如果没有的话，建立一个 CPV 计划）；如果 CQA 不足或数据缺乏，考虑执行能力研究或执行 CPV 方案，以收集数据并确保工艺控制；如果数据显示该工艺不充分，返回工艺设计阶段并评估 CPP/CQA，识别可能导致工艺变化增加的工艺步骤/设备；如果产品监测数据很完善，但是工艺中仍然存在缺陷或者不能涵盖当前工艺，需要重新评估监测/取样系统，以确定收集的数据是否足以证明关键工艺步骤的工艺能力和控制（考虑增加按照 PPQ 要求进行重复的监测/取样或使用其他信息补充工艺验证，以拟补差距）；根据实际工艺检查设计工艺，以确认当前所存档的工艺表现。讨论变更的影响，并修订 PV 计划，以包括工艺变更和评估对控制策略的影响，如没有足够数据证明工艺受控，则执行 PV；一旦 CQA 数据显示工艺控制和工艺监控有足够证明有效控制到位，转移到常规 CPV。

5.7 清洁验证风险评估

清洗和清洁验证可以从相关的工艺系统知识、污染物和设备清洗辅助系统（例如，化学和机械特性）中进行风险评估、确认。这些系统要进行设计审核，然后根据相关的可接受标准确认，证明已经达到系统的相关要求。在清洁验证执行的过程中，有很多导致清洁验证不成功的因素，每个因素都存在着不同的潜在风险，必须对每个因素进行充分的分析、评估，确保清洁验证顺利地进行，下面用图 5-10 清洁验证风险分析鱼骨图来表示所有的影响因素。

5.7.1 环境

环境因素对清洁验证的影响至关重要。一个良好的环境能够保证清洁验证顺利地进行。环境因素严重影响着清洁验证过程中的微生物残留项目，不同级别的环境有不同的微生物和悬浮粒子要求，在进行清洁验证之前，必须确保 HVAC 系统的 PQ 已经完成，环境的温湿度已经符合工艺要求。特别是对清洗后的设备的储存条件，清洗后的设备必须储存在干燥的环境中，必要时增加外来的覆盖物，因为一个潮湿的环境很容易促进微生物的滋长。清洁验证执行的过程中，需要进行干净设备保留时间（clean equipment hold time，CEHT）和脏设备保留时间（dirty equipment hold time，DEHT）的验证，而这两个时间的验证主要是针对微生物残留限度，因为环境因素如不能有效地控制，必定导致清洁验证的失败。表 5-22 列出了可能影响清洁验证效果的环境因素。

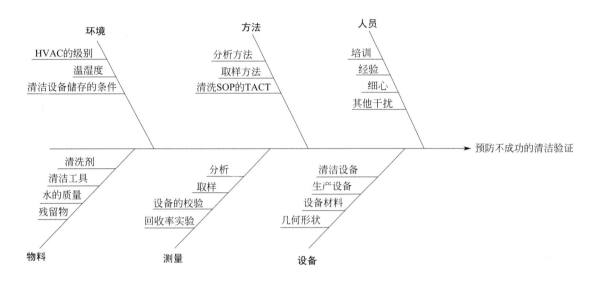

图 5-10　清洁验证风险分析鱼骨图

表 5-22　影响清洁验证效果的环境因素

序号	影响因素
1	清洗后设备存放时间
2	待清洗设备放置时间
3	HVAC 是否完成 PQ 且合格
4	温湿度
5	清洁设备储存条件

5.7.2　方法

清洁验证执行之前，必须完成与清洁验证相关的分析方法和取样方法验证以及所有相关设备的清洗 SOP。在设备清洁 SOP 中必须清楚的描述 TACT（temperature，action，concentration，time）参数，确保清洁规程的可操作性。

5.7.3　人员

对于参与清洁验证的相关人员在表 5-23 中进行了说明。特别是与清洁验证相关设备清洁的操作人员，必须对相关的清洗规程进行严格的培训，保证设备清洗的一致性。必要时在清洁验证过程中可以采用不同的班组人员对设备进行清洗，从而证明清洗 SOP 的耐用性。执行清洁验证的人员必须全部通过清洁验证方案的培训，在执行过程中，尽量采用有经验的人员，尤其是取样操作人员，必须通过回收率实验的考试，否则不允许进行取样。

表 5-23　参与清洁验证的相关人员

序号	清洁验证中可能涉及的人员
1	设备操作人员
2	取样人员
3	分析检测人员

5.7.4　物料

为了使设备的清洗达到一定的洁净度，设备的清洗必须严格地选用清洁剂和清洁工具。清洁剂不能采用大宗芳香型，必须采用成分单一和制药行业允许的清洁剂，而且在清洁验证执行的过程中要测定清洁剂残留；清洁工具一定要选择没有任何脱落物质的清洁工具，重要清洁工具的变更可能导致重新验证清洗程序。设备清洗所采用水的质量对于最终可接受标准的制定有着很大的影响，不同的水质清洗代表着不同洁净要求。比如，注射用水清洗一般都是在无菌制药厂房中进行。而纯化水对设备的清洗一般都在非无菌制药厂房中进行。所以，最终清洗水的质量好坏决定着清洁验证微生物的限度制订原则。

药品生产过程中，每个公司的每个车间都会有很多药品品种和剂型。由于在清洁验证过程中，要耗费大量的人力和物力，不可能针对每个品种都要单独地进行清洁验证，为了降低成本并将复杂的清洁验证简单化，需要对车间所有的品种和剂型进行分组分类，从中选择最差条件的产品进行清洁验证。

5.7.5　测量

清洁验证过程中涉及所有设备的仪器、仪表必须进行校验，确保获得数据的准确性。考虑不同人员操作的差异性，取样操作应经过严格培训并由能严格遵守规程的人员进行，同时为保证样品具有较好的重现性，取样操作应由完成回收率实验的人员进行操作。棉签使用前用取样溶剂（水）预先清洗，以防止纤维残留在取样表面。不同材质的回收率实验在此方案进行前必须完成，应由同一个人至少进行 3 次操作，回收率试验的结果应大于或等于 50%，3 次结果的 RSD 应不大于 20%。为确保产品的安全性，在计算残留量时应以最低的回收率数值代入，即算得最大可能残留量。对于不同材质的回收率结果进行对比，为最大限度地降低污染的风险，采取回收率最低的材质作为最终回收率。

5.7.6　设备

制药生产中，每个公司有不同的剂型，每个剂型使用的设备也各不相同，又存在着不同的产品。在清洁验证的执行过程中，不可能对每个产品的设备链进行验证，如果一个公司某剂型的产品非常多，那么清洁验证的周期会很长，浪费大量的人力和物力资源。所以会根据产品使用的设备链和产品的相似性对设备链进行分组验证。对于同一类别的设备链，只需要选择最差条件的设备链验证，只要最差条件设备链通过验证，那么其余的设备链也就不需要进行验证了，可以减轻清洁验证的负担。

制药生产过程中，由于设备的种类非常多，每个设备都有不同的几何形状，所以设备取样点的选定是非常重要的。所选择的取样点必须有很强的代表性，最终取样点结果应能证明该设备的清洗程序是适用的。

因为在清洁验证过程中主要的目的是证明上批产品的活性成分对下批产品没有造成污染，所以对于有些没有接触到活性成分的设备，可以适当地制定其测试项目，并不需要所有设备的测试项目都是一致的。

可以引用欧洲原料药委员会（APIC）中设备清洁等级的分类方法，如表5-24。

表5-24 APIC中设备清洁等级的分类方法

设备级别	清洁要求	风险评估	是否清洁验证
2	如果上批产品转移至下批产品的影响是非常重要，需要清洗至较低的预设限度	高风险	验证，使用较低的接受标准
1	如果上批产品转移至下批产品的影响是一般重要，需要清洗至较高的预设限度	中风险	验证，使用较高的接受标准
0	如果上批产品转移至下批产品的影响是不重要，需要清洗至目视洁净	低风险	不需要验证

注：此分类方法尤其适用于原料药生产工艺。

对于上述分析出的每一个风险因素，可以通过FMEA（根据各公司规定执行即可）的方法进一步进行评价分析，得出每个影响因素的风险优先性，如表5-25所示。

表5-25 清洁验证风险评估矩阵示例

序号	影响因素	潜在危害	严重性	可能性	可检测性	风险优先性
1	清洗后设备存放时间	在保留时间内微生物超标	H	L	L	H
2	待清洗设备放置时间	在保留时间内清洁不彻底，对下一批造成污染	H	L	L	H
3	HVAC是否完成PQ且合格	洁净区的HVAC未完成PQ或PQ不合格，污染设备	H	L	L	H
4	温湿度	洁净区温湿度可能促进微生物生长	M	M	L	H
5	清洁设备储存条件	储存条件不当，设备易污染	M	M	L	H

根据风险优先性，建议采取风险控制措施，如表5-26所示。

表5-26 清洁验证风险控制矩阵示例

序号	影响因素	潜在危害	控制措施	严重性	可能性	可检测性	风险优先性	评估结果
1	清洗后设备存放时间	在保留时间内微生物超标	清洁验证中进行验证	H	L	H	L	风险可控
2	待清洗设备放置时间	在保留时间内清洁不彻底，对下一批造成污染	清洁验证中进行验证	H	L	H	L	风险可控
3	HVAC是否完成PQ且合格	洁净区的HVAC未完成PQ或PQ不合格，污染设备	验证实施前进行检查	H	L	H	L	风险可控
4	温湿度	洁净区温湿度可能促进微生物生长	建立相关SOP，规定温湿度的控制范围	M	M	H	L	风险可控
5	清洁设备储存条件	储存条件不当，设备易污染	在设备清洁SOP中规范设备储存条件	M	M	H	L	风险可控

根据上述给出的控制措施，按照评估确定风险清单实施，再进一步对风险进行回顾，对风险实施后给出合理的建议。

5.8 包装工艺风险评估

中国GMP《附录 确认与验证》第十九条"工艺验证应当证明一个生产工艺按照规定的工艺参数能够持续生产出符合预定用途和注册要求的产品。"包装工艺验证作为工艺验证的一部分,其目的也是如此。

欧盟GMP《附录15 确认与验证》中"包装验证"章节:"由于设备参数的变化对基础包装的完整性和正确性有重要影响,比如铝塑条形包装、小袋和无菌部件,因此用于最终产品和中间产品的直接接触包装和二级包装设备需要进行确认。直接接触包装设备的确认应包含关键工艺参数操作范围的上下限,比如温度、转速、密封压力及其他相关因素"。该章节指出包装工艺验证需要考虑的风险,提到包装设备尤其是直接接触包装设备工艺参数的变更对包装完整性影响很大,应对这些设备进行确认。

包装工艺的最终目标是通过包装提供一个密闭的环境,保证产品的密闭保护状态,此状态应包含产品的整个有效期以及药品的运输过程。进行包装工艺验证无法脱离质量体系单独进行,建立一个有效的质量体系是进行包装工艺验证的前提,运用质量风险管理的方法进行包装工艺验证的风险评估,能够更好、更全面地评估包装工艺的关键方面及工艺风险点,帮助建立更全面、更科学的风险控制措施和验证测试方法。

根据包装工艺风险评估的特点,本节选择ICH Q9中建议的危害分析及关键控制点(HACCP)风险管理工具进行举例。

在讨论包装工艺验证的风险评估之前,首先应明确"产品"的定义。在包装工序中,"产品"既可以是药品,也可以是药品的直接接触包装。因此在进行风险评估时,既要考虑到对于产品的风险点,也要关注针对产品直接接触包装的风险点。应从患者安全出发,以包装工艺的CQA/CPP为根本来进行,对于常规的包装工艺来说,主要从以下几方面来进行风险评估的考虑。

5.8.1 设备风险评估

对于包装设备的风险评估,应按照设备系统调试与确认策略进行确认,可从设备功能及包装设备系统进行风险评估,通过风险评估的结果确定确认与验证的范围。

对于新采购的设备来说,通常情况下会对至少一种或多种产品的生产功能进行风险评估,某些现阶段没有用到,但是将来预期会使用的功能,也应该在风险评估中考虑。

对于需要搬到其他区域或者变更至其他工艺的生产工序中的现存设备来说,应根据用户需求,对于设备的非预期使用情况进行风险评估。对于较为复杂的设备,应在整个生命周期的不同阶段(设计、调试、确认、生产、退役等),根据不同阶段的特点进行特定的风险评估。

5.8.2 工艺风险评估

在预期产品的特性已被了解,生产设备已经完成了采购、安装、确认后,就应该开始对于具体的包装工艺进行风险评估。在进行风险评估时,对于特定包装材料和包装工艺的信息了解得越多、越透彻,评估效果就越好。因此,在理想情况下,工艺风险评估应该是在完成了相关的工艺开发,积累了足够的工艺知识后再开始进行。在包装工艺验证之前进行包装工艺风险评估,可用于证明包装工艺验证方法的合理性,在确定包装工艺验证执行的次数和方法时,应考虑其复杂性、可变性、工艺知识的积累以及积累数据所得的结论等方面的信息。

对于包装工艺验证自身的目的来说,风险评估应主要考虑对于患者的风险,对产品质量的风险以及GMP不符合性的风险。其他与质量无关的风险(比如经济性、EHS、生产效率等),则并不需要在包装工艺的风险评估中进行考虑,而是要在包装工艺验证之前已完成确认。

包装工艺的关键质量属性(CQA)和关键工艺参数(CPP)的评估、包装验证过程中取样的评估等都需要在评估中进行。

包装工艺风险评估矩阵如表5-27所示,风险控制矩阵如表5-28所示。

表5-27 包装工艺风险评估矩阵

序号	操作单元	描述	可能发生的危害	严重性	可能性	关键性
直接接触包装						
1	包装前检查	检查房间、设备已清洁合格,并在有效期内。按包装指令悬挂房间状态标识,检查领取物料的状态标识	房间清场、设备、器具清洁不合格	M	M	潜在关键
2			温湿度不合格	L	H	潜在关键
3			房间状态标识错误	M	M	潜在关键
4			物料状态标识错误	M	M	潜在关键
5	包装过程	领取直接接触包装材料和铝塑模具,安装运行正常。批号和有效期安装正确;检查产品外观和密封性合格,开始包装	模具使用错误	L	H	潜在关键
6			铝塑板批号使用错误	M	M	潜在关键
7			包装机参数设置错误	M	H	关键
8			密封性不合格	M	M	关键
9			密封性检测仪未校准	L	H	潜在关键
10			铝塑板外观的正确性	M	M	关键
11			物料平衡不合格	M	M	潜在关键
12			储存的时间超限	L	H	潜在关键
13			储存的条件不合格	L	H	潜在关键
外包装						
1	包装前检查	检查房间、设备已清洁合格,并在有效期内。按包装指令悬挂房间状态标识,检查领取物料的状态标识	房间清场、设备、器具清洁不合格	M	M	潜在关键
2			房间状态标识错误	M	M	潜在关键
3			物料状态标识错误	M	M	潜在关键
4	装小盒	根据包装指令单的包装规格要求,将相应数量药板装入相应规格的小盒中	铝塑药板质量不合格	M	H	关键
5			包装错误	M	M	潜在关键
6	药品包装码	根据包装指令单,在小盒上打印生产批号、生产日期、有效期	喷码信息错误	M	H	关键
7			喷码不清晰	M	M	潜在关键
8	检重	对每盒产品进行逐一检重、剔废	设置参数错误	M	H	关键
			说明书缺失的产品未能剔除	M	H	关键
			多放说明书的产品未能剔除	M	H	关键

续表

序号	操作单元	描述	可能发生的危害	严重性	可能性	关键性
外包装						
9	监管码	小盒经过时,监管码系统自动识别统计	系统设置信息错误	M	H	关键
10	中包装	将10盒喷码合格的小盒用塑料薄膜捆成一打	包装错误	L	H	潜在关键
11	装箱、捆扎	把相应规格的盒数装入外箱,每箱内放入一张产品合格证	包装错误	M	H	关键

表 5-28 包装工艺风险控制矩阵

序号	操作单元	CCP描述	控制措施	控制范围/限度	监测程序	纠正措施	文件和记录
直接接触包装							
1	包装前检查	房间清场、设备、器具清洁不合格	QA清场后检查,包装开始前检查	清场后合格发放清场合格证,包装开始前,清场合格证是否在有效期内	制定清洁SOP和QA现场监控管理规程	重新清洁,QA检查合格后使用	批生产记录,清场合格证,日常监控记录
2		温湿度不合格 房间状态标识错误	安装温湿度监控系统和报警系统 QA在包装开始前检查	温度:18~26℃ 湿度:45%~65% 温湿度不合格报警	制定QA现场监控管理规程	停止包装,偏差调查	批包装记录,日常监控记录
3		房间清场、设备、器具清洁不合格	包装前检查,双人复核;QA在包装开始前检查	和包装指令单一致	制定QA现场监控管理规程、直接接触包装岗位操作规程	禁止使用	批包装记录,日常监控记录
4		温湿度不合格	领取产品和内包材前检查,双人复核;QA在包装开始前检查	和包装指令单一致	制定QA现场监控管理规程、直接接触包装岗位操作规程	禁止放行	批包装记录,日常监控记录
5	包装过程	模具使用错误	包装前检查,双人复核,QA检查	8片/板	制定QA现场监控管理规程、直接接触包装岗位操作规程	更换合格模具	批包装记录,日常监控记录
6		铝塑板批号使用错误	一人检查打印的生产批号和有效期及规格是否正确、清晰,一人复核,并让QA人员确认	和批包装指令单一致	制定QA现场监控管理规程、直接接触包装岗位操作规程	停止包装,重新调整批号	批包装记录,日常监控记录
7		包装机参数设置错误	设置参数时,双人复核,QA检查	上板成型温度120~135℃ 下板成型温度120~135℃ 热封温度150~200℃ 压印温度≥110℃ 包装速率为40r/min	制定QA现场监控管理规程、直接接触包装岗位操作规程	重新设置参数	批包装记录,日常监控记录
8		密封性不合格	包装过程中定期QA检测,包装验证进行确认	密封性100%合格	制定QA现场监控管理规程、中间品检测SOP,包装验证方案	偏差调查,修订工艺规程,重新进行包装验证	批包装记录,日常监控记录,密封性检测记录,包装验证报告
9		密封性检测仪未校准	QA检查仪器的校准证书	校准合格,并在有效期内	制定QA现场监控管理规程	禁止使用,重新校准	仪器校准记录,日常监控记录

续表

序号	操作单元	CCP 描述	控制措施	控制范围/限度	监测程序	纠正措施	文件和记录
直接接触包装							
10	包装过程	铝塑板外观的正确性	包装中定期检测,QA 检查,包装验证进行确认	直接接触包装材料品名、规格应与产品一致,批号正确清晰,每板 8 片,板面平整,无缺片、无密封不良及其他残次现象	制定 QA 现场监控管理规程、中间品检测 SOP、包装验证方案	偏差调查,修订工艺规程,重新包装验证	批包装记录,日常监控记录,外观检测记录,包装验证报告
11		物料平衡不合格	包装结束后计算	物料平衡:98%~102%	包装验证方案	偏差调查,修订工艺规程,重新包装验证	批包装记录,包装验证报告
12		储存的时间超限	监控储存时间	储存时间≤40 天	制定 QA 现场监控管理规程	停止使用	日常监控记录
13		储存的条件不合格	制定物料储存条件,按物料储存条件储存物料,QA 检查	遮光、密闭封存,温度 18~26℃,湿度 45%~65%	制定 QA 现场监控管理规程	停止包装,偏差调查	日常监控记录
外包装							
1	包装前检查	房间清场、设备、器具清洁不合格	QA 清场后检查,生产开始前检查	清场后合格发放清场合格证,生产开始前,清场合格证是否在有效期内	制定清洁 SOP 和 QA 现场监控管理规程	重新清洁,QA 检查合格后使用	批生产记录,清场合格证,日常监控记录
2		房间状态标识错误	生产前检查,双人复核;QA 在生产开始前检查	和包装指令单一致	制定 QA 现场监控管理规程、外包装岗位操作规程	禁止使用	批包装记录,日常监控记录
3		物料状态标识错误	领取产品和外包材前检查,双人复核;QA 在包装开始前检查	和包装指令单一致	制定 QA 现场监控管理规程、外包装岗位操作规程	禁止放行	批包装记录,日常监控记录
4	装小盒	铝塑药板质量不合格	包装时检查,QA 检查	板面平整,无缺片、无密封不合格及其他残次现象	制定 QA 现场监控管理规程	禁止使用	批包装记录,日常监控记录
5		包装错误	包装时生产规格,包装过程中 QA 检查	无空盒,每盒装有 1 板、说明书一张,外观平整、整洁,无缺片、无密封性不好及残次品装入盒内	制定 QA 现场监控管理规程、外包装岗位操作规程	重新包装	批包装记录,日常监控记录
6	药品包装码	喷码信息错误	喷码前确认生产批号、生产日期、有效期等信息,双人复核,QA 检查确认	打印信息正确	制定 QA 现场监控管理规程、外包装岗位操作规程	重新设置信息	批包装记录,日常监控记录
7		喷码不清晰	包装前检查,QA 检查确认	打印信息清晰,无偏移	制定 QA 现场监控管理规程、外包装岗位操作规程	停止包装,偏差调查	批包装记录,日常监控记录
8	检重	设置参数错误	设置参数时,双人复核,QA 检查	和包装指令单一致	制定 QA 现场监控管理规程、外包装岗位操作规程	重新设置参数	批包装记录,日常监控记录
		说明书缺失的产品未能剔除	包装验证中进行检重剔废能力确认	说明书缺失可剔除	包装验证方案	偏差调查,重新进行包装验证	包装验证报告
		多放说明书的产品未能剔除	包装验证中进行检重剔废能力确认	说明书多余可剔除	包装验证方案	偏差调查,重新进行包装验证	包装验证报告
9	监管码	系统设置信息错误	设置信息时,双人复核,QA 检查	与包装指令单一致	制定 QA 现场监控管理规程	重新设置信息,重新扫码	批包装记录,日常监控记录
10	中包装	包装错误	包装过程中,QA 检查	10 盒喷码合格的小盒用塑料薄膜捆成一打	制定 QA 现场监控管理规程、外包装岗位操作规程	重新包装	批包装记录,日常监控记录

序号	操作单元	CCP描述	控制措施	控制范围/限度	监测程序	纠正措施	文件和记录
外包装							
11	装箱、捆扎	包装错误	包装过程中，QA检查	按照要求规格的盒数装箱，箱内放入一张产品合格证	制定QA现场监控管理规程	重新包装	批包装记录，日常监控记录

5.8.3 直接接触包装与二级包装

某些直接接触包装存在暴露可能的产品，通常被认为对于患者安全是存在较高风险，对于这种情况，其二级包装也很重要。

5.8.4 常见问题

① 风险评估开始时间及需要注意哪些？

在理想情况下，包装工艺风险评估工作应在完成工艺开发工作后进行。

在包装验证开始之前执行的包装工艺风险评估可用于证明包装验证方法的目的（如，批次数量、取样计划等）。在判断包装验证批次数量和方法时，应当考虑已知的复杂性、变量、工艺知识和记录的数据，越是了解具体包装材料和工艺，风险评估越完善。

② 包装工艺风险评估与产品工艺验证风险评估合并或者分开，CQA和CPP考虑方式有何不同？

如包装和产品工艺验证一起进行，则会按照工艺验证的原则进行CQA和CPP的评估（会包含包装CQA和CPP），一切应该基于风险和基于患者考虑，也定义为CQA，再结合CQA制定相应的CPP，并在后续的工艺验证中确认这些内容。

如果包装验证是独立的，需要考虑的评估CQA是基于产品出发的，工艺风险评估中可能有些问题的判断会与包装验证中的不匹配，但是应基于风险和基于患者考虑，也定义成CQA，再结合CQA制定相应的CPP。

③ 包装工艺风险评估是否包含包装设备的评估？

包装设备同工艺设备一致按照ISPE《基准指南5 调试与确认》及设备风险评估的结论进行确认，可以进行PQ，PQ中做相应的挑战和测试；包装工艺风险评估只考虑该设备在工序或工艺上的功能，包装验证只是包装工艺的验证，在一定的参数范围内进行包装、取样和检测即可。

5.9 运输工艺风险评估

运输是指用特定的设备和工具，将物品从一个地点向另一个地点运送的物流活动，它是在不同地域范围内，以改变物的空间位置为目的对物进行的空间位移。通过这种位移创造商品的空间效益，实现其使用价值，满足社会的不同需要。运输是物流的中心环节之一，也是现代物流活动最重要的一个功能。

中国GMP《附录 确认与验证》中"运输确认"、EU GMP《附录15 确认与验证》"运输确认"、USP《＜1079＞良好的储存和运输方式》、ISPE良好实践指南《冷链管理》以及WHO中的第961号技术报告等均对医药运输做出了规定。

本节将针对医药运输活动不同阶段子单元的活动所包含的风险来进行分析，应用其中的风险工具对运输工艺的设计阶段、确认阶段以及运输工艺的变更或取消进行比较简短的应用举例。

对运输工艺的设计阶段从人、机、料、法、环、测 6 个不同维度的风险因素进行简单鱼骨图分析，如图 5-11 所示。运输工艺设计阶段的风险识别中得到的风险因素进行分析。依据 ICH Q9 中建议的不同风险工具在不同阶段的应用，此次使用 PHA 模式进行风险分析，如表 5-29 所示。

结合公司的运输需求与实际情况进行运输工艺的规划。规划完毕后将要对运输工艺的实施阶段进行风险分析，依然依据人、机、料、法、环、测 6 个方面进行分析，如鱼骨图 5-12 所示。依据 ICH Q9 中不同风险工具在不同阶段的应用，此次使用 HACCP 方法进行分析，如表 5-30 所示。

依据 HACCP 进行分析后，可以采用 FMEA 的方式对各工序的项目进行描述，并分析失效模式和失效影响、失效原因，评估失效发生的严重性、可能性，确定其风险优先性，并对预防措施和检测措施进行制定，如表 5-31 所示。

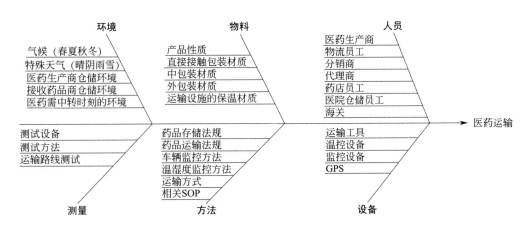

图 5-11　运输工艺设计阶段的风险识别鱼骨图

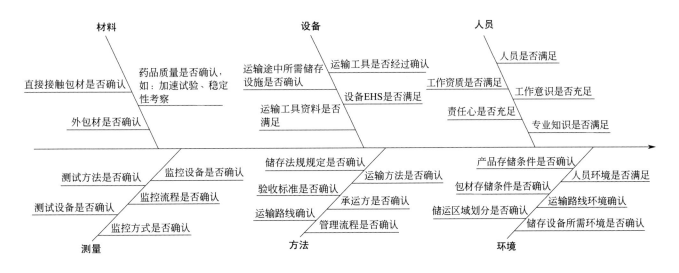

图 5-12　运输工艺实施阶段风险识别鱼骨图

表 5-29 运输工艺的设计阶段 PHA 案例

工艺/工序/项目	运输工艺的设计阶段					
描述	依据运输工艺的生命周期各个阶段的设备、人员、方法、环境、物料、测量 6 个方面进行考量					
序号	危险因素	触发事件	事故原因	事故结果	风险级别	预防措施
1	产品/原料变质	温湿度控制不合格（人员控制）	人员（操作人员、销售人员、物流人员）工作经验、专业性等不符合	影响产品质量	H	①职责划分与分配权限，不断地对相关不同层级人员进行培训与考核，确保人员资质 ②运输危险药品人员应进行特殊培训 ③运输人员应有相应的驾照等技术指标
2	产品/原料变质	温湿度控制不合格（人员控制）	人员责任心不足，如，不关心运输途中温湿度变化或突发情况	影响产品质量	H	①选择具有资质的医药物流公司，且不断地对员工进行货运过程中所需注意事项的培训与考核 ②应关注参与人员的安全与防护
3	产品/原料变质	温湿度控制不合格（人员控制）	人员安排不合理	影响产品质量	H	①选择具有资质的医药物流公司，对人员配备有强烈的要求 ②若公司承担运输则需有足够的运输人员，合理安排
4	产品/原料变质	温湿度控制不合格（设备控制）	储存或运输工具无法提供相应环境	影响产品质量	H	①充分考量产品所需的运输方式以及工具（如需要可以自动制冷的集装箱、飞机货仓的低温环境等） ②选择有资质的医药物流公司并做好相应运输工具的确认工作 ③做好工艺确认的先决条件
5	产品/原料变质	温湿度控制不合格（设备控制）	运输车辆故障、制冷设备损坏、维保等	效益受损	H	①充分考虑运输成本 ②选择有资质的运输公司并做好相关运输工具的确认工作 ③购买有资质运输工艺确认的先决条件 ④考量中转过程中的控制
6	产品/原料变质	温湿度控制不合格（材料控制）	存储或运输包材保温不合格	影响产品质量	M	①完成药品以及包材的稳定性试验 ②完成包材的耐冲击试验
7	产品/原料变质	温湿度控制不合格（环境控制）	药品、包材针对温湿度过于敏感 取货区到货区不合格 转运环境不受控	影响产品质量	M	①充分考虑运输路线中不同季节的不同天气 ②充分考虑运输路线所涉及的中转场环境符合要求 ③充分考虑运输路线中所使用的运输工具是否满足要求
8	产品/原料变质	温湿度控制不合格（法规控制）	运输路线区域的法规要求范围不同 不同国家、区域的质量保证体系 未进行有效的法规要求 第三方未有运输特殊药物的资质	合规性	M	①充分考虑不同产品（尤其是有特殊类药品）所涉及不同国家与地区的法规要求 ②充分考虑不同运输方式所涉及不同国家地区的法规要求 ③充分考虑不同运输路线所涉及不同国家与地区的法规要求 ④充分考虑运输过程中严格要求运输的人员操作、职责等 ⑤应从质量体系文件以及法规对监控设备的要求
9	产品/原料变质	温湿度控制不合格（法规控制）	监控方法方式的合规性	合规性	H	①充分考虑监控设备以及法规对监控设备的要求
10	产品/原料变质	温湿度控制不合格（测量控制）	测试设备方法 测试设备或监测设备不符合要求 未对测试设备以及监测设备日常维护保养	影响产品质量	H	①选择具有资质的医药运输公司进行运输 ②进行运输确认前应优先考虑运输工具等先决条件

表 5-30 运输工艺 HACCP 案例

工艺/工序/项目	运输工艺确认						
描述	运输工艺确认阶段的设备、人员、方法、环境、物料、测量6个方面进行考量						
序号	危害描述	危害影响	危害原因	严重性	可能性	关键性	预防措施	检测措施
1	储存区域温湿度不合格（人员方面考量）	储运物变质、影响产品质量以及用户安全	工作人员意识淡薄、责任心不强	M	L	非关键	企业文化培训	定期培训与考核
2			运输押运人员和装卸货人员没有按照规程进行装卸货及运输	M	M	潜在关键	定期进行岗位培训	定期培训与考核以及参加海关等相应的培训
3			人员资质不足（运输及押运人员、涉及到危险药品类的运输）	M	M	潜在关键	核查相关人员资质	确认
4			人员不足	M	M	潜在关键	有资质的承运商及药品生产商人员合理调配	确认
5			人员生病	M	M	潜在关键	日常检查	体检以及运输前确认
6			运输工具未经过确认	H	M	关键	进行确认	对运输工具进行确认。（如：温湿度、工具的功能和报警等内容）
7			运输方式未经过确认	H	M	关键	进行确认	对运输方式进行确认。（如：飞机、轮船、汽车、铁路等运输工具）
8	储存区域温湿度不合格（设备方面考量）	储运物变质、影响产品质量以及用户安全	运输过程中所需的储藏介质未经过确认（如冷藏箱）	H	M	关键	进行确认	进行温湿度测试
9			设备故障（如传感器故障、精度不足等）	H	M	关键	日常检查与模拟	定期检查与校准且进行断电后的温湿度确认
10			未有运输工具的清洁与维护记录（如：无虫害、所使用的清洁剂或熏蒸剂对药品无影响）	H	M	关键	日常检查	定期检查与校准
11			未对麻醉类和其他类似依赖性的药品进行安全和具有安保措施的容器中进行储运	H	M	关键	产品研究	核查与分布相应的区域和设备测试
12	储存区域温湿度不合格（物料方面考量）	储运物变质、影响产品质量以及用户安全	包材所需环境不满足	H	L	潜在关键	进行确认	进行材料确认
13			包材防冲击力不足	H	L	潜在关键	进行确认	进行确认
14			药品不稳定	H	M	关键	产品研究	进行稳定性确认（如加速试验、跌落试验、振动试验、紫外辐射试验等）
15			运输容器与药品反应	H	M	关键	产品研究	进行确认（如相容性试验）
16			运输确认中温湿度介质影响药品质量	H	M	关键	产品研究	进行确认防止影响药品质量介质的直接接触（如、冰、干冰、氮气或惰气态活性剂等）

续表

序号	危害描述	危害影响	危害原因	严重性	可能性	关键性	预防措施	检测措施
17			路线不固定	H	M	关键	进行确认	选择运输路线
18			运输路线环境变化大	H	M	关键	进行确认	运输工艺确认
19			运输路线环境季节性变化大	H	L	非关键	进行确认	定期考核
20			包材的所需环境不足	H	L	非关键	产品研究	审计供应商运输工具的确认以及在运输确认中进行确认
21	储存区域温湿度不合格(环境方面考量)	储运物变质,影响产品质量以及用户安全	运输过程中药品混乱	H	M	关键	产品研究	进行运输确认(有足够的空间与能力对不同药品或不同批次进行运输)
22			未有特殊药品储存与安保措施	H	M	关键	产品研究	对特殊物品预留空间、有效隔离以及安保措施
23			运输设备无法保持相应的环境	H	M	关键	进行确认	运输工艺确认
24			转运过程中无法保持所需环境	H	M	关键	进行确认	进行路线确认
25			装卸过程时间过长,所需环境不符合药品需求	H	M	关键	进行确认以及温湿度测试	规定装卸药品的时间,并根据药品稳定性数据进行分析
26			运输时间过长	H	M	关键	进行确认	进行温湿度确认
27	储存区域温湿度不合格(法规方面考量)	储运物变质,影响产品质量以及用户安全	不同国家与地区之间的法规要求不同	H	M	关键	产品研究	进行运输确认
28			验收标准以及确认方法不同	H	M	关键	方法研究	进行运输确认
29			未有完整的运输质量保证体系	H	M	关键	建立质量管理体系	进行运输确认
30			相关SOP未规定装卸特殊要求导致药品暴露时间过长	H	M	关键	建立质量管理体系	如有则进行运输工艺确认
31			特殊药品未依据特殊要求进行运输	H	M	关键	方法研究	进行方法确认
32	储存区域温湿度不合格(测量方面考量)	储运物变质,影响产品质量以及用户安全	测试方法不正确	H	M	关键	方法研究	进行方法确认
33			测试设备不准确	H	M	关键	方法研究	进行方法确认
34			测试流程不合适	H	M	关键	方法研究	进行方法确认
35			监控方式不正确	H	M	关键	方法研究	进行方法确认
36			紧急状态下的行动措施不完整	H	M	关键	方法研究	进行方法确认

第5章 质量风险管理在工艺中的应用

表 5-31 运输工艺 FMEA 案例

工艺/工序/项目													
描述	运输工艺												
	运输工艺确认中确认过程中设备、人员、方法、环境、物料、测量6个方面进行考量												
方面	失效模式	失效影响	潜在原因	严重性	可能性	可检测性	风险优先性	预防措施	控制措施	严重性	可能性	可检测性	风险优先性	风险评价
人员	人员不足以及生病等意外情况	可能会造成温湿度超标,对产品产生风险	人员不足无法圆满完成相应的工作内容	H	M	L	H	准备充足的人员	体检以及运输前确认	H	L	H	L	风险可控
	人员资质不足(运输及押运人员,涉及危险药品类的运输)		未对承运方资质进行考察	H	M	L	H	对承运方资质进行考察	在运输工艺确认前确认完成此类的先决条件工作(如,培训)	H	L	H	L	风险可控
	工作人员意识淡薄、责任心不强		未进行培训与考核	H	M	L	H	进行培训	进行考核	H	L	H	L	风险可控
			未制定相应的 SOP	H	M	L	H	制定相应的 SOP	进行培训	H	L	H	L	风险可控
	运输设备无法保持相应的环境		未对设备进行确认	H	M	L	H	制定运输验证方案	先决条件确认	H	L	H	L	风险可控
	路线不固定		未对路线进行确认	H	M	M	H	制定运输验证方案	考察路线	H	L	H	L	风险可控
	运输路线环境变化大		未对路线进行确认	H	M	L	H	制定运输验证方案	考察路线	H	L	H	L	风险可控
	运输路线环境季节性变化大		未对路线进行确认	H	M	L	H	制定运输验证方案	考察路线	H	L	H	L	风险可控
	包材的所需环境不足	可能会造成温湿度超标,对产品产生风险	未对环境进行确认	H	M	L	H	制定运输验证方案	进行确认	H	L	H	L	风险可控
	运输过程中药品混乱		未对运输工具区域进行有效划分	H	M	L	H	制定运输验证方案	进行确认	H	L	H	L	风险可控
	未有特殊药品储存与安保措施		未充分考虑运输物品相关信息	H	M	L	H	制定运输验证方案	进行货物确认	H	L	H	L	风险可控
	转运过程中无法保持所需环境		未充分考虑转运过程的风险	H	M	L	H	制定运输验证方案	进行转运确认或挑战	H	L	H	L	风险可控
	装载过程环境不符合药品所需求		未制定相应的 SOP	H	M	L	H	制定运输验证方案	进行挑战测试	H	L	H	L	风险可控
环境	运输时间过长		车辆故障、人员生病、天气原因、交通管制等因素	H	M	L	H	制定运输验证方案	挑战测试	H	L	H	L	风险可控

续表

方面	失效模式	失效影响	潜在原因	严重性	可能性	可检测性	风险优先性	预防措施	控制措施	严重性	可能性	可检测性	风险优先性	风险评价
物料	原辅料、溶剂、包装材料等不合格	储运物变质,影响产品质量以及用户安全	包材等对药品发生反应	H	M	L	H	进行产品研究	进行先决条件确认以及挑战测试	H	L	H	L	风险可控
	药品不稳定		药品失效	H	M	L	H	进行产品研究,从研发阶段解决	稳定性试验以及运输工艺确认	H	L	H	L	风险可控
	运输确认中温湿度介质影响药品质量		介质的热传导过量	H	M	L	H	合理使用冷热介质	进行运输工艺确认	H	L	H	L	风险可控
	设备未进行校准和验证状态下		未进行先决条件确认	H	M	L	H	对运输设备进行确认	进行先决条件确认	H	L	H	L	风险可控
设备	运输过程中所需的储藏介质未经过确认(如冷藏箱)	储运物变质,影响产品质量以及用户安全	未进行先决条件确认	H	M	L	H	对运输设备进行确认	进行先决条件确认	H	L	H	L	风险可控
	未对麻醉类和其他导致依赖性的药品进行安全和具有安保措施的容器中进行运输		未进行相关调研和核查	H	M	L	H	对运输物进行确认	进行先决条件确认	H	L	H	L	风险可控
	操作、维修、清洁SOP不符合实际情况或者不完善	不能保证相应的人员按照有效的SOP进行操作	人员意识不足以及未依据相应的方式进行执行	H	M	L	H	在SOP使用过程中,如有不符合情况,需要及时进行更新和升级	在运输工艺验证过程中,按照相应要求的制定,并进行审核和批准	H	L	H	L	风险可控
方法/法规	不同国家与地区之间的法规要求不同	效益受损	未充分识别药品销售地的法律法规	H	L	H	L	产品研究	在运输工艺验证过程中,按相应的SOP进行操作执行	H	L	H	L	风险可控
	特殊药品未依据特殊要求进行运输	效益受损	未充分识别相应的法规要求	H	L	H	L	产品研究	在运输工艺验证过程中,确认使用的SOP是现行最新版本	H	L	H	L	风险可控
测量	检测仪器未在校准或验证有效期内	造成检测不准确或者数据无效	造成检测无法正常运行或者数据不准确无效	H	L	M	M	在运输工艺确认前,对设备按照计划进行校准,在运输工艺确认前,对设备进行验证	在运输工艺验证前,对设备的校准和验证状态进行确认	H	L	H	L	风险可控
	测量方法以及流程不明确	不合规	用于测量的方法或测量流程不明确或是有缺失	H	L	M	M	详细设计运输验证	文件控制	H	L	H	L	风险可控

参考文献

[1] ICH. Q9 Quality Risk Management [S/OL]. 2005-11-09. https://ich.org/page/quality-guidelines.
[2] ICH. Q10 Pharmaceutical Quality System [S/OL]. 2008-06-04. https://ich.org/page/quality-guidelines.
[3] ICH. Q8 (R2) Pharmaceutical Development [S/OL]. 2009-08. https://ich.org/page/quality-guidelines.
[4] ICH. Q11 Development and Manufacture of Drug Substances (Chemical Entities and Biotechnological/Biological Entities) [S/OL]. 2012-05-01. https://ich.org/page/quality-guidelines.
[5] ICH. Q12 Technical and Regulatory Considerations for Pharmaceutical Product Lifecycle Management [S/OL]. 2019-11-20. https://ich.org/page/quality-guidelines.
[6] FDA. Guidance for Industry: Process Validation-General Principles and Practices [S/OL]. 2011-01. www.fda.gov.
[7] ISPE. Good Practice Guide: Practical Application of the Lifecycle Approach to Process Validation [S/OL]. 2019-03. www.ispe.org.
[8] PDA. TR 60, Process Validation: A Lifecycle Approach [S/OL]. 2013. www.pda.org.
[9] ISPE. Guide Series: PQLI® from Concept to Continual Improvement Part 1-Product Realization using Quality by Design (QbD): Concepts and Principles [S/OL]. 2011-09. www.ispe.org.
[10] 王兴旺. QbD与药品研发：概念和实例 [M]. 北京：知识产权出版社，2014.
[11] ISPE. A-Mab: A Case Study in Bioprocess Development, CMC Biotech Working Group [Z/OL]. 2009-10-30. www.ispe.org.
[12] EU. EudraLex Volume 4-Guidelines for Good Manufacturing Practices for Medicinal Products for Human and Veterinary Use, Annex 15: Qualification and Validation [S/OL]. 2015-10-01. http://ec.europa.eu/health/documents/eudralex/vol-4/index_en.htm.
[13] 国家药品监督管理局. 药品生产质量管理规范（2010年修订）[S/OL]. 2011-01-17. http://www.nmpa.gov.cn/WS04/CL2077/300569.html.
[14] ISPE. Good Practice Guide: Technology Transfer (Third Edition) [S/OL]. 2018-12. https://ispe.org/.
[15] 国家药品监督管理局. 食品药品监管总局办公厅关于药品技术转让工作有关事项的通知 [S/OL]. 2017-02-22. http://www.nmpa.gov.cn/WS04/CL2196/324176.html.
[16] 国家药品监督管理局. 食品药品监管总局关于印发疫苗生产场地变更质量可比性研究技术指导原则的通知 [S/OL]. 2014-01-08. http://www.nmpa.gov.cn/WS04/CL2196/324051.html.
[17] ISPE. Baseline Vol-2 Oral Solid Dosage Forms (3rd Edition) [S/OL]. 2016-11. www.ispe.org.
[18] 国家食品药品监督管理局药品认证管理中心编写. 药品GMP指南口服固体制剂 [M]. 北京：中国医药科技出版社，2011.
[19] PDA. TR 70, Fundamentals of Cleaning and Disinfection Programs for Aseptic Manufacturing Facilities [S/OL]. 2015. https://www.pda.org/publications/pda-technical-reports.
[20] PDA. TR 29, Points to Consider for Cleaning Validation [S/OL]. 2012. https://www.pda.org/publications/pda-technical-reports.
[21] PDA. TR 49, Points to Consider for Biotechnology Cleaning Validation [S/OL]. 2010. https://www.pda.org/publications/pda-technical-reports.
[22] USP. <1072> Disinfectants and Antiseptics [S/OL]. 2019-05-01. https://www.usp.org/.
[23] PDA. TR 13, Fundamentals of an Environmental Monitoring Program [S/OL]. 2014. https://www.pda.org/publications/pda-technical-reports.
[24] ISO 14644: 2015. Cleanrooms and associated controlled environments - Part 1: Classification of air cleanliness [S]. https://www.iso.org/standards.html.
[25] 中华人民共和国卫生部. 消毒技术规范 [S/OL]. 2002-11-15. http://www.nhc.gov.cn/xxgk/pages/viewdocument.jsp?dispatchDate=&staticUrl=/zwgkzt/wsbysj/200804/16508.shtml&wenhao=无&utitle=卫生部关于印发《消毒技术规范》（2002年版）的通知&topictype=&topic=&publishedOrg=食品安全综合协调与卫生监督局&indexNum=000013610/2006-01834&manuscriptId=16508.
[26] PDA. TR 44, Quality Risk Management for Aseptic Processes [S/OL]. 2008. https://www.pda.org/publications/pda-technical-reports.
[27] PDA. TR 22, Process Simulation for Aseptically Filled Products [S/OL]. 2011. https://www.pda.org/publications/pda-technical-reports.
[28] PDA. TR 28, Process Simulation Testing for Sterile Bulk Pharmaceutical Chemicals [S/OL]. 2006. https://www.pda.org/publications/pda-technical-reports.
[29] PIC/S. PI007-6, Recommendation on the Validation of Aseptic Processes [S/OL]. 2011. https://picscheme.org/en/publications?tri=all.
[30] 国家药品监督管理局. 药品生产质量管理规范（2010年修订）附录 无菌药品 [S/OL]. 2011-02-24. http://www.nmpa.gov.cn/WS04/CL2138/299909.html.
[31] 国家药品监督管理局. 2018年第85号通告 附件2 无菌工艺模拟试验指南（无菌原料药）；附件3 无菌工艺模拟试验指南（无菌制剂）[S/OL]. 2018-09-13. https://www.cfdi.org.cn/resource/news/10795.html.
[32] EU. GMP Annex1, Manufacture of sterile medicinal products, draft [S/OL]. 2020-02-20. https://ec.europa.eu/health/medicinal_products/consultations/2020_sterile_medicinal_products_en.

[33] PIC/S. Validation Master Plan Installation and Operational Qualification Non-Sterile Process Validation Cleaning Validation [S/OL]. 2007-09. https：//picscheme. org/en/publications? tri＝all #selSection _ Guidance.

[34] APIC. Guidance on Aspects of Cleaning Validation in Active Pharmaceutical Ingredient Plants [S/OL] . 2016-09. https://www. apic. cefic. org/new-page-2. html.

[35] 国家药品监督管理局. 药品生产质量管理规范（2010 年修订），附录 确认和验证 [S/OL] . 2015-06-04. https：//www. cfdi. org. cn/resource/news/6643. html.

[36] ISPE. Overview of Packaging Validation for Drug Products [S/OL]. 2017. www. ispe. org.

[37] EU. Guidelines on Good Distribution Practice of Medicinal Products for Human Use [S/OL] . 2013-11-05. http：//ec. europa. eu/health/documents/eudralex/vol-4/index _ en. htm.

[38] USP. ＜1079＞Good Storage and Distribution Practices for Drug Products [S/OL] . 2017-05-01. https：//www. usp. org/.

[39] PDA. TR 58，Risk Management for Temperature-Controlled Distribution [S/OL] . 2012. https：//www. pda. org/publications/pda-technical-reports.

[40] WHO. TRS 957. Annex 5，WHO good distribution practices for pharmaceutical products [S/OL] . 2010. https：//www. who. int/medicines/areas/quality _ safety/quality _ assurance/regulatory _ standards/en/.

[41] WHO. TRS 961，Annex 9 Supplemnt11 Qualification of refrigerated road vehicles [S/OL] . 2014. https：//www. who. int/medicines/areas/quality _ safety/quality _ assurance/regulatory _ standards/en/.

[42] WHO，TRS 961，Annex 9 Supplemnt14 Transport Route Profiling Qualification [S/OL] . 2014. https：//www. who. int/medicines/areas/quality _ safety/quality _ assurance/regulatory _ standards/en/.

[43] ISPE. Good Practice Guide：Cold Chain Management [S/OL] . 2011-05. https：//ispe. org/.

第6章 质量风险管理在项目中的应用

6.1 项目风险评估

项目风险评估应在制药企业新建或是改建项目的早期进行。该活动能够发现影响合规性、项目质量等风险因素,并建议采取适当的控制措施,有效地控制风险。

在项目早期,建议制药项目的利益相关方参考以下理念和方法。
- 产品生命周期。
- 对产品和工艺需求的理解。
- 基于科学的方法。
- 采用基于风险的方法。
- 质量源于设计(QbD)。
- 应用良好工程管理规范(GEP)。
- 整合的C&Q方法。
- 涵盖药品质量体系的所有要素。

6.1.1 项目背景说明

对新建或改建项目的情况进行说明,包含但不限于如下内容。
- 产品。
- 产能。
- 功能车间、辅助车间。
- 项目标准。

6.1.2 项目风险评估考虑要点

项目风险评估关注于项目的风险识别、分析、评估,及相应的失效影响性。风险评估需考虑GMP因素(产品质量、合规性等)和非GMP因素(人员安全、生产运营等)。

6.1.2.1 GMP因素风险评估

从项目的设计、建造、设施设备的验证都需遵循GMP的相关要求。

(1) 产品风险考量
- 产品的剂型（如原料药、片剂、胶囊剂、冻干粉针、小容量注射剂）、批量、年产量等。
- 产品以及物料的特性，如引湿性。
- 产品的预期用途。
- 产品是否易受微生物影响？如是，该厂房、设施需包含微生物检测装置。
- 是否有毒理学资料来支持 PDE 数据，并为清洁验证、多产品共线提供科学数据支持。

(2) 产能考量　确定以下因素。
- 实际生产需求。
- 将来生产需求。

(3) 需要以后引入的其他产品形式或类型，多产品共线的风险考量
- 交叉污染。
- 混淆。
- 差错。
- 滞留。

(4) 合规性风险考量　全球法规更新频繁，国际药监法规集约化明显，需确认项目遵循的法规标准，围绕项目标准进行资源的匹配，并在项目建设期间关注法规标准的变化与更新情况。

(5) 项目风险考量　项目的选址、气候带、气候特点（温度、湿度、雨量等）、风向等，另外还可能涉及以下内容。
- 洁净厂房位置。
- 动力区与生产区距离。
- 厂区和厂房内人流、物流走向。
- 消防通道和紧急集合点。
- 管线设置。
- 虫害控制措施。
- 工厂餐厅的设置。
- 绿化带。
- 废弃物、废水处理。

(6) 车间布局风险考量　产品和工艺要求通常决定了药品生产设施的基本布局，应在项目执行前确定产品的关键质量属性（CQA）。

生产车间的厂房设施应有合适的空间设计、合理人流/物流设计以及合适的建筑装修材料，最大限度地降低产品生产过程中污染、交叉污染以及混淆、差错等风险。以下几点需要关注。

- 应有合适的空间、建筑和布局来进行所有必需的操作，包括人员操作、产品生产、设备移动等，易于清洁和维护。
- 工艺布局。应按照生产流程要求做到布置合理、紧凑，有利于生产操作。还应考虑工艺区的可视度。
- 洁净区布局。空气洁净度相同的房间或区域相对集中；空气洁净度高的房间面积合理布置；不同空气洁净度房间之间相互联系应有防止污染措施，如气闸室或传递窗等。
- 关键流型。人流、物流、废物流、工具传送、空气流动等途径，应避免不同品种药品的成分相互干扰、污染，或是因人、工器具、物料、空气等不恰当的流向，让洁净级别低的

生产区域的污染物传入洁净级别高的生产区域而造成污染。
- 操作空间。操作间是否有足够的面积和空间，应避免因场地拥挤而造成操作失误的风险。
- 虫害控制。车间布局是否包含虫害控制设施。
- 其他。应设计适当地休息室、厕所、洗消装置及更衣设施，以利于产品保护。

（7）工艺技术风险考量　在产品开发阶段即进行工艺方法对产品生产能力影响的考虑。生产工艺过程（或操作单元）是否影响关键质量属性或事关患者安全？如是，设计（采用）适当的工艺设备及控制［如工艺设计和过程分析技术（PAT）］将其影响降低至最低限度。

只要存在产品转移，无论是密闭系统还是开放系统，总存在风险。因此建议，在设计阶段应对如何进行产品转移及如何降低风险进行描述。关键工艺步骤的例子包括如下。
- 取样、称重。
- 直接工艺流。
- 物料、中间产品、产品的转移。
- 与产品接触的设备与容器的清洁和灭菌。

在对产品质量和工艺要求有充分理解的基础上，企业应定义与各生产工序或操作单元相适应的控制水平、保护级别、验证程度，并确定每一区域内产品发生混淆从而导致污染的风险。

（8）工艺设备　所有用于制药产品生产的工艺设备都不应污染或损害产品的质量。风险考量如下。
- 材质。
- 表面抛光度。
- 设备的密闭和隔离。
- 产品取样方式或工具。
- 可清洁性和CIP使用。
- 校准。
- 自动化系统控制。
- 设备的调试和确认工作。
- 预防性维护与维修工作。

（9）公用设施　可以将车间的公用设施系统划分为工艺系统或工艺辅助系统两类。企业应审核设施内的各种公用设施系统，并确定每种系统的类别。这将为确定公用设施系统的设计、建造、调试、确认和文件编制要求等提供基础。

（10）洁净室环境　洁净室环境和HVAC系统可对产品质量和工作环境的安全造成显著影响。工艺环境HVAC系统的控制可帮助产品和操作人员规避风险。风险的规避包括以下方式。
- 保护产品不受环境颗粒物污染。
- 避免高温，从而确保产品的稳定性。
- 避免高湿，从而确保产品的稳定性、可加工性和流动性。
- 保护产品避免与其他产品的交叉污染。

HVAC系统和风险之间的关系受工艺设备的配置和工艺过程的影响。对于开放式工艺，生产操作的环境构成了工艺背景且控制这些工艺风险是关键的。考虑以下风险管控措施。
- 进行合适的洁净区分区。
- 使用高效过滤器（HEPA）防止交叉污染。

- 气流流型设计。
- 不同洁净区域的压差控制。
- 制药粉尘的控制（加工过程中）。
- 回风或排风。
- 报警系统，若适用。

在生产设施中，清洁、消毒和灭菌是至关重要的过程，因为它有可能对成品的关键质量属性产生不利影响。

(11) 储运系统　根据产品的储存条件（药典标准），设计仓储系统的温湿度管控方式和可接受标准，并进行验证；设计运输系统的温湿度管控方式和可接受标准，并进行运输验证。

(12) 质量管理体系　建立偏差、变更、纠正措施和预防措施（CAPA）、供应商管理、文件管理等程序和文件。

(13) 外包　对于外包服务，例如设计、施工建造、验证，应提供给企业充分的证据，以确保所有外包活动的正确执行。

6.1.2.2　非GMP因素风险评估

非GMP因素应关注在EHS维度，EHS是环境（environment）、健康（health）、安全（safety）的缩写。

关注的因素可涉及如下。
- 废水管理。
- 废气管理。
- 废弃物管理。
- 噪声。
- 能源管理。
- 职业健康安全。

非GMP因素风险评估的应用需考虑工艺需求与可供选择项成本之间的平衡。与非GMP危害和风险降低策略相关的因素如下所示。
- 操作人员暴露。暴露评估、密封设备、个人防护装备、管理程序等。
- 物理伤害。噪声，高温，辐射，人体工程学、机械防护疏漏，加标锁定，防跌落措施/保护，受控区域进入，窒息性气体，紧急出口等。
- 危险性操作。过程危险性分析，易燃易爆气体引起的火灾或爆炸、设备超压或低压等。
- 环境。许可证、空气排放、废水、雨水、地下水、固体和有害废物、有害材料的运输等。

6.1.3　小结

项目风险评估应用ICH Q9质量风险管理的原则评估确定潜在的危险，从而确定影响生产产品的安全、质量的潜在因素，对于识别和分析的风险点采取相应的控制措施，有效的控制措施将有效减缓风险。一旦风险控制措施生效，企业需要持续的检查、监控、维护、审计来确保其保持在预期状态。持续监控的要素包括以下方面。
- GMP设计审核。
- 确认/验证活动。
- 纠正和预防措施（CAPA）。

- 持续监控。
- 年度回顾（如，统计工艺能力、变更控制回顾等）。
- 持续改进。

企业应建立变更控制程序确保所有的变更活动均受控。

6.2 风险管理与 GEP

6.2.1 GEP 概述

GEP 是 good engineering practice 的缩写，意译为良好工程质量管理规范。2008 年 12 月，ISPE 正式颁布《GEP 指南》，并向全球制药行业及其相关工程顾问公司推广。

GEP 经常用于描述一个规范化的公司所期望的，并非 GMP 法规所规定的工程管理体系。例如，有效的项目进度及成本的监督、管理和控制，并非是法规所必需或强制要求的，但它是一个投资项目的有效运作所必需的，是 GEP 的一部分。

GEP 作为已经成熟运用于制药及其相关行业的规范化工程管理体系，涵盖了与产品质量和患者安全及其与项目建设活动相关的所有 GxP/GMP 和 non-GMP 法规要求，确保了项目各个方面的合规性及其用户方预期项目目标的最终实现。

GEP 涵盖了一项工程从项目需求、启动、计划、设计、采购、施工、调试与确认，直至竣工交付、操作维保、设施/设备退役的整个生命周期。

GEP 在 ISPE 系列基准指南中的定义：

- 贯穿项目整个生命周期，所运用的那些已经制定的工程方法和标准，以交付合理、经济、高效的解决方案；
- 它是一个工程管理体系，关于如何实施和管理一个工程项目；
- 并非 GxP（药品质量管理规范）体系强制要求的，但它是确保工程合理、经济、高效地实施所必需的；
- 是传统的工程方法，已成功运用于制药相关行业的工程管理中；
- 当面对大量技术指南、规范和标准时，需要特别记住的是所有的项目都是唯一的。GEP 要求针对特殊的环境判断出优选方案，并平衡时间、成本、工程质量及风险；
- 确证工作是建立在 GEP 基础之上的。

GEP 基于工程建造业的通用管理标准、工具和方法，涵盖了制药工业项目全生命周期管理及其 GxP/GMP 相关法规、指南的要求，提供了如安全、环境控制和 GxP/GMP 等领域的基础，如图 6-1 所示。其范围和内容包括如下方面：

- 专业和有能力胜任的项目管理（流程、程序及相关专业人员）。
- 专业和有能力胜任的设计、采购、施工、调试与确认、移交以及培训。
- 充分考虑相关安全、健康、环保、工艺、自控等法规要求。
- 充分考虑操作运行及维护保养要求。
- 充分考虑通用的法规、标准、规范及指南。
- 对于进行中的操作及维护有相应的合理的文档记录，证明它们和规程、准则的相关要求一致。

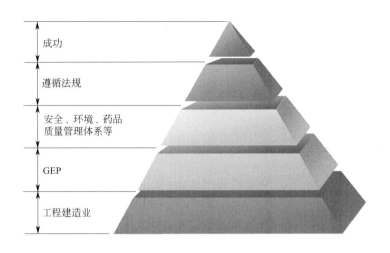

图 6-1 GEP 与 GxP 的定位图

6.2.2 GEP 风险管理策略

风险管理是 GEP 工作的核心。GEP 基于与 GxP 相关的质量风险管理的工具和方法，在项目的全生命周期实施风险评估、差距分析、设计审核及其变更控制，以确保项目风险得到有效的管理和控制。图 6-2 展示了 GEP 与 GxP/GMP、PQS、QRM 及其相关法规指南之间的关系。

图 6-2 GEP 与 GxP/GMP、PQS、QRM 及其相关法规指南之间的关系
PQS—药品质量体系；QRM—质量风险管理；ASTM E2500—制药、生物制药生产系统和设备的规范、设计和确证标准指南。

国家现行通用设计、施工规范、行业标准和药品质量相关 GxP/GMP 法规，是 GEP 对于制药企业软硬件的最低标准和要求。

GEP 是传统项目管理与药品质量相关 GxP/GMP 法规之间的接口，GMP 确证工作建立在 GEP 基础之上。在满足项目成本、进度、质量控制目标和 EHS 法规要求的同时，满足用户需求和 GMP 合规性是 GEP 的关注重点。

GEP 在 ASTM E2500—13 标准和 ISPE《基准指南 5 调试和确认（第二版）》［简称 "ISPE C&Q（第二版）"］中，作为制药企业 QMS 体系不可或缺的一部分被强调，使 GEP 聚焦于与产品质量相关的生产设施关键方面及其项目活动。在 ASTM E2500—13 中，明确要求"良好工程管理实践（GEP）应当巩固和支持规范、设计和确证活动。"此外，在该指南中，针对 GEP 的基于科学和风险的管理方法和要求，贯穿于制药项目全生命周期的关键项目活动，包括如下方面。

- 规范、设计和安装活动应充分考虑到所有适用的要求，包括 GxP、安全、卫生、环境、人类工程学、操作、维护、公认的行业标准和其他法定要求。
- 在规范、设计、采购和其他合同文件中，应包括有适当的与质量有关的条款。
- 必须制定涵盖计划、规范、设计、确证、安装、验收、维保等整个生命周期的文档。
- 适度的监督和控制，应该通过对执行、施工和安装等活动进行适当的确证来实现。

ASTM E2500—13 标准对于 GEP 的要求如下。
- 贯穿制药项目全过程必须运用良好工程管理实践（GEP）。
- ASTM 标准包括供应商文件和 GEP 的运用，要求供应商具备可接受的质量体系、技术能力和 GEP 的运用能力。同时，要求对供应商的质量体系进行审计，并且涵盖了对于供应商 GMP 文件的要求。
- 制药项目全过程的实施涉及众多专业领域和技能，其关键方面必须由跨学科项目团队主题专家（SME）全程参与评估、审核和批准。

将 GEP 整合进入质量风险管理活动，并进而纳入产品生命周期要求，可以降低产品质量和患者安全风险，还可以促进和提升企业内部职能部门管理和组织运营，规范新建或改扩建企业项目建设活动，使得企业关键设施/设备及其部件的项目需求、设计、采购、安装、调试与确证、竣工验收与交付、操作运行维保等更加有效和科学。GEP 为新药研发落地和商业上市、日常运营及前瞻性规划、质量管理体系建设、质量风险管理、GMP 验证活动等，提供了基础性保证和支撑作用，较大程度上提升了制药企业的运营效率。GEP 通过引入优质外部资源和主题专家（SME），帮助制药企业扩大和优化了组织资源，最大限度地规避了制药企业长期生产运营与短期项目实施之间存在潜在管理失控风险。图 6-3 展示了制药企业战略目标、质量管理体系、项目建设、GMP 验证、日常运行维护活动与 GEP 之间的关系。

图 6-3　制药企业各要素与 GEP 之间的关系

6.2.3 项目启动前期风险管理

在项目启动之初，降低项目风险的行动方案或措施包括如下。

- 收集与项目相关的基础数据，在充分考虑风险的基础上，进行项目可行性研究和经济成本比较，对项目是否能为组织提供适当的成本效益进行决策。
- 审查多种潜在的解决方案，选择最为合理和经济有效的且同时满足项目建议书与用户需求的解决方案，为组织管理层或决策者进行审批确认提供决策基础。

在项目准备阶段项目正式启动之前，要确保所有关键项目参与相关方对于项目建议书和项目需求进行了评审和确认，确保"未解决"项目问题或潜在风险不会进入下一阶段，这些项目问题或潜在风险可能导致项目目标、战略和范围的变化，并进而给项目下一阶段的实施带来致命的风险。

在项目前期准备阶段，GEP项目团队应尽早启动风险管理行动，基于风险评估和差距分析，列出风险管理策略提纲；基于项目初期对于风险的识别，列出可能影响项目交付的基本风险因素及其风险缓解计划，例如，工厂位置、公用设施配套、交通运输、资源、EHS、成本、工期进度、项目规模、施工环境、管理能力、技术能力、工艺复杂性、验证复杂性、操作维护需求、监管环境、法规要求、文化差异等。同时，项目参与相关方应基于GEP管理工具和方法，致力于项目启动阶段潜在风险的缓解或降低，为用户方提供合理和有效的风险缓解措施与方案。随着项目推进，不断更新和跟踪总结风险的各个要素，将风险分类为通用或特定的风险缓解类别，确保关键项目参与相关方有适当的专业知识了解和规避风险，为项目正式启动、成功交付和产品的商业上市打下良好基础。

6.2.4 项目风险管理

基于科学的风险管理活动贯穿于制药项目启动、设计、采购、施工、调试与确认、竣工交付、操作运行维保直至设施退役的全生命周期。

在 ASTM E2500—13 中，明确了如下质量风险管理原则。

- 质量风险管理是一个系统过程，它针对与药品质量和患者安全有关的风险进行评估、控制、沟通和回顾。
- 在生产系统中，在适当阶段必须对与产品质量和患者安全有关的风险进行评估，并具有相对应的设计方案。
- 应沟通的风险，包括供应商或施工风险，有关技术的新颖性、复杂性风险都必须考虑其是否最终影响产品质量和患者安全。
- 风险评估应该由适当的主题专家进行。
- 以风险评估为基础，选择适当的控制和确证技术，将风险管理进行至一个可接受水平。风险评估主要集中于那些生产系统的关键方面。
- 控制和确证水平必须与产品质量、患者安全的风险水平相匹配。
- 当风险不能通过设计来消除时，就应当启用适当的风险控制机制。

6.2.5 风险管理策略

GEP要求对系统进行风险评估，并判定其对产品质量和安全的风险程度。风险评估应确定出关键质量属性（CQA）和关键工艺参数（CPP）。每个系统所要求的调试和确认程度应根据风险评估而确定。保证能够进行有效的调试和确认并进行适当的文件记录，尤其是对于高风险的系统。项目启动时，无论是否已经执行的质量风险管理要素，均需要正式整合到项目风险管理活动中。在项目管理组织内，质量风险管理活动是项目管理工作的一个重要考虑因素，因为旨在减少产品质量和患者安全风险发生的概率的一系列风险管理活动，不仅存在于药品生产活动中，亦贯穿于工艺设计开发及至项目建设活动的整个生命周期。当在产品全生命周期中应用质量风险管理时，从工艺和产品的设计与开发，到项目建设、试生产、商业上市和产品停产，质量风险管理体系在整个产品生命周期内得以有效建立和维护。

基于 GEP 的管理原则和理念，与 GMP 和产品质量相关的制药项目核心区域的关键设施、系统、设备及其部件，其贯穿项目全过程的用户需求、设计、采购、建造、调试与确证、竣工验收与交付、操作运行与维保直至退役，必须按照 QbD 原则，采用基于科学和风险的管理工具与方法进行严格控制，以确保项目最终可交付成果符合 URS 和 GxP/GMP 法规的相关要求，并且其用户方预期使用功能和项目目标（质量、进度、成本、EHS，及其 GMP 验证和认证等）的最终实现。

6.2.6 风险缓解措施

在 QRM 中，GEP 运用风险管理、差距分析、设计审核和变更控制等工具与方法，确保项目合规性风险得到有效控制，并通过一系列风险缓解措施（例如，可行性方案经济成本比较、设计优化、第三方设计审核、变更管理等），大大降低了产品质量和患者安全的风险。

在项目实施过程中，基于科学的风险管理行动包括如下。

• 工程质量风险由主题专家（SME）（包括技术专家、职能部门主管、咨询顾问、专业工程师等）负责，并通过质量保证进行适当的监督。

• 项目各阶段与产品质量和 GMP 相关的风险评估、差距分析、设计审核和变更控制及其确证工作，与项目启动和交付同步进行，贯穿项目全生命周期。

• 非关键性差异，通过与 GEP 相关的合规性审查、确证和项目控制来解决。

• 文件管理工作着重于技术内容，主要通过良好文件管理规范（GDP）来保证。

基于科学的风险管理作为一个工具，用于确保项目参与相关方全过程致力于为所交付的产品满足用户需求而进行不懈努力。

6.3 GMP 设计审核

用于生产药品的厂房，其选址、设计、布局、建造、改造和维护必须符合药品生产要求，应当能够最大限度地避免污染、交叉污染、混淆和差错，便于清洁、操作和维护。应根据生产企业所在地的气候、环境特点、待生产的产品特性等对生产厂房进行选址和设计。

对于需要建造并能获得药品监管当局批准的制药工厂，证明其厂房、布局的设计和建造符合药品监管当局所规定的 GMP 等法规要求是至关重要的。因此，在制药厂房建造的整个生命周期中，应对需求、规范、设计、确证和验证运行进行计划和系统的审核。

GMP 设计审核根据 GMP 标准和用户需求说明，评估可交付物、识别问题并提出必要的纠正措施。GMP 设计审核所记录的结果用作为任何设计修改/增补的依据，进行的设计修改/增补以纠正审核下设计的不足之处。

6.3.1 基本概念

(1) 设计审核 对设计进行正式的、有文件记录的、全面的和系统的检查，以确定设计是否满足适用的要求，识别问题，并提出解决方案。

设计审核用以确认用户质量需求、CA、CDE，以及适用的风险控制措施，已经被构建到设计当中。

设计审核用于确认：
- 所有的 CA、CDE 和风险控制措施已纳入设计。
- 风险控制文件可用，确保当前的风险控制已经到位，建议的操作被记录下来，风险操作日志已经完成。
- 可接受标准已经确定。

如果上述的任何一项目标没有实现，则应重新审核设计以及相关风险评估。

在设计审核过程中，评估风险和评估其控制方式将为设计如何有效满足用户质量提供保证。同时，也可确认现有的风险控制策略和识别可能的风险控制。

通过设计审核结果，消除或降低风险至可接受水平，并实施需要的其他风险控制（例如，标准操作规程、维护程序）。

设计审核是生产系统生命周期中的一个支持过程，应该在适当的情况下进行。图 6-4 展示了设计审核与设计、风险管理的关系。

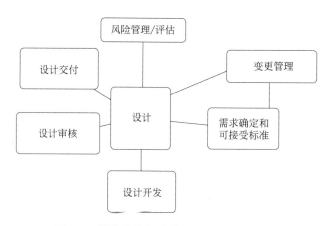

图 6-4 设计审核与设计、风险管理的关系

在设计完成后，需要检查设计文件来确认用户需求以及先前识别的 CDE 已包含在设计里。确认设计能满足需求之后，重新审核设计风险评估来确定是否引入了新的风险，或者评估是否有其他的变化，需要通过残留风险的评估确认风险控制措施（如，CDE）已将风险减小至可接受水平。

如果风险已经改变为不可接受的级别，则需要进一步设计分析以确定适当的控制。

(2) GMP 设计审核 对制药厂房项目设计的所有方面进行考察以确认其能够符合设计预期用途和相关法规要求的有文件证明的活动。

GMP 设计审核是按照 GMP 的要求，对制药生产区域的设计进行的审核，保证所提出的设计能够符合 URS 中所规定的要求；保证所提出的设计能够最大限度降低对产品质量/患者安全性的风险；保证设计符合 GMP 要求，而且其执行过程可以通过文件被记录下来。

6.3.2 GMP 设计审核的目的

通过评估不同的设计方案，推荐的设计应当被审核来确证它是否适用于相关产品和工艺需求，并且满足风险评估中识别的关键方面的缓解措施。设计审核可根据标准和要求进行交付评价，找出问题，并提出必要的纠正措施。

设计审核应当：
- 评估选择的设计选项如何满足定义的需求。
- 证实产品和工艺需求被设计适当地解决。
- 包括选择的设计选项的成本和利益分析。
- 包括在设计选项和可选择的技术解决方案之间进行权衡评估。
- 设计过程应该包括过程危害评估和与系统如何使用相关的其他评价。
- 设计过程应该生成一个最终的设计解决方案，它能够最好地满足已定义系统需求。
- 设计审核应该由适当的主题专家进行。
- 设计审核必须记录归档。
- 设计审核文件必须包括一项声明：即这个被讨论的项目是可接受的，并提供已完成的纠正措施。

6.3.3 参考的法规依据

6.3.3.1 中国 GMP（2010 版）

"第三十八条　厂房的选址、设计、布局、建造、改造和维护必须符合药品生产要求，应当能够最大限度地避免污染、交叉污染、混淆和差错，便于清洁、操作和维护。

第三十九条　应当根据厂房及生产防护措施综合考虑选址，厂房所处的环境应当能够最大限度地降低物料或产品遭受污染的风险。

第四十条　企业应当有整洁的生产环境；厂区的地面、路面及运输等不应当对药品的生产造成污染；生产、行政、生活和辅助区的总体布局应当合理，不得互相妨碍；厂区和厂房内的人、物流走向应当合理。

第四十六条　为降低污染和交叉污染的风险，厂房、生产设施和设备应当根据所生产药品的特性、工艺流程及相应洁净度级别要求合理设计、布局和使用。

第四十八条　应当根据药品品种、生产操作要求及外部环境状况等配置空调净化系统，使生产区有效通风，并有温度、湿度控制和空气净化过滤，保证药品的生产环境符合要求。

第五十四条　用于药品包装的厂房或区域应当合理设计和布局，以避免混淆或交叉污染。如同一区域内有数条包装线，应当有隔离措施。

第五十八条　仓储区的设计和建造应当确保良好的仓储条件，并有通风和照明设施。

第六十四条　实验室的设计应当确保其适用于预定的用途，并能够避免混淆和交叉污染，应当有足够的区域用于样品处置、留样和稳定性考察样品的存放以及记录的保存。"

6.3.3.2 EU GMP《第 3 章 厂房和设备》

"厂房和设备的选址、设计、建造、改造及维护必须适用于所实施的操作。为了避免交叉污染、灰尘和污垢的聚集以及通常情况下对产品质量的任何不利影响，厂房和设备的设计和布局必须能最大限度降低发生差错的风险，便于有效清洁和维护。

3.1　应当根据厂房和生产保护措施综合考虑选址问题，厂房所处的环境应能使物料或产品遭受污染的风险最小。

3.12 应根据所处理的产品、生产操作要求及外部环境状况配置空调净化系统,使生产区有效地通风(包括温度控制以及必要时湿度控制和空气净化过滤)。"

6.3.3.3 ICH Q9

"厂房、设备的设计

当设计如建筑和厂房时,确定合适的区域,例如:
- 物料和人员的流动;
- 使污染最小化;
- 虫害控制措施;
- 避免混淆;
- 开放和密闭设备;
- 洁净室与隔离技术;
- 专用或隔离的设施/设备。"

6.3.3.4 ICH Q7

"新厂房、系统或设备验证的第一步就是设计确认。

应证明设计符合GMP要求,并通过文件方式将其记录下来。"

6.3.4 设计阶段的划分

在设计过程中,应遵循良好工程质量管理规范(GEP)来支持相关数据和文件的完整性。设计审核活动应包括根据工程标准、业务、运营和质量需求评估可交付物,以识别差距并提出必要的纠正措施。

设计流程可以分为几个阶段,以确保设计的交付物得到充分的开发,风险得以识别和降低。设计阶段每个阶段没有明确的法规规定的界限,只是根据设计进度进行区分,各阶段重点关注内容有所不同,具体如下。

6.3.4.1 概念设计阶段

在概念设计阶段,一般会评估几种符合用户投资需求的设计方案。评估这些设计方案对业务目标、项目成本和风险的影响。项目相关方应选择首选的选项,然后项目进入基础设计阶段。

6.3.4.2 基础设计阶段

在基础设计阶段,额外的工程工作提供了一个更成熟的SOW,基础设计包包含用于设计(IFD)的文件,它是详细设计阶段的基础,是该阶段交付用于施工(IFC)的文件。

6.3.4.3 详细设计阶段

详细设计阶段是指达到建造或采购阶段所需所有进一步设计工作的设计阶段。在此阶段,会生成施工投标及合同签订,以及系统和设备采购、建造、安装和调试所需的文件。

例如,设备的最终安装位置、为确定尺寸而进行的工程计算、规格标准、质量计划、安全计划等。

对于小型项目，也有可能将概念设计、基础设计及详细设计 3 个阶段组合成两个阶段，并对应形成审核文件。

6.3.5 设计各阶段成果交付

对于典型的项目阶段和每个阶段应该提供的支持 GMP 设计审核的主要文件如表 6-1 所示。

表 6-1 设计各阶段成果交付

项目启动	概念设计阶段	基础设计阶段	详细设计阶段
● 商业目标 ● 高层级的工艺和质量需求 ● 关键的项目设想 ● 高层级的项目风险评估	● 详细的工艺和质量需求（包括产品的活性、毒理学参数等） ● 设计选项，包括基于系统分类的质量、法规监管、EHS 项目、清洁原理以及设施布局和流向 ● 概念设计图纸 ● 更新的项目风险和关键设想 ● 工艺风险评估	● 基础设计层级工作范围所选选项，包括基于系统风险评估的质量、法规监管、EHS、清洁原理以及设施布局和流向 ● 概念设计审核 ● IFD、P&ID 以及其他设计图纸 ● 设备和仪器说明	● 建造图纸和说明 ● IFC、P&ID 以及用于施工的图纸 ● 风险审核

设计审核分别在概念设计、基础设计的开发过程中以及临近详细设计完成时进行。这些设计包应进行审核以保证涵盖来自设计的所有行动，包括商业、质量及 EHS 相关项目。

GMP 设计审核可以依据需审核的设计文件及审核团队进行确定。可以选择审核会议进行面对面审核沟通；或者适当的 SME 远程执行审核，审核结果通过会议交付。无论何种审核方式，应保证最终用户可在审核过程中提供阐述和评论。

6.3.6 GMP 设计审核流程

为确保全面的审核过程，在审核之前，应将设计文件分发给设计审核团队进行审核。项目经理与设计负责人应确保适当的参与者。质量部门、运营部门、生产部门的负责人确保具有适当经验的代表在审核期间在场。

项目团队应根据系统的类型、规模和风险定义审核的方法。

审核的形式、文件应遵循质量风险管理的原则，即与风险水平相适应。设计审核的文件可以采用工程会议纪要或备忘等形式，对于关键的问题，应更加专注和详细，最后形成设计审核报告，并被审核和批准。图 6-5 为设计审核流程总览。

6.3.6.1 指定 GMP 设计审核负责人

一般设计审核负责人应由具有适当经验和正确知识的技术 SME 担任，以确保经审核的设计满足 URS，满足有效运行以及持续生产出高质量产品的需求。

6.3.6.2 组建 GMP 设计审核团队

GMP 设计审核团队是由一组具有不同专业知识的人员组成。

开展设计审核活动之前，最好取得高级管理层的支持，尤其是涉及专门的资源配置时。审核的结果通常由若干项建议组成，这些建议可能需要大量的资金或资源的支持来实现。

在整个设计审核过程中，跨职能项目团队审核系统的设计，以确保涵盖了产品与工艺的用户需求、GMP 和监管的要求。因此，这个团队应包括工艺、工艺设备、控制策略和设施的代表，该团队还应有一个质量部门的代表，以确保设计满足所有的质量要求。这也将有助于促进设计审核的审核和批准。团队角色与职责简介如表 6-2 所示。

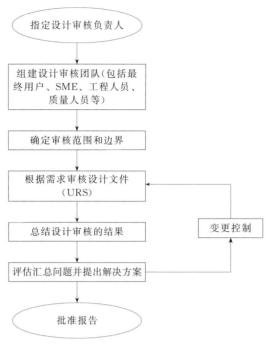

图 6-5　设计审核流程总览

表 6-2　团队角色与职责表

	企业负责人	主题专家	质量部（技术部）	设计院	相关人员（工程、工艺、质量、设备等）
批准设计审核，提供所需资源及资金支持	√				
提供被识别的工艺、系统及产品的专业知识		√			
提供各阶段的设计图纸及设计说明				√	
完成审核活动		√	√	√	√
提出审核意见并完成报告		√	√	√	√
批准报告	√	√	√		

所有的审核应以科学、技术知识为基础，并最终与患者保护联系起来，使患者安全和产品质量得到保障。

SME 的职责涉及如下。
- 确定审核范围和边界。
- 定义标准。
- 根据设计文件审核设计需求。
- 审核过程中，确保数据的有效性（图纸的有效性），定义和记录审核讨论的过程和结果。
- 总结设计审核结果：评估汇总问题并提出解决方案。
- 批准报告。

设计审核报告应由质量部门和其他相关 SME 批准。

6.3.7　各阶段审核内容

6.3.7.1　概念设计阶段的 GMP 审核阶段

概念设计阶段的 GMP 审核，主要是审核设计基础、质量指南和工程设计标准中的用户要求和 GMP 法规期望的概念。就设计的主要方面和策略达成共识，以免以后的返工。一般包括的审核项目如下（可根据项目的范围和产品类型增加或删除）。

(1) 项目 GMP 要求
- 项目范围和产品要求。
- 项目类型。
- 设计基础审核。

(2) 设施布局和物料控制
- 整体设施布局。
- 房间级别/洁净区域划分。
- 产品、人员、物料、废物流向。
- 传递要求。
- 更衣要求。
- 冷藏室、冷冻室、培养室的位置和要求。

(3) 工艺和操作
- 工艺整体概述。
- 确定无菌工艺步骤。
- 整体设备清洁策略。
- 产品质量风险评估，包括设备内部和外部颗粒，微生物和其他产品残留或残留物的风险。
- 产品的活性和毒性。

(4) 空调系统
- 房间压差。
- 空气处理机组的分区和隔离。
- 温度和相对湿度的要求。
- 空气过滤。

(5) 支持系统　确定所需要的支持系统，包括质量控制实验室、过程控制实验室、仓储空间、取样和配料区以及办公室等。

(6) 自动化系统及文档系统
- 自动化策略。
- 关键参数的监测方法。
- 楼宇自动化系统。
- 工艺自动化系统。
- 实验室数据管理系统。
- 质量管理文档系统。

(7) 公用设施和工艺支持系统
- 压缩空气。
- 真空。
- 氮气以及其他工艺气体。
- 纯蒸汽。
- 注射用水、纯化水系统。
- 在线清洁、在线灭菌。
- 粉尘收集。
- 废物处理及工艺用水排放系统。

另外，还有其他有可能影响 GMP 的方面。

6.3.7.2 基础设计阶段的 GMP 审核阶段

- 基础设计阶段的 GMP 审核一般集中于在概念设计审核时未决定的项目、概念设计审核后的变更以及额外的设计细节。
- 一般还应包括系统分类和变更控制策略。
- 基础设计阶段的 GMP 审核应该有足够的细节来突出有关新设施的许可问题，对任何正在进行的操作的影响，以及项目时间表的相关阶段。

6.3.7.3 详细设计阶段的 GMP 审核阶段

详细设计阶段的 GMP 审核一般在详细设计完成度达到 90% 时开始进行，旨在审核详细设计的 GMP 合规性，主要包括的审核项目如下（可根据项目类型和特定产品进行调整）。

(1) 项目总体要求
- 总体项目范围和产品要求。
- 设计审核变更。
- 解决基础设计审核中的未清项目。
- 审核最新的监管设计基础，包括：
  - 项目类型。
  - 适用的质量指南和标准、工程设计标准、设备标准以及指导方针和标准与预期的差异。
  - 针对具体项目的 GMP 问题和挑战，包括当地监管要求。
  - 风险评估结果和下一个设计阶段的评估已完成。
  - 多产品公用设施或高危害药物设施中的产品隔离和密闭策略。
  - 许可计划和文档。

(2) 设施布局和物料控制
- 设施整体布局。
- 房间分级和洁净分区。
- 产品、人员、物料和废物流向。
- 缓冲和气闸要求。
- 更衣等级和要求。
- 冷藏室、冷冻室和培养室。

(3) 工艺和操作
- 整体工艺流程。
- 单元操作描述。
- 适用于设施的关键工艺。
- 产品质量风险评估，包括设备内部和外部，微生物和其他产品或残留物的污染风险。
- 无菌边界和无菌操作。
- 设备清洁和灭菌。
- 设备去污/清洁方法。
- CIP/SIP 的位置和方法。
- SOP 的要求。

(4) 空调系统
- 房间压差。
- 空气处理机组分区和隔离。
- 温度和相对湿度的要求。
- 过滤。

(5) 支持功能
- 接收、运输、仓储、仓库。
- 取样和配制区域。
- 库存控制和隔离（原辅料和产品）。
- 使用符合 GMP 要求的托盘。
- 质量控制实验室的要求。
- 办公空间对 GMP 区域的影响。
- 外部支持：冷藏、无菌供应、培养基、种子保存等。

(6) 自动化和文档系统
- 自动化策略。
- 关键参数监测方法。
- 楼宇自动化系统。
- 工艺自动化系统。
- 实验室数据管理系统。
- 质量管理文档系统。
- 微粒监测系统和微生物取样系统。
- 火灾报警系统、安全系统、读卡器、监控等。
- 系统的物理安全措施。
- 网络和电信基础设施。
- 物料管理系统。
- 物料需求计划系统/仓储管理系统：有效期控制、库存控制、维护和放行。

(7) 公用设施和工艺支持系统
- 压缩空气、氮气以及其他工艺气体。
  - 过滤。
  - 分配系统的材料。
  - 适用的设计标准。
- 真空。
- 纯蒸汽。
- 在线清洁/在线灭菌。
- 粉尘收集。
- 废物处理和工艺排水系统。
- 确定关键公用设施参数。

(8) 纯化水、注射用水系统
- 系统概况。
- 制备、分配、储存。
- 用点和取样点。
- 消毒要求和程序。

(9) 其他
- 自动化质量审核计划。
- 验证总计划。
- 系统分类。
- 项目变更控制策略。

6.3.8 GMP 设计审核实施

GMP 设计审核是为了降低风险、保护产品和人员，因此需要充分了解以下内容：生产工艺及流程；污染源的潜在风险，采取合适的控制措施减低或缓和潜在的交叉污染；确定隔离策略和控制策略，控制措施包括隔离与分隔中间物料和衍生物料，设施、设备和人员；了解设备的占用时间，评估产品生产的潜能；基于产品风险的防护；清洁理念等。

审核的重点包括但不限于以下几个方面。

6.3.8.1 审核厂区 GMP 与非 GMP 边界的设置

审核厂区内建筑物布局，确定厂区内哪些区域属于 GMP 区域，哪些是非 GMP 区域。一般地，将公司办公室、研发区域、污水处理等区域视为非 GMP 区域，其他仓储区、质量控制实验室、生产区及生产辅助区等都应属于 GMP 区域。

① 生产区、仓储区、质量控制区、辅助区布局是否合理，厂区内的洁净厂房是否布置在环境清洁、人流和物流不穿越或少穿越的地段，是否在离场区内交通频繁道路较远处。

② 厂区人流、物流走向是否合理。

③ 锅炉房、危险品库、实验动物房等位置是否适当。

④ 厂区内垃圾是否集中存放？是否有垃圾处理设施，位置是否恰当。

⑤ 兼有原料药和制剂生产的制药企业，原料药生产区是否位于制剂生产区全年最大频率风向的下风向侧。

6.3.8.2 多产品共用的厂房设计审核

应重点关注：是否针对待生产产品的药理、毒理、适应证、处方成分、设施与设备结构、清洁方法和残留水平等进行分析评估，采取适当的厂房、设施、设备共用的策略。

① 专用和独立的厂房、设施和设备。

② 专用的设施和设备，其他药品生产区域严格分开。

③ 使用专用的设施和设备，或采用阶段性生产或保护措施。

6.3.8.3 厂房设施的建造总的设计

原则是应在满足产品工艺需求的同时，最大限度地避免污染、交叉污染、混淆和差错。

交叉污染是指由于人员往返、工具运输、物料传递、空气流动、设备清洗与消毒、岗位清场等途径，而将不同品种药品的成分互相干扰、混入而导致污染，或是因人员、工器具、物料、空气等不恰当的流向，使洁净度低的区域的污染物传入洁净度高的区域所造成的污染。

混淆和差错是因车间平面布局不当或管理不严，造成不合格的原料、中间体及半成品的继续加工误做合格品而包装出厂，或生产中遗漏任何生产程序或控制步骤。

审核时应贯彻最大限度地避免污染、交叉污染、混淆和差错的原则，生产区、贮存区和质量控制区应能防止未经批准的人员进入，同时，这些区域不能作为非本区域工作人员的通道。一般根据工艺，按照人流、物流、产品流、废物流及样品流进行审核，也可以将人流、物流和产品流结合进行审核。

（1）人流、物流、产品流
- 分别设置人员和物料进出生产区域的通道。
- 输送人员和物料进出生产区域的电梯易分开，电梯不宜设置在洁净区内。
- 人员、设备、物料应通过气锁间进入洁净区，有与洁净区相适应的清洁措施。
- 进入不可灭菌产品生产区的原辅料、包装材料和其他物品，除满足以上要求外是否设置灭菌室和灭菌设施。
- 传输距离应最短，减少折返。
- 应有合理的保护措施，避免交叉污染。
- 人流不一定是单向流，但尽量减少与物流的交叉。
- 结合产品的活性、毒性或致敏性，应充分考虑人员防护策略，以及一旦发生泄漏时的人员退出应急处理间及通道。
- 应能避免洁净设备、部件和未清洗的设备、部件共用同一区域。

（2）废物流
- 排除室外的废气、废物和废水应经过净化处理。
- 生产或运行的废弃物传出生产区时不应污染产品，不能通过产品、物料的暴露区域。
- 生产过程中的废弃物出口不应与物料进口合用一个气闸或传递窗，应当单独设置废弃物传递装置。
- 废物退出生产区时应考虑是否需要灭活，如果需要，那么在退出间应增加灭活设备，以防止带活性的废物污染其他区域。

（3）样品流　生产过程中的取样检验的样品需要传递出洁净区时，应设置样品传递通道，不能与废物流共用。

6.3.8.4　空气净化系统审核
① 应根据药品品种、生产操作要求及外部环境状况配置空气净化系统。
② 洁净区与非洁净区之间、不同级别洁净区之间的压差应不低于10Pa。必要时，相同洁净度级别的不同功能区域之间也应保持适当的压差梯度。
③ 产尘量大的操作间是否有捕尘设施，是否合理利用回风。
④ 产尘量大的操作间是否保持相对负压。

6.3.8.5　仓储区
① 是否有足够的空间、确保有序存放待验、合格、不合格、退货或召回的原辅料、包装材料、中间产品、待包装产品和成品等各类物料和产品。
② 仓储区是否能根据物料或产品的贮存条件、物料特性及管理类型设立相应的库、区，其面积和空间是否与生产规模和储存周期相适应。
③ 仓储区的设置与其相联系的生产区域是否接近，是否能尽量减少运输过程中的混淆和污染。
④ 是否对于高危害的物料或产品、印刷包装材料的安全防护采取相应措施。
⑤ 物料和产品的接收和发放、发运区是否设置了相应的保护措施，是否能有效保护物料、产品免受外界天气的影响。
⑥ 接收区的布局和设施是否能够确保到货物料在进入仓储区前可对外包装进行必要的

清洁。

⑦ 取样区是否能满足物料特性、生产规模的要求。

⑧ 取样区的空气洁净度级别是否与生产要求一致。

6.3.8.6 质量控制实验室

① 质量控制实验室通常应当与生产区分开。生物检定、微生物和放射性同位素实验室还应彼此分开。

② 是否设置了送检样品、实验室试剂、标准品（对照品）、培养基、菌种等的接收和储存区域；该区域是否具有良好的通风设施。

③ 有温度、湿度要求的场所是否有温度、湿度调节设施。

④ 留样室大小是否能满足存放原辅料、包装材料及成品的留样。

⑤ 留样区域内的环境是否符合样品储存的要求，是否有通风和防潮设计，有阴凉储存要求的是否设置阴凉室。

⑥ 清洁洗涤区是否靠近相关实验室。

⑦ 高温实验室是否远离试剂室及冷藏室，房间是否设置温感烟感报警、是否设置机械排风。

⑧ 化学分析实验室一般与干燥室、天平室、仪器室等邻近。

⑨ 仪器分析室的布局是否与内部设施和仪器相适应，其空间是否能满足仪器摆放和实验空间的要求；干湿分开便于防潮、冷热分开便于节能、恒温集中便于管理、天平集中便于称量等。

⑩ 对于高灵敏度仪器应设置独立实验室，例如天平的设置应远离震源，防止气流和磁场干扰，天平台要牢固防震，并有适合的高度和宽度。

⑪ 微生物实验室一般由准备间、操作间、灭活间、无菌操作间和设备间等构成。

⑫ 为避免物流交叉污染，是否设置独立的灭活间，废物处理与培养基准备是否物理隔离。

⑬ 阳性对照、无菌检查、微生物限度检查、抗生素微生物检定等实验室以及放射性同位素检定室应分开设置。

⑭ 处理生物样品或放射性样品等特殊物品的实验室还应符合国家的有关要求。

⑮ 实验动物房应与其他区域严格分开；具有独立的空气处理设施及动物的专用通道。

⑯ 实验动物的饲养、实验、清洗、消毒、废弃物各室应分开。

6.3.9 GMP 设计审核报告

在完成 GMP 设计审核后，由审核负责人编制 GMP 设计审核报告，并编制纠正措施清单，各使用部门负责人、QA 负责审核，质量管理负责人及 SME 负责批准报告。

制药企业可根据 GMP 设计审核报告制定整改计划并实施整改。GMP 设计审核报告及整改过程记录应按要求进行归档。

6.4 多产品共线评估

当对多产品厂房进行考虑时，为了满足监管要求，风险管理的流程是必要的，以确定并记录合理的、可接受的风险，确定何处必须实施控制策略，达到交叉污染的可接受限度。文件化的风险评估，用于确定产品是否可以共用厂房进行生产，以及协助确定必要的控制措施以管理共用厂房的交叉污染风险。

6.4.1 多产品共线评估参考的法规要求

6.4.1.1 中国 GMP（2010 版）

"第四十六条 为降低污染和交叉污染的风险，厂房、生产设施和设备应当根据所生产药品的特性、工艺流程及相应洁净度级别要求合理设计、布局和使用，并符合下列要求：

（一）应当综合考虑药品的特性、工艺和预定用途等因素，确定厂房、生产设施和设备多产品共用的可行性，并有相应评估报告……"

6.4.1.2 FDA cGMP

"第 211.42 节 设计与建造特点（c）

需在明确规定的大小适宜的区域内进行操作。对于公司的下述操作，有必要隔开或规定区域或类似控制系统，以防止操作过程中发生污染或混淆……"

6.4.1.3 EU GMP

"3.6 所有的产品应当通过恰当的设计与制造设施操作来避免交叉污染。预防交叉污染的措施应当与风险相适应。应当使用质量风险管理基本原则来评估与控制风险。

根据风险的水平，可能必须采用专用厂房和设备来进行生产和/或包装操作，以控制某些药品所带来的风险。

5.18 应防止起始物料或产品被另一物料或产品所污染。由于未受控而释放的粉尘、气体、蒸汽、空气中微粒、基因类物料或来自活性物质、其他起始物料、在制品设备残留及操作者着装中的有机物产所生的意外交叉污染的风险应进行评估。该类风险的重要性因污染物的属性及被污染产品的属性不同而不同。一旦受到交叉污染后果比较严重的是那些注射给药和长期给药的产品。但是，对任何产品的污染都会对患者安全产生风险，其风险程序取决于污染的属性和程度。

5.19 如第 3 章所述，防止交叉污染应从厂房和设备的设计开始，并要注意工艺设计和所有相关技术或生产组织措施的实施，包括可重复的有效清洁程序，用以控制交叉污染风险。"

6.4.1.4 EMA 有关指南及实施问答

2015 年 6 月 1 日生效的 EMA《基于风险建立健康暴露限度的指南》是对制药企业在如何防止交叉污染方面的进一步指导。该指南也可以认为是对欧盟 GMP《附录 15 确认和验证》中提到的清洁验证新的限度考虑方法的补充说明。

2018 年 4 月，EMA 发布了《基于风险防止药品生产中交叉污染以及公用设施中不同药品生产风险识别所用基于健康的暴露限设定指南实施问与答》（EMA/CHMP/CVMP/SWP/169430/2012）（以下简称《问与答》），这是欧盟在"有效控制交叉污染"专题中的持续关注。

需要注意的是，《问与答》中提到的 HBEL，也就是每日允许暴露量（PDE）计算仍然是目前企业面临的巨大挑战。

6.4.1.5 PI 043-1《公用设施交叉污染检查备忘录》

该检查备忘录中提出：应根据所处理材料的危害确定、设计风险控制措施，并通过包含GMP 以及质量控制（QC）和质量风险管理（QRM）的质量保证（QA）系统正确实施。应充分记录控制措施并监测其有效性，并在考虑科技和技术进步的情况下定期进行审查。交叉污染风险管理体系必须明确地与患者和/或目标动物的保护联系起来。

6.4.1.6 ISPE《基准指南 7 基于风险分析的制药产品生产》(MaPP)

该指南中提供了一系列基于风险分析的方法，来管理所有级别药品生产过程中交叉污染的风险，从而保证将交叉污染维持或低于可接受限度。尽管该指南初始关注点应该是 GxP 提到的交叉污染内容，但是其对工业卫生（操作人员安全）也进行了充分的说明。

由于已知的产品特性风险，中国、美国、欧盟、PIC/S 等国家和组织的药品监管机构已经要求将某些特殊性产品在专用或隔离的独立厂房设施内生产，包括"某些抗生素、某些激素、某些细胞毒素类和某些高危害药物"（即，在低剂量能导致严重不良反应的物质）。而对于多产品共线的交叉污染问题，如生产设施、系统、设备等共用的问题，如何能有效地识别潜在风险并采取合适的控制措施，始终是 GMP 关注的基本方面。

6.4.2 专用设施与共线生产

根据 EU GMP、PIC/S GMP（PE009-14）以及 ISPE MaPP 中的建议，当药品具有如下风险时，需要专用设施进行生产。
- 风险不能通过操作和/或技术措施得到充分控制。
- 从毒理学评价的科学数据不支持风险可控（如高致敏物料可能的过敏反应，如 β-内酰胺类抗生素）。
- 已验证的分析仪器不能令人满意地确定从毒理学得到的相关的残留限度。

除此之外，只要建立了充分的防止污染的控制措施，保持交叉污染的风险在可接受水平以下，均可以采用公用设施进行生产。因此一个完善而又有效的风险管理活动是十分重要的，质量风险管理的输出应作为确定厂房设施是否需要对某一特定产品或产品系列专用以及专用范围大小的基础。

6.4.3 多产品共线的风险管理

风险管理方法贯穿产品的整个生命周期。此类基于风险的方法提供并记录了对生产的产品和使用工艺的理解，以及对设备和厂房的清洁方式的理解，以支持患者和员工安全。风险管理措施应包括物料的安全处理，以最小化可能的交叉污染，避免员工不可接受的接触。当这项工作完成时，在此工艺基础上，生产商应该能够以一定程度的灵活性生产药品，同时保障患者和员工的安全。一套有效的质量风险管理方法可以在开发和生产过程中提供主动的方法，以对可能的质量问题进行标识和控制，从而进一步确保患者所用药品的高质量。有效的质量风险管理可以促进更好和更科学的决策，能让监管机构更加相信一个公司应对潜在风险的能力，并且能有益地影响直接监督管理的范围和水平。

质量风险管理在多产品共线管控交叉污染涉及的主要方面如图 6-6 所示。

从图 6-6 中可以看出，在质量风险管理过程需要对可能引起交叉污染的混淆、残留、机械转移以及空气转移所带来的风险进行控制，主要考虑的因素概括如下。

（1）设计 遵循 QbD（质量源于设计）的原则，通过透彻地理解产品和工艺，质量应构建到产品中，通过开发和生产，了解生产中的风险以及如何降低这些风险。首先应当从多产品共线生产可能引起的交叉污染进行设计层面的考虑，这些设计包括工艺、设备、厂房等。在设计上需要从 GMP/监管以及工业卫生（IH）两个方面进行考虑。使用一个 QRM 流程，包括效力和毒理学评估，来评估和控制所生产药品交叉污染的风险。因素包括：厂房/设备的设计和使用，工艺流、人流和物流，微生物控制，适当的隔离措施等。

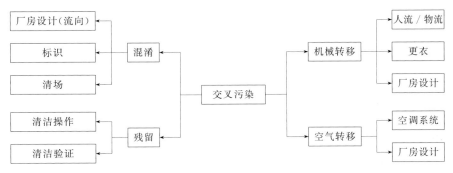

图 6-6　交叉污染

（2）混淆　混淆的最大风险通常源自 GxP 失效，如人员的失误（如，未能遵循规程）或系统薄弱环节（如，不完善的物料标签），因此从风险管理角度的出发，应关注生产规程以及操作流程的合理性，并制定与之相对应的人员培训计划。

（3）残留　活性物质的物理和化学性质、工艺特性、清洁程序以及从产品评估中建立的限度分析能力都应考虑。限度的制定可参考 EMA《问与答》中"可以基于 PDE 值建立清洁目的限度，但不应与 PDE 值完全相同。对于现有产品，生产商历史上所用清洁限度应保留，可以考虑依清洁工艺能力所提供的警戒限，这样可以提供足够的保障防止超出 PDE 值。"一旦了解相关的清洁残留限度，就应建立经过验证的分析方法，以检测是否符合清洁残留限度。如果分析方法经验证不能达到合适的水平，那么必须使用专用厂房。

（4）机械转移　在风险管理中需要考虑工艺设备的密闭程度，如是否存在开放式的投料，开放式的物料传输转移等，同时生产规程以及操作流程需要对机械转移过程中操作进行规定。

（5）空气转移　在风险管理过程中针对空气转移，除了要求在空调系统设计过程中考虑空气传播可能造成交叉污染的风险外，还需要根据风险制定相应的管理规程，如环境的日常监测、环境的定期消毒等。

6.4.4　多产品共线的风险管理策略

6.4.4.1　基于 GMP/监管的策略

在 GMP/监管的策略制定中首先需要明确产品的 PDE，PDE 在 GMP/监管因素中涉及很多策略的制定，这些策略为降低交叉污染方面提供了足够的帮助，如清洁残留限的制定，与清洁残留限相关的分析方法的开发与确认的制定等。从法规和指南层面对于 PDE 要求的指导如下：

EMA 发布的《问与答》（EMA/CHMP/CVMP/SWP/169430/2012），提出了：制药企业应为所有药品建立 HBEL（HBEL = PDE）。HBEL 计算所依赖的毒理学或药学数据需要在产品生命周期内定期进行重新评估。

其结合 ISPE《基准指南 7　基于风险的制药产品生产》（MaPP）提供了一个不同 PDE 值对应的风险水平的模型，并要求企业针对不同水平的 PDE 值建立相应的风险控制措施，如图 6-7 所示。

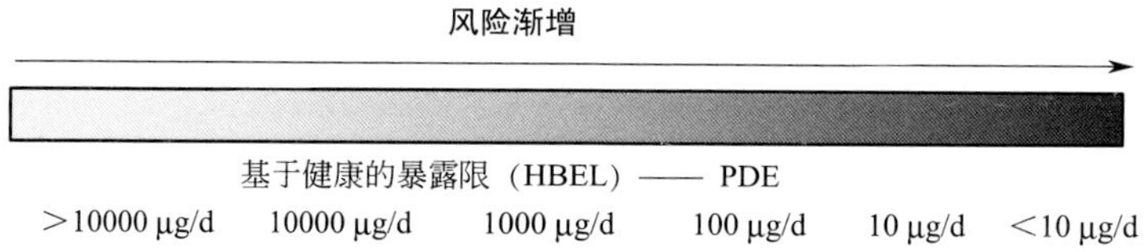

风险渐增 →

基于健康的暴露限（HBEL）—— PDE
>10000μg/d　10000μg/d　1000μg/d　100μg/d　10μg/d　<10μg/d

图 6-7　不同 PDE 值对应的风险水平的模型

在图 6-7 模型中，产品 PDE 值<10μg/d 代表了高风险，PDE 值>10000μg/d 为最低。PDE 应由具备足够专业知识并具有毒理学/药学经验、熟悉药物并具备基于健康的暴露限度确定经验如职业暴露水平（OEL）或 PDE 的人员来确定。基于健康的暴露限的科学依据应以正式的、书面的形式进行汇总。

HBEL，也就是 PDE 计算仍然是企业面临的困难。在 EMA 公用设施指南中，PDE 被用来计算产品原料残留。计算公式如下：

$$PDE(每日允许暴露量) = \frac{NOAEL(无不良反应剂量) \times 体重调节}{F_1 \times F_2 \times F_3 \times F_4 \times F_5}$$

上述公式中 NOAEL 的查找和确定将是面临的首要困难。目前制药企业可能没有足够的时间和精力去摸索每一个原料药的 NOAEL 值，而对于 NOAEL 的检索应基于科学和风险的方法并制定相应的策略。检索策略、检索记录和结果均应该记录，并应由相关主题专家（SME）进行审核，因此对 NOAEL 的准确性判断将非常关键。

除 PDE 以外，在 GMP/监管因素中的策略制定还包括基于风险的防止混淆的策略，这些策略主要从以下两种活动进行考虑。

（1）工艺活动　审核工艺中产生的潜在暴露因素。

产品生产的工艺可能有很多特征，所有这些特征可能对一条或多条路径的交叉污染风险具有或多或少的影响。生产工艺中考虑的主要因素包括如下。

- 物料开放操作的程度（如，手工配药）。
- 能量。以速度、压力和温度的形式内化在工艺中，这可能形成可传播的气溶胶，如磨粉。
- 转移。单元操作中通过易碎的连接件反复的装料和卸料，提供了物料释放的可能途径。需要转移的越多，暴露的潜在风险越大。
- 频率。某工艺运行越频繁，物料释放或连续释放的风险越高。
- 人员行为或是否符合 SOP。高度依赖操作人员技术的系统或允许操作员执行大范围变化的系统更容易失败。

（2）非工艺活动　可包含以下活动。

- 废弃物处理。
- 计划性和非计划性维护。

用于识别交叉污染的风险评估应当以系统化和详尽的方法，考虑在所有操作条件下，所有潜在交叉污染的路径。进行评估审核如下。

- 在新建或改造的设施/设备的设计阶段。
- 在引入新产品、工艺或设备变更时。
- 作为相关变更控制的一部分。
- 作为常规风险管理回顾的一部分。

以下为常见的失败或错误举例。

- 手动过程。
- 历来不稳定的工艺或设备。
- 工艺的具体要素（换批、换班、维护）。
- 新员工、未培训的员工或更换的员工。
- 其他。

6.4.4.2 基于工业卫生的策略

多产品共线生产不仅要考虑产品质量，还要考虑操作人员的暴露风险。

职业暴露水平（OEL）指某种污染物的最大空气悬浮粒子浓度，在该浓度下几乎所有工人能够日复一日地反复接触该污染物，且不会造成不良反应。通常以每天8小时的时间加权平均值来表示。OEL计算的数据来源于毒理学或临床数据。

结合以下问题进行工业卫生的评估。

① 谁会有暴露的风险？

在线的工人，维护人员，该区域的一般人员或当面临取样时的QA？

② 影响暴露的因素是什么？

- 满是灰尘粉末？
- 液体？
- 密闭或开放式工艺？
- 如何培训员工？
- 一个程序或频繁的任务？

③ 暴露的途径是什么？

吸入、摄入或经皮肤吸收？

④ 暴露发生可能性的频率是什么？

- 需要员工在过程中直接取样？
- 生产过程中断后，是进行清洁或是生产活动终止？

6.4.5 多产品共线的风险评估

制定多产品共线风险控制策略后，企业在引入产品共线生产前，需要对多产品共线生产存在的风险进行评估，以确认当前控制措施的合规性及合理性，从而保证产品质量，将可能存在的污染及交叉污染的风险控制至可接受的安全水平。应采用风险评估过程，得出能够帮助决策和控制策略，以管理患者和员工风险的标准。风险评估应透明地评估所有与危害识别、效力评估（剂量反应）和严重程度、接触评估和风险表征有关的数据。风险评估应记录在案，并应包括固有的全部假设和约束的讨论。实施的风险控制策略应与风险水平相当，风险是基于危害的，包括严重性和发生的可能性。对所实施的适当控制战略的最终决定可能依赖于定性和定量数据。

多产品共线风险评估应用ICH Q9的原则以及使用风险管理工具评估确定潜在的危险，并采用适宜的控制措施来保证产品质量。风险评估将所识别和分析的风险与给定的风险标准进行对比，确定影响拟共线生产产品的安全、质量的潜在因素。

6.4.5.1 风险识别

风险识别从如下因素考虑。

(1) 物料风险
- API。
- 中间产品。
- 溶剂。
- 辅料。

依据危害特性，基于健康的暴露限确定危害药物和风险评估优先性。
- 已知或极有可能致癌的遗传毒性化合物。
- 低剂量时，可以产生生殖和/或发育影响的化合物。
- 低剂量时，产生严重靶器官毒性或其他显著不良反应的化合物。

在质量风险管理过程需要对可能引起交叉污染的混淆、残留、机械转移以及空气转移所带来的风险进行控制。

(2) 混淆风险　混淆风险应考虑如下。
- 材料和产品的识别和状态控制。
- 设备和设施的控制状态。
- 物料和产品的收货和控制。
- 物料和产品处置，存储和准备过程中物理隔离，工艺流和安全考虑。
- 产品间生产线清场不彻底。
- 意外使用待清洁设备。
- 取样时引入其他产品。
- 引入错误的起始物料或成分。
- 设备和/或物料贴签错误。
- 无意中将产品从一个容器转移至另一含有不同产品/物料的容器。
- 诸如人员培训不到位、对工艺理解不足、工作强度大、工艺复杂程度太高而导致的人为错误。

此外一个公用设施内存在多个流程，共用或重叠的工艺流也可导致混淆，包括：
- 叠加的工艺流和运输路线。
- 共用配药区域。
- 共用更换零件存储区域。

(3) 残留风险　残留是交叉污染的一种模式，是指清洁后的接触表面上的物料或产品，这些物料或产品可以在同一设备上由一种产品带入另一种产品。残留风险分析包括如下。
- 是否建立基于健康的清洁可接受限度，如 ADE（或 PDE）值计算残留。
- 对于生物制品，应当基于活性成分灭活后非活性片段设定工艺残留的可接受限度。
- 清洁工艺开发及清洁验证。

设备残留包含的因素如下。
- 设备使用的过程存在大面积潜在产品接触。
- 设备存在不易检测到的裂缝、突出或遮挡区域。
- 设备表面粗糙或未抛光。
- 设备排水能力不足。
- 产品或工艺与预期清洁剂的相容性。

工艺和物料方面造成残留因素如下。

- 过程中产生可能难以清洁的黏性或结块的固体。
- 生产使用的物料溶解性差。
- 生产中在设备表面产生干硬物料。
- 高黏稠和高剪切增稠的物料。
- 在低温或高温下形成固体或胶状物料。

（4）机械转移风险　影响机械转移的风险的因素包括如下。
- 将物料转移至设备接触表面。
- 将接触污染表面的物料放行至产品。
- 共用区域的使用，工艺和设备隔离不到位。
- 跨区域使用共同的更衣间。
- 擦拭等活动造成工艺设备等表面间的接触。
- 操作中通用设备的使用。
- 存在高度手动，非密闭性的区域。
- 设备和操作人员在产品共用路线的活动。

（5）空气转移风险　空气转移风险应考虑如下方面。
- 工艺方面。该工艺是否产生稳定显著气溶胶，是否有效传播路径及是否被污染的工艺物料有暴露沉积的可能性。
- 设计和操作方面。生产过程中出现气溶胶去除的设计与操作的安全性和有效性。

此外，还应考虑以下危害因素。
- 在源头和接收点开放的加工活动及之间的区域。
- 具有压力驱动或能量输入的密封不良的工艺设备造成空气传播。
- 通过易碎的或密封不良的连接件转移物料至工艺单元。
- 不同工艺流所经过的位置。

风险识别矩阵示例如表 6-3 所示。

表 6-3　环境风险识别矩阵

序号	影响因素	风险
1	产品在处理、转移或清洁时在房间环境中的暴露	产品暴露在气流的影响下造成扩散，导致交叉污染或增加人员接触的风险
2	材料气闸和人员缓冲间的设计	设计不合理导致交叉污染
3	洁净区房间的压差	不同房间因压差气流导致空气中的粉尘，造成交叉污染或增加人员接触的风险
4	气体沉积将一种产品转移至另一种产品	造成交叉污染
5	空气处理的理念	过滤级别、新风/循环风、气流流型等不符合要求造成的交叉污染
6	环境日常监测的周期及方法（如空气取样、环境的消毒等）	不符合的周期和方法可能会增加污染的风险

6.4.5.2　风险分析

风险分析应当认识到药品生产需要满足一些可能互相影响的因素，如交叉污染（关注患者安全）、IH（关注操作人员安全）、工艺安全或生产需求。因此，有效的风险分析需要共同的理解，以达到不同需求之间的平衡。

风险分析应当囊括定性和定量过程，以关联发生可能性和伤害严重性，应当明确记录并沟通关于风险的审核流程和结论。定性风险分析是一个过程，可用于评估暴露风险并对后续定量活动进行优先性排序。定量技术的结果有助于判断在哪里集中可用资源。

(1) 定性风险分析　进行了优先性排序的定性风险分析，有很多不同形式和方法用于执行并记录。这些形式和方法包括，但不限于：
- 流程图。
- 检查表。
- 工艺图。
- 风险评级。
- 因果图。

评估团队应当使用专业判断来理解风险、监管、暴露频率、和操作人员/流程的数量，以判断是否需要额外分析及其优先性。风险可以定性分类，如高风险、中风险或低风险。在使用定性风险术语时应谨慎，因为它们表明潜在的风险而不是最终的风险结果。所有确定的风险，无论是定性的还是定量的，高的还是低的，都应该定期地根据风险程度进行审查，以确保风险状况没有改变。

(2) 定量风险分析　基于定性风险分析的结果，可能有必要执行定量暴露评估，该评估包括数据收集。定量评估过程为风险可能性提供了一个客观的和经验的基础。

风险评价将已识别和分析的风险与给定的风险标准比较。这一步旨在提供因交叉污染导致的对患者或对员工的风险的估计，此估计基于危险识别、剂量反应评估和接触的评估，同时考虑到分析中的假设、局限性，以及不确定性和可变性的来源。所有的信息都经过了评估，以确定用于评估风险的数据集的耐用性。基于此评估，可以得出结论，可能的接触是否高于或低于可接受标准。

风险分析矩阵示例如表6-4所示。

表6-4　环境风险分析矩阵

序号	影响因素	潜在危害	严重性	可能性	可检测性	风险优先性
1	产品在处理、转移或清洁时在房间环境中的暴露	产品的暴露在气流的影响下造成扩散，导致交叉污染或增加人员接触的风险	H	L	M	M
2	材料气闸和人员缓冲间的设计	设计得不合理导致交叉污染	H	L	M	M
3	洁净区房间的压差	不同房间因压差气流导致空气中的粉尘，造成交叉污染或增加人员接触的风险	H	L	M	M
4	气体沉积将一种产品转移至另一种产品	造成交叉污染	H	L	M	M
5	空气处理的理念	过滤级别、新风/循环风、气流流型等不符合要求造成的交叉污染	H	L	M	M
6	环境日常监测的周期及方法（如空气取样，环境的消毒等）	不符合的周期和方法可能会增加污染的风险	H	L	M	M

6.4.5.3　风险控制

当工作在多产品厂房时，产品间的零交叉污染风险是不现实的，且科学上不可实现。在正常GxP范围内，交叉污染的控制程度应与确定的患者风险水平相当，考虑了危害、可能性和严重性。类似的考量应当应用于多产品厂房或专用厂房，尤其是员工可能接触的区域空间内。在任意情况下，选择的控制措施应与危害以及活动的本质和规模相适应。这些措施必须确保不超出安全水平，应是经济上和技术上可行的，且整体和平衡地应用。整体即产品和工艺的每个方面都需进行考虑。当确定存在的风险后，就可以确定需要采取的控制措施以确保风险得到充分控制。应理解每个实施的控制措施和程度，以及其实现控制的方式。风险控制考虑的维度可以按照图6-8进行。

图 6-8　风险控制维度

（1）混淆　标准操作规程、物理控制和更多的监控可以帮助减少混淆。减少混淆风险的技术应用四个维度的控制措施建议如表6-5所示。

表 6-5　减少混淆风险的技术应用

工艺控制	运行控制	全范围的工程控制	规程控制
● 对各自的工艺选择对应的转移方式和连接技术 ● 过程分析技术（PAT）	● 采用不同颜色编码 ● 生产结束从车间库房中移除未使用的 API 和其他材料 ● 使用专柜保存 API，并有钥匙控制并建立保存规程	● 高风险产品/物料采用物理隔离 ● 采用条形编码识别物料、设备	● 房间状态明确的标识（使用中/生产中），已用设备的标识（已清洁、待清洁等） ● 独立的人工复查

（2）残留　基于科学、风险评估和统计分析的全面清洁计划的开发将为患者提供最大限度的安全。设备应设计为了便于清洁和确认清洁的有效性。目前降低物料残留风险的技术应用四个维度的控制措施建议如表6-6所示。

表 6-6　降低物料残留风险的技术应用

工艺控制	运行控制	全范围的工程控制	规程控制
● 设定统一的清洁标准 ● 清洁方法开发 ● 整个清洁过程的风险评估 ● 过程分析技术（PAT） ● 在线监测	● 使用一次性产品接触部件 ● 采用专用产品接触部件	● 有效的干净设备与脏设备的隔离	● 清洁操作 SOP

（3）机械转移　减少机械转移风险的技术应用四个维度的控制措施建议如表6-7所示。

表 6-7　减少机械转移风险的技术应用

工艺控制	运行控制	全范围的工程控制	规程控制
● 应采用物理分离的方法来分开产品和工艺 ● 提供转移范围，使机械转移最小化	● 岗位员工应穿洁净服，以保护个人、个人服装和产品不受潜在污染 ● 在离开生产区域时，擦除或清洁材料容器的外部 ● 采用无手动操作、便于清洁的设备	● 提供流程图，以确保脏设备和干净设备、人员、物料等的隔离 ● 对于人员、物料或两者的气闸分隔工作区应使用气锁 ● 使用洁净厂房来控制表面潜在的污染	● 脏设备是否按标准处理，满足正在考虑的物料的加工 ● 操作人员具备产品知识

（4）空气转移　减少空气转移风险的技术应用四个维度的控制措施建议如表6-8所示。

表 6-8　减少空气转移风险的技术应用

工艺控制	运行控制	全范围的工程控制	规程控制
● 尽量采用密闭工艺	● 采用合适的过滤方法来截留空气悬浮粒子并防止微粒的再循环	● 工程控制,以减少密闭工艺的开放性 ● 采用气锁,对进出的人员和物料进行更衣/去污染措施 ● 采用 HVAC 和通过压差控制来减少空气转移,以保护人员和物料	● 环境监测计划

若风险控制措施无法提供足够的信心,使目前在同一设施内处理的所有产品共线生产,则值得考虑一些有限的专用或隔离措施,来处理仍然具有无法接受的风险水平的产品和工艺,如图 6-9 所示。

图 6-9　有限的专用或隔离措施

企业对多产品共线的质量风险管理体系需要进行定期的审核,以确保其得到了有效应用,还应考虑再评估的需求,以保证最初的假设和控制措施仍然有效。风险控制矩阵示例如表 6-9 所示。

表 6-9　环境风险控制矩阵

序号	影响因素	潜在危害	当前控制措施	严重性	可能性	可检测性	风险级别	评估结果
1	产品在处理、转移或清洁时在房间环境中的暴露	产品的暴露在气流的影响下造成扩散,导致交叉污染或增加人员接触的风险	对可能产生产品暴露的环境,在空调系统确认过程中对气流流型进行确认,以控制可能暴露的产品的扩散	H	L	H	L	风险可控
2	材料气闸和人员缓冲间的设计	设计得不合理导致交叉污染	气闸及缓冲间的设计均采用互锁的形式,并设计相应的压差梯度,以有效地减少可能出现的污染	H	L	H	L	风险可控
3	洁净区房间的压差	不同房间因压差气流导致空气中的粉尘,造成交叉污染或增加人员接触的风险	洁净区的压差按照 GMP 关于洁净区的要求进行设计,不同层级的洁净区有压差梯度,生产区对环境区保证正压,并且开放式处理的区域(如配制间)对其他洁净区域设计为负压	H	L	H	L	风险可控
4	气体沉积将一种产品转移至另一种产品	造成交叉污染	在空调系统设计中对空气流量进行有效的控制,如换气次数,自净时间等以有效的控制气体可能产生的沉积	H	L	H	L	风险可控
5	空气处理的理念	过滤级别、新风/循环风、气流流型等不符合要求造成的交叉污染	基于对工艺的要求,设置不同过滤级别的洁净区,其相应的过滤级别满足 GMP 对不同级别的要求,同时对关键区域进行气流流型的确认	H	L	H	L	风险可控
6	环境日常监测的周期及方法(如空气取样,环境的消毒等)	不符合的周期和方法可能会增加污染的风险	环境日常监测周期根据环境级别以及监测数据统计分析的结果进行制定,并对环境监测的数据制定相应的警戒限及行动限,并对消毒效果进行验证	H	L	H	L	风险可控

6.4.5.4 风险接受

要消除所有风险是不切实际的。在对所有过程分析之后，应判定接受风险，或者考虑变更过程，并继续对已知的过程进行分析，从而进一步减少风险。过程变更后风险依然存在。包括通过变更后引入的风险，则被视为遗留风险。

对于某些过程类型，即使最好的控制也不能完全清除导致遗留风险。如果依然有遗留风险，则需要进行判定，是接受遗留风险，还是考虑以下措施。

- 改进工艺使风险降低到可接受水平。
- 增强探测方法，使风险降低到可接受水平。
- 采用可接受风险的新过程。
- 与恰当的风险承担者沟通风险水平，从而进一步考虑。

6.4.5.5 风险沟通

风险沟通确保在风险管理中向风险管理者报告恰当的信息。风险沟通根据风险水平和风险评估过程中点的不同，沟通方式从非正式的（电子）到较为正式（经过批准的文件）的而有所不同。

6.4.5.6 风险审核

质量风险管理应当贯穿整个产品生命周期中应用。通过用来更好地了解制造过程并做出与产品、过程和设备的设计相关的决策。

一旦实施合理的控制，应当进行评价以确保没有引入新的风险，并通过审核以确认有效性。变更管理程序应与质量风险管理程序相联系。但是，以下情况应启动初始风险评估审核。

- 多产品生产过程中引入新产品。
- 作为失效调查的一部分。
- 由于工艺知识增加而识别了新风险。
- 作为变更控制程序中的变更控制措施一部分。
- 一旦实施过程变更。
- 作为定期审核的一部分。

6.5 高危害药物生产设施风险评估

高危害药物是包含激素、类固醇、细胞毒素等有害物质的药品（包含药物活性成分），这些含有害物质的药品一般在低剂量下就可引发严重不良反应，如刺激、生化反应、中枢神经系统抑郁、器官功能障碍、致畸性、致癌性，此外还包含潜在高致敏药物和高效药物。

高危害药物生产的防护一般考虑"三级屏障"的原则。第一级为从实际生产设备中减少物质的扩散的措施；第二级为减少在主要密闭隔离范围之外的物质扩散的措施；第三级为操作人员防护。如果第一级屏障做得好，就有可能在第二级屏障中达到节省。所以，高危害药物的焦点应该始终放在第一级屏障上。

在高危害药物生产过程中，会导致交叉污染、人员暴露或将含高危害物质扩散到所有区域空气中。高危害药物生产应尽可能在密闭的环境中进行生产。

高危害药物厂房设施的风险评估主要围绕3方面进行。
- 产品质量。
- 对操作人员防护，以避免其受到含有有害物质的产品可能造成的伤害。
- 保护环境及公众，使其避免受到含有害物质产品可能造成的有害影响。

应该在单独的、专门的、设施齐全的设施中生产含有高危害物质的产品。

系统的高危害防护设计始于确定职业暴露水平（occupational exposure level，OEL），OEL是物质对大多数健康工人不会产生不良影响的空气浓度（按每天8小时，每周40小时接触计）。也有一些物质，比如刺激物，需要设置短期限制。为保证正常运营期间实际暴露限值不超过OEL，一些公司会定义设计暴露水平（design exposure limits，DEL），也被称为密闭性能目标（containment performance targets，CPT）。DEL与OEL不完全相同，但是它来自OEL"最有活性"的物质或是产品，这些物质或产品是由特定的设备生产的。DEL比OEL低，或者比OEL的8个小时短。

危害物质在工作场所所造成的风险可以用下面的公式描述：

$$风险 = 危害 \times 暴露$$

这意味着，只有当这些因素"危害"（有害物质的药理特性与毒性）和"暴露"确定时（接触这些有害物质的程度），风险才会被定义。

高危害药物厂房设施的风险评估主要针对设施的布局、设备的密闭设计、HVAC系统设计等，通过前面所述，从保护产品、人员和环境进行评估。

6.5.1 风险评估

确认危害以及在何种剂量下、通过什么方式（如吸入、接触等）引起伤害，对于后续的评估和确定适当的风险暴露控制措施至关重要。那么需要考虑的因素包括如下。
- 产品释放的类型和持续释放的时间。
- 产品的性质，如药理药效或毒性、物理特性。
- 物料和人员的流动。
- 产品在清洁、维护、失效后的释放。
- 操作工艺中的人员活动。
- 设备设计和周围区域。
- 安全因素、阈值。
- 产品和操作保护。

在进行厂房设计时，应当考虑设备提供的防护水平。设备为第一级屏障，还根据暴露的风险，界定高危害区域与非高危害区域。

HVAC系统主要考虑因素是气流流向、换气次数（适当的换气次数可以将泄漏的高危害物质在空气中的浓度降低至OEL以下）以及排气的处理（控制高危害物质对环境的污染）。换气次数应该考虑空气中物料的浓度，根据人体呼吸参数和OEL，考虑可接受的空气中物料浓度的最高值。

在厂房设计阶段，获得的数据有限，可采用检查表、鱼骨图、PHA等简单的工具进行风险的分析；当数据较多时，可支持确认发生的可能性和可检测性时，可使用正式的风险管理工具，如FMEA进行分析。

下面从技术方面，通过对引发高危害物质暴露的风险来源，对厂区布局、厂房布局、设备密闭、环境保护、空气处理系统、工艺流、人流、物流等潜在的风险逐一进行分析。

(1) 厂区的布局

• 厂房的设计和建设应当防止污染物的进出，应考虑到对外部环境的影响，比如应当考虑占优势的季风，通过检查平面图和设计资料，分析与其他设施进风口和出风口相关的影响。

• 当泄漏时对外界环境的影响，是否建立与其他外部环境的联系方式，当污染泄漏时应该及时通知相关单位。

(2) 厂房布局

• 检查压差梯度是否合理，考虑产品暴露区域对外部环境是否设计为负压？

• 换气次数是否满足 OEL 的要求？

• 厂房密闭性。

• 厂房是否便于清洁和去污？

• 使用平面图确认房间的设计和使用条件。

• 哪些房间需要设计为互锁，以及互锁时间？

• 更衣设计，如操作人员工作服受到粉尘污染，操作人员在离开时是否有净化措施，净化设施的设计；更衣室的设计级别是否满足 GMP 的要求。

• 房间是否有可视的压力指示？

• 气闸、通孔舱口等，应该有供气和抽气，以提供必要的空气压力梯度和密封。与外部或非 GMP 区域相邻的密闭区域、气闸或传递窗应处于正压状态，以防止污染物进入设施。

• 应采取适当的措施防止气流自外包区域（通过输送带"鼠孔"）进入内包区域。（注：可通过在"鼠孔"上方设一个传递室，并相对于外包区和内包区保持负压状态，从而避免出现该问题。当出现需要两侧隔离的其他情况时，可应用该原理）。

• 危害物质泄漏后是否有人员紧急保护的设施？

(3) 设备密闭

• 是否根据 OEL 确定了职业暴露等级（occupational exposure bands，OEB），根据 OEB 确定了设备的密闭策略，哪些属于这个范围？

• 密闭污染源如何受控，如通过局部排风？

• 设备的设计是否便于清洁，不易清洁的是否考虑使用一次性系统？

• 如果使用在线清洁（CIP）或离线清洁（COP）系统（例如用于容器支架的清洗，或用于部件的清洗机），这些系统是否设计得当？

• 移动设备或设备的附件，如何保证它们状态清晰和安全，以防止混淆。

• 是否有定期的表面取样和空气取样确认密闭的有效性？

(4) 环境保护　废水、废气和废物的处理方式。

(5) 空气处理系统

• OEL 区与非 OEL 区的界限界定，交叉区域是否共用空调机组。

• 机组开启和关闭设计。供风机和排气风机的状态和停止应保持协同，以便在启动和关闭期间保持负压。所有通风、空调机组和排气扇的启动和停止顺序应正确，以确保在上电和断电期间保持负压。紧急停车时，应在送风气流中设置自动关闭阻尼器，以确保送风风量的下降速率超过排气风量的下降速率，以防排气气流发生故障。

- 排风处理。哪些位置需要使用的是单向空气处理系统，如何排放？
- 应该提供适当的气压报警系统，以警告任何压力梯度反转或设计压力状态的损失。适当的设计，警报和行动限制应该到位。系统冗余应该适当地响应压力梯度故障。
- HEPA过滤的级别、监测。
- 各个空气处理单元之间是否有影响？
- 是否有适当的机制来检测控制机制的故障（例如，AHU故障）？
- 供风失败时，如何防止污染？
- 是否有紧急供电系统，确保哪些系统运作？
- 如果现场运行低功耗模式或在下班后关闭AHU，是否对其进行了评估、论证和证明控制交叉污染的有效性（根据危害的程度）？
- 是否进行了在断电/重新通电后恢复至清洁状态所需的时间的评估？
- 排风或回风系统是如何设计，是否采用袋进袋出过滤器，过滤器级别、管道材质、压差指示、过滤器更换时的安全防护、过滤器完整性测试的要求？

(6) 工艺流
- 物品的转移（是否保持适当的密封，直到使用点）。
- 阶段性生产的要求。
- 移动设备的转移过程，如何进行外部的清洁。

(7) 人流
- 衣服脱下后到清洗前如何包装？
- 是否通过门禁控制进出高危害区域的人员？
- 人员日常的保护措施，暴露时采取什么防护措施？

(8) 物流
- 审核物流图纸，对所有递入递出的物品进行识别，不限于工器具、清洁工具、耗材、记录和笔，确认它们的传递是否会沾染到高危害物质，并被带出。
- 物料溢洒后的清理流程。
- 取样工具的清洁流程。
- 洗衣的控制。

6.5.2 风险控制

根据风险分析得出的结论，对风险较高的需要制定控制措施，如更改设计（降低严重性），或通过人员防护第三级屏障来进行控制。如人员穿着带有呼吸系统的防护服。但是任何设计要考虑到成本，没有收益的不可持续的设计，对一个企业来讲是不能长久的。最终经过公司从成本-收益的角度，综合风险的级别，确定风险是否可接受。

6.5.3 风险审核、风险沟通

利益相关方应该参与评估活动，对评估结果进行确认。在对厂房设施的风险评估后，需要审核后续的控制措施是否得到实施。当所有控制措施得到实施后，应根据定期审查的数据和信息（如药物警戒、产品知识等）、变更、组合和技术措施等，更新风险评估，如采用定量的方式确定风险优先性，更新风险评估保持其适用性。

6.5.4 常用风险工具

6.5.4.1 检查表

由来自质量、设计、生产、环保和工程的主题专家，按照将上文分析结果列到一张检查表中（表6-10），把具体的响应列出，对不满足的项目列出建议的措施。

表6-10 检查表示例

项目	响应	建议措施
厂区布局		
厂房的设计和建设应当防止污染物的进出，应考虑到对外部环境的影响	该厂房为独立建筑，周围没有其他生产设施	无
当泄漏时，外界环境的影响，是否建立与其他外部环境的联系方式，当污染泄漏时应该及时通知相关单位	厂区外为电厂	会建立污染泄漏的应急管理SOP，取得外部单位的联系方式
厂房布局		
更衣设计	必要区域设置风淋或雾淋室，防止着工装员工在离开厂房时受到污染	N/A
气闸	为了去除悬浮粒子，风淋室配有气闸，使空气可以高速地通过喷嘴，回风装置将空气排走并使其进入过滤系统。当操作人员进入风淋室，风机启动，在出口的联锁装置中有计时器，以保证有充分的时间进行有效的净化	N/A
穿墙小洞设计	通过在"小洞"上加装一个传递窗，使其对直接接触包装区域和二级包装区域均呈负压	安装在线压力监测装置
设备密闭		
设备密闭策略	确定了防护等级为OEB5级，在粉尘暴露区域使用隔离器	N/A
移动密闭部件	设备之间采用快速转接阀实现密闭转运	按规定的间隔定期检查和维护
环境保护		
废气	废气排放系统在排入大气前需通过安全可更换的过滤器	
废弃物	通过符合安全的要求处理废弃物，并将处理方法和过程进行记录存档	对外部承包商的资质进行确认
空气处理系统		
HEPA过滤的级别、监测	终端过滤器采用的是符合EN1822过滤器标准的H13级HEPA过滤器 对于回路中的尘埃，为延长HEPA过滤器的使用寿命，增加了预过滤器 预过滤器和HEPA过滤器均采用袋进袋出的方式进行更换	N/A
排风或回风是否采用袋进袋出过滤器，如何设计的，如过滤器级别、管道材质、压差指示、是否考虑更换时的安全、测试需求	对于排风系统，当排放的是有害物质时，房间采用双级HEPA过滤器，使得第一级过滤器失效时，第二级HEPA过滤器可提供额外的保护。所有的过滤器配备压差计，以显示过滤器的预期寿命，与压差计相连的管子使用的不锈钢材料，防止老化引发的污染。为了便于安全地除去或校准压差计，过滤器罩上的连接管配有旋塞。按照GMP要求定期对过滤器的完整性进行测试，具备测试口	N/A
紧急供电措施	有备用发电机以确保厂房和系统能够保持安全操作	确认需要提供供电保障的系统和设备，以及确认供电能力
人员保护	为保护操作人员，在进行接触粉尘的操作时使用个人保护装置(PPE)及呼吸系统	

6.5.4.2 FMEA 工具示例

对厂房布局相关的风险分析也可按照上述类别进行逐一分析,以保证能够确定出所有潜在的风险并对其进行评价。表 6-11 FMEA 评估示例中使用定性的描述。

表 6-11 FMEA 评估示例

序号	失效模式	失效影响	潜在原因	严重性	可能性	可检测性	风险优先性	预防措施	检测措施	风险评价
1	风向	排风可能对着其他厂房的进风口	对其他的送风造成污染。但由于没有其他建筑,不用进行后续评估	N/A	N/A	N/A	N/A	N/A	N/A	N/A
2	对其他外部环境影响	泄漏	厂区外为电厂,当发生泄漏时会造成环境污染	H	L	M	M	制定泄漏响应规程,发生泄漏时,及时通知外部单位	每月检测外部大气中××的残留	风险可控
3	小洞的压差失去控制	高危害物质从小洞逸出	压差失效	H	M	L	H	N/A	安装在线压力监测装置	风险可控
4	移动密闭部件磨损	密闭效果不能保证	设备运转时磨损	H	H	H	M	按规定的间隔定期检查和维护,使用前进行罐体的保压测试	按规定的间隔定期检查和维护	风险可控
5	废弃物处理不当	废弃物对环境造成破坏	废弃物由无资质的供应商进行处理	H	L	H	L	对外部承包商的资质进行确认	N/A	风险可控
6	紧急供电措施能力不足	风机联锁失效,高危害物质泄漏	断电后,其供电能力不能保护基本设备运转	H	M	L	H	URS 提出需要提供供电保障的系统和设备	审核设计文件,并在调试中确认供电能力	风险可控

6.5.5 小结

高危害药物生产设施的评估根据需要可以在任何时间执行,如设计阶段、商业化生产阶段。评估的范围也可根据项目情况确定,如单独对某一设备的评估。风险评估的首要一点就是识别风险,任何评估都要建立在科学和风险的原则之上,比如 OEL 的确定。只有通过对高危害药物的危害有了充分的了解,才能进行后续的设计和组织控制。

风险评估不是一次性的行为,应该在后续阶段对风险进行回顾,包含必要的测试,确认风险是否可控。

参考文献

[1] ISPE. Baseline Guide, Volume 1 Active Pharmaceutical Ingredients (Second Edition) - Revision to Bulk Pharmaceutical Chemicals [S/OL]. 2007-06. www.ispe.org.
[2] ISPE. Baseline Guide, Volume 2, Oral Solid Dosage Forms (Third Edition) [S/OL]. 2016-11. www.ispe.org.
[3] ISPE. Baseline Guide, Volume 3, Sterile Product Manufacturing Facilities (Third Edition) [S/OL]. 2018-04. www.ispe.org.
[4] ISPE. Baseline Guide, Volume 6, Biopharmaceutical Manufacturing Facilities (Second Edition) [S/OL]. 2013-11. www.ispe.org.
[5] 国家药品监督管理局. 药品生产质量管理规范(2010 年修订). [S/OL]. 2011-01-17. http://www.nmpa.gov.cn/WS04/CL2077/300569.html.
[6] ICH. Q9 Quality Risk Management [S/OL]. 2005-11-09. https://ich.org/page/quality-guidelines.
[7] ISPE. Good Practice Guide: Good Engineering Practice [S/OL]. 2008-11. www.ispe.org.
[8] ISPE. Good Practice Guide: Project Management for the Pharmaceutical Industry [S/OL] 2011-11. www.ispe.org.
[9] ASTM. Standard E2500—13, Standard Guide for Specification, Design, and Verification of Pharmaceutical and Biopharmaceutical Manufacturing Systems and Equipment [S/OL]. 2014-02-13. https://www.astm.org/.

[10] ISPE. Baseline Guide: Volume 5, Commissioning and Qualification (Second Edition) [S/OL]. 2019-06. https://ispe.org/publications/guidance-documents/baseline-guide-vol-5-commissioning-qualification-2nd-edition.

[11] EU. EudraLex Volume 4, Guidelines for Good Manufacturing Practice for Medicinal Products for Human and Veterinary Use [S/OL]. http://ec.europa.eu/health/documents/eudralex/vol-4/index_en.htm.

[12] ISPE. Baseline Guide Volume 5, Commissioning and Qualification, Second Edition [S/OL]. 2019-06. www.ispe.org. https://ispe.org/publications/guidance-documents/baseline-guide-vol-5-commissioning-qualification-2nd-edition.

[13] ICH. Q7 Good Manufacturing Practice Guide for Active Pharmaceutical Ingredients [S/OL]. 2000-11-10. https://ich.org/page/quality-guidelines.

[14] FDA. Code of Federal Regulations, Title 21-Food and Drugs, Subchapter C: Drugs: General Part 211-Current Good Manufacturing Practice for Finished Pharmaceuticals [S/OL]. 2019-04-01. www.fda.gov.

[15] EMA. Guideline on Setting Health Based Exposure Limits for Use in Risk Identification in the Manufacture of Different Medicinal Products in Shared Facilities [S/OL]. 2015-06-01. https://www.ema.europa.eu/en/setting-health-based-exposure-limits-use-risk-identification-manufacture-different-medicinal#current-effective-version-section.

[16] EMA. Questions and Answers on Implementation of Risk-Based Prevention of Cross-contamination in production and "Guideline on setting health- based exposure limits for use in risk identification in the manufacture of different medicinal products in shared facilities" [S/OL]. 2018-04-19. https://www.ema.europa.eu/en/setting-health-based-exposure-limits-use-risk-identification-manufacture-different-medicinal#current-effective-version-section.

[17] ISPE. Baseline Guide: Volume 7, Risk-Based Manufacture of Pharmaceutical Products (Risk-MaPP)(Second Edition) [S/OL]. 2017-06. www.ispe.org.

[18] WHO. TRS 957. Annex 3 WHO good manufacturing practices for pharmaceutical products containing hazardous substances [S/OL]. 2010-05. https://www.who.int/medicines/publications/44treport/en/.

第7章 质量风险管理在设施中的应用

7.1 制药用水系统风险评估

产品质量是企业发展的源泉,制药用水质量的稳定是保证产品的基础。制药用水系统作为关键的公用设施之一,其设计选型、招投标、安装、调试和确认、维护保养已经成为新建项目的重点工作。

贯彻质量风险管理能够给制药企业及监管者带来许多好处,在制药用水生命周期内应用质量风险管理的工具和原则作出以风险为基础的决策,能够发现生命周期早期的风险,增强知识管理及合规性、提高效率、减少意外,对制药用水的质量产生积极的作用,使企业更合理地利用资源,从而给制药企业带来潜在效益。下面利用风险工具对制药用水的设计、招投标、安装、调试和确认、维护保养整个生命周期的进行阐述。

7.1.1 制药用水系统设计风险评估

失效模式和影响分析(FMEA)是确定某个产品或工艺的潜在失效模式,评定这些失效模式所带来的风险,根据影响的重要程度予以分类并且制定和实施各种改进、补偿措施的设计方法。

在计算 RPN 之前,FMEA 风险评估将确定严重性、可能性和可检测性的等级。等级为 1~10,其中 1 是风险最低的等级,10 为影响产品质量的最高可能风险。

$$RPN = S \times P \times D \tag{7-1}$$

式中,S 是后果的严重性;P 是失效发生的可能性;D 是失效的可检测性。

- 后果的严重性(S):
  1—对药物质量没有影响或影响不大;
  5—产品功效因药物降解而降低;
  10—产品质量受到影响,导致患者因药物安全影响或违反监管要求而受到威胁。
- 失效发生的可能性(P):
  1—可能性极小;一年一次;

5—每月一次；

10—每天；确定失效。

- 失效的可检测性（D）：

  1—能够立即发现；

  5—有中等可能性被现有测试检测到；

  10—确定当前的控制措施不会检测到产品的损坏。

风险评估及可接受标准如表 7-1 所示：

表 7-1 风险评估表

RPN	风险水平	措施
1~10	低	风险可以接受
25~125	中	风险可能会被接受，降低风险至尽可能低的水平
250~1000	高	风险不可接受，需要进一步降低风险

采用表 7-2 进行制药用水设计阶段风险评估示例分析。

表 7-2 制药用水系统设计阶段风险评估示例

潜在失效模式	最差情况影响	严重性	失效可能原因	预防控制措施	可能性	检测控制措施	可检测性	RPN
纯化水预处理单元								
SDI值超标	污染后端活性炭过滤器、软化器等处理能力	5	未根据原水的水质设计机械过滤器填料颗粒、填料方法、过滤器大小、处理能力、过滤器筛网尺寸等	设计文件中必须根据原水水质对过滤器规格、填料规格、处理能力等进行设计	1	在预处理各单体模块设计取样口	1	5
微生物、重金属含量、离子等超标	预处理能力不够，污染 RO/EDI 单元，影响纯化水水质	5	活性炭填料不够、过滤器设计能力不足、未设计消毒措施等	设计文件中体现过滤器规格、填料规格/内容；活性炭必须设计消毒措施、定期清洗等	5	在预处理各单体模块设计取样口	1	25
硬度超标	影响 RO 膜寿命及产水能力	5	树脂失效；填料不够；过滤器设计尺寸不够	设计文件中体现过滤器规格、填料规格/内容等；软化器必须设计消毒措施、定期清洗等	10	在预处理各单体模块设计取样口	1	50

7.1.2 制药用水系统安装风险评估

为了规避制药用水系统施工过程的风险，项目团队应基于项目的规模、特性、现场环境、供应商的特点等，重点做好施工计划、质量计划及控制、EHS 等，下面介绍失效树分析（FTA）在安装阶段的风险评估。

失效树分析是以失效树作为模型，对系统进行可靠性分析的一种方法，是系统分析方法中应用广泛的一种自上而下逐层展开的图形演绎的分析方法。

通过对可能造成制药用水系统失效的各种因素（包括硬件、软件、环境、人为因素）进行分析，画出逻辑框图，从而确定系统失效原因的各种可能组合方式或其发生概率，以计算系统的失效概率，采取相应的纠正措施，以提高系统可靠性。

图 7-1 以制药用水系统焊接质量失效树分析进行了案例展示。

7.1.3 制药用水系统功能风险评估

下面以 FMEA 的方法进行制药用水系统功能风险评估示例说明，如表 7-3 所示。

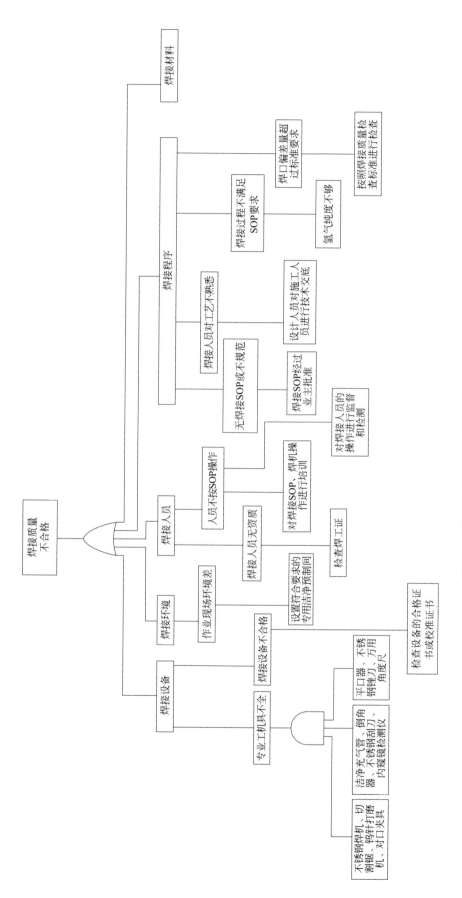

图 7-1 制药用水系统焊接质量失效树分析示例

表 7-3 制药用水系统功能风险评估示例

潜在失效模式	最差情况影响	严重性	失效可能原因	预防控制措施	可能性	检测控制措施	可检测性	RPN	测试
反渗透									
RO 膜安装错误	浓水侧泄漏,淡水侧受污染	5	安装方向错误	安装人员严格按照 RO 膜安装手册执行	1	一级电导率在线监测	10	50	水质确认
		5	O 型圈损坏或 RO 膜连接不到位	安装人员进行部件检查,安装后进行设备调试	1	一级电导率在线监测	10	50	水质确认
RO 堵塞,反渗透不彻底	产能变小,无法满足用水量需求	1	预处理能力不够,进入 RO 单元的水质较差	SOP 中规定对预处理单元定期清洗,定期检查保安过滤器滤芯	1	一级流量在线监测	1	1	产能确认
淡水产量小,浓水排放大	水资源浪费,运行成本增加	1	系统调试未达到最佳状态	SOP 中规定巡检周期,做好运行记录,系统调试完成后,不随意改变淡水/浓水调节阀开度	1	观察 RO 淡水/浓水排量,检查是否满足设计计算书要求	1	1	产能确认
一级产水微生物超标	水质不合格	10	停机后,废气/水通过浓水管道倒流	P&ID 图纸有浓水排放采用空气隔断设计标识,按图安装	1	检查系统冷排/热排管道分开,且冷排已做空气隔断	1	10	机械安装确认
报警									
错误报警	传递错误信息,影响系统运行	5	程序编辑错误或参数设置错误	根据设计文件进行程序编辑和参数设置	5	声光报警设计,报警数据可显示和追溯	1	25	报警确认
报警失效	影响系统运行;影响水质	5	程序编辑错误或仪表损坏	根据设计文件进行程序编辑;规定仪表校准周期	1	N/A	10	50	报警确认 仪表校准确认

7.1.4 制药用水取样计划风险评估

有效的取样对于企业的制药用水系统的成功运行至关重要,从制药用水系统抽取代表性样本是一个复杂的过程,可能会引入错误,原因如下。

- 环境条件。
- 样品阀设计。
- 取样点位置。
- 技术。
- 容器类型。
- 样品处理。
- 样品储存和运输。
- 其他因素(人员、测试仪器等)。

这些因素的影响是广泛的,并普遍存在整个行业。不正确的取样也可能导致更危险的情况,如导致 OOS 的产生,所以制定合理的制药用水取样计划至关重要。由于影响取样结果的因素众多,就需要通过对取样计划进行风险评估,从而降低影响取样结果的风险。

合理制定制药用水取样计划,首先考虑到的是取样频次。取样频次应有周期性,例如每年、每季度、每月、每天、在线等频次。各行业指南中也对制药用水系统的确认过程取样和日常取样的频次提出了指导建议。而制定一个完整的制药用水取样计划,不仅考虑取样频次,还要考虑其他因素。

制药用水质量属性主要分为两类:化学属性、生物学属性。化学属性主要指制药用水的电导率、TOC、硝酸盐含量、重金属含量、硬度、SDI 等指标;生物学属性主要指微生物和内毒素。取样过程中各项因素均有可能影响制药用水质量属性的检测结果,从而影响取样结果的真实性。以下从各因素的特点分析可能对制药用水取样结果造成的影响。

7.1.4.1 环境条件

环境条件对取样结果的影响如：取样点附近用有机溶剂消毒会对 TOC 产生很大影响；空气中的二氧化碳溶于样品，样品中的酸碱度会发生变化，从而影响样品的电导率；取样环境如果是敞开式的且空气中大颗粒污物较多，这些污物可能随取样过程进入样品中，造成对样品的污染等。

7.1.4.2 样品阀的设计

良好的样品阀设计不会将样品自身污染。设计时应考虑阀的内部功能和外部操作，应考虑连接方法，管路长度，阀座/密封件上游阀体内的存水量以及阀门关闭后保留在管路出口内的水量。阀门出口配置应允许排水，但不妨碍取样。良好样品阀的设计不应有水滞留的构造。

许多样品阀的设计使得很难取样，如样品容器不能接近取样口、取样口向上、样品阀门出口处会有水残留等。因此在系统安装之前应谨慎购买和测试特定的阀门设计。

样品阀设计还应考虑其他问题，例如管道内的水温、取样位置等。

7.1.4.3 取样点位置

取样点位置应设置在代表水质的样品位置。需考虑取样的位置易于获得代表系统水质量的样品。不仅应在 P&ID 上处理样品阀位置，还应在设备和管道安装期间处理。应通过仔细规划和适当的现场执行来避免干扰正确取样的部件、硬件或其他项目。注意事项应包括冲洗水的排放、样品阀相对于其他设备的位置等。

不正确的位置可能使取样者处于危险之中，或者可能产生高度变异性的数据，并可能导致警戒限、行动限和 OOS 的增加。

取样位置应包括系统的所有适当部分，包括原水、预处理单元操作、初级和最终制备、存储、分配系统（主回路和子回路）、使用点。不同取样点所关注的制药用水质量属性是不同的。

7.1.4.4 取样技术

任何取样程序的目标是获得准确反映水系统质量的样品和/或确保适当质量的水用于制造或其他指定用途。绝大多数化学成分均匀分布，并且相对容易采用最小水量的冲洗。

细菌和内毒素污染物不会均匀分布，因为细菌主要黏附在系统的表面。系统中存在的大多数细菌不是自由浮动的，而是附着在水系统内的系统表面的生物膜的一部分。通常理解，系统中的大多数细菌（99.9%~99.99%）存在于生物膜中；自由漂浮或浮游细菌为小部分（0.01%~0.1%）。生物膜在细菌能够附着在表面上的低或无流动区域中发生得更快、更容易，因此由于可变的局部流动条件，检测到的细菌和内毒素可能变化很大。

取样技术的步骤示例如下。

① 找到合适尺寸的容器或排水管（确保容器足够大以接收适当的冲洗），以接收从取样阀冲洗的水。不应修改样品阀冲洗程序。

② 慢慢打开阀门直到它完全打开。

③ 让水从阀门以全力流动至少 30s，然后缓慢关闭阀门，将流速降低到适合的取样

速率。

④ 在适当的容器中收集所需的非微生物（如电导率、TOC）的样品。
⑤ 如果取样阀要喷洒 IPA 用于细菌和/或内毒素样品取样，请慢慢关闭取样阀。
⑥ 用消毒剂喷洒取样阀的出口。
⑦ 等待 30s。
⑧ 重复以上步骤②③，并在适当的容器中收集细菌和内毒素样品。
⑨ 关闭取样阀并进行处理，以移除或置换出口流动路径中保留的水。
⑩ 确保样品被贴上标签并妥善处理。

一旦取完所有与微生物有关的样品，阀门和出口通道的下游部分应用酒精或其他合适的消毒剂进行干燥处理。在许多 POU 装置的典型的封闭系统中，无菌压缩空气可以用来去除取样点下游的残余水分。

取样后，应避免对取样点进行封盖处理，因为这样会在取样点留住水分，使细菌和生物膜在样品之间生长。建议在取样后和/或封盖前用酒精冲洗阀门出口处，因为酒精会排除水分，防止样品间的微生物生长。每当使用这种做法时，必须在随后的取样中彻底冲洗样品阀，以防止酒精影响到 TOC 或微生物的结果。

7.1.4.5 容器类型

制药用水取样时，应当采取适当的措施确保取样容器不会向样品中引入可测量的污染物。这意味着可能需要几个不同的样品容器对同一取样点进行取样。

- 电导率测试。取样的容器应当不会大幅浸出离子，因此，清洁塑料容器是最佳选择。玻璃容器倾向于从表面浸出钠离子和硅酸盐离子，除了在容器内只有短暂停留时间的样品外，通常不是一个好的选择。
- TOC 测试。取样容器表面不应浸出大量有机残留物。选择的容器可以是玻璃容器或塑料容器，只要它们被认证为低 TOC。许多塑料容器会浸出足够的有机物，显著影响最终的测试结果；任何容器都可以浸出相关的有机残留物，即使是最小心的处理和一丝不苟的清洁。所以，通常建议使用商业供应商提供的专业清洁的低 TOC 容器。
- 微生物测试。取样容器的制备材料几乎没有功能限制，任何可灭菌材料构成的容器通常就足够了。在微生物取样中，应考虑重复使用容器的清洁度。微生物样品容器应清洁，不含过去使用的残留物。
- 内毒素测试。样品容器材料应选用玻璃（或适当评估的塑料替代品），因为玻璃可通过热处理至 250℃ 或更高温度至少 30min，而去除热原。塑料容器通常不建议用于内毒素取样，这种容器只能通过彻底冲洗和/或化学过程去除热原，通常不是可靠和有效的。

7.1.4.6 样品处理

在实验室中进行离线分析的取样可能会影响给定属性的测量质量，并通过以下几种途径将其暴露于外部污染。

- 通过手工取样程序，由于疏忽、缺乏培训或操作细节不足，可能执行得很差。
- 从水系统封闭的界限到样品容器之间的转移。
- 通过样品容器的内部与样品端口的外部接触。
- 在样品位置和实验室之间的运输过程中。
- 通过实验室的样品容器开放和再封闭。

- 运输和/或存储过程中，需要对同一容器中的样品进行附加属性的测试，或者以后进行重复测试或调查复测。

7.1.4.7 样品的储存和运输

- TOC 测试。在样品储存期间，对溶液的 TOC 的显著影响可能来自从容器或封闭物表面浸出的有机残余物。如果将可重复使用的容器用于 TOC 取样，则其可浸出残留物的风险远大于使用单次使用低 TOC 样品容器的风险。制冷可能会减缓这种浸出速率。建议在收集后几小时内测试这些样品。
- 电导率测试。样品在等待测试期间不应冷藏，因为它会增加运行电导率测试所需的时间。样品测试应尽快去进行测试。
- 微生物测试。不同的参考文献推荐不同的最长保持时间和储存温度。需要关注的是，如果样品采集后经过的时间超过几小时，则可能发生微生物增殖或者由于吸附或饥饿导致的微生物损失。通常，如果在样品采集后约 2 小时内无法开始测试，建议进行冷藏。
- 内毒素测试。因为样品中至少一部分内毒素可能具有颗粒性质，例如水样中的全细胞或细胞壁碎片，所以内毒素测试样品应遵循与微生物测试相同的指导原则。

7.1.4.8 其他因素

影响取样结果的其他因素，例如人员、测试仪器等，均有可能导致制药用水质量属性检测结果出现 OOS。因此，人员必须经过严格的培训，具备 GMP 质量意识；测试仪器应经过校准和验证，并定期维护保养，保证检测结果的准确性。

7.1.5 制药用水系统取样风险评估举例

通过 FMEA 风险管理工具的应用，对影响取样计划的各因素进行风险评估，如表 7-4 所示。

表 7-4　制药用水系统取样风险评估示例

失效模式	失效影响	潜在原因	严重性	可能性	可检测性	风险优先性	预防措施	检测措施	风险评价
样品接触空气	电导率超标	空气中二氧化碳溶解于样品中	高	低	中	中	● 尽可能降低样品接触空气的时间 ● 取样容器密封严密 ● 取样量装满容器	电导率检测仪	风险可控

取样计划的频率和持续时间应与制药用水系统的验证程序相吻合。根据这一理论基础，验证的最后阶段以采用不间断的取样频率为基础，目的是确保系统持续地保持在验证状态。然而，使用风险分析工具加上周期性的数据审查，可以在强有力的数据支持的情况下对取样频率进行变更（增加或减少）。

7.2 HVAC 系统风险评估

空调净化系统是一个能够通过控制温度、相对湿度、空气运动与空气质量（包括新鲜空气、气体微粒和气体）来调节环境的系统的总称。空气净化系统能够降低或升高温度、减少或增加空气湿度和水分、降低空气中颗粒烟尘污染物的含量。

洁净室（区）是需要对环境中悬浮粒子数量进行控制的房间（区域），其建筑结构、装备及其使用应当能够减少该区域内污染物的引入、产生和滞留。其他相关参数，诸如温度、湿度、压力，也有必要控制。

HVAC 系统作为关键的公用设施之一，风险评估贯穿于 HVAC 系统的整个生命周期。贯彻质量风险管理能够给制药企业及监管者带来许多好处，在 HVAC 系统生命周期内应用质量风险管理的工具和原则作出以风险为基础的决策，能够发现生命周期早期的风险，增强知识管理及合规性、提高效率、减少意外，对 HVAC 系统的质量产生积极的作用，使企业更合理地利用资源，给制药企业带来潜在效益。

7.2.1 HVAC 系统关键方面评估

系统级别的影响性评估结果可以直接用于确定生产系统的关键方面。对于关键方面判定问题回答为"是"的，将识别与此回答相关的特定部件、安装特征或操作功能，包括自控功能。这些成为"关键方面"的部件、特征或功能将包含在确认检查或测试中。该确认工作应当包括适当的检查和测试，以确认这些项目满足适当的标准，支持关键方面（CA）。

7.2.1.1 确定系统功能关键方面

PDA TR 54-5 中对于关键方面的评估采用如下流程。

① 根据对产品质量和/或患者安全产生的影响识别出生产系统的特性。

② 依据下列评估标准去确定特性、功能或属性是否会影响产品质量。

- 识别出与 CPP 有关的功能（A）。
- 识别出满足药典要求的特性（B）。
- 识别与污染有关的设备设计（C）。
- 识别出需要数据支持预定法规相关的功能（D）。
- 识别出与 CQA 直接相关的特性（E）。

③ 满足上述标准中至少一个条件的某一特性可以被定义为 CA。关键方面要确认，其范围将通过设计风险评估来确定。

不满足上述条件定义的特性是非关键方面。非关键方面需要调试。表 7-5 展示了 HVAC 系统关键方面评估示例。

表 7-5 HVAC 系统关键方面评估示例

工艺功能或特性	A	B	C	D	E	关键/非关键	说明
厂房布局			√			关键	合理布置人物流,防止交叉污染
洁净送风			√			关键	维持洁净空气,保证房间洁净度,防止粒子/微生物污染
排烟						非关键	N/A
电力						非关键	N/A
通信						非关键	N/A

7.2.1.2 关键方面风险评估

表 7-6 总结了 HVAC 系统关键方面相关的风险评估。

表 7-6 HVAC 系统关键方面风险评估

序号	关键方面	潜在失效模式	最差情况影响	严重性	失效可能原因	预防控制措施	可能性	检测控制措施	可检测性	RPN	项目
1	厂房布局	布局不合理	交叉污染,并影响生产及洁净室日常操作	10	设计不合理	N/A	5	N/A	5	250	更改设计
2	洁净送风	风量不足	影响洁净室洁净度(粒子/微生物)	10	高效堵塞	初中效过滤器保护高效过滤器	5	风量监测;定期环境监测	5	250	风量和换气次数确认;洁净度确认
3				10	机组故障	制定机组维护保养 SOP	1	风量监测;环境监测	1	10	风量和换气次数确认;洁净度确认

7.2.2 洁净室动态环境监测风险评估

动态测试时,由于受到众多因素的影响,均匀布点的原则已经不能真实反映房间内不同区域的环境状况。因此,需要采取风险评估的方法来选择动态环境监测布点,同时也为车间今后的日常监测布点起到指导意义。

当生产环境处于动态时,有很多风险因素可能导致环境污染甚至洁净环境破坏,每个风险因素都存在着不同的潜在的风险,所以,必须对每个风险因素充分地进行分析、评估,提出控制措施并进一步加以控制,以确保合格的动态生产环境。

生产环境动态风险因素的识别应从人员操作、设备运转、物料特性、生产流程 4 个方面进行分析,用图 7-2 鱼骨图来表示生产环境污染风险因素。

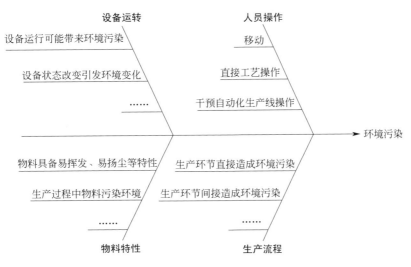

图 7-2 生产环境污染风险因素鱼骨图

风险评估对象确定将分两阶段展开。

(1) 第一阶段,确定关键房间　关键房间的判定将从是否具备以下几个风险因素考虑。
- 人员操作。
- 设备运行。
- 物料特性。
- 生产流程。

(2) 第二阶段,确定关键点位　对每个关键房间进行风险因素分析,确定风险因素的存在位置,即为关键点位。

7.2.2.1 关键房间确定(举例)

当待分析房间存在上述所识别出的任何一个风险因素时,该房间可视作关键房间,分析过程如表 7-7 所示。

表 7-7 关键房间确定

房间名称	风险因素识别				是否为关键房间
	人员操作	设备运转	物料特性	生产流程	
二更	无工艺操作	不存在设备	无物料	无生产环节	否
灌装间	操作人员进行无菌装配、干预灌装机、出塞、上塞、打开灭菌柜出料RABS、层流小车对接、操作自动进出料系统、将灌装机部件转移至传递窗时,可能对环境造成污染	灌装机、自动进出料RABS打开操作门时造成局部气流变化 灭菌柜出料RABS大门的开关可造成局部气流混乱	灌装的液体以及胶塞、西林瓶均不易产尘,对环境影响较小	在灌装和自动进出料过程中对环境污染较小	是

7.2.2.2 关键点位确定(举例)

在进行关键点位确定时,仅针对关键房间内的风险因素识别结果进行关键点位分析,如表 7-8 所示。

表 7-8 关键点位确定

房间名称	灌装间	
风险因素	风险因素识别结果	关键点位
人员操作	操作人员进行无菌装配、干预灌装机、出塞、上塞、打开灭菌柜出料RABS、层流小车对接、操作自动进出料系统、将灌装机部件转移至传递窗时,可能对环境造成污染	前转盘外(人员干预位置)
		灌装机装配操作门外
		灌装区操作门外(人员干预位置)
		靠近人员上塞区、取样区
		人员操作自动进出料系统区
		自动进出料操作门外(人员干预位置)
		人员出塞区
		灭菌柜出料RABS与层流小车对接位置
		靠近传递窗位置
设备运转	灌装机、自动进出料RABS打开操作门时造成局部气流变化 灭菌柜出料RABS大门的开关可造成局部气流混乱	前转盘外(人员干预位置)
		灌装机装配操作门外
		灌装区操作门外(人员干预位置)
		靠近人员上塞区、取样区
		人员操作自动进出料系统区
		自动进出料操作门外(人员干预位置)
		人员出塞区
		灭菌柜出料RABS与层流小车对接位置
		靠近传递窗位置

7.2.2.3 关键点位风险分析(举例)

在进行关键点位确定后,针对关键点位进行风险分析,如表 7-9 所示。

表 7-9 关键点位风险分析

房间名称	灌装间								
取样点位置	影响事件	严重性	可能性	风险级别	控制措施	采取措施后			
						严重性	可能性	风险级别	结论
前转盘外(人员干预位置)	操作人员干预灌装机、打开操作门时,可能对环境造成污染	M	M	M	在该点位动态监测悬浮粒子和微生物	M	L	L	风险可控
灌装机装配操作门外	操作人员进行装配、打开操作门时,可能对环境造成污染	M	M	M	在该点位动态监测悬浮粒子和微生物	M	L	L	风险可控
灌装区操作门外(人员干预位置)	操作人员干预灌装机、打开操作门时,可能对环境造成污染	M	M	M	在该点位动态监测悬浮粒子和微生物	M	L	L	风险可控
靠近人员上塞区、取样区	操作人员进行加塞、取样、打开操作门时,可能对环境造成污染	M	M	M	在该点位动态监测悬浮粒子和微生物	M	L	L	风险可控
人员操作自动进出料系统区	操作人员操作自动进出料系统、打开操作门时,可能对环境造成污染	M	M	M	在该点位动态监测悬浮粒子和微生物	M	L	L	风险可控
自动进出料操作门外(人员干预位置)	操作人员操作自动进出料系统、打开操作门时,可能对环境造成污染	M	M	M	在该点位动态监测悬浮粒子和微生物	M	L	L	风险可控
人员出塞区	操作人员出塞、打开操作门时,可能对环境造成污染	M	M	M	在该点位动态监测悬浮粒子和微生物	M	L	L	风险可控
灭菌柜出料 RABS 与层流小车对接位置	操作人员对接层流小车、打开操作门时,可能对环境造成污染	M	M	M	在该点位动态监测悬浮粒子和微生物	M	L	L	风险可控
靠近传递窗位置	将灌装机部件传递至传递窗、打开门时,可能对环境造成污染	M	M	M	在该点位动态监测悬浮粒子和微生物	M	L	L	风险可控

7.2.3 HVAC 系统维护保养风险评估

维护保养是一项预防性的、有计划进行的经常性的工作。目的是通过及时发现、消除系统和设备存在的问题及潜在的事故隐患,来提高整个系统的运行水平,保证系统的安全经济运行,防止意外事故的发生,延长其使用寿命。忽视这些琐碎而繁杂的维护保养工作,往往是系统和设备运行不正常、故障频繁发生的原因之一。

HVAC 系统对制药洁净环境起到至关重要的作用,其过滤送风、控温控湿、洁净室消毒、洁净室密封等因素直接影响到产品生产质量。为保证空调系统正常运行,避免空调系统故障带来的质量事故,需要采取风险评估的方法对空调系统的维护保养进行指导,如表 7-10 所示。

7.2.4 空调系统周期性再验证风险评估

根据功能对产品质量的影响程度,将其分为 3 级 (a)。
- 3—对最终产品质量有影响。
- 2—对中间产品质量有影响。
- 1—间接影响产品质量。

根据相关的变更控制的历史记录情况,将其分为 3 级 (b)。

表 7-10 HVAC 系统维护保养风险评估

风险因素	说明/任务	失效事件	最差情况影响	严重性	可能性	风险级别	建议采取措施	采取措施后			评价
								严重性	可能性	风险级别	
送风风机	为空调系统提供足量的空气流	风机烧毁	系统停止运行	M	M	M	定期检查电路 定期测试风机运行温度 定期测试轴承运行温度	M	L	L	风险可控
		风机运行不流畅	系统送风量不足，换气次数偏低	M	M	M	定期检查风机皮带松紧度 定期对电机和风机轴承进行润滑	M	L	L	风险可控
		风机噪声大	系统运行不稳定	M	M	M	定期检查减震阻尼 定期对系统噪声进行测试	M	L	L	风险可控

- 3—首次验证以来有多个小变更或大变更。
- 2—首次验证以来有单个小变更。
- 1—无变更。

根据偏差情况，将其分为 3 级（c）。
- 3—首次验证以来有多于 10 个以上偏差。
- 2—首次验证以来有 5 个以下偏差。
- 1—无偏差。

根据日常监测情况，将其分为 3 级（d）。
- 3—无监测。
- 2—有定期监测。
- 1—有在线监测。

根据历史运行情况，将其分为 3 级（e）。
- 3—各功能参数有较大偏移，运行不稳定。
- 2—各功能参数稍有偏移，运行相对稳定。
- 1—各功能参数几乎无波动。

周期性再验证风险评估标准说明：对空调系统以上 5 个方面进行风险评价并根据式 (7-2) 进行风险级别划分。

$$分值 = a \times b \times c \times d \times e \tag{7-2}$$

- 低风险（分值<16）。风险可接受，采取当前措施即可，不需要进行再验证。
- 中风险（分值 16~32）。风险不可接受，每两年进行一次再验证或定期监测。
- 高风险（分值 32~48）。风险不可接受，每一年进行一次再验证或定期监测。
- 超高风险（分值>48）。风险不可接受，每半年进行一次再验证或定期进行日常监测。

HVAC 系统再验证风险评估如表 7-11 所示。

表 7-11 HVAC 系统再验证风险评估

功能/关键方面	说明/任务	a	b	c	d	e	分值	风险级别	建议采取措施
灌装区层流风速	为灌装区提供洁净送风	3	2	2	2	2	48	高风险	每半年进行一次再验证 每个月进行一次日常监测

7.2.5 小结

风险评估贯穿于空调净化系统的整个生命周期。在生命周期内应用质量风险管理的工具和原则作出以风险为基础的决策，对空调净化系统的质量产生积极的作用。

7.3 仓储系统风险评估

仓储在企业的整个供应链中起着至关重要的作用，如果不能保证正确的进货和库存控制及发货，将会导致管理费用增加，服务质量难以得到保证，从而影响企业的竞争力。

现代仓储系统从运输周转、贮存方式和建筑设施上都重视通道的合理布置，货物的分布方式和堆积的最大高度，并配置经济有效的机械化、自动化存取设施，以提高贮存能力和工作效率。

本节将应用ICH Q9中提及的风险工具，对仓储系统的设计、C&Q、运行维保以及退役整个生命周期进行风险评估举例。

在仓储系统的设计阶段，从人、机、料、法、环、测6个不同方面的风险因素进行简单鱼骨图分析，如图7-3所示。然后对仓储系统设计阶段风险识别中得到的风险因素进行分析。依据ICH Q9中不同的风险工具在不同阶段的应用，使用PHA模式进行分析，如表7-12所示。

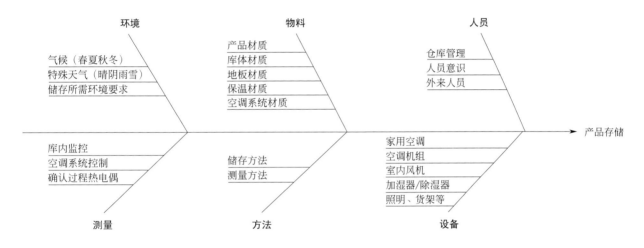

图7-3 仓储系统设计阶段的风险识别

表7-12 仓储系统设计阶段风险评估示例

工艺/工序/项目	仓储系统的设计阶段				
描述	依据仓储系统设计阶段的设备、人员、方法、环境、物料、测量6个方面进行考量				
序号	危险因素	触发事件	事故原因	事故结果	风险级别	预防措施
1	产品/原料变质	温湿度控制不合格（人员控制）	人员工作经验少	影响产品质量	H	考虑合适的外包服务公司，且制定相关SOP不断进行培训及考核
2			人员操作失误（控制空调机组、货架车、高架库操作等）	影响产品质量	H	制定相关SOP、培训以及考核
3			人员职责划分不明确（责任心不足、串岗等）	影响产品质量	H	制定相关SOP、培训以及考核
4	产品/原料变质	温湿度控制不合格（设备控制）	空调机组无法满足所需性能	影响产品质量	H	采购适合的设备，进行设计、施工并进行最终的确认
5			空调机组故障率高、日常维护保养不到位、不方便	影响产品质量	H	精准选型、制作日常维护保养SOP
6			风口、灯具等不合理的选型、安装影响温湿度分布	影响产品质量	H	详细设计、后期进行仓储系统确认工作

续表

序号	危险因素	触发事件	事故原因	事故结果	风险级别	预防措施
7	产品/原料变质	温湿度控制不合格（设备控制）	货架的分布、高度以及仓储内货架车走向不合理	影响产品质量	H	详细设计、制作仓储系统日常管理SOP
8			消防、防虫害等特殊设备的失效	影响产品质量	M	详细设计、后期进行仓储系统确认工作
9			制冷控制系统、监测系统的失效	影响产品质量	M	详细设计、后期进行仓储系统确认工作
10	产品/原料变质	温湿度控制不合格（物料控制）	库体、地板、隔热膜（如需要）以及相应的管路保温材质不合格	影响产品质量	M	使用适宜物料,进行仓储系统验证工作
11			制冷剂、润滑剂等耗材的材质不合格	影响产品质量	M	使用适宜物料,进行仓储系统验证工作
12			存储物料所需温湿度不正确	影响产品质量	M	产品研究,进行仓储系统验证工作
13			清洁不合格导致污染（不合格耗材、不同批次的污染）	影响产品质量	M	制定相应的库房清洁SOP,合理清洁
14	产品/原料变质	温湿度控制不合格（环境控制）	仓储环境无法达到存储物料要求	影响产品质量	M	进行确认工作
15			制冷设备运行环境等不符合	影响产品质量	M	检查机组运行环境。保证设备平稳运行
16			物理安全（是否有效隔离不同操作区域如更衣室、物料搬运以及存储区域等）	影响产品质量	M	制作相应的管理规程以及进行确认工作
17			门的使用类型以及开门位置错误	影响产品质量	M	进行确认工作
18	产品/原料变质	温湿度控制不合格（方法/法规控制）	不同国家与地区之间的法规不一致	合规性	M	针对不同的产品与不同的目的销路进行不同的分析,进行确认
19			管理流程、确认方式方法不合理	影响产品质量	M	制定相应的管理流程、对于方式方法进行审批或外包服务
20	产品/原料变质	温湿度控制不合格（测量控制）	测试及监控方法及方式不符合	影响产品质量	H	使用合适的方法进行监控及测量
21			测试设备不符合需求（能力以及数量等）	影响产品质量	H	使用合适的设备进行确认以及考虑外包服务
22			测试流程不符合需求	影响产品质量	H	制作相应的SOP、培训以及考核

完成图7-3以及以PHA模式执行设计考量阶段的工作后，可以综合公司的效益与实际情况选择有益于公司的仓储系统进行规划。规划完毕后将要对仓储系统的实施阶段进行风险分析。本节的案例中仅对与储存条件相关的内容进行分析，消防措施以及虫害部分不包含在内。依据人、机、料、法、环、测6个方面进行分析，如图7-4所示。

对从图7-4仓储系统确认阶段的风险识别中得到的风险因素进行分析。依据ICH Q9中不同的风险工具在不同阶段的应用，使用HACCP模式进行仓储系统C&Q及运行阶段风险评估，如表7-13所示。

危害分析及关键控制点（HACCP）是一种系统化、积极主动和预防性地方法，用以确保产品的质量、可靠性和安全性。它是一个结构性的方法，其通过采用技术和科学原则，去分析、评价、预防及控制由于产品的设计、开发、生产和使用带来的风险或不利结果及危险因素。当对工艺的了解足够全面可以支持关键控制点（关键参数/变量）识别时，较为有用。

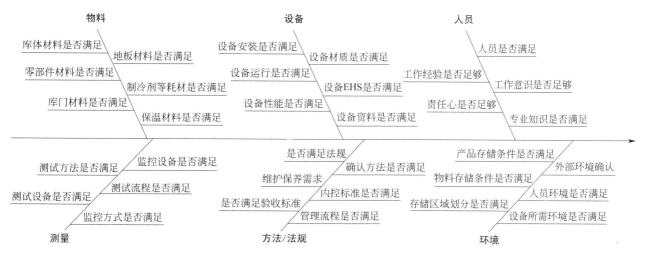

图 7-4 仓储系统 C&Q 阶段风险识别

表 7-13 仓储系统 C&Q 及运行阶段风险评估示例

工艺/工序/项目			仓储系统 C&Q 以及运行阶段					
描述			依据仓储系统的确认阶段的设备、人员、方法/法规、环境、物料、测量 6 个方面进行考量					
序号	危害描述	危害影响	危害原因	严重性	可能性	关键性	预防措施	检测措施
1	库区温湿度不合格（人员方面考量）	库区存储物变质，影响产品质量以及用户安全	工作人员意识淡薄，责任心不强	M	L	非关键	企业文化培训	定期考核
2			人员专业知识、工作经验不足	M	M	潜在关键	定期进行岗位培训	定期考核
3	库区温湿度不合格（设备方面考量）	库区存储物变质，影响产品质量以及用户安全	设备无法满足工艺需求	H	L	潜在关键	实际进行调研	进行温湿度测试
4			设备安装错误	H	M	关键	进行 IQ 检查	现场核查
5			设备维保困难	M	L	非关键	维保要求	供应商培训
6			设备故障（如传感器）	M	M	关键	日常检查	定期检查
7	库区温湿度不合格（物料方面考量）	库区存储物变质，影响产品质量以及用户安全	保温材料不达标	H	L	潜在关键	IQ 检查	检查证书
8			零部件及耗材不足	M	L	非关键	生产核查	日常进行备件检查
9	库区温湿度不合格（环境方面考量）	库区存储物变质，影响产品质量以及用户安全	设备运行环境差，设备损坏	M	L	非关键	IQ 检查	安装环境检查
10			人员工作环境差，情绪坏	M	L	非关键	企业文化培训	定期考核
11			存储区域划分不合理，温湿度交叉影响	H	L	潜在关键	IQ 检查	安装图纸检查
12			产品、物料储存环境苛刻	H	M	关键	产品调研	进行温湿度确认
13	库区温湿度不合格（方法/法规方面考量）	库区存储物变质，影响产品质量以及用户安全	不同国家与地区之间的法规要求不同	H	M	关键	产品调研	进行温湿度确认
14			验收标准以及确认方法不同	H	M	关键	方法调研	进行方法确认

续表

序号	危害描述	危害影响	危害原因	严重性	可能性	关键性	预防措施	检测措施
15	库区温湿度不合格（测量的方面考量）	库区存储物变质，影响产品质量以及用户安全	测试方法不正确	H	M	关键	方法调研	进行方法确认
16			测试设备不准确	H	M	关键	方法调研	进行方法确认
17			测试流程不合适	H	M	关键	方法调研	进行方法确认
18			监控方式不正确	H	M	关键	方法调研	进行方法确认
19			监控设备不正确	H	M	关键	方法调研	进行方法确认

失效模式和影响分析（FMEA）是确定某个产品或工艺的潜在失效模式，评定这些失效模式所带来的风险，根据影响的重要程度予以分类，并且制定和实施各种改进与补偿措施的设计方法。

在确认阶段，也可以采用FMEA的方式对仓储系统的温湿度分布的布点方式以及应用进行描述，并分析失效模式和失效影响、失效原因，评估失效发生的严重性、可能性，确定其风险优先性，并对预防措施和检测措施进行制定。

表7-14为FMEA在满载布点分布中的应用举例。

表7-14 仓储系统满载布点FMEA示例

潜在风险区域	失效事件	最差情况影响	严重性	可能性	可检测性	风险优先性	风险控制措施
门口	温度波动较大超出可接受标准	影响产品质量	H	H	L	H	①进行温湿度布点测试并考虑安装监控 ②在门口进行密集布点，考察温度波动范围区域。考虑物品不在该区域进行储存 ③布点原则考虑门口四周及门口向内呈扇形区域密集布点
	温度波动引起贮存物湿度变化		H	H	L	H	
	温度波动频率高造成反复超标		H	H	L	H	
外墙	夏季炎热库内高出可接受标准	影响产品质量	H	H	M	H	①进行温湿度测试 ②适当远离墙面进行布点测试 ③监控外部环境温度 ④适当远离该位置进行货架安装或物料堆积
	冬季寒冷库内低于可接受标准		H	H	M	H	
	墙上窗户透光与透热使得附近温湿度超标		H	H	M	H	
墙角	气流流通死角导致温湿度不符合可接受标准	影响产品质量	H	H	M	H	①进行满载温湿度测试 ②适当远离墙角进行布点测试考察温湿度
	角落热交换最多导致温湿度不符合可接受标准		H	H	M	H	
进风口	温度低于可接受标准	影响产品质量	H	H	L	H	①进行温湿度布点测试并安装监控 ②进行图纸安装检查 ③布点原则风口位置依据风口形状以及位置进行合理距离的布点（如旋流风口、喷射、百叶风口等气流考虑）
	风速过大湿度低于可接受标准		H	H	L	H	
	进风口高度比货架低		H	M	H	M	
	风口气流不一		H	H	L	H	
	送风口的位置		H	H	L	H	
回风口	温湿度超出可接受标准	影响产品质量	H	H	M	H	①进行温湿度测试研究，合理区域内进行布点 ②进行图纸安装检查 ③布点原则考虑回风口位置(有底部回风以及区域上部回风)进行适当距离布点
	气流较为集中，风量过大或过低		H	H	M	H	
	回风口位置		H	H	M	H	

续表

潜在风险区域	失效事件	最差情况影响	严重性	可能性	可检测性	风险优先性	风险控制措施
底层	底层四周温湿度超出可接受标准	影响产品质量	H	H	M	H	①进行温湿度测试研究并对高风险点位进行监控安装 ②布点原则：货架底层四周合理分配布点及底层货物之间进行穿插布点
	底层货物之间温湿度超出可接受标准		H	H	M	H	
中层	中间位置温湿度度超出可接受标准	影响产品质量	H	H	M	H	①进行温湿度测试研究并对高风险点位进行监控安装 ②布点原则：各条货架中层进行穿插布点
顶层	温湿度度超出可接受标准	影响产品质量	H	H	M	H	①进行温湿度测试研究并对高风险点位进行监控安装 ②布点原则：高出货物所允许摆放最高高度，合理距离进行布点
灯光	热源导致附近货物储存条件高于可接受标准	影响产品质量	H	H	M	H	①进行温湿度测试 ②若温度搞则适当远离该位置进行货架安装或不在此处进行货物堆积
装置容量	满载量导致温湿度不符合可接受标准	影响产品质量	H	H	M	H	①进行满载温湿度确认，装载量需达到80% ②进行空载温湿度确认
	空载量导致温湿度不符合可接受标准		H	H	M	H	
降温速率/升温速率	降温速率低导致温湿度不符合可接受标准	影响产品质量	H	H	M	H	①进行满载装载的降温速率试验 ②考量满载状态下的升温速率 ③SOP中进行适当的管控
	升温速率低导致温湿度不符合可接受标准		H	H	M	H	
开关门时间	人员进出频率高导致温湿度不合格	影响产品质量	H	H	M	H	①进行库房开关门的确认 ②依据开关门的时间以及不同门口的结果进行SOP指导编写工作
	开关门时间过长导致温湿度不合格		H	H	M	H	
TMS监控位置	监控探头不准确(精度、稳定性等方面)	影响产品质量	H	H	M	H	①进行校准确认 ②确认过程中对监控探头进行比对确认
	测试探头应针对监控探头进行比对		H	H	M	H	
障碍物	可变的障碍物(如托盘)影响气流导向导致温湿度不符合要求	影响产品质量	H	H	M	H	①合理布局，减少可变障碍物 ②针对各不同存储区域进行同时布点。模拟正常存储时刻的真实状态
	可变的障碍物(如临时货架)影响气流导向导致温湿度不符合要求		H	H	M	H	
空调系统的滞后能力	电加热除霜可导致库内温湿度不符合要求	影响产品质量	H	H	M	H	①提前选型。考量制冷机组的性能 ②针对各不同存储区域进行同时布点。模拟正常存储时刻的真实状态。考察除霜性能
	设定温度不合理导致温湿度超标		H	H	M	H	

如表 7-14 所示，温湿度布点考虑的原则一般要考虑存储的边角、极限位置（如四角）、空间的 3 个维度。若空间非常大，则应考虑存储位置的布点、货架的几何中心位置、临近进出口的存储位置、送风口和回风口的位置、空气散流器附近的存储位置（如风机、鼓风机）、搁板位置等。图 7-5～图 7-7 分别举例了几个布局情况。

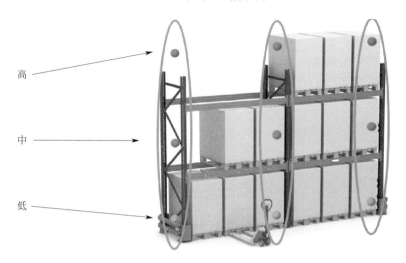

图 7-5 三层货架的布局简况

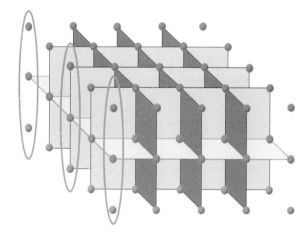

图 7-6 三层货架布点情况

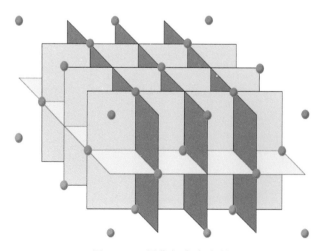

图 7-7 三层货架布点考量

仓储系统确认最后一个阶段是持续监测，以确保产品持续地保持在符合要求的环境内。持续保持稳定意味着，随时间监测的任何测量指标和变化均在可接受的范围内。仓储系统运行阶段风险识别，如图 7-8 所示。

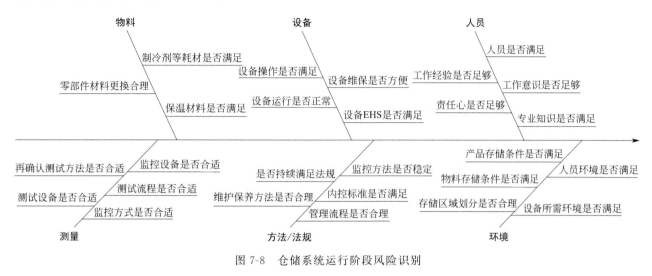

图 7-8　仓储系统运行阶段风险识别

参考文献

[1] ISPE. Good Practice Guide：Sampling for Pharmaceutical Water，Steam，and Process Gases [S/OL]. 2016-12. www.ispe.org.
[2] PDA. TR54-5，Quality Risk Management for the Design，Qualification，and Operation of Manufacturing Systems [S/OL]. 2017. https：//www.pda.org/publications/pda-technical-reports.
[3] ISPE. Good Practice Guide，Approaches to Commissioning and Qualification of Pharmaceutical Water and Steam System（Second Edition）[S/OL]. 2014-06. www.ispe.org.
[4] ISPE. Baseline Volume 4：Water and Steam Systems（Third Edition）[S/OL]. 2019-09. www.ispe.org.
[5] ASTM E2500-13. Standard Guide for Specification，Design，and Verification of Pharmaceutical and Biopharmaceutical Manufacturing Systems and Equipment [S/OL]. 2013-11. https：//www.astm.org/.
[6] ISO 14644-1. Cleanrooms and Associated Controlled Environments Part 1：Classification of Air Cleanliness by Particle Concentration [S].
[7] ISO 14644-3. Cleanrooms and Associated Controlled Environments Part 3：Test Methods [S].
[8] GB 50457—2019. 医药工业洁净厂房设计规范 [S].
[9] GB 50591—2010. 洁净室施工及验收规范 [S].
[10] GB/T 50243—2016. 通风与空调工程施工质量验收规范 [S].
[11] GB/T 16293—2010. 医药工业洁净室（区）浮游菌的测试方法 [S].
[12] GB/T 16294—2010. 医药工业洁净室（区）沉降菌的测试方法 [S].
[13] ICH. Q9 Quality Risk Management [S/OL].（2005-11-09）. https：//ich.org/page/quality-guidelines.
[14] WHO. Technical Report Series，No. 961. Annex 9 Model guidance for the storage and transport of time and temperature-sensitive pharmaceutical products，Supplement 6，Temperature and humidity monitoring systems for fixed storage areas [S/OL]. 2014-08. https：//apps.who.int/iris/bitstream/handle/10665/44079/WHO_TRS_961_eng.pdf?sequence=1&isAllowed=y&ua=1.
[15] ISPE. Good Practice Guide：Cold Chain Management [S/OL]. 2011-05. https：//ispe.org/.
[16] 国家药品监督管理局. 药品经营质量管理规范 [S/OL]. 2016-07-20. http：//www.nmpa.gov.cn/WS04/CL2174/300691.html.
[17] GB/T 34399—2017. 医药产品冷链物流温控设施设备验证 性能确认技术规范 [S].

第 8 章 质量风险管理在计算机化系统和数据完整性中的应用

8.1 质量风险管理在计算机化系统中的应用

计算机化系统质量风险管理是对风险进行评估、控制、沟通与审查的系统化过程。它是一个重复的流程，贯穿于从概念形成到系统退役整个计算机化系统的生命周期中。

8.1.1 系统在整个生命周期中的风险管理

基于风险的决策方法应贯穿于计算机化系统整个生命周期。无论是否需要正式的风险评估，都要把基于风险的决策以文件形式存档。

图 8-1 说明了如何在整个生命周期中使用基于风险的决策方法。

8.1.2 风险评估流程

计算机化系统质量风险管理是一个贯穿产品生命周期的对其质量风险进行评估、控制、沟通和审核的系统化过程。

风险评估流程如图 8-2 所示。

每个系统根据不同的风险性、复杂性与新颖性来调整五步骤风险管理流程，每个步骤的建立是以上一个步骤的输出内容为基础的。

8.1.2.1 初步风险评估

通常在用户需求说明（URS）编制之后进行，或者与其同时进行。

用户需求可包括操作需求、功能需求、数据需求、界面需求、权限管理需求、审计追踪需求、电子记录和电子签名的需求、技术服务需求、环境需求、安全防护需求、维护需求等内容，需求内容应清晰、具体、可测试、可实现。

进行初步风险评估的必备前提条件如下。
- 了解业务流程。
- 确定业务流程范围。
- 明确计算机化系统在支持业务流程中所起的作用。
- 充分定义需求（用户需求的开发是反复的过程，风险评估可能会对其产生影响）。

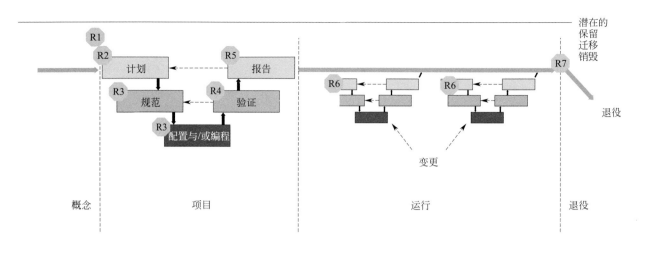

- R1 初步风险评估
- R2 在计划阶段基于风险做出决策
- R3 功能风险评估
- R4 在测试的计划阶段基于风险做出决策
- R5 在运行活动的计划阶段基于风险做出决策
- R6 变更控制下的功能风险评估
- R7 在计划系统退役阶段基于风险做出决策

图 8-1 应用于计算机化系统整个生命周期的风险管理（来源于 GAMP5）

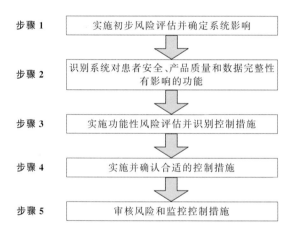

图 8-2 计算机化系统风险评估流程图（来源于 GAMP5）

初步风险评估内容包含由业务流程的计算机化所带来的风险，如电子记录完整性；还包含对重要的风险进行评估，如 GxP 和业务流程所面临的风险，该过程不包含对具体的功能与技术风险的评估。

这一评估应该基于对业务流程、业务风险评估、用户需求、法规要求和已知功能范围的了解进行，对之前已开展的评估可直接引用评估结果，而不再重复进行风险评估。

基于风险的计划决策初步风险评估所产生的结果应该用于此计划阶段。在计划阶段，基于风险做出的重要的决策包括如下。

- 是否需要对供应商进行评估，评估的严格程度。使用供应商评估的结果来帮助制定计划，以使系统合规并符合预定用途，包括决定是否需要供应商的参与。确定为使系统合规并符合预定用途所需要的活动、可交付物和职责，包括规范和验证的范围。

- 确定是否需要进行进一步的风险评估，如果需要，应在生命周期的什么时间段进行，应该采用的方法是什么。当确定进一步风险评估的级别时，应该把已经搜集到的所需信息考虑在内（例如，供应商评估的结果、标准化的程度）。

为实现与保持系统的合规性，采用基于风险的决策方法，从两个方面提高系统效率。
- 可调整性方面。在系统层面上，那些对总体影响较小的系统可以使用相对宽放的测试和归档方法。
- 重点关注方面。在功能层面上，对风险性最高的功能采用相对严格的测试和控制措施，对风险较低的功能采用相对宽放的测试和控制措施。

8.1.2.2 功能风险评估

功能风险评估可以用来识别和管理由于功能故障引起的影响患者安全、产品质量和数据完整性的风险。功能风险评估见图 8-2 中的第二步和第三步。

通过参考用户需求说明、功能说明和初步风险评估的结果，可以识别出对患者安全、产品质量和数据完整性具有影响的功能。

计算机化系统会带来特定的风险（如电子记录完整性、系统可用性与安全、基础结构方面的风险），而相关的手动业务流程则不会，计算机化系统的设计可以针对已识别的风险提供控制措施，但在进行控制时又可能会引入新的风险，这都应该在评估中加以考虑。

系统功能风险评估应从硬件、软件、功能、数据完整性 4 个方面进行。

8.1.2.3 基于风险的测试计划决策

根据系统的功能风险评估结果，将测试分成不同的等级。

功能风险评估的结果会影响验证的范围和严格程度。要重点测试高风险、中风险的功能，通常接受风险为低的功能。

表 8-1 示例说明了如何使用评估结果确定恰当的测试等级。

表 8-1 基于风险的测试计划决策

功能	低风险	中风险	高风险
输入可接受范围的数据：10.0～20.0	确认正常数据是可接受的	边界测试：1 个 10.0 以下的数值；一个范围内的数值；一个 20.0 以上的数值	边界测试：9.9、10.0、10.1、19.9、20.0、20.1
仪表或设备的温度控制	确认校准结果	通过操作范围确认准确的校准	通过操作范围确认准确的校准
	确认控制可实现	三点边界警报测试	六点边界警报测试
		根据一定的流程参数质疑控制功能可实现	根据一定的流程参数质疑控制的精确度

如果在功能风险评估后采用了附加的控制措施，则应重新评定风险评估的结果，因为新的控制措施可能允许采用相对简单的案例测试。

其他信息也可能会影响测试计划，如供应商评估的结果等。

8.1.2.4 基于风险的操作计划决策

根据系统的特性、风险性和复杂性来选择操作活动。在计划操作活动时，可基于风险做出的决策包括如下。
- 系统的可用性。
- 备份和恢复的频率与级别。
- 灾难计划。
- 系统安全。
- 变更控制。
- 定期审查。

应该识别所有重要的业务流程，并对与每个流程相关的风险进行评估。为保证在重要的业务流程中断时对其进行及时、有效的恢复，应该确立与实施相应的计划。

8.1.2.5 基于风险的系统退役计划决策

在计算机化系统退役时，也应该基于风险来决定如下。
- 数据与记录保存和迁移的方法。
- 验证的方法。

8.1.3 根据业务流程实施风险管理

为了有效地对计算机化系统实施质量风险管理，必须充分理解计算机化系统所支持的业务流程，包括对患者安全、产品质量和数据完整性的潜在影响等。需要考虑的问题如下。

（1）有什么样的危险？

通过流程及其自动化的相关知识和经验来判断并理解计算机化系统可能出现的问题，从而确认其所面临的危险。

需要考虑的事项包括系统故障和使用错误。

（2）有什么样的损害？

根据计算机化系统面临的危险来识别其带来的损害。潜在损害包括如下。
- 计算机化系统的故障导致生产出不合格的产品。
- 用于临床研究的仪表故障导致得出不准确的研究结论。
- 用于评估毒理学研究的计算机化系统故障导致药品药物学概貌的不完整认识（有关毒理学的性质、效果及检测和中毒治疗的研究）。

（3）有什么样的影响？

评估系统对患者安全、产品质量和数据完整性产生的影响，必须评估危险可能带来的后果。

（4）发生故障的概率有多大？

评估计算机化系统发生故障的概率，以便于选择适当的控制措施来控制已识别的风险。但不适用于某些难以确定概率的故障，例如软件故障。

（5）故障的可检测性是怎样的？

评估故障的可检测性，以便于选择适当的控制措施来控制已确定的风险。故障可以通过系统自动检测，也可以通过手工的方法进行检测。只有在发生的故障对患者安全、产品质量和数据完整性产生危害结果以前进行检测才是有用的。

（6）如何管理风险？

风险可以通过设计得到消除或降低，也可以通过采用控制措施来降低到可接受的标准，控制措施包括降低故障发生的概率与增强其可检测性。控制措施可以是自动的、手动的，也可以是两者的结合。

以上所考虑的这些问题因系统所处的环境而异。比如，对于相同的计算机化系统，口服固体制剂生产区域面临的风险与消毒设备区域面临的风险是完全不同的；用于不良反应事件报告数据库的系统与用于培训记录数据库的系统，它们所面临的风险也是完全不同的，前者对于患者安全有直接影响，而后者对患者安全没有任何影响。

风险管理必须考虑可接受的风险级别，即风险容忍度。

8.1.4 风险评估方法

风险管理的目标是为了制定控制措施，使故障的严重性、故障发生的概率以及故障的可检测性三者的结合降低到一个可接受的范围。

8.1.4.1 GxP 关键性评估

以下评估用于系统对产品质量的潜在影响的评价。针对每一项评估标准进行判定，如果该项声明适用该系统，则输入"是"；如果不适用，则输入"否"，并对适用项目进行备注以说明理由。

- 系统是否生成、处理或控制用于支持法规安全性和功效提交文件的数据？
- 系统是否控制临床前、临床、开发或生产相关的关键参数和数据？
- 系统是否控制或提供有关产品放行的数据或信息？
- 系统是否控制与产品召回相关要求的数据或信息？
- 系统是否控制不良事件或投诉的记录或报告？
- 系统是否支持药物安全监视？

判定：

GxP 关键性评估将系统分为关键、非关键两类，即 GxP 关键系统与 GxP 非关键系统。6 个问题均需回答，以"是"或"否"表示。若 6 个问题中只要有一个问题的答案为"是"，就将该系统归类为"GxP 关键系统"。若所有的问题的答案均为"否"，则系统归类为"GxP 非关键系统"。

GxP 关键性评估实例——仓储管理系统 GxP 关键性评估，如表 8-2 所示。

表 8-2 仓储管理系统 GxP 关键性评估示例

问题	评价结果
系统是否生成、处理或控制用于支持法规安全性和功效提交文件的数据？	是☐/否☑
系统是否控制临床前、临床、开发或生产相关的关键参数和数据？	是☐/否☑
系统是否控制或提供有关产品放行的数据或信息？	是☑/否☐
系统是否控制与产品召回相关要求的数据或信息？	是☐/否☑
系统是否控制不良事件或投诉的记录或报告？	是☐/否☑
系统是否支持药物安全监视？	是☐/否☑
结论	
GxP 关键性	关键☑/非关键☐

说明：仓储管理系统一般将记录产品的质量状态、有效期等产品放行相关的数据及信息。

8.1.4.2 软硬件分类评估

对于 GxP 关键系统，参照 GAMP5 中详细描述的软硬件类别进行审查，并判定系统软硬件的最高级别。

（1）硬件类别
- 第1类，标准硬件部件。通用的标准硬件组件。例如，仪表、阀门等。
- 第2类，定制硬件组件。专门为系统需求而特意定制的硬件组件。例如，电气控制柜。

（2）软件类别
- 第1类，基础设施软件。包括但并不仅限于已经发展完备或商业可用的分层软件和基础设施软件工具。例如，微软视窗操作系统。
- 第3类，不可配置软件产品。带有现成或标准软件包的非配置型设备。这种软件可允许输入参数，但是必须使用默认的软件配置。例如，环境控制舱。
- 第4类，可配置软件产品。带有现成或标准软件包的配置型设备。这类软件可进行配置以满足用户具体的应用需求。包括基于标准模块并进行了更改以符合具体要求的PLC梯形逻辑。例如，由供应商采用标准模块并对软件进行了配置以符合具体工艺要求的灭菌器。
- 第5类，定制应用软件。带有定制软件的定制设备。针对所要求的应用而不是根据之前已经经过测试和挑战的代码或模块而定制开发的软件（PLC梯形逻辑）。例如，具有由供应商为了符合具体工艺需求而定制编写的软件的灭菌器。

判定：
根据上述标准对本系统软硬件类别进行审查判定。

软硬件分类评估实例——仓储管理系统软硬件分类评估，如表8-3所示。

表8-3 仓储管理系统软硬件分类评估示例

硬件分类		
硬件名称	硬件描述	硬件分类
电脑主机及显示器	用于操作员人机交互	1
数据库服务器	用于储存数据库	1
堆垛机	存取出货位中的货物	2
软件分类		
软件名称	软件描述	软件分类
Windows	计算机操作系统	1
数据库软件	数据信息的存储、检索、修改、共享和保护	1
WMS客户端	仓库管理管理软件	4

8.1.4.3 21 CFR Part 11适用性评估

对于GxP关键系统，根据如下声明对计算机化系统进行评估，确定其是否适用于21 CFR Part 11有关电子记录和电子签名要求。

① 系统是否按照法规要求（例如，21 CFR Part 210、211等）以电子版格式（例如，在SQL数据库中存储信息）替代纸质版格式来保存记录？

备注：以与纸质版等同的电子版格式（例如PDF）保存的永久性记录副本并不被认为是电子记录。

② 系统是否按照法规要求除了纸质版格式外，还可以以电子版格式保存记录并依照记

录进行法规要求的活动？

备注：如果系统生成纸质版记录，而这种记录是用于进行法规要求活动的唯一记录，那么此项描述不适用。

③ 系统是否按照法规要求保存用于以电子版形式提交给用户或监管机构的记录？

备注：在进行递交时用到了某个记录，该记录并能推论适用于 21 CFR Part 11 部分。

④ 系统是否支持电子签名旨在使其等同于手写签名，首字母签名及法规要求的其他通用的签字形式？

判定：

- 如果对①～③，至少有一个回答是"是"，且④，回答是"否"，那么该系统适用于电子记录，不适用于电子签名。混合系统（电子的记录、手写的签名）按 21 CFR Part 11 "电子记录"条款被监管。

- 如果对①～③，至少有一个回答是"是"，且④，回答是"是"，那么该系统既适用于电子记录，也适用于电子签名。电子记录、电子签名系统按 21 CFR Part 11 所有条款被监管。

- 如果对①～④，均为"否"，那么该系统既不适用于电子记录，也不适用于电子签名。手工记录（手写的记录和签名）按 21 CFR Part 11 所有条款均不适用，不被其监管。

21 CFR Part 11 适用性评估示例——仓储管理系统 21 CFR Part 11 适用性评估，如表 8-4 所示。

表 8-4 仓储管理系统 21 CFR Part 11 适用性评估示例

21 CFR Part 11 适用性评估	备注	是否适用声明
系统是否按照法规要求（例如，21 CFR Part 210、211 等）以电子版格式（例如，在 SQL 数据库中存储信息）替代纸质版格式来保存记录？	以与纸质版等同的电子版格式（例如 PDF）保存的永久性记录副本并不被认为是电子记录	是
系统是否按照法规要求除了纸质版格式外，还可以电子版格式保存记录并依照记录进行法规要求的活动？	如果系统生成纸质版记录，而这种记录是用于进行法规要求活动的唯一记录，那么此项描述不适用	是
系统是否按照法规要求保存用于以电子版形式提交给用户或监管机构的记录？	在进行递交时用到了某个记录，该记录并能推论适用于 21 CFR Part 11 部分	否
系统是否支持旨在与手写签名、首字母签名和其他法规要求的通用签名具有同等效力的电子签名？	电子签名功能是否可用且已被使用	否

结论：
仓储管理系统适用于电子记录，不适用于电子签名
原因：仓储管理系统可以存储电子记录，且记录中包含产品基础信息及产品放行相关信息

8.1.5 生命周期活动的调整

对于简单的或低风险的系统，图 8-2 计算机化系统风险评估流程中的一些步骤可以合并。根据每一不同系统的风险性、复杂性与新颖性来调整五步骤风险管理流程，每个步骤的建立以上一个步骤的输出内容为基础。

图 8-3 显示了流程如何应用于 3 类软件的计算机化系统。

这个流程也可用于系统运行阶段，例如在变更控制中，通常会用到步骤 2 至步骤 5，而且来自步骤 1 的信息应一直有效，且可以利用。

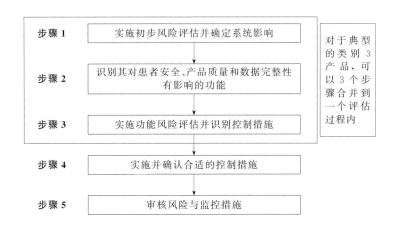

图 8-3 应用于 3 类软件的计算机化系统流程图

生命周期活动的目标是在整个生命周期中确保系统的 GxP 合规性并符合预定用途，活动内容根据以下内容进行调整。

（1）GxP 关键性评估　系统对患者安全、产品质量和数据完整性的影响（系统影响性）。

（2）软硬件分类评估　系统的复杂性和新颖性（系统组件的结构和分类）。

（3）21 CFR Part 11 适用性评估　系统是否适用于 21 CFR Part11。

（4）供应商评估的结果　供应商能力。

可以被调整的活动包括如下。

- 规范的级别。
- 设计审核的必要性及范围。
- 代码审查的必要性及范围。
- 验证活动的范围和严格程度。

8.1.6　遗留风险

采取风险控制措施后，要考虑遗留的风险。如果遗留的风险超出可接受的范围，要进一步采取适当的控制措施并验证。

8.1.7　风险沟通和文件化

风险沟通是指风险管理者和其他各方之间分享有关风险和风险管理的信息。风险管理流程的输出结果，包括对系统的影响、系统风险、风险控制措施有效性的评估，都要在决策制定者、质量管理部门、生产管理部门、计算机化系统使用者等业务过程参与方及供应商之间分享。

在整个风险管理过程中都必须进行风险沟通。尤其是某种风险或影响发生变化时，要在知晓变更后尽快和相关各方进行沟通，以确保做出相应的调整，并把升级后的风险呈现给高级管理者。

对风险评估的结果应以风险登记的形式存档，系统的每一次变更都应利用风险评估的信息来识别系统或流程的哪些部分会受到变更的影响，并且会带来什么样的风险。

风险登记要定期审查，确保风险控制策略在计算机化系统的整个生命周期中合理使用、所有的风险控制策略都是合理的。

8.2 质量风险管理在数据完整性中的应用

数据完整性指 GxP 数据在其整个生命周期中的准确性、完整性和持续性。需要监管的步骤包括初始生成、采集、记录、处理（包括分析、转化或迁移）、审核、报告（结果/使用）、保存、检索、归档和最终销毁等过程。数据流程应旨在充分地降低、控制和持续审核与数据的获取、处理、审核和报告步骤相关的数据完整性风险，以及自储存至检索过程中的数据和相关元数据的物理流程。数据完整性意味着上述所有步骤均得到良好管理、控制和记录，当前活动的记录一般均遵循 ALCOA 原则及拓展延伸的 ALCOA + CCEA 原则。

① A，可追溯（attributable）。可以在记录中获取确定执行者的数据（如人员、计算机系统），即数据归属至人，通过记录中的签名可追溯至数据的产生者或修改者。修改已输入的关键数据应当经过批准，并记录修改理由。计算机化系统中不同用户之间不得共享登录账号或使用通用登录账号。例如：

- 根据记录中的签名能够追溯至数据的创建者、修改人员及其他操作人员。
- 电子签名与手写签名等效，并应当经过验证，不得使用个人手写签名的电子图片代替电子签名。
- 签名唯一。计算机化系统中不同用户不得共享登录账号或者使用通用登录账号。
- 在特殊情况下（如无菌操作），可由另一记录人员代替操作人员进行记录。应当建立相应规程明确代替记录的适用范围和操作方式，确保记录与操作同时进行，操作人员及记录人员应当及时对记录进行确认签字。

② L，清晰（legible），在文件规定的保存期限内的任何时候，数据应清晰、可追溯、可读、可被理解，应能清晰完整地重现事件发生的整个过程，记录中的步骤或事件有一个清楚的顺序，以便执行的所有 GxP 活动都能被审核这些记录的人员在适用的 GxP 设定的记录保留期限内的某个时间点完全重现。当计算机化系统被用于产生电子数据时，所有的数据创建或更改行为都应当通过计算机系统中的审计追踪，或由其他符合要求的元数据字段或系统其他功能来记录，确保其追溯性。例如：

- 使用计算机化系统创建、更改数据等操作，应当通过审计追踪功能记录，确保其追溯性。现有计算机化系统不具备审计追踪功能的，可以使用替代方法，如日志、变更控制、记录版本控制或原始电子记录辅以纸质记录来满足数据可追溯性的要求。
- 不得关闭计算机化系统的审计追踪功能，不得修改审计追踪产生的数据。
- 应当对审计追踪进行审核，审核的频率和内容应当基于风险级别确定。涉及直接影响患者安全或产品质量的关键数据更改（如最终产品检验结果、测试样品运行序列、测试样品标识、关键工艺参数的更改等），至少应当在做出最终决定前对更改的数据及其审计追踪一并进行审核。

③ C，同步（contemporaneous）。数据在其产生或被观察到的时刻，应依据相应的程序或规定被记录下来，并确保在执行下一步操作前，数据被持久地保存。不管是纸质记录还是电子记录均应保证记录的及时性。例如：

- 在数据产生时，应当依据相应的规程直接、及时创建记录并确保在执行下一步操作前，数据不被篡改、删除或覆盖。
- 应当确保计算机化系统的时间戳不被篡改；应当确保机构内各项 GxP 活动的时间和日期同步。

④ O，原始（original）。原始数据包括为了完全重现进行的 GxP 活动所需的第一时间或从源头获取的数据或信息和所有后续的数据。

- 应该审核原始数据。
- 应该保存原始数据和/或保持了原始数据的内容和意思的经核实无误的及经过确认的副本。
- 同样地，原始记录应该在整个记录保持期间都是完整的、持久的及容易查阅和阅读的。

⑤ A，准确（accurate）。指数据能正确、真实、有效、可靠地体现数据所记录的事件/活动。数据的处理应当按照经核实的方案进行，数据处理过程所执行程序和培训方案应当经过批准。确保数据准确的控制措施至少包括：

- 产生数据的设备/仪器应当经过校准、确认和维护。
- 产生、储存、分配、维护及归档电子数据的计算应经过确认。
- 计算机化系统应当经过验证。
- 分析方法和生产工艺应当经过验证或确认。
- 数据应当经过审核。
- 偏差、异常值、超标结果等应当经过调查。
- 应当建立完善的工作流程减少差错的发生。

⑥ C，完整（complete）。应保证操作过程中的所有操作和数据齐全，记录的一个很重要的作用就是可追溯性，要保证记录的数据能够保证追溯性的要求，对重点方面和细节要操作均要记录下来，防止有遗漏。

⑦ C，一致（consistent）。当有多份相同信息被同步记录时，应界定由哪个系统生成并保留的数据为基准记录。基准记录的属性应在质量体系中进行明确定义，并且不得因个例而变化。数据的收集和记录过程应确保可重现被记录对象的完整历史，其保留形式应确保可理解和读取。数据审核包括审核纸质数据和电子数据，电子数据的审核不能仅限于从计算机化系统中打印的纸质记录，还应包括对电子元数据的审核。

⑧ E，持久（enduring）。原始数据长期保存，不易删除、丢弃。不应使用废纸或便签做记录，确保在规定的留档期限内，数据完好保存；电子数据可被保留所要求的时间长度，并在需要时可恢复。

⑨ A，可用（available）。在使用期内，记录可用于回顾、审计或检查。数据在审计时可见，不被隐藏；一旦要求，可以及时获取并提供给管理当局。

8.2.1 数据完整性风险评估建立

公司应当建立有效的数据管理程序，从技术、程序和行为方面确保数据质量和完整性，数据完整性执行要素需要与数据本身的风险性匹配，这可能涉及设计控制，也可能涉及规程管理。例如：

- 组织文化。
- 员工意识。
- 设备系统设计流程。
- 公司管理规章。

具体以何种方式方法进行识别、评估、控制、监视，将会体现在本章后续内容中。

8.2.2 数据完整性风险评估方法

在进行数据的风险评估时，人们总是不经意地只关注那些明显与患者安全、产品质量、安全等相关的数据，而那些不明显相关但仍然很重要的数据往往被忽视，这也往往是最容易暴露数据完整性问题的地方。

数据完整性评估方法应该是从较高水平的业务流程角度来对组织进行全面查看，然后进一步深入至底层子流程，最后挖掘到涉及 GxP 数据的单个活动或系统。为了协助深入完成完整的数据完整性风险评估，图 8-4 采用图形方式展示了一种方法及步骤顺序。

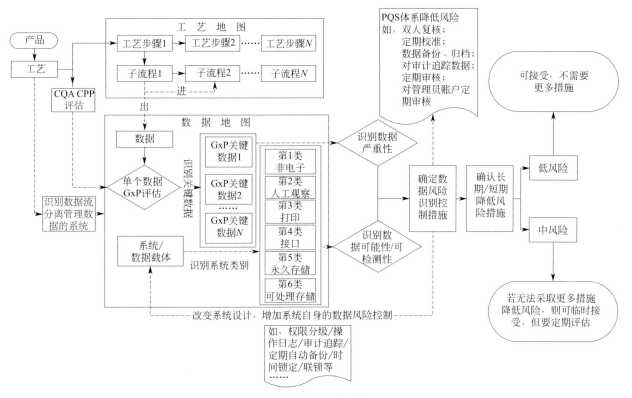

图 8-4　数据完整性风险评估方法流程

8.2.2.1　工艺流程分析

应对产品的工艺进行分析，以提供公司内所实施的所有类型活动的全面概况，包括运行、支持和策略流程。

基于产品，对产品工艺进行分析，包括生产工艺、辅助设施、实验室等，例如：
- 生产（主批记录的制订和控制、产品生产）。
- 实验室（物料样品的分析、仪器确认和校正）。
- 包装和标签控制。
- 质量（变更控制、投诉管理）。
- 物料管理（最终产品的销售运输）。
- 设施与设备（校准）。

该方法不仅有助于实现流程内所有活动排序的可视化，亦有助于这些活动之间相互作用和流程之间相互作用的可视化。

工艺流程分析是一种以可视方式呈现指定流程的业务流，旨在为所实施的活动从开始到结束按步骤顺序提供一个清晰的示意图。

在指定了哪些工艺流程与 GxP 有关后，下一步是将其详细呈现出。一般由相关主题专家（SME）及工艺流程所有者组成的团队负责实施，通过识别每个步骤作为一个行动或决策点，并建立有序的流程，根据各步骤详细程度的不同，一个步骤也可以进一步细分为子步骤（可分别画出流程图）。

8.2.2.2 数据和系统识别

在实施了工艺流程包括子流程分析和画出流程图后，执行以下步骤。
- 识别 GxP 数据处理中涉及的系统（纸质和电子）。
- 定义单个 GxP 数据要素。
- 识别可在创建之后进行修改、删除或重新处理的 GxP 数据（在非管理员层次，即有意或无意）。

这些步骤的执行可提高流程下一阶段中执行风险评估的效率。

8.2.2.3 数据和系统分类

（1）数据严重性评估　遵从 ICH Q7 中逐步增加 GxP 要求的原则，根据数据在生产阶段影响的严重程度，可初步将数据严重程度划分为：高—中—低，但是，考虑更多因素对最终产品质量的影响，可进一步区别同一数据严重级别内的差异，将数据严重程度划分为：极高—高—中高—中—低。

注：根据其用途不同，如果有些 GxP 数据属于不同严重级别，则保持最高严重级别。

① 严重性高/极高的数据。例如，在 API 合成最后阶段或与之直接相关生成的 GxP 数据（直接影响产品质量/患者安全）。如：
- 最终结晶温度。
- 关键原料称重和分料。
- API 分析检验记录。
- 控制关键工艺参数的仪器校准。
- QC 仪器校准记录。
- 生产设备清洁记录。

② 严重性中等/中高的数据。例如，在 API 中间体生产和原料检测中生成或与其直接有关的 GxP 数据。如：
- API 中间体生产中的反应条件。
- 原料和中间体分析检测记录（自注册起始物料往后）。
- 控制非关键参数的仪器校准。
- API 中间体生产中控记录。

③ 严重性较低的数据。例如，具有 GxP 相关性但不直接与原料检测、API 中间体生产或检测，或 API 最终阶段生产或检测有关的 GxP 数据。如：
- 不直接影响操作，未在批生产记录（BPR）或检验方法中描述的记录。
- 物料位置和转移（对温度不敏感）或物料转移请求。
- 废弃培养基处理的灭菌器 GxP 数据。
- 操作员进出生产区域。
- 在工艺或系统或设备开发期间验证或确认之前生成的 GxP 数据。
- 排班表。
- 计划数据（生产计划）。

- 交接班日志。
- 时间和考勤信息（时间和考勤系统可不确认，但可能会在调查中使用）。
- 安全培训。
- 起始物料之前的化学品分析。
- 仅供过程控制参考的信息。

(2) 系统分类 基于系统所产生的数据方式不同，将系统类型分为 6 类。为便于进行系统分类，可使用图 8-5 的决策流程。

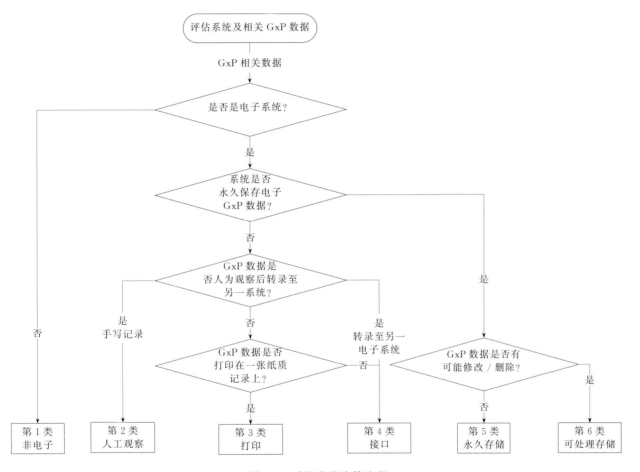

图 8-5 系统分类决策流程

① 第 1 类，非电子系统，没有存贮 GxP 数据。例如：
- 袋子封签。
- pH 试纸。
- 比重计。
- CAPA 台账。

② 第 2 类，生成 GxP 数据但不存贮，而是手动转移至纸上的电子系统。例如：
- pH 计。
- 天平。
- 可手动调节波长的折光计。
- 有显示的电子压力表。

③ 第 3 类，电子系统，可手动有限调整输入数据并生成 GxP 数据，不能存贮但可以打印出来。例如：

- 未连接至电脑的滴定仪。
- 接有打印机的天平。

④ 第4类，电子系统，可手动有限调整输入数据并生成GxP数据，不能存贮但经过接口传输至另一个系统，例如：

- 五类线和六类线。
- 温度探头。

⑤ 第5类，电子系统，可永久存贮GxP数据，且这些GxP数据不能由用户修改生成结果（静态GxP数据）。例如：

- 鉴别用UV和IR光谱仪。
- 在线粒径。
- TOC仪。

⑥ 第6类，电子系统，其GxP数据可永久保存，用户可对这些GxP数据进行处理生成结果。例如：

- MES系统。
- ERP系统。
- 色谱数据系统。
- 电子偏差管理系统。

备注：

- 这些系统类型与GAMP指南中所定义的类别是不同的，因为这里关注的是数据生命周期而不是系统。
- 重点是要评估与其所处理的所有GxP数据有关的系统。如果有不同结果，使用最高类别；混合系统则要考虑两种类别。
- 重点是要从生成GxP数据的系统而不是GxP数据被转移到的系统的角度进行评估。

（3）系统配置的最低需求　表8-5显示了基于风险评估结果，各级别系统对记录、权限、备份等最低需求。

表8-5　各级别系统对记录、权限、备份等最低需求

系统类别	数据严重性	良好的文件记录规范	访问权限控制	用户等级	审计追踪审核+频次	备份/恢复/存档
第1类 非电子	低(1)	×	不适用	不适用	不适用	×
	中(2~3)	×+文件受控发放/计数回收	不适用	不适用	不适用	×
	高(4~5)	×+文件受控发放/计数回收	不适用	不适用	不适用	×
第2类 人工观察	低(1)	×	不适用	不适用	不适用	
	中(2)	×+文件受控发放/计数回收	不适用	不适用	不适用	
	中(3)	×+文件受控发放/计数回收+对关键GxP数据基于风险的观察	不适用	不适用	不适用	
	高(4~5)	×+文件受控发放/计数回收+对关键GxP数据基于风险的观察	不适用	不适用	不适用	
第3类 打印	低(1)	×	不适用	不适用	不适用	×
	中(2~3)	×+文件受控发放/计数回收+打印相关GxP数据	×①	不适用	不适用	×
	高(4~5)	×+文件受控发放/计数回收+打印相关GxP数据	×①	不适用	不适用	×

续表

系统类别	数据严重性	良好的文件记录规范	访问权限控制	用户等级	审计追踪审核＋频次	备份/恢复/存档
第4类 接口（系统通过一个接口发送GxP数据，接口作为系统的一部分进行确认）	低（1）	×	不适用	不适用	不适用	不适用
	中（2～3）	×＋文件（如有）受控发放/计数回收	×	至少2级：管理员、最终用户（如需人工干预）		不适用
	高（4～5）	×＋文件（如有）受控发放/计数回收	×	至少2级：管理员、最终用户（如需人工干预）		不适用
第5类 永久存储	低（1）	×	×	管理员	N/A	×每月备份
	中（2～3）	×＋文件（如有）受控发放/计数回收	×	至少2级：管理员、最终用户	×系统ATR：每2年一次	×每周备份
	高（4～5）	×＋文件（如有）受控发放/计数回收	×	至少2级：管理员、最终用户	×系统ATR：每年一次	×每天备份
第6类 可处理存储	低（1）	×	×	管理员	N/A	×每月备份
	中（2）	×＋文件（如有）受控发放/计数回收	×	至少2级：管理员、最终用户	×数据ATR：基于风险（例如抽查）系统ATR：每2年	×每周备份
	中（3）	×＋文件（如有）受控发放/计数回收	×	至少2级：管理员、最终用户	×数据AT审核：每批 系统ATR：每2年	×每周备份
	高（4～5）	×＋文件（如有）受控发放/计数回收	X	至少2级：管理员、最终用户	数据：每批 系统ATR：基于风险，例如每年	×每天备份

① 仅对时间日期设置进行权限控制。

注：1. 良好的文件记录规范。良好的文件记录规范是一个通用质量要求，应与ALCOA原则相一致。它适用于GxP数据创建的所有类别，从中等关键程度直到高度关键（GxP活性）的控制文件/记录本发放和回收流程。另外，GxP数据应进行审核。

2. 访问权限控制。应具备有系统对未经授权访问系统进行控制。

3. 用户等级。根据具体的岗位职责，用户可具备不同的系统权限。一个管理员将具备更多的权限以对系统和相关GxP数据进行维护，而终端用户则只能操作系统和使用GxP数据生成结果。这需要拆分职责。每个用户必须具备个人ID和密码来登录系统。

4. 审计追踪。系统应具备记录已发生的不同活动的功能，以及是谁在何时为何原因操作。重点要考虑GxP数据审计追踪和系统审计追踪。

5. 审计追踪审核。审计追踪仅当定期审核存贮在其中的活动时才有用。根据这些所存贮的GxP数据的关键程度，审核频次将增加，且应基于风险决定。

6. 备份/恢复/存档。应具备一个流程对电子GxP数据进行备份，以确保GxP数据在记录保存期间可恢复、复制以及不可修改。应定期完成这些GxP数据的恢复测试以确认其完整可读。GxP数据（纸质与电子）存档在一个受保护控制的专用环境中。记录保存时间应根据GxP数据的关键程度以书面形式确定。

8.2.2.4 数据风险识别

风险评估流程中有必要对数据完整性控制进行真实科学的检验，而不仅是用于论证现有做法。风险评估方法应包括评分通则、风险评估结果如何追踪，以及风险评估结果要如何批准及达成。在实例中使用的是FMEA方法，分为以下通用阶段（在ICH Q9中所述的其他方法也可接受）。

- 失效模式的识别。
- 采用结构化正式风险评估对失效模式进行评估。

采用下式的风险优先值（RPN）对风险进行评估。

$$RPN=严重性×可能性×可检测性$$

为构建 FMEA，有如下说明。

① 数据流程。例如，从一个系统中人工誊写 GxP 数据至另一个系统的失效模式。

② 使用检查清单，采用一些标准问题评估后得到系统评估。

③ 严重性。考虑伤害程度、财产损失、系统损坏和任务损失可能发生时可能的最坏失效后果：1—低；2—中；3—中；4—中高；5—高。

④ 可能性。是对失效模式发生可能性的数字化估算。

- 0—技术角度不可能发生/技术失效安全。
- 1—非常不可能发生/历史上未曾报告过此类事件。
- 2—不可能发生/历史上未曾报告过此类事件。
- 3—事件有可能发生/历史上未曾报告过此类事件。
- 4—事件非常有可能发生/历史上曾经发生该事件。

⑤ 可检测性。是对失效情况到达用户处之前预防或者发现原因或失效模式控制有效性的数字化客观估算。

- 1—每次均会在批放行之前发现。
- 2—可能在批放行之前发现。
- 3—可能在批放行之后发现。
- 4—没有发现机制。

风险评估的 RPN 是采用以上报告的公式计算而得。对 RPN 进行分级，定义三个不同级别的风险。参考上述实例，应用表 8-6 进行 RPN 分级值说明。

表 8-6 RPN 分级值

RPN	风险分级
0~8	风险级别 1
9~23	风险级别 2
24~80	风险级别 3

8.2.2.5 控制措施的选择与使用

一旦对风险进行了评估，则应制订降低风险的措施以及进行优先排序的方法。

根据风险的严重程度，应规定即刻及长期的风险降低措施。这些风险降低措施应通过对发生可能性和/或检出能力采取措施增加对流程、GxP 数据或系统的控制。

在规定了即刻和长期风险降低措施之后，对风险重新评估以确认预期的残留风险是可以接受的。一般来说，识别为低的风险可以接受而不需要更多措施。有些中等风险如果在评估时无法采取更多风险降低措施时仍可临时接受（例如，不能更新软件，供应商亦不能提供替代解决方法）。此类保留的中等风险应定期进行再评估。

应根据公司的 CAPA 和风险评估程序制订措施并进行跟踪。

8.2.2.6 数据完整性风险评估结果

为管理与数据完整性有关的每个风险，有必要对各系统和流程内的差距进行评估。

对于所有包含系统、流程和 GxP 数据的组合，有必要挑战以下方面。

- 管理身份和职责。管理员身份和职责，培训。
- 安全性/用户访问控制。访问批准、身份验证、授权、定期访问审核。
- 签名。电子签名、原始签名（即手写签名）。

- 数据审核。数据审核流程，双人复核。
- 审计追踪。审计追踪审核流程，功能性。
- 数据生命周期管理。存档/检索、记录保存、备份/恢复、（真实）副本、动态 GxP 数据。
- 系统生命周期管理。校准/确认/验证、定期审核、变更控制、GxP 数据迁移、风险管理、临时 GxP 数据管理。
- 时间戳。访问安全性，夏令时，同步，时间/日期格式和精密度、时区。

8.2.3 数据完整性风险评估实例

8.2.3.1 工艺流程分析

依据上节所提出的数据风险评估管理策略办法，现在将非无菌原料药 A 产品作为评估对象进行分析探讨。

首先按照非无菌原料药 A 产品的工艺流程进行绘图，以图表形式进行 GxP 业务流程的拆解，GxP 业务流程应该涵盖其业务的开始直至最终产品销售出库。例如，ERP 业务订单下达订单指令、MES 系统基于业务制定排产计划（涵盖人员、设备、物料等）、产品工艺生产业务流程、检验分析、原辅料及产成品出入库等业务流程。

关于非无菌原料 A 产品的工艺流程描述详见图 8-6。通过图 8-6 可以了解到非无菌原料药 A 产品的工艺流程，针对工艺流程的拆解定义其为子单元，针对每个子单元进行进一步工艺子流程的拆解，以发酵单元进行拆解，按照发酵工序的流程可以清晰地获得流程图，如图 8-7 所示。

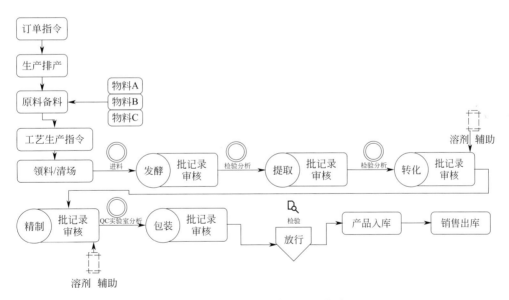

图 8-6 非无菌原料 A 产品的工艺流程

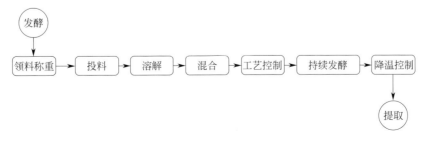

图 8-7 发酵工序流程

图 8-7 涵盖了发酵单元的工序，领料称重、投料、溶解、混合、工艺控制、持续搅拌、降温控制，直至转入下一阶段提取子单元。现在重点针对发酵工序的业务子流程进行分析，从而识别出 GxP 数据关键要素、不同流程步骤或活动之间的数据流以及 GxP 数据系统类别。

8.2.3.2 数据和系统识别（数据严重性和系统类别）

此处仅以发酵工序进行关键 GxP 数据因素识别和系统分类，具体 GxP 数据要素识别详见表 8-7。

表 8-7 发酵工序关键 GxP 数据因素识别和系统分类示例

发酵单元流程 / 子数据流程要素		领料称重	投料	溶解	混合	工艺控制	持续发酵	取样检验	降温
系统数据存储		DCS 系统数据库、物料标签	DCS 系统数据库	DCS 系统数据库	DCS 系统数据库	DCS 系统数据库	DCS 系统数据库	QC 实验室分析仪器、样品检验单、样品标签	DCS 系统数据库
GxP 数据形式		电子、纸质	电子	电子	电子	电子	电子	电子、纸质	电子
GxP 数据内容	数据系统1（设备仪器向DCS系统数据转移）	物料重量	入料速率	容器温度、物料温度、容器压力	搅拌速率、回转速率、温度	搅拌速率、物料温度、容器压力、	搅拌速率、物料温度、容器压力、	N/A	温度
	数据系统2（DCS系统数据库存储）	物料重量、用户ID、时间/日期、数量/批号、物料ID、存贮条件、日志及报警记录	入料速率、日志及报警记录	容器温度、物料温度、容器压力、用户ID、日期和时间、设备ID、物料pH、日志及报警记录	搅拌速率、物料温度、容器压力、用户ID、日期和时间、设备ID、物料pH、日志及报警记录	搅拌速率、物料温度、容器压力、用户ID、日期和时间、设备ID、物料pH、日志及报警记录	搅拌速率、物料温度、容器压力、用户ID、日期和时间、设备ID、物料pH、发酵时间周期、日志及报警记录	N/A	温度
	数据系统3（纸质记录）	领料记录及标签：用户ID、时间/日期、数量/批号、物料ID、存贮条件	N/A	N/A	N/A	N/A	N/A	领料记录及标签：样品ID、用户ID、时间/日期、数量/批号、物料ID、存贮条件	N/A
	数据系统4（检验分析数据）	N/A	N/A	N/A	N/A	N/A	N/A	样品ID、物料ID、用户ID、时间/日期、数量/批号、检验结果	N/A

依据表 8-7 可对涉及的 GxP 数据要素与系统进行评估分类，分类结果如表 8-8 所示。

表 8-8 GxP 数据要素与系统评估分类

系统名称	数据系统1（设备仪器向DCS系统数据转移）	数据系统2（DCS系统数据库存储）	数据系统3（纸质记录）	数据系统4（检验分析数据）
系统 GxP 数据要素评估分类	严重性高数据	严重性极高数据	严重性中高数据	严重性中高数据
系统分类	第 5 类	第 6 类	第 1 类	第 6 类

第8章 质量风险管理在计算机化系统和数据完整性中的应用

表8-9 系统存在的失效问题示例

序号	检查清单号	步骤	功能/需求或数据流程步骤	可能的失效模式	后果	严重性	可能性	可检测性	RPN
1	ID7	系统生命周期管理	定期审核	系统未做定期审核	系统长期运行后处于非验证合格状态影响产品质量，患者安全，数据完整性	3	3	2	18
2	N/A	软件功能	数据趋势归档	设备仪器数据传输失真	错误的数据及趋势被归档	3	3	3	27
3	ID15	数据生命周期管理	备份/恢复	备份不包括所有相关 GxP 元数据	系统发生灾难情况，无法恢复 GxP 元数据，造成数据不完整的问题	3	3	3	27
4	ID25	审计追踪	功能性	用户或管理员是否有能力修改或关闭审计追踪	人为蓄意关闭审计追踪功能，恶意修改关键数据行为无法被记录，造成数据完整性缺失	4	3	3	36
5	ID26	审计追踪	审计追踪审核	由于系统没有人性化报告执行审计追踪审核，因此相关审计追踪未得以执行	可能使用了不正确的数据未做出批放行决策，可能对产品质量和患者安全产生影响	4	3	3	36
6	ID28	管理员身份和职责	系统管理员身份	系统职责划分不一致，车间管理人员有数据库维护权限	数据直接受益方删除或修改数据造成数据完整性真实有效的问题	5	3	3	45
7	ID42	时间戳	时间与日期格式和精密度	时间格式不一致，时间只记录到分不到秒	记录中生产关键数据缺少必要元数据信息，潜在的生产记录与验证记录不一致因素	3	2	2	12

表8-10 系统控制措施建议示例

序号	功能/需求或数据流程步骤	可能的失效模式	后果	RPN	即刻措施	严重性	可能性	可检测性	RPN	建议长期措施	严重性	可能性	可检测性	RPN
1	系统生命周期管理	定期审核	系统未做定期审核	18	制定计算机化系统审核管理规程	3	2	1	6	依据管理规程定期执行计算机化系统审核工作	3	1	1	3
2	软件功能	数据趋势归档	设备仪器数据传输失真	27	更换并重新校准数据失真的仪器仪表	3	3	2	18	依据仪器仪表校准台账，仪表规程定期进行校准维护管理	3	2	1	6

153

续表

序号	功能/需求或数据流步骤	可能的失效模式	后果	RPN	即刻措施	严重性	可能性	可检测性	RPN	建议长期措施	严重性	可能性	可检测性	RPN
3	数据生命周期管理	备份/恢复	备份不包括所有相关GxP数据	27	全盘备份系统数据文件夹内所有GxP关键数据，包含生产数据、元数据、日志记录等	3	1	3	9	计算机化系统维护SOP中注明系统完整数据的存储路径，并标注进行数据备份时，备份数据的种类和类别	3	1	1	3
4	审计追踪	功能性	用户或管理员是否有能力修改或关闭审计追踪	36	联系供应商撤销审计追踪关闭的功能，或将审计追踪关闭权限赋予最高管理员	4	2	1	8	定期审查审计追踪功能是否被关闭	4	1	1	4
5	审计追踪	审计追踪审核	由于系统没有人性化报告执行审计追踪审核，因此相关审计追踪未得以审核	36	批记录审计追踪涵盖审核	4	2	1	8	完善升级数据审核管理规程，明确审计人审核范围	4	1	1	4
6	管理员身份和职责	管理员身份	系统职责划分不合理，丰自管理员拥有数据库维护权限	45	数据库维护权限只能分配给最高权限管理员（通常为非数据收益第三方人员）	5	2	1	10	基于风险评估记过合理分配各级权限，定期审查各级权限的内容是否真实有效	5	1	1	5
7	时间戳	时间与日期格式和精密度	时间格式不一致，时间只记录到天未记录到时分秒	12	升级系统完善系统记录时间的完整性，确保时间信息完整，如时区、年月日、小时，秒等	3	0	1	0	定期审核期间确认时间记录信息始终完整有效真实	3	0	1	0

8.2.3.3 系统评估

数据及系统分类评估后，针对不同类别系统进行差距分析，从而得出潜在的差距问题。差距分析的类别包含：管理身份和职责、安全性/用户访问控制、数据审核、审计追踪、数据生命周期管理、系统生命周期管理、时间戳等多方面内容，将全面分析后不符合要求的问题作为风险评估的源头，展开进一步的实际评估工作。

8.2.3.4 风险识别

基于系统的全面评估，可能针对存在差距的问题，将其作为风险评估的关键要素进行评估。针对其可能失效模式及产生的后果进行分析，并依据 FMEA 方法进行评分，确定其风险的优先级，从为制定措施打下基础。表 8-9 举例说明了系统不同方面可能存在的失效问题。

8.2.3.5 选择控制措施

针对表 8-9 说明的中高级别的问题，需要制定有效的即刻控制措施和长期控制措施，并通过风险评估再回顾的方式，确定其残留风险已在短期内降至低/中等水平，并在长期基础上降至低水平。控制措施建议如表 8-10 所示。

8.3 云合规验证与风险评估

8.3.1 背景介绍：Pharma 4.0 理念和云计算应用

近年来，随着美国工业互联网、德国工业 4.0、中国智能制造 2025 的引领、推动与落地实施，Pharma 4.0 理念已经被制药行业开始应用于药品生命周期的活动应用中。Pharma 4.0 理念如图 8-8 所示。

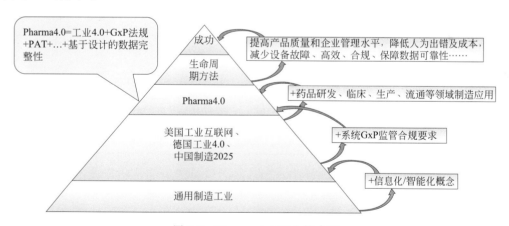

图 8-8　Pharma 4.0 理念综合图

实现 Pharma 4.0 离不开如下 4 个重要维度，如图 8-9 所示。该图中高层管理者的支持与推动，正面积极的企业文化在其中发挥着最为巨大的作用。

IT 技术的飞跃发展，Pharma 4.0 理念深入药企，带来如下应用的增加，包括不限于：
- 虚拟化技术的应用。
- 云计算的应用。
- GxP 应用程序交付型服务。
- 外包和第三方数据中心的使用。

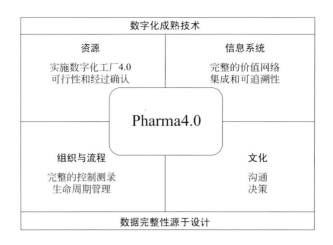

图 8-9　Pharma 4.0 的 4 个维度

参考 ISPE《IT 基础设施控制和合规指南》，3 种云计算服务模型如图 8-10 所示。

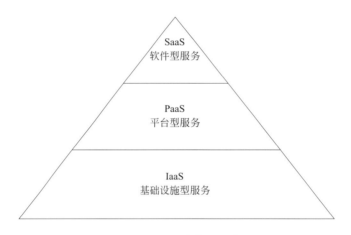

图 8-10　3 种云计算服务模型

SaaS—software as a service，软件型服务；PaaS—platform as a service，平台型服务；IaaS—infrastructure as a service，基础设施型服务；三种服务模型统称为 XaaS。

3 种不同服务模型与传统 IT 基础架构模型对比如图 8-11 所示。

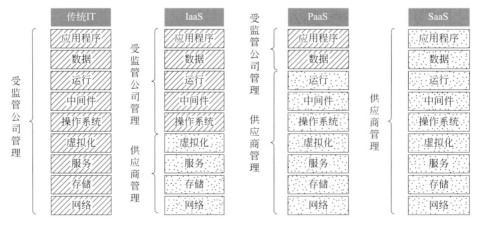

图 8-11　3 种不同服务模型与传统 IT 基础架构模型对比

相比传统方法，IaaS、SaaS 和 PaaS 解决方案的优势包括如下。
- 容量和服务灵活性更大。
- 易于扩展或减少。
- 减少公司内部硬件架构。
- 降低资本成本。
- 外包控制和维护。
- 提高效率。
- 降低对 IT 知识和 IT 投资的需求。

8.3.2 虚拟云技术应用当前面临的问题与挑战——合规、安全、风险与验证

虚拟云技术的应用在制药行业 GxP 合规性背景下带来的挑战和疑虑：
- 制药企业以及 IT 技术服务供应商如何保证虚拟化技术应用满足 GxP 法规的要求？
- 制药企业如何做好供应商管理和供应商审计？
- 如何解决数据存储、备份与恢复的安全问题？如，某些 GxP 数据要求永久存档，而这些数据并没有存储于制药企业内部。
- 如何解决网络攻击与网络安全的问题？如何确保数据隐私？如，生产工艺泄密、财务或商业数据被丢失或泄露。
- 如何解决网络通信故障可能产生的对制造过程、程序和数据传输与处理带来的影响？如，一批价值昂贵的物料在生产过程中发生了通讯中断导致程序和数据处理问题。
- 硬件基础架构实体部分并不被制药企业所拥有，如何保证其有效性、安全性与合规性？
- 如何实施虚拟化技术下的计算机化系统验证？
- 如何保证数据完整性，如何进行数据生命周期管理？
- 如何在系统生命周期中去管理和维护虚拟化技术的应用？
- 如何保证业务连续性？如灾难恢复等。

8.3.3 制药监管法规及行业指南对云应用的表述

历史是不断向前发展的，新兴技术应用是时代发展的必然产物和结果，它不会因为面临挑战而被阻碍、抛弃或者倒退，因此大量问题和疑惑有待行业逐一去应对和解决。

目前，制药行业的监管机构都在鼓励行业应用新兴技术，这就促使全球主要药品监管机构更新了其法规和指南，以应对技术进步带来的变化。如 EU GMP《附录 11　计算机化系统》以及中国 GMP《附录　计算机化系统》，均对 IT 基础设施提出了确认要求。美国 FDA 在行业指南《数据完整性及药品 cGMP 合规性问答》中将"云基础设施"定义为计算机系统。

§ 211.68 中"计算机或相关系统"中的"系统"是什么？

美国国家标准学会（ANSI）把系统定义为完成一系列特定功能所安排的人、机器和方法。计算机或相关系统可指计算机的硬件、软件、外围设备、网络、云基础设施、人员及相关文件（例如，用户手册与标准操作规程）。

PDA TRS 80《制药实验室数据完整性管理系统》"6.3.1 计算机服务器和/或虚拟系统的确认"，对采用云计算技术下的 SaaS 的验证与数据完整性进行了简要的介绍。

8.3.4 虚拟云技术下验证的应用

虚拟云技术应用的合规方法同样遵循 ISPE GAMP5 指南实施计算机化系统完整生命周期的方法，参考图 8-12 所示。详细的实施方法介绍请参考 ISPE GAMP5 及 GPG，本书中将不再做扩展介绍。

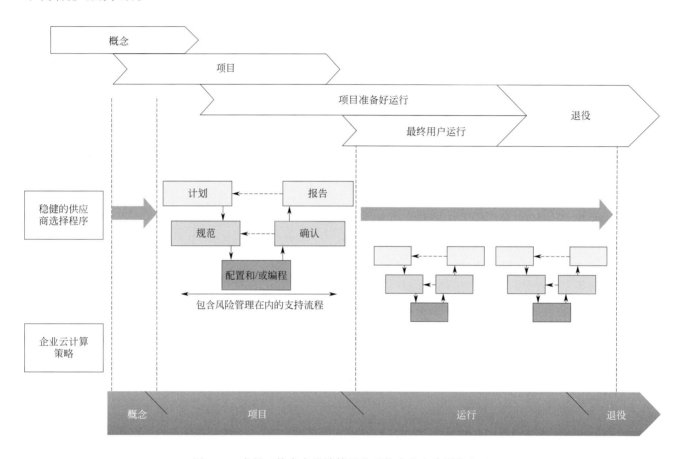

图 8-12　虚拟云技术实施计算机化系统完整生命周期方法

8.3.5 虚拟云技术的部署与风险考量

当前虚拟云技术的部署模式（从最高风险到最低风险）是：公共云、混合云、社区云和私有云。

应考虑 XaaS 提供商对 GxP 法规的理解。传统基础设施确认和控制的意识与应用在供应商之间可能有所不同。在使用 SaaS/PaaS 解决方案时，经适当配置和管理的私有云提供最大的控制和安全性；公共云的性质决定其是最不安全的；社区云和混合云在私有云模型和公共云模型之间提供了一定程度的控制和安全性。虽然供应商可能提供强大的服务，被监管的公司也应该考虑公共云将拥有非常广泛和多样化的使用人群。公共云中的每个用户不太可能与 GxP 监管公司有相同的风险和安全约束。

8.3.5.1　物理安全的考量

物理安全可以成为所有 XaaS 使用的关键风险考虑因素。应考虑以下几点。
- 防撞击。

- 闭路电视（CCTV）摄像头的普遍使用。
- 谁监控摄像头？
- 视频存储在哪里以及储存多长时间？
- 生物识别，卡片/秘钥卡系统。
- 单向门。
- 双道门。
- 现场保安人员（包括值班表和工作时间）。

8.3.5.2 容量风险考量

容量应从几个角度考虑，例如：
- 是否有追踪能力？如果没有，为什么？
- 未来扩增能力有多大？
- 多长时间进行一次容量重新评估？
- 容量增长多快？
- 通知被监管实体工厂、云基础设施或 XaaS 部署容量变化的方法有哪些？
- 如何控制这种变化？

8.3.5.3 员工培训方面的风险

培训方法记录差异很大，供应商应确保提供 XaaS 交付的人员能够以可重复的方式持续提供服务。人员培训不足可能对网络安全、数据完整性以及交付应用程序的整体运行时间和性能造成不利影响。

8.3.5.4 管理服务［客户门户，虚拟机（VM）/服务提供等］风险

了解服务水平是任何外包业务的关键风险因素。在 XaaS 服务合作关系中，识别服务水平可能特别困难，因为可能众多提供商组合在一起向被监管公司提供 XaaS 解决方案。提供商可以为请求提供门户。开始参与之前，应清楚地了解 XaaS 提供商可期望的托管服务级别。

8.3.6 虚拟云技术的风险管理应用

ISPE GAMP5 描述了如何将质量风险管理（一种系统的评估、控制、通信和审核风险的流程）应用于受 GxP 监管的计算机化系统（详见 8.1 节）。本节将考虑如何将此方法应用于虚拟云设施。

对于被认为对被监管公司业务重要的每一个或每一组对象的每一个重要的生命周期阶段，都应执行风险评估（如，平台、数据）。例如，被监管公司需要确定 IT 基础设施的哪些方面进行确认，以及要求的确认程度。风险管理提供了一种方法，用于以一种受控和系统的方式来识别这些方面。这涉及如下一些关键的活动。

8.3.6.1 执行初始风险评估并确定系统影响

基于对 IT 和云基础设施支持的应用程序与流程的分析以及适用的法规，确定可能需要确认的 IT 和云基础设施部件。此评估方法可以参考 ISPE GAMP5 的 GxP 关键性评估进行，也可参考 ISPE C&Q（第二版）的系统分类评估。

两种方法对比说明：ISPE GAMP5 的方法相对而言更具有针对性（专门用于计算机化系

统的评估），而 ISPE C&Q（第二版）相对而言更具有通用性，但是其优势是增加了 GAMP 软件分类的评估过程。

8.3.6.2 虚拟云技术的风险评估

虚拟云技术的风险评估可以进行以下考量。

① 识别影响患者安全、产品质量和数据完整性的功能。根据确定的危害和缺陷以及已评估的对关键方面的影响评估这些 IT 和云基础设施部件（例如，数据完整性、保密性和安全性）。这一步包括分析和评估风险，以决定是否需要控制以管理这些风险。

② 执行功能风险评估和识别控制措施。实施与 IT 和云基础设施部件确定的风险相应的控制措施。应参照所识别的风险，对这些控制措施进行记录并说明。

③ 实施并确认适当的控制措施。评估对已确认部件的变更。

④ 审核风险和监控控制措施。通过定期审核来监控控制措施的有效性。

在整个过程中，应该向适当的团体和/或个人提供风险和风险管理元素的沟通。风险管理决策需要沟通，如，在被监管公司和监管机构之间，在被监管公司和终端用户之间，在被监管公司内部。

虽然某些 IT 和云基础设施部件不提供 GxP 符合性相关的功能与用途，但是其对商务层面至关重要（例如，数据保密性），在此情况之下，被监管公司则可以同样地运用风险管理的方法对其进行管理。

注：当一个 XaaS 第三方参与时，应该确认上述活动是否已经发生。

在定期审核 IT 和云基础设施时，被监管公司应该重新考虑风险，并确认在 IT 基础设施开发和确认过程中建立的控制措施仍然有效，尤其是在 XaaS 关系存在的情况下。定期审核也要考虑存在以前未识别的危害。

- 由某个危害引起的估计的风险已不再可接受。
- 重大的失效/事故突出显示了比先前预期的更高的风险。
- 最初的评估是无效的。
- XaaS 已满足其服务 SLA 指标。
- 第三方数据中心已投入使用。
- XaaS 受质量事件影响，这些事件影响了受监管活动的执行或性能。

如果有必要，评估的结果应该作为风险管理流程输入的反馈。如果存在剩余风险或其可接受性已经改变了，应对先前实施的风险控制措施的影响进行考虑，评估结果应进行记录。整体的风险与定期评估参考问题和记录（参考 ISPE《IT 基础设施控制与合规指南》），如表 8-11 所示。

表 8-11 虚拟云技术风险定期评估

IT 管理和组织
职能和职责
是否已经定义管理的职能和职责(例如,工作描述)?
是否已经定义质量的职能和职责(例如,工作描述)?
是否已经定义技术和支持的职能和职责(例如,工作描述)?
是否已经定义供应商的职能和职责(主要和/或服务水平协议)?
是否有书面的组织架构(例如,组织架构图)?

续表

能力和竞争力
是否制定了培训计划？
是否对人员进行了监管要求的培训（在适当的情况下）？
是否对已完成的培训进行了记录（雇员与和合同人员）？
培训记录是否记录： ● 对培训内容进行了描述 ● 培训时间 ● 讲师 ● 列席证据
记录中是否证明参加者已经理解了培训？
当前文件是否详细描述了人员的资质、教育背景和经历（例如，简历）？

内部组织接口
是否对公司基础设施间的接口进行定义（例如，网站）？
公司内部基础设施间是否有适当的服务协议或程序？
是否已对业务需求进行了定义？
是否对系统和数据的所有者进行了规定？

外部支持组织
是否和外部服务/支持的供应商签署了合同和/或服务协议/转让协议？
是否对外部服务/支持的供应商进行了合同需求的评估（例如，审计）？
服务性能是否根据定义服务级别进行了监控？
是否对服务供应商进行贵公司的相关程序的培训？
是否对服务供应商进行了贵公司安全规章的培训？
是否有合适的控制以确保只有授权人员可以访问贵公司的网络和文件？
是否有机制来确保对外部公司使用的变更进行评估，以发现其是否对贵公司有影响（反之亦然）？
公司的记录是否将服务提供商和其他客户端分隔开？

质量系统
通则
项目管理是否按照项目生命周期管理系统进行？
是否有总体文件（例如，质量手册）描述质量管理系统？
是否对质量管理系统进行定期审查以确保其有效性？
是否有质量度量以对质量系统性能进行测量？
是否有文件和记录管理程序、系统和/或程序？
是否有基础设施确认标准，包括： ● 规划 ● 说明和设计 ● 风险评估和确认测试计划 ● 采购、硬件和软件资产管理、安装和 IQ ● OQ 和验收 ● 撰写报告和提交
是否遵循这些标准？
QMS 是否处理基础设施运行和维护程序，例如： ● 硬件和软件资产管理 ● 变更管理 ● 配置管理 ● 安全管理

续表

	● 服务器管理 ● 客户端管理 ● 网络管理 ● 问题管理 ● 帮助平台 ● 备份、存储和归档 ● 灾难恢复 ● 性能监控 ● 供应商及 SaaS、IaaS 和/或 PaaS 供应商管理 ● 退役
法规	
	适用法规检查结果的影响是否考虑到,并且被处理?
	是否考虑了法规要求、行业最佳实践和其他引入的法规变更的影响(例如,金融法规)?
工具和基础设施应用	
	工具和基础实施应用是否满足法规和公司要求,例如 SOP 系统、设置配置管理、变更控制或使用权限?
	是否获得部署基础设施工具的风险,例如病毒保护、备份、性能监测?
	是否已经证明工具能够满足公司标准和交付时对功能的要求,且无负面效果?
	是否对库存工具进行了维护? 例如: ● 通信协议 ● 性能监测软件 ● 病毒保护 ● 备份和恢复 ● 软件部署工具 ● 虚拟和复制工具(物理到虚拟和虚拟到虚拟的复制)
确认计划	
	是否提前编写了确认计划,对职责和要求的活动、程序、可交付物、时间表、审核和批准、约束、培训需求、关键数据是否保存等进行了规定?
	确认计划是否基于最初风险评估?
说明和设计	
硬件	
	是否有硬件部件的存货清单?
	是否有说明书、图表或其他文件来描述现场区域的网络? 包括: ● 现场网络布置图 ● 对于每一个区域或建筑,主要网络部件和线路的布置图
	是否有文件说明每一个平台部件在出现失效时都能准确地替换?
网络组织	
	网络隔离、网域等是否有记录(包括访问控制)?
软件和配置	
	所有网路的应用程序和数据存储区域是否都有存货清单?
线路基础设施	
	是否使用(内部或外部)标准对线路要求进行定义?
	是否有布线图或说明?
	是否将线路进行标识和贴上标签辅助识别?

续表

外部连接的控制
是否定义与 WAN 连接?
是否有确保是由授权人员才能远程使用系统的控制(例如,多因素身份授权和设备授权)?
当远程访问链接结束时,用户是否自动注销网络?
电源
电源是否符合接地、负载、滤波和安全标准?
是否可以对电源进行调节(防止电压超标或过低)并且是否对电池系统进行预防性维护?
是否有备用电源支持(例如 UPS)以防止关键部件断电?
是否以有条例的方式决定和监测 UPS 的负载?
是否对 UPS 进行确认和定期测试?
冗余和故障容差
冗余需求是否经过评估,例如磁盘镜像、RAID?
是否对自动备用系统需求进行定义?
风险评估确认测试计划
确认测试范围是否基于由质量部门的员工进行的风险评估?
采购、安装和 IQ
对供应商的评估是否根据书面的风险评估?
平台部件是否受制于与确认计划一致的安装确认?
文件确认是否充分?
是否考虑到自然规律和环境限制?
安全需求是否完全理解? 是否安排了补救计划?
OQ 和验收
平台部件是否受制于与确认计划一致的 OQ?
报告和递交
是否有 QA 批准的总结报告,以确认验证成功完成?
批准的报告是否使平台所有者向审计人员、检查员证明其合规性并向应用程序所有者保证平台是受控的?
变更管理
是否有变更控制程序管理硬件、固件和软件的变更,包括对任何受变更影响的应用程序的影响评估?
基于风险,当基础设施内的硬件或软件有添加、移除或调整时,变更控制程序是否考虑到所做测试的需求?
支持 GxP 应用程序的平台部件变更是否经过确认?
变更控制程序是否对紧急变更、补丁或配置改变进行了管理?
变更管理的责任是否已定义(例如 SME、QA、用户)?
开发、测试和生产环境是否被管理,以确保软件、硬件和配置完整性得到了维护?
GxP 和非 GxP 领域是否被隔离,或者说 GxP 级别控制是否适用于两者?
GxP 和非 GxP 项目是否被隔离,是否有相关文件判定什么是或不是 GxP?
配置管理
是否有充足的方法定义保护配置项目避免被删除、移除或未授权地修改或使用?
说明书、配置项目表和其他文件的更新是否遵循对硬件和软件的变更?
配置项目列表能否在关键部件系统崩溃的时候准确地通过记录恢复数据? 例如: ● 项目名称或标识符 ● 模型或者硬件类型

续表

	• 生产人员 • 项目位置 • 存储设备 • 操作系统软件,包括版本 • 分层产品,包括版本 • 相关应用软件,包括版本和APP(系统/数据)所有者。 • 是否存在对访问系统文件的控制?
	是否对符合现场/功能记录保存计划的系统文件规定保存期限?
安全管理	
安全总则	
	是否存在处理安全策略和原则需求的流程、系统和/或程序?
	是否对安全管理职责进行了定义?
	是否存在病毒检测软件,是否进行日常维护?
	是否使用防火墙,并且记录网络的控制访问?
	是否存在确保网络上非授权软件或文件不能被下载的控制?
	是否存在检测和调查潜在违反安全规定的程序?
物理访问控制	
	服务器、其他关键硬件、备份和文档是否在安全区域放置,安全区域是否有关键或其他安全设备控制(例如,磁卡钥匙)?
逻辑访问控制	
	制定了用户履行其定义角色所需网络部分权限的规程?
	逻辑访问是否基于至少两个不同组分,并且组分结合对每个用户是唯一的?
	用户账户是否在静止一段时间后自动注销?
	用户账户是否在定义的静止期一段时间后失效?
	用户是否在离开公司或职位变动后从系统中移除?
	是否对陈旧或休眠的账户进行定期审核?
	程序是否覆盖永久编制人员和临时/合同工?
	临时/合同工账户是否设置了失效日期?
	是否具有文件化的密码管理规程?
	是否可以对非授权的访问尝试进行监测、报告和调查?
	是否有管理磁卡和令牌的程序?
	用户权限是否有记录?
服务器管理	
系统时间	
	是否有专用时间服务器将时间追溯至可靠的时间源,例如国际计量局(BIPM)?
	是否有确保系统时间设定不会打破序列日志的程序,例如总是在小范围和频繁增量上向前调整时间?
	是否正式管理夏令时、冬令时设置,如适用,并且已评估了对时间戳日志的影响?
环境状况	
	是否对计算机室和数据中心环境进行控制?
客户端管理	
	是否定义标准客户端?
	是否对标准客户端的本地拓展/配置进行定义?
	是否有管理客户端应用程序部署的程序?

续表

是否有对客户端配置审查的程序？	
是否对客户端配置进行了记录？	
是否有管理新客户端建立的程序？	
是否有管理客户端升级的程序？	
是否有按日期维护数据,防护病毒的程序？	
客户端配置是否锁定,以防止未授权用户进行变更？	
网络管理	
网络管理流程是否在 SOP 或 SLA 中规定？	
是否按照确认计划对网络监控工具和设备进行检测、校准或确认？	
是否对指标进行了规定？	
问题管理	
是否有报告、调查和记录网络错误的程序？	
服务管理/帮助平台	
是否已定义服务启动和关闭的流程？	
是否已定义实施和交流服务限制的流程？	
是否有错误报告、追踪和趋势的设施（例如,帮助平台）？	
是否对支持服务进行了规定（例如,一线、二线、三线支持）？	
是否有上报程序来管理服务不足？	
是否有持续计划处理关键服务中断？	
备份、存储和归档	
备份和存储	
是否有程序评估针对商业和法规要求的备份需求？	
是否对备份和恢复程序进行过正式(再)测试？	
备份程序是否处理： ● 备份频率 ● 介质物理标识 ● 审查和保留备份日志 ● 定期对备份进行测试,以确认备份程序在运转 ● 介质的现场和异地的存储。全部备份应该进行定期异地存储 ● 备份介质的轮换 ● 备份类型(完整与增量)	
异地备份存储考虑因素是否包括： ● 设施的选址 ● 是否按计划和要求对媒介的物理访问进行正式流程和控制？ ● 存储条件	
是否有程序对故障点恢复能力进行评估？	
恢复程序是否恰当地处理了单一文件、多文件检索和复杂数据备份（例如,数据库恢复）？	
安装的操作系统版本、通信协议、应用程序等是否在设施备份中存档？	
存档	
是否有退役流程？	
是否有管理数据删除的流程？	

续表

	存档程序是否包括： ● 归档介质识别 ● 归档介质的管理 ● 归档的记录文件 ● 保存期限 ● 归档介质存储的安全 ● 归档频率 ● 归档介质的定期评估 ● 遵循系统更新的迁移 ● 对数据转换的考虑（如适用）
	档案恢复程序是否提供读取归档记录的功能（有可用的合适的硬件、软件和指导）？
	归档恢复程序是否处理： ● 授权归档记录的申请 ● 执行恢复的程序
外部数据管理组织	
	是否有外部组织根据合适的控制管理备份和归档设施，包括： ● 服务界定，包括职责、文档要求、升级流程 ● 合同 ● 审计 ● 性能监控
灾难恢复	
	是否在 SOP 或 SLA 中规定了灾难恢复程序？
	是否确定了关键员工，定义其工作职责并进行了合适的培训？
	访问档案确保与恢复滞后时间相对应？
	灾难恢复程序是否被（再）测试？
性能监控	
	是否有程序或自动控制监测网络性能和容量，包括： ● 速率 ● 带宽 ● 磁盘性能（例如，存储残片、系统颠簸） ● 地址冲突
	是否创建和维护了事件日志，以支持服务性能监控？
供应商管理	
	是否在 SOP、SLA 或质量协议中规定了供应商管理？
	是否根据质量需求对供应商进行了评估？
	对关键部件的购买交付周期是否达成一致，或是否对寄售库存提前做了规定？
	是否建立了沟通渠道？
退役	
	是否制定了退役计划？包括规定： ● 数据/信息归档 ● 程序和数据的转移
运行评估	
	此类评估应包括： ● 偏差记录 ● 事件 ● 问题 ● 升级历史 ● 性能、可靠性

参考文献

[1] ICH. Q9 Quality Risk Management [S/OL]. 2005-11-09. https：//ich.org/page/quality-guidelines.
[2] 国家药品监督管理局. 药品生产质量管理规范（2010年修订）附录 计算机化系统 [S/OL]. 2015-03. https：//www.cfdi.org.cn/resource/news/6643.html.
[3] US. 21CFR Part 11，Electronic Records，Electronic Signatures [S/OL]. 2019-04-01. www.fda.gov.
[4] EU. EudraLex Volume 4 EU Guidelines to Good Manufacturing Practice-Medicinal Products for Human and Veterinary Use，Annex 11-Computerized Systems [S/OL]. 2011-06. http：//ec.europa.eu/health/documents/eudralex/vol-4/index_en.htm.
[5] PIC/S. Good Practices for Computerized Systems in Regulated "GxP" Environments PI 011-3 [S/OL]. 2007-09. http：//www.picscheme.org.
[6] ISPE. GAMP5：A Risk-Based Approach to Compliant GxP Computerized Systems，International Society for Pharmaceutical Engineering，Fifth Edition [S/OL]. 2008-02. www.ispe.org.
[7] General European OMCL Network (GEON). Quality Management Document，Validation of Computerised Systems，Annex 2-Validation of Complex Computerised Systems，PA/PH/OMCL (08) 88 R5 [S/OL]. 2018-08. https：//www.edqm.eu/en/general-european-omcl-network-geon.
[8] WHO. Good Manufacturing Practices：guidelines on validation Appendix 5. Validation of computerized systems [S/OL]. 2019 https：//www.who.int/medicines/areas/quality_safety/quality_assurance/WHO_TRS_1019_Annex3.pdf.
[9] 国家药品监督管理局. 药品生产质量管理规范（2010年修订），附录 生物制品 [S/OL]. 2020-04-23. http：//www.nmpa.gov.cn/WS04/CL2138/376853.html.
[10] FDA. Guidance for Industry，Data Integrity and Compliance With Drug CGMP Questions and Answers Guidance for Industry [S/OL]. 2018-12. www.fda.gov.
[11] PDA. TR 80，Data Integrity Management System for Pharmaceutical Laboratories [S/OL]. 2018. https：//www.pda.org/publications/pda-technical-reports.
[12] PIC/S. Good Practices for Data Management and Integrity in regulated GMP/GDP Environments，PI 041-1 (Draft 3) [S/OL]. 2018-11-30. http：//www.picscheme.org
[13] MHRA. "GxP" Data Integrity Guidance and Definitions，Revision 1 [S/OL]. 2013-03. https：//www.gov.uk/government/organisations/medicines-and-healthcare-products-regulatory-agency.
[14] ISPE. GAMP Guide：Records and Data Intergrity [S/OL]. 2017-03. www.ispe.org.
[15] 国家药品监督管理局. 药品记录与数据管理规范（征求意见稿）[S/OL]. 2020-02-25. http：//www.nmpa.gov.cn/WS04/CL2101/375172.html.
[16] APIC. Practical risk-based guide for managing data integrity，Version 1 [S/OL]. 2019-03. https：//www.apic.cefic.org/publications.html.
[17] WHO. TRS 996，Annex05，Guidance on good data and record management practices [S/OL]. 2016. https：//www.who.int/medicines/publications/pharmprep/WHO_TRS_996_annex05.pdf.
[18] ISPE. GAMP 5 Guide：A Risk-Based Approach to Compliant GxP Computerized Systems [S/OL]. 2008-02. https：//ispe.org/publications/guidance-documents/gamp-5.
[19] ISPE. GAMP Good Practice Guide：IT Infrastructure Control and Compliance 2nd Edition [S/OL]. 2017-08. https：//ispe.org.

第9章 质量风险管理在验证活动中的应用

9.1 验证策略的设计

确认与验证应当贯穿于产品生命周期的全过程。所以在确认与验证过程中应该通过风险评估确定相应的验证策略。

对于制药企业来说,患者安全是根本,所以一切风险评估应该从患者安全、药品质量出发。图9-1引用了PDA技术报告《TRS 154-5 生产系统设计、确认和运行活动中的质量风险管理》中的制药生产层级图形象地展示了从患者到生产和支持系统关键方面之间的关系。

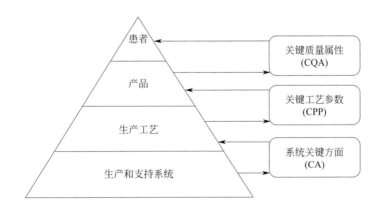

图 9-1 制药生产层级

从图9-1中不难看出,患者是处于根本和顶端的位置,而产品关键质量属性的合理控制严重影响患者安全和疗效;而生产工艺中关键工艺参数的合理控制,决定了能否生产出合格的产品;生产和支持系统的关键方面决定了生产工艺。所以说,无论是设备/系统、厂房设施、工艺、清洁、程序类等验证活动的出发点都应该以患者安全出发,以关键质量属性、关键工艺参数为根据,进行风险评估的活动;而系统/设备还应该围绕关键方面进行风险评估和确认。

9.1.1 对于设备/系统验证策略的设计

9.1.1.1 设备/系统验证策略

对于设备/系统的策略来说，相应的法规和指南也提出了验证的思路和方法，参考 ISPE C&Q（第二版），按照图 9-2 展示的思路和策略进行。

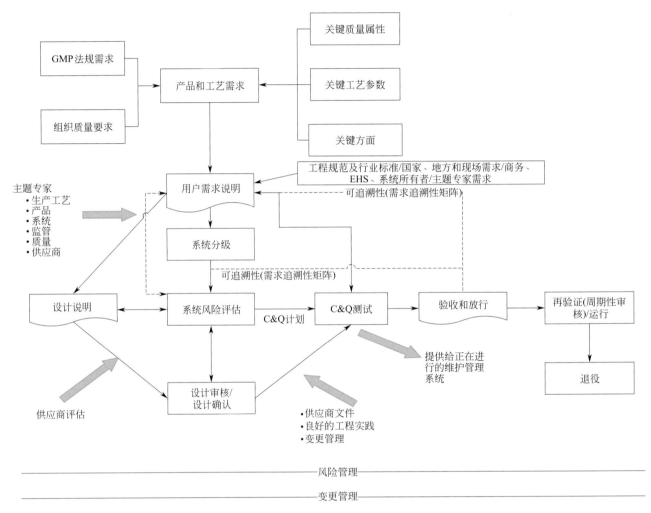

图 9-2 整合的 C&Q 策略

对于设备/系统来说，应基于产品的关键质量属性和关键工艺参数、关键方面、公司质量体系要求以及法规要求，制定工艺用户需求说明；同时结合 EHS、商务、工程规范及行业标准等，制定一般用户需求说明（URS）。

URS 完成之后，需要对系统进行分级评估，确定哪些系统是直接影响系统。对于有自控功能的系统，还应该按照 GAMP5 分类进行相关的评估。

系统风险评估是应用 QRM 来检查直接影响系统的产品质量风险控制，来识别关键方面（CA）和/或关键设计要素（CDE）。直接影响系统应该进行系统风险评估。系统风险评估可在完成概念设计之后和详细设计开始之前进行，后续可以根据需要稍后更新。无论是新系统还是改进系统，都可以在用于施工的设计图纸和说明时完成系统风险评估。系统风险评估期间定义的设计控制（CA 和/或 CDE）被视为系统需求的一部分，应包含在 URS 中。系统风险评估完成后，应更新 URS，以包含上述控制。如果需求追溯性矩阵被用作管理 C&Q 执行过程的工具，则 CDE 可仅添加到需求追溯性矩阵中，无须再更新 URS。URS 中应包括系统风险评估，URS 可以是草案形式。在质量风险评估之后，更新 URS 以包括风险评估中确定的关键设计要素。

设计审核（DR）是一个迭代过程，它与工艺系统的设计开发相关联。DR 的质量关注点在于影响产品质量的合规性要素和系统设计的 CA/CDE；其目的是证实设计满足了所有的法规要求。

设计确认适用于直接影响系统，将确认设计符合在 URS 中列出的质量用户需求；将确认设计能充分控制如在系统风险评估中所确定的产品质量和患者安全的风险；确认实施这些要求和风险控制所需的 CA/CDE。

调试与确认（C&Q）是一个有计划、有文件支持的、管理性的工程活动，C&Q 计划应在概念工程或基础工程阶段的项目早期开始。调试与确认计划通常包括：对计划范围的描述（包括系统识别）；C&Q 执行策略的描述；每个识别系统中 C&Q 相关文件的需求；职位和工作职责；参考必要的 C&Q 文件模板；计划的检验及测试。

调试与确认测试阶段将根据设备的复杂程度进行。测试可以在单个记录/计划内进行，也可以分为调试（FAT、SAT）和确认阶段，或者将调试与确认整合在一起进行。

验收和放行可以通过每个系统确认总结报告进行，确认总结报告将对所有的确认活动进行总结。对于有互联系统的大型项目，完成验收和放行阶段需要多份报告。在这种情况下，在完成每套系统的测试工作后，都会出具相应的总结报告。会有一份总结性的验收和放行报告将引用每一套互联系统的总结报告。

可以使用追溯性矩阵作为工具来鉴别 CA/CDE、可接受标准和相关联的测试文件（计划中的或已完成的）。最好的实践是在项目前期或在确认 CA/CDE 时创建矩阵表。此表能追溯所有从设计阶段到测试阶段的每一项 URS。

药企可以根据自己的实际情况，结合相应的法规和指南要求，制定符合自身情况的验证策略。

无论采用哪种方式，验证策略的设计一定是符合药企实际情况，验证策略应该是完善形成闭环的，而不应该有环节的缺失，且是能保证控制住相应的风险的。其次是，相应验证策略的制定都应该以患者安全出发，以关键质量属性和关键工艺参数为依据，制定相应的URS，根据关键质量属性和关键工艺参数进行系统分类或系统影响性评估，确定系统是否是直接影响系统，是否需要进行验证。并对系统进行关键方面/关键设计要素，或者部件/功能的评估，识别出相应的风险，并制定出相应的控制措施，在后续的调试与确认中进行确认。还应该在安装确认和运行确认之前进行设计确认，确认供应商的设计已经满足 URS。同时性能确认还应该围绕关键工艺参数和关键质量属性，采用模拟物料或实际产品进行相应的确认。在后续性能确认完成之后，可以进行确认报告的总结，对之前所做的确认工作进行总结，核实所有的确认已经完成，偏差已经处理和关闭。在 URS 提出后，进行需求追溯性矩阵的追踪和更新，在确认完成后，确保 URS 中所有需求已经得到了确认。

9.1.1.2 性能确认取样的风险评估

同时在系统/设备的 PQ 中，还会基于风险评估确定相应的取样策略。如纯化水系统，可以按照 ISPE《制药用水、用气和工艺气体取样指南》根据纯化水用点的用途、关键程度，采用不同的取样频次、检测项目的设置。对于空调系统的 PQ 中，对指南中有所规定的（比如 ISO 中根据面积确定取样点的个数等），需要按照指南进行；对无规定的，如动态取样点的设置，则需要基于风险进行评估确定取样点。对于洁净气体系统，需要根据使用点的用途，并结合气体的使用工艺（暴露还是密闭）以及对产品质量影响的评估结果，确定取样点的取样频次和检测项目等。

9.1.2　对于仪器验证策略的设计

对于仪器而言，应该对仪器进行分类和评估，将按照《美国药典》通则，＜1058＞中的要求分成 A、B、C 三类，并根据不同的类型制定不同的验证活动周期。

其中，A 类为没有测量功能或校准需求的不复杂的或者标准的仪器，比如磁力搅拌器或涡流混合器。通过观察确保功能的正确有效性，不必进行进一步的确认活动。

B 类包括可能提供测量或实验条件的仪器，这些仪器可以影响测量。如 pH 计或烘箱。仪器功能的正确有效性可能只需要例行的校准、维护或性能检查。活动的范围可能取决于应用程序的关键性。一般来说，这些仪器可能有固件，但没有可以由用户升级的软件。

C 类包括具有高度计算机化和复杂性的分析仪器，如高效液相色谱仪和质谱仪。所有的确认要素，包括软件验证，都必须被考虑，以确保该系统的仪器的正常运行。

9.1.3　计算机化系统验证策略的设计

对于计算机化系统，需要进行初步风险评估，将结合其产生的数据和用途等，进行相应的判定。并根据 GAMP5 软件分类的结果按照 GAMP5 的要求制定不同的验证活动周期（URS、DQ、RA、QPP、SCR、FS、DS、SMT、FAT、SAT/COM、IQ、OQ、PQ、RTM、VSR）。具体内容请参见 ISPE GAMP5 指南文件。

9.1.4　分析方法验证策略的设计

将对与产品相关的方法列出清单，并评估是否有 GMP 正式验证的需求（如果方法对产品质量评价有影响，则需要正式的验证；如无影响，则无须 GMP 正式验证）。

对于需要正式验证的，需要根据方法来源和方法使用范围风险确定验证的策略和程度，并根据制定的策略编制验证方案。

9.1.5　工艺、清洁、包装、运输等验证策略的设计

9.1.5.1　工艺验证策略的设计

对于工艺验证而言，按照相应需要满足的 GMP 的不同，实际的策略也是不同的。如对于中国 GMP，首次工艺验证应该包含所有产品的所有规格，后续可以采用简略的方式，如选择有代表性的或者最差情况。企业通常应当至少进行连续三批成功的工艺验证。对产品生命周期中后续商业生产批次获得的信息和数据，进行持续工艺确认。

对于欧盟 GMP 而言，新产品工艺验证要涵盖所有的市场规格和生产场所，基于开发阶段大量的工艺知识，结合适当的正在进行中的验证程序，新产品可以经过论证采用括号法，还可以采用传统的方式或连续工艺确认的方式或者两种方式相结合的方法。一般要求最少连续三批成功的验证。

对于 FDA 而言，工艺验证包括三个阶段：工艺设计、工艺性能确认、持续工艺确认。工艺验证中，将根据不同的阶段完成不同的工作和任务。在工艺设计阶段，需要完成关键质量属性（CQA）、关键工艺参数（CPP）以及关键物料属性（CMA）的相应评估，并制定控制策略；在工艺性能确认阶段，工艺验证的批次需要根据风险评估确定，此外还需要对关键工艺参数和关键质量属性进行更新和迭代，并根据工艺验证风险评估进行相应的工艺验证。

9.1.5.2 清洁验证策略的设计

清洁验证可以采用最差情况，进行设备分组、产品分组，选择有代表性的设备、最差情况的产品进行，并基于风险、基于科学制定严格的标准进行清洁验证。

清洁验证的风险评估将采用风险评估对产品和设备进行分组，确定出需要进行清洁验证的产品以及设备，并使用鱼骨图的评估方式对清洁验证过程中的人员（培训、经验、细心）、方法（分析方法、取样方法、清洁 SOP 中涉及清洗剂的温度、作用力、浓度、作用时间等参数）、环境（HVAC 级别、温湿度、清洁设备储存条件等）、物料（清洁剂、清洁工具、水的质量、残留物等）、测量（分析、取样、设备的校准、回收率试验等）、设备（清洁工具和设备、生产设备、设备材料、几何形状等）等因素进行风险评估，确定每个影响因素的风险优先性，对于风险优先性中或高的应建议合适的控制方法（如验证或 SOP 等）。

将在后续的清洁验证中对评估出的产品和设备，根据评估出的风险优先性制定相应的清洁验证方案。

9.1.5.3 包装验证策略的设计

包装验证的策略同工艺验证的策略。包装验证的设备将按照设备/系统的策略进行相应的影响性评估并执行相应的验证；包装验证一般包括包装工艺的验证，验证策略与工艺验证的策略相同。

9.1.5.4 运输确认策略的设计

运输确认的策略也可以按照括号法，选择最差情况或者有代表性的运输路线和运输方式，并结合运输风险评估制定方案。

运输确认需要按照不同的运输路线和运输情况进行评估，选择有代表性和或者最差情况执行相应的运输确认。之后根据实际运输过程中的因素（如运输工具、验证用仪器、运输路线、环境温湿度、人员情况、中途异常情况等）进行风险分析，根据风险评估的结果进行运输确认方案的设计。

9.1.5.5 程序类验证策略的设计

对于程序类验证方案，需要根据具体程序的不同，综合考虑法规要求、实际情况，制定相应的验证策略。同时一些程序类验证可能会与系统的 PQ 同时进行，所以程序类验证策略的设计要求是要明确、清晰、无交叉。如 VHP 消毒效果确认（作为程序类验证），可能会和 VHP 的 PQ 的策略有重复的地方，这个时候应该明确 VHP 的 PQ 应该侧重于系统自身的性能，如使用化学或生物指示剂在最差点进行布点并按照确定的参数进行灭菌后，能够满足相应的灭菌效果的要求。而 VHP 消毒效果验证更多的是侧重在实际的厂房内，消毒之后进行微生物取样的结果，这个可以和空调系统的验证一起进行；同时 VHP 消毒效果还可以包含有效期内消毒效果的确认。这个都需要根据实际的情况进行方案的设计，但是不能有重复。

程序类验证一般包括更衣程序确认、消毒剂消毒效果确认（实验室部分）、消毒剂消毒效果确认（现场部分）、空间消毒效果确认、厂房清洁和消毒程序确认（包括清洁剂和消毒剂以及空间消毒的共同作用后的微生物取样确认；以及消毒剂和空间消毒的有效期确认及定期更换消毒剂确认）、层析柱保存有效期及再生效果确认、除菌过滤器性能确认、除菌过滤效果确认、容器具和洁净服灭菌有效期确认、中间产品保存有效期确认、气体过滤器/呼吸器过滤器使用有效期确认、药液保存时间确认、手消毒程序确认等。

需要根据实际的车间情况，如对于无菌原料药车间和无菌制剂车间，如有使用除菌过滤器的情况，则需要进行除菌过滤器性能和除菌过滤效果确认；对于原液车间，需要进行层析柱保存有效期及再生效果确认；对于无菌车间，需要进行更衣程序确认、无菌工艺模拟试验。需要在相应的验证管理文件（如SOP或VMP中）对相应的策略进行规定。

9.1.6 遗留系统验证策略的设计

对于遗留系统的验证，应基于变更（比如用途或位置的改变）或者确认的需求，编制新的用户需求说明。并结合已经评估出来的此工序关键质量属性和关键工艺参数，作为用户需求说明的来源。

根据系统的实际情况，确定需要做哪部分的工作。比如，如果之前已经进行系统分类或系统影响性评估，而此系统用途没有改变，则无须再重新进行。但是如果之前没有进行或者系统用途已经改变，则需要重新进行相应的系统分类或系统影响性评估，确定出系统是否是直接影响系统。

对系统进行风险评估和相应的差距分析，并综合考虑变更情况，说明一些测试在之前已经完成，数据完善可用，且这些测试不受到相应的用途或位置变更的影响。如果系统没有变更，则可以根据之前的历史数据、设备/系统的运行状况，进行周期性评估确定是否满足再验证的要求，确保满足相应的功能且符合相应的用途。如果有变更，则需要对剩余的测试（风险评估中确定的，但是之前没有测试；或者测试不完善的，或者受变更影响的测试）进行新的确认。

9.1.7 系统退役的风险评估

在系统的生命周期中应该考虑退役。应该对退役进行计划、基于风险的评估，并制定行动计划。

9.1.8 项目验证策略的设计

9.1.8.1 新建项目验证策略的设计

对于新项目而言，设备/系统/仪器是新的，需要按照9.1.1和9.1.2执行。

9.1.8.2 改建项目验证策略的设计

对于改建项目，部分设备/系统/仪器是新的，可以按照新设备/仪器的策略执行相应的验证活动；但是对于某些系统，可能是利旧的情况，如果是这种情况的话，应该评估现在的系统是否还满足后续的运行能力、功能的要求；针对搬迁设备/仪器，如果用途没有改变，且能满足相应的要求，则需要进行再验证的风险评估，并编制再验证方案；如果设备/仪器不存在搬迁，只是用途（如范围）的改变，则只需要进行验证状态的评估和回顾即可，如果其在验证状态，且能保证改变用途之后仍能满足验证需求，则无须再验证。

如果系统/仪器是利旧，但是设备为了满足要求进行了变更或改造，则需要按照变更的流程评估其对产品质量的影响后，再启动变更，并根据变更的评估结果，制定相应的验证方案。

9.1.8.3 日常生产过程中验证策略的设计

日常生产过程中的验证策略，按照两方面进行。一方面是针对新增的系统、方法、仪器、工艺规程等按照首次验证的策略执行；另一方面是针对再验证（周期性和事件引发的）的策略进行。

对于设备/系统/仪器的再验证，分成法规强制的周期性再验证、法规非强制的再验证、事件引发的再验证。

法规强制的周期性再验证，按照法规要求执行即可。法规非强制的再验证，则需要按照风险评估得出的再验证评估和执行周期进行：首先需要通过风险评估的工具和理念对设备/系统进行评估，确定出相应的再验证周期；根据评估出的再验证周期，采用通过回顾审核来满足再验证/再确认的需求，即在再确认验证周期前，通过对周期内的设备运行情况、变更、偏差、法规变化等进行统计、回顾和分析，确定设备/系统/仪器是否维持在验证状态；如果是的话，则无须启动再验证；如果不是，则需要根据评估的结果启动再验证。

如果设备/系统出现变更、偏差等事件，则需要进行相应的评估，根据评估的结果决定是否启动再确认以及确定再确认的范围（根据影响评估确定需要确认哪些项目）。

对于计算机化系统，需要进行周期性的回顾，以确定系统是否处于验证状态，如果是的话，无须启动再验证；如果不是，则需要进行再验证。此外，如果出现变更、偏差等，需要进行相应的评估，并根据评估结果启动再验证。

对于分析方法，如方法本身无变更或者法规无更新，则无须启动新的验证工作。

工艺、清洁、包装、运输的验证策略，按照持续确认的策略进行，将对关键的质量属性、关键工艺参数或者关键控制点进行统计和分析，并根据统计的结果（如出现异常趋势），制定相应的加强的取样或者监测或者再验证。

如果工艺、清洁、包装、运输等出现变更的情况，则根据评估的结果，执行相应的再验证。

9.1.9 需求追溯性矩阵

企业应建立适当的流程，以记录用户需求说明（URS）与规范，建立与各设计因素之间以及这些因素与相关测试项目之间的可追溯性。

需求追溯性矩阵（RTM）是一种工具，可帮助项目团队在整个项目过程中审查所有与设施/设备需求相关的项目，它可以在项目生命周期中双向检查并追踪需求的处理情况。

需求追溯性矩阵为设施/设备的用户需求说明、功能设计说明、设计说明和确认测试内容提供相互参考，以确保在测试和确认活动［如现场验收测试（SAT）、安装确认（IQ）、运行确认（OQ）和性能确认（PQ）］过程中进行适当的确认和验证。另外，需求追溯性矩阵可包括变更控制等内容。

需求追溯性矩阵可采用方案中的测试编号与URS中要求列表对照的形式。每一条适用的需求都必须在规范说明或/和测试中得到考虑，不能有任何遗漏项。

设施/设备的需求追溯性矩阵需要基于GxP风险级别、复杂性和新颖性来选择应采用的方法。

需求追溯性矩阵是一个"动态"的文件，可以为多样的文件表现形式。其可在项目早期启动编制，在设备/系统所有的确认/验证活动完后完成后最终完成，签批。

9.2 确定需求和用户需求说明

9.2.1 确定需求

产品应当设计成符合患者需求与产品预期的性能。产品的开发策略随公司、产品的不同而不同。在注册中勾勒的开发方法与广度同样不同。一个申请人可以选择经验的方法，也可以选择一个更系统的方法，或二者结合来开发产品。一个更系统的开发方法（同样用质量源于设计定义）可以包括，例如，整合先前的知识、用实验设计研究得到的结果、使用贯穿产品生命周期的质量风险管理以及知识管理（参见 ICH Q10）。这样的系统方法可以强化达到要求的产品质量，并帮助药政监管组织更好理解制药企业的策略。

不论是生产系统还是公用设施，均应符合预期用途，应遵循质量源于设计的理念，在规范和工艺设计过程中，应确保关键方面都设计进了系统之中，因此在需求层面，必须明确定义，并应对生产系统更进一步的规范、设计和确认提供基础。

9.2.2 用户需求说明

ASTM E2500—13 指南中指出应基于科学的工艺知识和质量风险评估，它们是设计和定义系统"适合预期用途"的基础。

遵循风险评估的原则，应根据系统的综合风险、复杂性和新颖性来确定用户需求说明（URS）文件的范围和详细程度，并为随后的系统设计、风险评估和测试确认提供依据。同时建议为每个可能影响产品质量的系统或直接影响系统编制特定的用户需求说明。不一定要对每个系统都编制正式的用户需求说明文件，对那些简单的系统或非直接影响系统，其用户需求说明可以体现在其他文件中，如招标文件、采购订单、功能要求或数据表，即用户需求说明文件的表现形式并非是单一的。

用户需求说明的内容是来自多个部门需求的综合体现，包含了对一个系统的所有认知和要求。例如，产品/工艺知识、商业要求、运营要求、法规要求、质量要求以及维护等方面的要求。应充分认识到产品和工艺知识，有助于 QbD 的原则和方法的应用。

原则上，用户需求说明应由使用方进行编写开发。某些情况下，也可以由第三方进行编制。

ISPE C&Q（第二版）中指出：用户需求说明来源于不同学科的系统需求，用以支持系统设计、调试和确认、运行及维护。URS 是调试和确认过程中一个基本的文件，表明了系统的产品需求和工艺需求，那些与产品质量相关的用户需求要基于产品知识 CQA、工艺知识 CPP、法规要求及公司/现场的质量要求。URS 中的产品需求和工艺需求是调试和确认活动的输入，提供了基于科学的知识，为调试和确认过程中的质量风险管理提供了基础。

9.2.3 用户需求说明的作用

用户需求说明是系统验证流程的起始文件，反映在系统设计方案中，并最终由调试/测试验证其符合性。调试/测试的方法、可接受标准是响应用户需求说明要求的工程化实施。

ISPE C&Q（第二版）展示了 C&Q 活动用户需求说明与文件关系图，如图 9-3 所示。

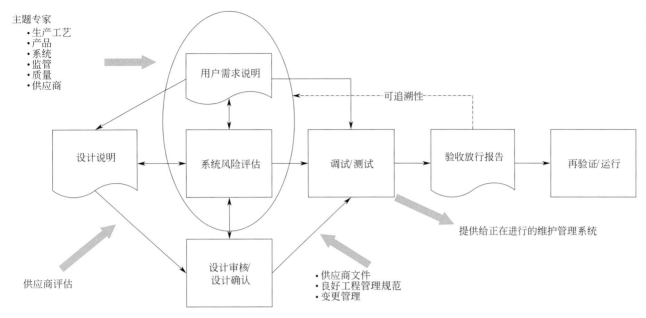

图 9-3　C&Q 活动用户需求说明与文件关系

图 9-3 中所示，系统的设计说明是由用户需求说明导出，用户需求说明同时也是系统风险评估的基础性文件，并与系统风险评估文件相互作用。系统风险评估借鉴用户需求说明中的关键质量需求，评估系统的风险水平；而具体的评估过程又对系统的需求进行审核和检验，用户需求说明中不适当的需求需要修改、变更或增补。

验证放行报告应对用户需求说明的关键质量需求进行追溯性确认，以确保每条需求都得到了充分的响应和充分的证明。用户需求说明是最初设计的基础，同时也是最终放行的基础。

9.2.4　用户需求说明的开发来源

用户需求说明来源于多个学科的综合需求。在制药行业中，对于高度定制化的系统，用户需求说明充分体现了用户全方面的要求。对某些"标配"设备，市场可能只有几个有限的供应商，或者用户对系统供应商有特定的偏好。在这种情况下，用户只能基于有限的市场选择来编制用户需求说明。但是，即使在这种情况下，仍然需要说明对患者安全、产品质量或数据完整性相关的需求。

9.2.5　用户需求说明的获取方法

用户需求说明是使用者在系统验证过程中的一项非常重要和繁重的工作。需求的获取是一项复杂的工作，要与多个部门进行交流和沟通，以期待获得系统的知识。需求获取的途径包括但不限于以下几种。

（1）讨论和面谈　精心组织、计划的讨论和面谈，选择充分的、适当的、多专业的人员或是 SME 参与讨论和面谈，发现现有系统认识的薄弱环节，提高对系统认识的程度。

（2）观察　主动去观察工艺和业务流程，仔细观察流程的各个方面以及各方面的相互关系。

（3）工作流程分析　分析工作流程的合理性。现有的或参照的工作流程可能并非是最优的工作流程。在最新的需求说明中,可以改善提高现有的流程,包括可自动化实现的部分。

(4)专题会议 组织专题会议,对有争议或有挑战的专项问题进行研究讨论,形成决议,最后落实到用户需求说明中。

尽管采取了上述的各种措施来获取各种需求,形成的用户需求说明文件仍然可能是不完善的。在随后的设计和测试活动中,仍然可能对用户需求说明文件进行修订,即,用户需求说明的开发和完善是个反复更新、不断优化的过程。迭代法可能会有助于用户需求说明的开发。

9.2.6 用户需求说明的数据源

ISPE C&Q（第二版）展示了用于制定用户需求说明的数据源,如图 9-4 所示。

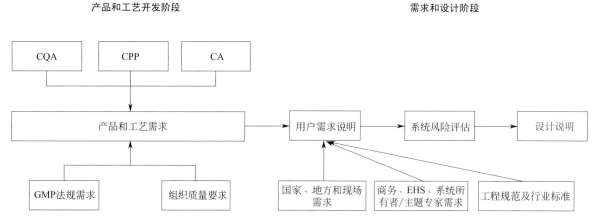

图 9-4 制定用户需求说明的数据源

从图 9-4 中可以看出,URS 中的关键质量需求主要来源于 4 个方面,即产品需求 (CQA)、工艺需求（CPP、CA）、GMP 法规需求、公司组织的质量要求,最终都落实到产品和工艺需求上。最终这些控制策略即是工艺/产品用户需求说明中系统关键方面需求提出的基础。

因此保证产品质量和患者安全的用户需求说明应基于以下几点提出。

- 产品知识和理解
- 工艺知识和理解
- 法规的要求
- 公司的质量要求
- 质量风险管理程序

对这些需求的了解,通常是基于中试/临床生产所获得的科学原理和工艺理解。对已有的工艺和产品而言,其数据可以从历史制造经验和批质量数据获得,如结合产品的持续工艺确认（CPV）数据或是年度质量回顾数据。对于早于 ICH Q8 的遗留工艺,科学回顾生产记录数据并结合操作经验和质量历史也可以为用户需求说明文件的建立提供坚实的基础。基于经验的知识可能会比初步研发成果更适合生产系统。

9.2.7 用户需求说明的变更管理

用户需求说明包含了产品、工艺和法规、质量相关的需求,并且是设计、系统风险评估和测试、放行的基础文件,其重要性不言而喻。直接影响系统的 URS 文件应由系统相关的

SME 和质量部门共同审核签批，也可以由质量部门对其中的质量相关的部分进行签批。

批准后的 URS 文件一旦需要变更，则需要按照变更流程管理。

9.2.8 遗留系统

对于没有用户需求说明的原有遗留系统，可以用差距分析的结果或变更要求，作为验证的输入端需求，来引领全部的验证生命周期。也可以为变更部分，编写特定的用户需求说明，确定变更的具体要求和范围，并按照法规的要求来完成相应的工作。

9.3 设计与设计风险评估

ASTM E2500—13 指南中指出"规范和设计"的要求，描述如下：

"公司必须制定适当的机制，将需求参数包括产品质量考虑与设计相关联，以使生产系统在相关的产品、工艺知识和其他要求的基础上，进行适当的设计。

规范和设计活动，必须包括集中于已经明确的与产品质量和患者安全有关的关键方面。这些生产系统的关键方面必须是经过相关主题专家进行确认，并归档。"

9.3.1 设计基础

在项目的开始阶段，用户应提供工程/项目/设计团队（拥有足够信息进行基础设计）。设计基础（basis of design）应基于适合的可获得的工艺信息，其中的信息应包含与工艺相关的输入变量和可能影响设计输出的相关工艺辅助功能系统，如，安装要求、运行和功能要求、清洁、环境、人体工程学和人事/材料/废物运输。

一旦产品质量/患者安全需求，以及其他一般需求被确定，项目团队的 SME 应当起草一个满足所有需求设定系统的规范。规范和设计、设计风险评估流程图如图 9-5 所示。

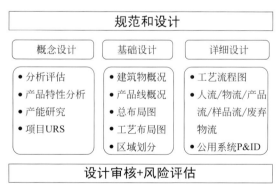

图 9-5　规范和设计、设计风险评估流程

设计审核和风险评估应该在需求定义阶段和设计程序中的每个顺序阶段进行并记录下来。设计程序可能需要重复；设计程序可以根据单个需求生成一系列设计解决方案。

9.3.2 设计程序

生命周期开发方法可在设计开发程序提供一种结构化的方法，将帮助确保质量是建立在设计开发程序上的。

设计程序应用不同的阶段通常被确定为：
- 概念设计（conceptual design）。
- 基础设计（basic design）。
- 详细设计（detailed design）。

每个设计阶段完成不同层次的设计信息和细节水平，范围从项目设施层级的架构到系统中组件层级的详细规范。设计程序可能有不同形式和结构，这需要基于特定项目、系统或组织的需求。具体方法的选择可能会根据项目的范围或是标准约束和执行项目的主题专家而有所不同。

项目团队还可能决定在设计交付过程的3个阶段中进行以下活动。
- 先于正式的设计审核，作为审核的基础。
- 先于调试，作为调试活动的基础。
- 在试运行系统之前，要适合于预期的用途。

这种方法在重复开发过程中提供了对工程作业和文件的适当控制。

9.3.2.1 概念设计

概念设计的目的是开发设施和系统概念，包括自动化策略，使其满足相应的厂房、设施和系统水平需求，以及法规相关需求。需求和设计概念的审核是一个互动的、重复的过程，用来定义设计约束和新的需求。确证测试策略、项目交付过程和系统用户维护程序的概念应当在概念设计的早期开始确立。

可以将多个设计概念作为输出，进行进一步的分析和开发。概念设计过程的输出通常包括：
- 设施架构概念。
- 附加的系统需求和设计约束。
- 初步设备清单。
- 工艺需求。
- 关联范围和成本估算。
- 里程碑计划。

9.3.2.2 基础设计

基础设计（也常称为方案设计或初步设计）应当关注系统层级设计的开发，包括子系统的定义和支持系统功能所需的组件的识别。系统和子系统界限应当被定义、记录和批准。

基础设计的早期，应当完成确证测试、项目交付过程和系统用户维护过程概念的策略规划。这些活动的执行水平规划也应当在开发中。

基础设计的结论、范围和计划信息应当充分，并支持预算定义和批准项目剩余阶段的完成。基础设计的初步输出包括：
- 设计需求信息，P&ID和图纸。
- 设备和仪表清单等。

随着基础设计的开发，应当建立工程变更管理来有效地管理项目的范围、预算、计划，并评估确定设计内容的重大变更。

9.3.2.3 详细设计

在详细设计阶段,应分别开发和批准组件水平的设计规范和工程图纸,提供设备购买的基础并定义制造和安装的需求。

在设计过程早期被批准的系统和子系统界限定义应当被核实。项目计划信息应当开发到必要的详细程度,以支持建造计划、项目交付活动及购买活动需求日期的识别。

项目交付和计划应当考虑和评估自动化开发和交付过程。

9.3.3 小结

设计阶段的风险评估应以迭代的方式执行,并链接到生产系统的设计开发。该方法应识别出风险,决定如何控制它们,并进行必要的设计改进,以控制对患者的风险到一个可接受的水平。

在规范和设计过程中,运用 QbD 的概念,应用基于科学和风险的方法,确保关键方面都设计入系统中,从而确保生产系统符合其预期的用途。不能仅仅依赖于安装后的确认,而是应做到有计划、有组织地将确证方法应用于系统的整个生命周期中。

9.4 系统审核与再验证活动

本节主要阐述和说明设备/系统的再确认活动。针对目前行业内的常规做法,以及基于风险和科学的评估方式进行汇总。

中国 GMP《附录 确认与验证》中,对再验证和再确认活动进行了规定:

"第五十条 对设施、设备和工艺,包括清洁方法应当进行定期评估,以确认它们持续保持验证状态。

第五十一条 关键的生产工艺和操作规程应当定期进行再验证,确保其能够达到预期效果。

第五十二条 应当采用质量风险管理方法评估变更对产品质量、质量管理体系、文件、验证、法规符合性、校准、维护和其他系统的潜在影响,必要时,进行再确认或再验证。

第五十三条 当验证状态未发生重大变化,可采用对设施、设备和工艺等的回顾审核,来满足再确认或再验证的要求。当趋势出现渐进性变化时,应当进行评估并采取相应的措施。"

欧盟 GMP《附录 15 确认与验证》中,也对再确认活动进行了规定:

"4.1 应对设备、设施、公用设施、系统以恰当的频次进行评价,以确保其处于控制状态。

4.2 当需要再确认并在一个特定时间周期实施时,应对该周期进行论证并确定评价标准。而且应评价累计的变更的可能性。"

所以,对于系统/设备等再确认活动,上述法规也提出了相应的指导。同时,还应该结合风险管理工具和要求,对再确认活动的周期、再确认测试项目进行评估。

9.4.1 再确认分类

再确认包含周期性再确认和由事件引发的再确认。

对于周期性再确认，分成法规规定的强制周期性再确认和公司自行规定的周期性再确认。

由事件引发的再确认，包括但不限于偏差、变更、异常趋势等。如图 9-6 所示，可从时间和事件两个维度进行分类。

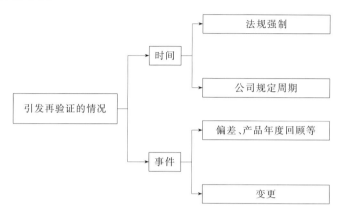

图 9-6　再确认分类

9.4.1.1　法规强制性再确认周期

表 9-1 为综合法规/指南要求和建议需定期再验证的系统示例。

表 9-1　系统再验证周期示例

系统	法规/指南要求	建议周期
灭菌柜、隧道烘箱、系统/设备 SIP 功能、VHP 传递窗、VHP 系统等	中国 GMP《附录　无菌药品》"应当定期对灭菌工艺的有效性进行再验证（每年至少一次）"	一年
A 级下的高效过滤器	ISO 14644 GMP 实施指南	半年

9.4.1.2　非强制性再验证周期

对于法规和指南中，没有再确认周期建议和强制要求的设备/系统，应基于对患者和产品的风险，进行再确认周期的制定。

9.4.2　基于风险的再验证周期确定

在 PDA TR 54-5 中，对再确认周期评估，将通过对所有的直接影响系统评估系统的复杂性、稳定性、关键性来确定，具体评估如下。

9.4.2.1　界定系统复杂性

界定系统功能性、控制软件和硬件的复杂程度以及其他因素。

- 微小复杂系统。公司对技术和实际功能有充分认识，有相关的实际系统控制经验；微小复杂系统可能包括明确的商业化低风险系统，该系统被广泛地应用在商业化生产中。
- 中等复杂系统。公司有高水平的经验和认可度，或系统有（极少的）硬件或软件界面设计，代表了相对标准的技术。
- 复杂系统。公司采用新的技术或对新技术只有限的认识和经验，复杂系统可能包含多个硬件/软件界面设计。如自动的生物反应器控制系统。

9.4.2.2 识别系统稳定性

稳定性是测量一个系统控制策略的能力,它避免变更的影响或其敏感性引起的变化。尽管有外部因素和变量,如操作员、辅助系统、环境和其他因素,但能够通过系统的能力进行证明。系统的稳定性包括冗余的控制措施,这些措施可抵消工艺或系统变量的影响。影响系统稳定性的要素可根据系统设计效果的结果、风险评估的结果和验证/确认活动来定义。

- 稳定系统。包括那些能够适应一个较宽泛的变化的系统,同时保留预定输出且对相关的输入变量不敏感。
- 中等稳定系统。对输入变量中等敏感,需要一定的控制。
- 有限稳定系统。对输入变量非常敏感,因此必须在严格的控制环境下使用。

9.4.2.3 确定系统关键性

- 关键性高。直接影响 CQA,将直接影响患者生命安全和功效,与无菌控制或者产品生物污染相关;或为 GMP 关键系统,或关键工艺系统。
- 关键性低。不直接影响 CQA 和 CPP,如辅助系统、非关键工艺、间接影响系统、无影响系统等。

9.4.2.4 确定风险级别

将把系统复杂性和稳定性合在一起来评价风险级别。将采用表 9-2 所示的方法来确定风险级别。

表 9-2 风险级别评价表

风险级别	稳定系统	中等稳定系统	有限稳定系统
复杂系统	风险级别 2	风险级别 3	风险级别 3
中等复杂系统	风险级别 1	风险级别 2	风险级别 3
微小复杂系统	风险级别 1	风险级别 1	风险级别 2

9.4.2.5 确定风险优先性

将风险级别和系统关键性合并到一起来确定整体的风险优先性,通过表 9-3 所示方法对风险优先性进行评价。

表 9-3 风险优先性评价表

风险优先性	关键性低	关键性高
风险级别 3	风险优先性中	风险优先性高
风险级别 2	风险优先性低	风险优先性高
风险级别 1	风险优先性低	风险优先性中

9.4.2.6 再验证周期的判定

再验证周期的判定如表 9-4 所示。

表 9-4 再验证周期判定表

风险优先性	再验证周期/年
低	3
中	2
高	1

在 ISPE C&Q（第二版）中，对再确认周期评估也有相应的介绍，总结如下。

该指南中提出需要进行两个阶段的工作：一是系统分类和计划安排；二是周期性审核执行。

在系统分类评估中，系统根据影响产品质量的潜力进行分类。通常，由于过程中测试，用于早期制造的系统被认为比用于更接近成品的阶段的系统具有更低的风险。该类别定义了周期性审核频率计划。考虑到系统影响产品质量的可能性，这些频率应基于 SME 的决定。必须管理当地相关法规和/或监管指南中定义要求的系统以满足这些要求。该指南并作出周期性审核频率进行了举例。将类别分成四级：0 级，该类别依赖于现有的质量体系和性能监测计划，不需要定期检查，例如关键的公用设施，例如压缩空气、PW 或 WFI；1 级，该类别已经从系统特定的法规中确定了要求，并且不受额外的定期评估活动的限制，例如蒸汽灭菌柜和隧道烘箱；2 级，每两年进行一次评审；3 级，每隔三年进行一次评审。

当然，也有很多其他的方式，基于简单的风险评估方式进行不同系统的再验证周期的制定。比如，将系统分成两种等级，关键工艺设备、公用设施评估为一年；其他辅助系统评估为两年。还有一些企业，根据生产线的产品的特性、对患者的影响性、对周期进行划分，将无菌生产线的关键工艺设备、所有公用设施评估为一年的周期；口服固体制剂生产线所有工艺设备、以及无菌生产线辅助设备和系统评估为两年的周期。无论采用哪种方式，都要和风险评估和科学制定相应的周期。

9.4.3　周期性的审核

首次确认之后，根据公司相应 SOP 中评估出的周期，定期进行周期性的审核，以确定其是否处于验证状态。

9.4.3.1　定期评估

PDA TR 54-5 中建议将从现有的系统设计和性能参数进行审查，包括法规要求、组织架构的变化或新增；新的 CPP 或变化的 CPP；系统使用方式的变化；可能影响系统性能的辅助系统或条件改变；产品状态的变化，例如短缺或分配的风险。根据上述分析的结果以及从之前的审查区间获得的支持信息，应该建立标准来确定评估系统的要求，并根据审查结果确定采取什么行动。

在 ISPE C&Q（第二版）中，对再确认周期性审核也有相应的介绍，本文进行了总结说明。在周期性审核执行中，按照在系统分类和计划安排中建立的计划频率，可以使用三层方法（A/B/C 级）执行周期性审核，其中将从合规期望、变更控制系统、维护/校准系统、偏差系统四个质量系统进行相应的评估。将采用逐步深入的方式，对系统采用不同层级的评估。最终确定系统是否处于确认状态。根据评估结果的需要，如果确实已经偏离，则需要进行不合格记录，并制定 CAPA 措施。在实施纠正和预防措施后，确认系统已经返回到确认状态。

建议周期性审核的周期应该基于上一次周期性审核的日期进行定期审核。

综上所述，建议从变更、位移、产品质量回顾、异常趋势、偏差、设备运行和维保记录、校准历史、GMP 法规或指南更新要求、SOP 的变化和修订情况、最近的确认文件等方面，对设备进行周期性审核，并根据审核结果确定系统是否处于确认状态。如果周期性评估结果显示，系统有必要进行再确认，则根据评估结果给出相应的建议。

9.4.3.2　再验证风险评估

进一步的风险评估常用工具为失效模式和影响分析（FMEA）。将通过周期性审核的结果，结果实际情况，从严重性、可能性、可检测性三方面确定其风险优先性，进而确定再验证的程度和范围，如表9-5所示。

表9-5 再验证风险评估示例

工艺/工序/项目	包衣机系统							
描述	该系统主要用于素片薄膜包衣，按再验证周期风险评估规定，包衣机再验证周期为一年，现对其进行风险评估活动，以确定其范围和程度							
失效模式	失效影响	潜在原因	严重性	可能性	可检测性	风险优先性	预防措施	检测措施	风险评价
高效过滤器泄漏	包衣环境不符合要求，影响产品质量	高效过滤器损坏	H	L	M	M	依公司SOP定期检查	泄漏测试、粒子测试、微生物测试	风险可控
部件、线路老化	系统运行稳定性差，可能影响产品质量	采用了不合格的部件、线路或维保不到位	M	L	M	L	依公司SOP定期维护	N/A	风险可控
系统监控仪表数据失准	影响系统运行稳定性，进而影响产品质量	仪表损坏或超有效期	H	L	L	H	依公司SOP定期维护、校准	仪器仪表校准及状态确认	风险可控
权限配置混乱	随意更改设备运行参数，致影响产品质量	公司权限配置管理混乱	H	M	H	M	强化公司管理	权限测试	风险可控
配方保存数据丢失、更改	运行混乱，影响产品质量	配方功能失效	H	L	M	M	N/A	配方功能测试、断电再恢复测试	风险可控
运行数据不能记录或记录不准确，记录数据不能打印	生产过程不可追溯	数据处理及打印功能失效	H	L	M	M	N/A	数据处理及打印功能测试	风险可控
运行风量、温度超出运行范围	超出运行范围，影响产品质量	控制混乱、风机、加热单元故障	H	L	M	M	依公司SOP定期维护	风量、温度测试	风险可控
包衣锅转速超出接受范围	超出运行范围，影响产品质量	控制混乱或电机、减速机故障	H	L	M	M	依公司SOP定期维护	转速测试	风险可控
喷液量超出接受范围	超出运行范围，影响产品质量	控制混乱或蠕动泵故障	H	L	M	M	依公司SOP定期维护	喷液量测试	风险可控
清洗不彻底	产生交叉污染，影响产品质量	CIP系统运行故障	H	L	H	N/A		喷淋覆盖范围确认	风险可控
系统运行不稳定	运行稳定性差，影响产品质量	控制系统混乱	H	L	L	H	N/A	整体运行确认、包衣效果确认	风险可控

也可以不用正式的风险管理工具，结合相应的周期性审核的结果及之前在首次确认中需要进行的所有确认项目，一一进行分析，确定哪些需要重新进行再确认。比如，是否有位置的移动，是否有部件的更换，是否需要进行安装确认和部件确认等；权限管理是否异常，如果首次确认完成后且在后续的日产管理中，权限管理比较完善，权限分明，没有乱用现象，密码管理严谨，则无须进行再确认。比如，审计追踪功能，首次确认哪些数据能够进行审核追踪之后，后续会进行数据的备份，定期进行数据的检查（包括备份数据和备份功能），则无须进行再确认。

9.4.3.3 由事件引发的再确认

可能引发再确认活动的事件包括变更、偏差、异常趋势或数据漂移等。

变更、偏差或异常趋势引发的CAPA等，需要按照公司的质量体系的要求，对每个变更进行评估,确定相应的控制措施,根据事件对系统确认状态的影响或产品质量的影响,确定是否需要进行再确认。

9.4.4 再验证执行

依照评估的结果编制再验证方案。简要阐述本次再验证的范围,明确各方职责,并对设备/系统上次验证情况及历史运行状态、有无偏差/变更等进行简述,最后依据风险评估结果制定针对性的测试项目,以保持设备/系统的验证状态。一份完整的再验证方案主要包括以下项目:介绍、目的、范围、职责、缩略语、法规和指南、参考文件、系统描述、文件管理规范、再验证策略、测试项目列表、测试项目、验收标准、偏差控制、变更管理、再验证总结、附件等。方案中所有的测试都已完成,且测试过程中所有变更和偏差都已得到记录和批准后,根据测试结果填写再验证报告。并由负责验证的审核人及批准人做出正式的接受/拒绝验证结果的决定。

参考文献

[1] PDA. TR 54-5, Quality Risk Management for the Design, Qualification, and Operation of Manufacturing Systems [S/OL]. 2017. www.pda.org.
[2] ISPE, Baseline Guide: Volume 5-Commissioning and Qualification (Second Edition) [S/OL]. 2019. https://ispe.org/publications/guidance-documents/baseline-guide-vol-5-commissioning-qualification-2nd-edition.
[3] EU. EudraLex Volume 4-Guidelines for Good Manufacturing Practices for Medicinal Products for Human and Veterinary Use, Annex 15: Qualification and Validation [S/OL]. 2015-10-01. http://ec.europa.eu/health/documents/eudralex/vol-4/index_en.htm.
[4] 国家药品监督管理局. 药品生产质量管理规范(2010年修订),附录 确认和验证 [S/OL]. http://www.nmpa.gov.cn/WS04/CL2138/299801.html.
[5] FDA. Guidance for Industry: Process Validation-General Principles and Practices [S/OL]. 2011-01. www.fda.gov.
[6] ISPE. Good Practice Guide: Practical Application of the Lifecycle Approach to Process Validation [S/OL]. 2019-03. www.ispe.org.
[7] PDA. TR 60, Process Validation: A Lifecycle Approach [S/OL]. 2013. https://www.pda.org/publications/pda-technical-reports.
[8] ASTM Standard E2500—13, Standard Guide for Specification, Design, and Verification of Pharmaceutical and Biopharmaceutical Manufacturing Systems and Equipment [S].
[9] 国家食品药品监督管理局药品认证管理中心. 药品GMP指南 厂房设施与设备 [M]. 北京:中国医药科技出版社,2011.

第 10 章 质量体系中的风险管理

10.1 质量风险管理在偏差处理中的应用

质量风险管理是指在药品生产过程中对药品的各类相关质量风险进行识别、管理的过程和要求。在进行质量风险管理的过程中，需要根据风险管理的方法和工具，以及风险或潜在风险的具体情况，制定出基于风险考虑的有效的决策或措施，以消除、降低或控制可能的风险，保证产品质量和患者的利益。

质量风险管理的有效实施，需要考虑根据企业对质量风险管理理解的可实施程度、风险的关键性以及对质量风险的重视情况，成立相应的质量风险评估小组，对质量风险进行相应有效的风险识别、风险分析、风险评价，并进行相应的风险控制，以最终实现质量风险的消除、降低或可接受。在实施质量风险管理的过程中，需要根据企业的实际情况考虑质量风险管理过程中的风险沟通问题，以确保质量风险管理过程中风险信息的有效传递和沟通，并需要进行适当的风险审核，确保质量风险的最终得以解决。

质量风险管理得以有效实施的关键步骤，还需要公司领导层的正确理解、支持和适当重视，以确保每次质量风险管理活动能够得到有效组织和实施。另外，还需要针对每次质量风险管理的具体问题，及时明确相应的主导部门，以便组织相应的质量风险相关实施部门进行有效的质量风险管理活动，得到各相关部门的有效配合，这样可以确保质量风险管理工作的顺利进行，并使每次的质量风险管理问题得以最终解决。

制药企业对于质量风险管理知识学习和应用的程度，与企业管理层对这一质量管理工具的重视程度紧密相关，或者说，是一家公司企业文件的体现，只有将质量风险管理作为企业文化进行重视，在公司内部进行良好的推行、学习和应用，并鼓励各部门对质量风险管理工具进行使用，质量风险管理工具才能够在企业内部良好地进行运用，也才能发挥其良好的预防质量风险的重要作用。

公司领导层在公司企业文化的建立过程中，起着至关重要的作用。因为，公司领导层的思考方向或工作导向，代表了公司的意识方向和关注方向，也代表了公司的资源倾斜方向，必然导致公司执行层的工作重点和工作时间投入的重点方向，这些都足以形成公司当前的工作重点或关注的重点。持之以恒的进行，就是形成公司企业文化形成的重要因素，这时，就会形成良性循环，更好地促进公司执行层对质量风险管理工具学习、沟通、掌握和深层次的应用，解决产品生产过程中的各类质量问题以及企业发展中所面临的各种问题，这又会促进企业的良好发展，形成良好的企业文化。

10.1.1　质量风险管理在企业质量管理中对质量风险因素的预防作用

质量风险管理工具对风险因素的预防作用，在其他行业，如汽车行业、食品行业、金融行业、航天等，都有非常完善的发展和应用，也都发挥了极其重要的风险预防作用。

对于制药行业，质量风险管理概念的引入较晚。其中，ICH《Q9 质量风险管理》的发布，是一个关键的时间节点。该指南的发布对制药行业的质量风险管理工作，具有明确的指导意义，进而有效地推动了质量风险管理在制药行业的应用和发展，至少给各制药企业提供了一份明确的指南，给出了一个良好质量风险管理的工具。尤其是，各地区实施的 GMP 法规中，都有明确的质量风险管理的条款要求，这对制药企业质量体系建设发挥了明显的强制作用，有效地推进了质量风险管理在制药行业的推行和发展。

质量风险管理作为质量体系持续改进、完善提升的关键工具，在全球制药企业中越发受到重视。其在质量体系中的关键作用在于，可以促使风险承受者在风险发生之前，利用有效的风险管理工具，有效识别可能存在的风险或潜在风险，并制定相应的控制措施，有效地避免风险的发生。

这需要风险承受者能够积极主动地学习、掌握质量风险管理这一有效的评估工具，对其工作流程的方方面面进行深入彻底的剖析，以识别工作流程中每个环节中可能存在的质量风险因素，通过质量风险管理工具进行评估和控制。

10.1.2　质量风险管理对质量缺陷问题原因的识别作用——偏差处理中的应用

10.1.2.1　偏差的定义

偏差是指对批准的指令或规定标准的偏离。对于制药企业，在生产过程中任何偏差都代表着操作的失控，都有可能影响该生产环节的产品质量，进而影响后续产品的质量。因此，制药企业对于偏差的态度应该是接受偏差，但不能让其再次发生。这就需要对偏差发生的根本原因进行识别、分析，并制订有效的控制措施，防止偏差的再次发生。

10.1.2.2　GMP 法规要求

对于质量风险管理，随着 ICH Q9 的发布实施，各国的 GMP 法规均进行了明确的要求，都有专门的章节对质量风险管理的要求进行了引用和阐述，或引用该指南作为本国执行 GMP 法规要求的推荐指南，明确了质量风险管理在 GMP 法规中的地位和要求，以推动质量风险管理在制药行业中的有效实施和应用，进而提升制药行业的质量保证水平和制药产品的质量水平和要求。

对于偏差管理，则是各国 GMP 法规中质量保证管理中的重要内容，也是每次 GMP 认证检查中，检查人员的重点检查和关注的内容。

对于 GMP 认证检查中，对偏差处理的检查重点，则是需要体现药企对偏差事件发生的根本原因进行识别和分析，这就需要各制药企业熟练有效地使用质量风险管理这一有效的评估工具。

10.1.2.3 偏差根本原因的识别和分析

在制药企业，由于生产工艺的复杂性、工作进度的迫切性，以及劳动强度、人员的疲劳操作等因素，都会形成影响操作人员操作失误的因素，当这些因素发生，或多个因素同时发生时，就会不可避免地影响操作人员的操作过程和/或操作结果，进而可能会形成操作偏差，这属于对偏差问题的正向思维分析。同时，也是在偏差发生后，及时组织操作人员、相关管理人员和QA人员进行偏差发生根本原因的分析和识别，进行风险评估时的考虑方向。

偏差发生后，如果操作人员能够及时意识到操作的错误信息，则可以直接地识别偏差的根本原因。这可以促使管理人员及时制订有效的纠正措施和预防措施，完善操作或管理流程，避免偏差的再次发生。

如果偏差发生后，操作人员不能有效地识别确认操作的错误信息，则需要形成有操作人员、管理人员和QA人员参与组成的偏差调查小组，对偏差发生的根本原因进行分析、追溯和调查。

偏差原因的调查，需要考虑操作过程的全方位调查。这时，必须考虑引入合适的质量风险管理工具，对操作过程的人、机、料、法、环、测等多方面进行根本原因的调查和分析，以识别、确认偏差的根本原因。

在偏差根本原因调查过程中，质量风险管理工具，如，列表法、头脑风暴法以及FMEA、HACCP等，可以对偏差发生的根本原因进行全方位的追溯和调查，帮助及时识别和确认所有可能的或根本原因，进而制订纠正和预防措施，避免该偏差的再次发生。

在此，需要各制药企业根据公司内管理人员和执行人员对质量风险管理的认知程度，采用与其相适应的质量风险管理工具，进行适当的质量风险评估，并制定相应的管理和/或控制措施，提升公司的质量管理水平。

10.1.3 偏差调查案例分析

在偏差调查过程中，主要目的是及时发现偏差的根本原因，并根据其制订相应的纠正和预防措施，以期避免偏差的再次发生。如果不能准确地发现偏差发生的根本原因，就不能有效地进行纠正。

10.1.3.1 偏差案例描述和应急处理情况

201×年×月×日凌晨5点30分，某制药厂冻干粉针车间，冻干机控制室操作人员蔡某，发现车间正在运行的2号冻干机的2号压缩机出现故障报警。操作人员立即到设备现场进行检查，发现是2号冻干机2号压缩机的高压端铜管出现了破裂，导致压缩机制冷剂泄漏，而引起的设备报警。

此时，批号为19080502批的某产品正在该冻干机中进行冻干工艺的干燥过程中，处于冷冻干燥工艺阶段的一次干燥－15℃的保温阶段；同时，1号压缩机工作正常，能够保证2号冻干机板层和冷阱所需的温度。

操作人员立即将此情况上报车间值班人员，并及时联系设备维修人员到现场进行紧急处理维护。经车间值班人员和设备维修人员现场确认，在此状况下只要能够维持冻干机运行，并符合后续的冻干工艺温度，不会影响冻干产品的冻干工艺，冻干机可以继续运行，不会造成压缩机的更大故障。

10.1.3.2 偏差调查过程解析

偏差调查的初始阶段为岗位操作人员对偏差事件的及时上报，并能够及时制定应急处理措施，以及对这台冻干机是否可以在缺失一台压缩机的情况下继续工作，继续工作的情况下是否会对冻干机内部正在进行冻干操作产品的质量造成影响进行判定，并进行相应的应急操作。

在此阶段，偏差发生的时间点对应的工艺阶段为一次干燥阶段，且处于－15℃的保温阶段，该产品冻干工艺在此阶段之后的温度控制要求不再有低于－15℃的控制要求。岗位操作人员与车间值班人员、设备维修人员经讨论，并与车间工艺管理人员联系沟通，确定在1号压缩机正常工作的情况下，可以保证2号冻干机板层和冷阱所需的温度，进而可以保证冻干产品的冻干工艺参数要求，可以保证冻干结束后产品的质量要求。因此，制定的应急处理措施为由设备维修人员对2号压缩机进行紧急防泄漏处理，2号冻干机在1号压缩机的带动下继续运行，直至冻干工艺操作程序的正常结束。

第二阶段的调查为有QA人员和车间管理人员参与的偏差调查阶段。此阶段主要是对上一阶段的应急处理措施进行评估，对涉及的产品质量受影响程度进行评估，并对这一偏差的纠正预防措施的制订情况和有效性进行评估。

在第二阶段，QA人员根据偏差发生的情况，将偏差确定为主要偏差。由于偏差事件发生时，冻干机处于自动运行状态，考虑需要冻干机的继续运行至冻干工艺自动结束的要求，以避免冻干产品冻干工艺参数的影响，只是对于2号压缩机的泄漏情况进行了紧急防泄漏处理。在冻干程序结束后，对2号压缩机进行维修检查，确认2号压缩机的故障情况没有进一步增大，只需要更换高压铜管即可。

对该批产品的质量状况的评估。在冻干程序结束后，经过对各项冻干操作参数和冻干曲线与工艺参数的控制要求和该产品的标准冻干曲线的对比，以及最终产品的检验结果，确定该批产品的冻干操作中冻干机发生事故偏差没有影响该批产品的质量，产品质量合格，可以放行。

对这一偏差纠正预防措施的评估。根据对2号压缩机设备运行情况的记录信息，设备故障维修情况进行分析，以及2号冻干机的设备维护状况和维护记录信息，结合冻干机设备说明书的情况说明，认为高压端铜管不属于易损件，设备运行参数均在正常设定的范围内运行，认为此次压缩机高压端铜管破裂故障为异常突发故障，不属于维修不到位，但需要考虑对压缩机高压端铜管的采购增加质量要求，尤其是壁厚和耐压值参数，可以在设备说明书规定的配件要求中，适当考虑上述质量要求。

同时，在冻干机设备操作中的设备运行参数的设置时，需要注意设备运行参数的设置不得超出设备要求的参数范围。

10.1.3.3 偏差调查的结果

偏差调查的结果最终显示这次偏差的根本原因为设备故障——压缩机高压端铜管破裂造成制冷剂泄漏，由于该铜管为非易损件，判定这次设备故障为异常突发事故。因此，在更换铜管时，需要考虑其耐压值参数和壁厚的要求，防止其再次发生破损。同时，明确冻干机运行参数的设置要求，注意不得超出设备运行参数的要求。

10.1.3.4 偏差处理过程中质量风险管理工具的应用说明

在这次偏差事件的处理过程中，质量风险管理工具的应用，主要体现在应急处理过程和偏差根本原因调查过程。

在应急处理过程中，由于考虑到事态的紧急和进行现场处理实施的情况，质量风险管理工具的选择以简单、易用为主，主要考虑列表法，结合头脑风暴法。需要现场参与人员具备相应的工作经验，能够对现场的事态进行判断，对后续的处理措施进行结果的预先估计。

结合此次偏差处理事件，对现场进行质量风险评估时，可以考虑参考表 10-1 所示内容。

表 10-1 偏差调查示例表

调查表			
日期时间		地点/位置	
事件描述： 描述冻干粉针车间 2 号冻干机 2 号压缩机高压端铜管破裂事件			
事故现场相关批号产品状况及设备的运行状况说明：			
参与人员签名及职务说明：			
应急处理措施的考虑方向和理由说明			
压缩机高压端铜管破裂原因调查说明			
压缩机高压端铜管破裂是否可以现场维修,现场维修需要的条件是否具备？			
压缩机是否可以继续运行？继续运行是否会造成更大的设备损伤,造成冻干机更大的设备故障？说明其理由。			
在压缩机故障时,冻干机内的产品质量是否会受到影响？说明其理由。			
冻干机是否可以继续运行,是否会影响冻干机后续的冻干参数控制,而影响产品质量？说明其理由。			
冻干机继续运行时,冻干机内的产品质量是否会受到影响？说明其理由。			
确定的最终应急处理措施描述：			
记录整理人		日期时间	

在正式的偏差调查阶段，结合偏差处理的过程及偏差事件的具体情况和要求，可以考虑较为正式的质量风险管理工具，如 FMEA、HACCP 等。

根据 2019 年 FMEA 手册中的管理要求，结合此次偏差案例中需要进行评估风险的事件，说明 FMEA 的应用。

(1) 质量风险评估工作的计划和准备　根据此次案例的偏差事件，由冻干粉针车间指定车间工艺管理人员为风险评估小组组长，并及时组织成立偏差调查的风险评估小组，以期发现偏差事件的根本原因，并制定有效的纠正和预防措施。

① 风险评估事件描述。对偏差事件中 2 号冻干机 2 号压缩机高压端铜管破裂事件进行描述。

② 风险评估小组的成员。需要包括但不限于：当班的冻干机操作人员、当班冻干岗位的洁净区操作人员、冻干岗位管理人员（如带班长）、车间设备管理人员、设备维修人员、设备部设备管理人员、QA 人员、备品备件的采购人员。

③ 明确风险分析的范围为 2 号冻干机 2 号压缩机高压端铜管，并确定完成时限。

④ 需要进行的准备工作。包括但不限于：冻干机设备资料（主要是压缩机系统及其高压

端铜管配件的资料)、该产品冻干工艺资料［需要包括该产品的工艺规程、标准冻干曲线以及初始的冻干曲线制订的信息资料、冻干机操作规程(需要包括冻干机机组操作规程和洁净区人员对冻干机的操作规程)］、冻干机设备使用日志、冻干机设备维修维护标准操作规程、冻干机设备维修记录、冻干机冻干程序设定信息的资料以及 FMEA 管理规程和适用表格。

(2) 案例事件的结构分析　描述风险评估事件的分析范围，确定目标事件高压端铜管破裂事件，根据系统、子系统、组件和零件的划分方法，确定为零件——压缩机高压端铜管。

(3) 案例事件的功能分析　根据目标事件、零件——压缩机高压端铜管破裂的特性分析，确定该铜管的功能为压缩机输送制冷剂。

(4) 失效分析　确定压缩机高压端铜管失效模式分析、影响及原因。创建的失效链为：失效模式为铜管破裂；影响压缩机的正常工作，不能提供制冷剂有效循环进行制冷，进而影响冻干机的冻干功能；原因可能为压缩机工作压力过高，超出了铜管的承压限度，或铜管壁过薄，不能承受压缩机正常的工作压力。

(5) 风险分析　对铜管破裂这一偏差事件进行风险分析，分别分析确定其严重性(S)、可能性(O)和可检测性(D)。

① 严重性分析。根据铜管在压缩机中所担负的功能，其严重性不会降低。因此，其严重性的评估得分不会降低。

② 可能性分析。根据压缩机高压端铜管配件的参数要求，以及压缩机运行参数的设置要求，如果冻干机运行参数设置正常，没有超过标准运行范围设置运行参数，则压缩机的运行参数也是在其设定参数范围内工作，就不会有超压运行的情况；根据供应商提供的高压端铜管的参数要求，如壁厚和耐压参数，可以适当选择高标准的铜管，降低铜管破裂的发生。其发生可能性的评估得分可以有效降低。

③ 可检测性分析。对于压缩机制冷剂循环所需的铜管，在发生泄漏之前，不会提前发现其可能存在的泄漏情况。如果铜管选择标准适当提高，可以不必考虑事前检测要求，可检测性的评估得分维持不变；如果铜管的选择不能调整，则需要考虑增加制冷剂泄漏检测仪器进行定期检测，以提高可检测性的评估得分。

这需要设备部联系冻干机供应商，获取该铜管是否可以采用高标准铜管进行替换，如果可行，需要及时联系采购进行更换；如果不可以更换为高标准铜管，则需要市场调研采购合适的制冷剂泄漏检测仪器。

(6) 优化　根据风险分析的结果，确定各项风险降低措施完成的责任部门、责任人和完成时限，包括涉及的所有相关文件和记录。

(7) 结果文件化　及时完成风险评估的所有记录、表格以及所采取的措施，评估其有效性，最终形成质量风险评估报告。明确此次偏差事件风险评估的结论和相关要求。

10.2　风险评估用于确定 CAPA

CAPA，英文是 corrective and preventive action，即纠正和预防措施。纠正措施是指为消除已发现的违规或其他非期望状况的原因(所采取)的措施。预防措施是指为消除潜在的违规或其他潜在的非期望状况的原因(所采取)的措施。CAPA 是质量保证体系的重要组成部分，是药品质量体系稳定运行和持续改进的重要保障。

CAPA 与药品质量体系的各个环节都有着紧密的联系，因此，CAPA 有着非常广泛的来源，投诉、产品不合格、违规、召回、偏差、审计、监管机构检查发现的缺陷以及工艺性能和产品质量监测的趋势所进行的调查都是 CAPA 可能的来源，如图 10-1 所示。

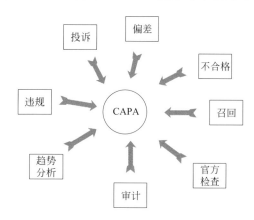

图 10-1　CAPA 的来源

10.2.1　CAPA 中应用风险评估的必要性

在 FDA 和其他监管机构发布的警告信和缺陷项中，CAPA 始终是一个热点话题，"没有执行适当的 CAPA""CAPA 没有适当地评估质量影响"等缺陷项和警告信屡见不鲜。如何针对发现的问题确定适当的纠正和预防措施始终是一个难点，要解决这些问题，风险管理是必不可少的。

ICH Q10 中提及，制药公司应建立一个系统，用于实施由投诉、产品拒收、不符合、召回、偏差、审计、监管检查以及工艺性能和产品质量监测趋势调查产生的纠正措施和预防措施。调查的力度、形式和文件应与风险程度相匹配。由此也可以看出，风险管理在 CAPA 系统中的应用是十分必要的。

10.2.2　通过风险评估确定 CAPA

由 CAPA 的定义可以看出，实施纠正措施和预防措施的目的是消除造成不符合及潜在不符合的原因，防止复发和预防其他不符合事件的发生。两者都是针对可能引起问题的原因进行适当的控制，从而避免问题的发生。因此找出问题的根本原因并评估其危害，根据风险评估的结果制定适当 CAPA 也就成了解决问题的关键。

在措施制定过程中，彻底从系统中消除风险或者降低风险对系统的危害永远是制定措施的首选，但这往往难以实现，这时候选择一种合适的措施，能够降低风险发生的可能性也是一种很好的选择。如果已经针对风险危害的严重性和可能性制定了适当的控制措施，但依然无法使风险降低至可接受标准，那么就应当考虑增加必要的检测机制，以便在风险发生时能够及时发现并采取措施。

10.2.2.1　风险管理工具的选择

选择合适风险管理工具有利于风险管理活动的顺利开展，能够提高风险管理活动的效率并帮助实现风险管理活动的目的。在风险管理活动中，选择的风险管理工具应与风险的级别和风险管理的目的相适应。

选择风险管理工具时应考虑以下几点。

- 在过去的风险管理系统中是否发现过类似的风险？如果是，应根据目前的事件信息升级评估工具和风险评估，并考虑现在的风险控制措施是否已经失效，是否需重新评估？如果以前未发生过类似风险，可以转入下一问题。

- 风险是否由多重原因相互作用而产生的新风险？如果是，考虑使用失效树分析（FTA）工具。FTA是一种可以用于评估多重原因相互作用的工具。风险降低措施可以通过"树"的合理级别来决定，而且通过评估也可以确定相互影响的多种关系。如果不是，可以转入下一问题。
- 考虑风险是否由一种单个事件产生的新风险？可以选择FMEA或根据风险的特点选择合适的风险工具。

风险管理工具的选择决策树如图10-2所示。

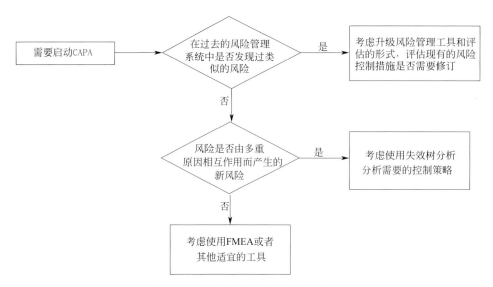

图10-2　风险管理工具的选择决策树

10.2.2.2　定义范围和边界

确定风险评估的范围是非常重要的，应在风险评估的早期确定风险评估的范围。风险评估的范围应集中在具体的风险问题描述和风险评估的目的上。在这种条件下，尤其是使用FTA或FMEA工具的时候，了解结束分析的节点至关重要。确定节点时，应考虑风险评估所需的时间和资源以及所用工作的投资回报。

10.2.2.3　风险评估标准的确定

进行风险分析时应制定一个评分标准，以便于为风险严重性、可能性和可检测性确定一个合适的级别。评分标准可以采用定性或定量的方式。建议制定一个统一的评分标准，这样有助于比较整个公司的风险。可以将评分标准在质量风险管理计划中进行描述，在经过批准后应用于质量风险管理计划的各个方面以及整个质量体系。表10-2～表10-4分别为风险严重性、可能性和可检测性的评估标准的示例。

表10-2　严重性评估表

风险级别	严重性定义
低	对产品质量无影响,不影响符合性状态
中	对产品质量具有小的影响,产品质量会波动,但依然符合质量标准。一定程度上影响到符合性状态,可能造成一些检查的轻微不符合项
高	对产品质量存在显著影响,产品质量可能会不符合质量标准。对符合性状态有较高影响,可能引起生产授权的暂停或取消

表 10-3 可能性评估表

风险级别	可能性定义
低	事件是独立的(如只发生了一次)而且再次发生的可能性很低
中	事件已不止发生一次并还有再次发生的可能
高	事件已发生多次并会继续发生

表 10-4 可检测性评估表

风险级别	可检测性定义
低	无法检测出风险或者检测点可能会显著延迟风险的发现
中	检测点可能会适当地延迟风险的发现
高	能够始终及时的检测出风险,可能带有实时报警

10.2.2.4 风险识别

在风险识别的过程中,对于风险的描述十分重要,这样可以确保后续的风险评估始终集中在该风险上。风险描述必须清晰且易于理解(对风险评估相关的主题专家小组、协调人、决策者来说),风险描述需包含3个关键要素。

① 不确定事件。可能发生什么;无法确定的情况;无法确定的区域。
② 可能的原因。诱因;来源;导致风险发生或增加风险发生可能性的因素。
③ 可能的影响。后果或影响。

只有在完成根本原因调查后才能形成最终的风险描述,根本原因调查和分析的严格程度应与风险的级别相适应。

专家团队根据风险问题或风险描述,系统地使用现有的信息来识别危险。这些信息可以包括历史数据、理论分析、现有的判断和相关者的利益。风险识别解决了"什么可能出错"的问题,包括确定可能的后果。

在风险识别的过程中,关注导致风险问题的故障和/或危险很重要。为了找出最佳的风险降低措施,必须了解导致故障和/或危险的原因。

通过分析历史数据,例如检查情况,调查研究以及周期性的回顾报告等,可以找出风险事件发生的可能性。专家团队应对相关历史数据进行收集统计,用以确定风险发生的概率。同时还应识别出现有的控制措施,在评估发生概率时也必须考虑这些措施。了解这些风险发生概率的历史数据将有助于跟踪CAPA的有效性。

专家团队还应识别出现阶段有哪些检测机制用于发现危害或者失效事件,因为有些措施作为检测机制的同时也具有纠正或预防的功能。因此,了解当前检测机制在工艺过程中的位置以及检测机制的有效性情况非常重要。这有助于更深入地了解现阶段对风险的控制能力,并且可以帮助下一步的风险管理活动确定正确的策略。

在风险识别阶段,需要对已识别风险现有的控制策略进行记录,这对于确定风险控制措施至关重要。如果一个已有的风险评估被用于本次风险评估的过程,那么此次风险评估使用的方法和评估的标准应确保与已有的风险评估方法一致。

10.2.2.5 风险分析

一旦确定了所有导致故障/危险的原因,应将关注的重点放在以下两点问题上。
① 风险发生的可能性是什么?
② 风险对系统或产品质量的危害/影响是什么?

各领域的专家在这一步确定风险发生的概率和风险产生的危害/影响。这需要专家团队对于风险描述和工艺过程有充分的理解，并且有足够的专业知识和经验。如果存在以前评估过此类风险的风险管理文档，则应利用这些信息分析当前问题。

虽然最理想的方法是将风险的危害和发生的概率降到最低，但如果要实现更好的风险管理，了解风险现有的检测能力也是很重要的。专家团队应对现有检测机制在故障/危害发生时的发现能力进行分析，以便于为后期的风险管理活动提供充足的依据。

10.2.2.6 风险评估

专家团队在进行初始风险评估时，应重点关注风险的可能性和严重性来确定初始风险水平，风险发生的可能性应考虑已确定的现行控制措施。确定初始风险水平后，应该在评估中加入现有的检测机制，以了解检测机制对整体风险决策的影响。如何评估初始风险级别及加入检测机制后的总体风险级别的示例如表10-5和表10-6所示。

表10-5 风险级别矩阵

风险级别	严重性低	严重性中	严重性高
可能性高	中	高	高
可能性中	低	中	高
可能性低	低	低	中

表10-6 风险级别矩阵与可检测性

风险优先性	可检测性低	可检测性中	可检测性高
风险级别高	高	高	中
风险级别中	高	中	低
风险级别低	中	低	低

当完成初始风险评估后，应考虑是否需要为风险制定新的控制措施。表10-7提供了一个基于风险优先性采取风险控制策略的例子。

表10-7 风险措施表

风险优先性	措施
低	这个风险很低，不需要采取控制措施，文件记录接受理由并定期回顾风险趋势以判断风险级别是否改变即可
中	这个风险可能被接受，但需要采取一些控制措施来降低风险，这些措施都是为了使风险降低到可接受水平，记录接受的理由和采取的控制措施
高	这个风险很高，需要采取新的控制措施。如果新的控制措施不能起到作用或者不能实施，则必须记录正式的风险接受理由

降低风险的最佳方法始终是为了消除风险，但如果风险无法消除，那么下一步应该确保采用适当的措施来管理风险。应该通过对于以下几点判断，来决定采取控制措施的策略。

① 是否有可能通过实施纠正或预防措施来消除风险？
② 采取新的控制措施后，初始的风险级别是否会降低？
③ 采用不同的控制措施代替目前的控制措施是否会降低初始的风险级别？

需要说明的是，如果风险管理的前期流程（如偏差）中已经进行了类似的评估，可以直接借鉴这些评估结果，这里只需要判断风险管理前期的风险预测是否已经改变，是否需要新的控制措施。

10.2.2.7 风险降低

应该有一个专家团队来确定适当的控制措施和风险降低活动,并评估措施实施后的风险级别。这个团队应该由技术专家、质量专家和生产代表(现有的和潜在的)组成,具体组成人员取决于评估的范围以及设备的关键程度,必要时还应该邀请具备其他专业知识的主题专家参与。一旦确定制定的控制措施可以将风险降低到可接受水平,那么就可以在适当的流程启动 CAPA。如果采用各种可能的控制措施之后,仍不能使风险降到可接受水平,那么就需要考虑通过增加检测机制来降低风险。加入检测机制后团队可以通过新的风险矩阵评估风险是否已降至可接受水平,表 10-6 提供了一个加入检测手段后的矩阵范例。

应该通过对于以下几点判断,来决定加入检测机制的策略。
① 是否存在一种检测机制,能把风险降低到可接受水平?
② 是否用不同的检测机制代替当前的检测机制后,能够将风险降低到可接受水平?

专家团队应该确定合适的检测机制或者风险降低措施,并重新评估是否将风险降低到了可接受水平。一旦确定了适当的检测机制,就可以按照规定的程序启动 CAPA。

10.2.2.8 风险接受

如果按照这个流程,增加控制措施和检测机制后仍不能将风险降低到理想水平,那么就应该将风险汇报到合适的决策者来决策,决策应该在综合考虑各个方面的因素后(付出的成本、效果、残余风险的危害性、残余风险发生的可能性等)作出,决策产生的行动和理由应有清晰的记录。这些行动应该制定计划并持续性地实施,确保当风险发生的时候患者受到最小限度的影响。

10.2.2.9 风险记录

在管理风险事件的过程中,必须始终记录采取的风险管理行动和基于风险的决策。执行记录的时候,应该遵守以下几点要求。
① 应当以清晰简洁的方式记录决策,确保决策与风险的关联性,并清晰地记录决策的理由。
② 回顾现有风险管理文件中的风险(如有),按照规定的程序更新文件(如适用)。
③ 当启动 CAPA 时,以清晰简洁的方式记录决策,确保对风险的可追溯性,并将风险评估文件附在决策记录的后面。

10.2.2.10 CAPA 有效性

应在 CAPA 系统中确定评估控制措施有效性的适当时间间隔,利用对比历史数据、偏差情况、调查统计等,确定在执行了控制措施和检测机制后,风险的控制情况是否符合预期。如果发现风险水平依然高于预期的水平,实施的控制措施是不足够的,那么就需要组织团队来重新评估风险。如果风险按照预期进行控制,并且风险已经降低至可接受水平,则考虑关闭 CAPA,因为已有数据表明控制措施已经充分地控制住了风险。作为风险审核的一部分,还应该制定一个合适的时间表定期评估措施的有效性,确保风险控制的有效性。

风险管理应适当地应用于 CAPA 系统,并贯穿 CAPA 的整个生命周期。被评估为高风险的事件,作为最关键的事件,应该给予最多的关注,应用最多的资源,采用更严谨的 CAPA 措施。被评估为低风险的事件,可以采用不太正式的方式处理,并采取趋势分析的方法进行监测,这样可以直接将风险管理的程度与事件的风险级别相关联。适当风险工具的使用和范围的界定有助于确保此过程不会过于耗时,确保获得与付出的努力相适应的回报。可以通过对比措施实施后的风险级别与初始风险级别的差异来评估 CAPA 有效性。通过观察风险水平随时间的变化，可以确定风险降低措施是否适用于控制风险。

10.2.3　风险评估在 CAPA 中应用的案例

本节准备了一个案例，以便更直观地说明风险评估在 CAPA 中的应用。

某公司制剂车间生产某注射液 190801 批时，隧道转盘岗位员工发现灭菌后的西林瓶颜色深浅不一，此时还未进行灌装生产。

专家团队收集和整理了相关信息，发现西林瓶颜色不一，存在被污染的风险。通过对历史数据和前期的风险管理文件的调查和回顾，未发现关于此类事件的记载；检查了工艺流程和操作规程，未发现相关的控制措施和监测机制。

专家团队通过上述信息对事件进行初始的风险描述，内容如表 10-8 所示。

表 10-8　初始的风险描述

不确定的事件	原因	影响
灭菌后的西林瓶颜色深浅不一，西林瓶可能被污染	风险管理的早期阶段尚不明确	造成产品污染，进而引起药品的有效性和安全性问题

专家团队对操作人员、灭菌前的西林瓶、操作记录以及此次操作使用设备进行了调查，发现造成西林瓶颜色深浅不一的原因如下：维修人员给传动链条加润滑油，由于加油过多，导致机油漏滴在下方传动链板上，污染了洗后西林瓶的底部，致使瓶子进入隧道烘箱后，机油经过高温烘烤挥发至瓶子全身。

专家团队依据上述调查完成了最终的风险描述，内容如表 10-9 所示。

表 10-9　最终的风险描述

不确定的事件	原因	影响
灭菌后的西林瓶颜色深浅不一，西林瓶可能被污染	维修人员给传动链条加润滑油过多，导致机油漏滴在下方传动链板上，污染了洗后西林瓶的底部，瓶子进入隧道烘箱后，机油经过高温烘烤挥发至瓶子全身	造成产品污染，进而引起药品的有效性和安全性问题

虽然历史上没有出现过因为漏油导致西林瓶被污染的记录，但由于现有的文件中只提到了应定期添加润滑油，并未对润滑油的添加量、添加流程和周期进行详细规定，加油量主要依赖员工经验，因此类似事件再次发生的可能性依然很大。西林瓶作为直接接触药品内包装材料，一旦被污染，对药品的有效性和安全性影响是致命的。如果被污染的药品出厂，更可能引起投诉、召回，并且威胁患者健康。

专家团队通过对比先前确定的评分标准，分别为风险的严重性和可能性分配了适当的级别。

- 严重性。由于此风险严重影响到了产品质量和患者健康，专家团队经过评审，将这个风险的严重性被定义为高（参见表 10-2）。
- 可能性。参见前面的分析，虽然这次西林瓶污染事件是首次出现，但此类事件再次发生的可能性依然很大，因此专家团队将事件发生的可能性定为中（参见表 10-3）。

通过计算，风险级别为高风险（表 10-5），风险是不可接受的，应该进行深入的根本原因调查并增加新的措施以降低风险（表 10-7）。

经过会议讨论后，专家团队决定对文件进行完善，详细规定润滑油添加量、添加流程和周期，并对设备维护人员进行培训，以降低事件发生的可能性。

制定该措施后，团队对风险进行了重新计算，风险发生的可能性由中降至低，风险级别也从高风险降至中度风险。中度风险依然需要采取进一步的措施，继续降低风险（参见表10-7）。考虑到暂时没有更好的措施进一步降低风险发生的严重性和可能性，为了进一步降低风险可能造成的影响，团队决定在工艺中增加检测点来控制风险。

在此次事件中，虽然此次西林瓶的污染被及时发现，但对西林瓶灭菌后的外观检查并不是一个文件中明确规定的常规检查项目，因此如果此类事件再次发生，被发现的可能性并不高，因此可检测性为低。

经过讨论，专家团队决定在文件中规定隧道转盘岗位增加对灭菌后西林瓶的外观检查并进行记录，以增加风险的可检测性。在风险发生时，可以通过西林瓶的外观检查及时发现问题并采取措施。通过此项措施的制定，风险的可检测性改为高。专家团队重新计算风险，风险降至低风险（参见表10-6）。

将风险评估作为 CAPA 的一部分附在记录中，经过批准后即可执行。一旦实施了 CAPA，将再次评估风险，来确定 CAPA 的实施效果是否与团队在风险评估活动期间预计的一样。

10.3 质量风险管理在变更中的应用

药品生产中稳定、一致和持续可控的状态可确保所生产出的药品的安全性、有效性和质量可控。制药企业通常会建立标准操作规程用以保证药品生产的稳定、一致和持续可控的状态，必要时，还会对标准操作规程进行验证，以证明工艺是可控的，能够持续稳定地生产出符合预期质量标准的药品。

企业在实际运营过程中，因科学技术的不断进步，制药企业势必会对已经建立的标准操作规程、设备和工艺等进行改进。当这种改进发生在商业化生产过程中，人们无疑会对产品质量产生一种担心，这种变化还会保证药品生产的稳定性、一致性和持续可控吗？还能够持续稳定地生产出符合预期质量标准的药品吗？

如果制药企业能够预先对变更可能带来的影响进行充分的评估，使用质量风险管理的理念对这种变化进行全面的风险控制，尽可能降低变更对产品带来的风险，则这些顾虑完全可以消除。ICH《Q10 药品质量体系》中指出：药品质量体系要素包括工艺性能和产品质量监控体系、纠正措施和预防措施体系、变更管理体系、工艺性能和产品质量的管理回顾 4 个方面的要素，变更管理体系作为四要素之一，在药品生产周期的任何阶段均会发生。

ICH Q10 指出：变更管理系统应包括如下内容，并与生命周期的阶段相适应。

① 应使用质量风险管理来评估提议的变更，评估的程度和形式应与风险程度相匹配。

② 应结合上市许可评估提议的变更，包括设计空间（如已确定时）和/或对当前产品和工艺的理解，应评估是否需要根据地区法规要求变更申报文件。如 ICH Q8 中的描述，（从法规申报的角度讲），在设计空间内的操作变化不视为变更，但从药品质量体系的观点讲，所有变更均应该采用公司的变更管理系统进行评估。

③ 为确保变更在技术上是合理的，应由来自相关领域（如药品研发、生产、质量、法规事务和医学）的具有相应专长和知识的专家团队来对提议的变更进行评估，并对提议的变更设定预期的评价标准。

④ 变更实施后，还应开展评价以确认达到了变更的目的，且对产品质量没有不良影响。

表 10-10 引用了 ICH《Q10 药品质量体系》中变更管理体系在整个产品生命周期内应用的表格。

表 10-10 变更管理体系在整个产品生命周期内的应用

药品研发	技术转移	商业生产	产品终止
变更是研发过程的固有部分,应有文件记录;变更管理程序的形式应与药品研发的阶段一致	变更管理系统应提供技术转移活动中工艺调整的管理和文件	在商业生产时,应有正式的变更管理系统。质量部门的监督应为适当的基于科学和风险的评估提供保证	产品终止后的任何变更都应经过相应的变更管理系统

制药企业的质量管理体系是一个动态管理的过程,持续改进是企业发展的动力,而这种持续改进势必会带来各种各样的变化,因此,在鼓励制药企业持续改进的同时还应当关注药品的质量。为了使变更达到预期目的,同时保证药品的质量,国际上主要的 GMP 法规或指南中均对变更管理做出了相应的规定。

10.3.1 GMP 法规对变更管理的要求

中国 GMP（2010 版）、美国 cGMP、欧盟 GMP、ICH 等均对变更管理进行了明确的规定,虽然不同法规之间对变更要求的详略程度和侧重点有所不同,但它们都存在如下共性的方面。

① 通过不同的等级、不同程度的限定条件,将各类变更进行分类。
② 对严格设定条件下的微小变更,按照发布的变更管理原则进行自我评估。
③ 对产品关键质量特性可能有潜在重大影响的变更,必须根据要求提供相应的研究资料并证明变更对产品质量没有产生影响。

10.3.2 制药企业中常见的变更分类

制药企业根据法规要求,结合本企业产品特点,以及合规性、药物安全性、有效性的影响程度等方面将变更控制分为 3 个等级,即：重大变更、主要变更和微小变更,如表 10-11 所示。这些等级的划分与评定必须通过质量影响评估给予确定。

- **重大变更**。对产品关键质量特性有潜在的重大影响,并需要主要的开发工作（如,前期的小试、稳定性试验、对比试验和再验证/确认等）以确定变更的合理性。
- **主要变更**。对产品关键质量特性有可能产生影响,需验证/确认的变更。
- **微小变更**。对产品关键质量特性没有影响或影响不大,仅需简单的确认便可批准执行的变更。

表 10-11 变更分类示例

级别	典型变更举例
微小变更	● 同类型设备变更（除设备确认） ● 批量改变小于 10% 验证批量范围的更改 ● 分析方法及实验过程的微小变动,如柱长或柱温改变,但柱子类型及方法不变（方法验证的粗放度确认已确认） ● 成品制造增加新的中控检测和限度,或提高中控检测限度（非生产过程异常引起） ● 生产工艺微小变化,如缩小参数限度范围 ● 非关键物料供应商的改变（新增或取消） ● 取消或减少物料复测期（有相应的数据支持） ● 改变物料或产品贮存条件至更为严格 ● 产品外包装的更改

续表

级别	典型变更举例
主要变更	● 设备清洗方法、灭菌程序的更改（共线产品关键设备除外） ● 成品生产批量缩小或扩大10倍以下（所有变动只与批量变动有关） ● 关键原辅料供应商的改变（工艺保持不变） ● 原辅料、中间体、成品质量标准的紧缩 ● 删除成品制造中不重要的中控检测和限度（非生产过程异常引起） ● 删除成品/原辅料/中间体一个不重要的质量标准参数，或删除中间体/试剂检测程序 ● 因法规更新而照做的更改，如药典方法的更新 ● 原辅料/中间体/中间产品检测方法的变更（包括取代或增加） ● 增加原辅料/中间体/中间产品标准 ● 中间体储存期或贮存条件的更改 ● 成品有效期或贮存条件变更（已完成稳定性实验，变动不是生产异常或稳定性实验出现问题引起） ● GMP相关的厂房设施、公用设施布局的改变 ● 一些非关键参数或者步骤，在同一步骤上增加重复操作等 ● 消毒剂消毒周期延长或洁净区消毒频次的变化 ● 其他评估认为对产品质量无重大影响的一般变更
重大变更	● 生产场地或产品放行场地更改 ● 新的工艺 ● 变更/增加关键起始物料厂家 ● 生产批量改变超过原来十倍 ● 成品分析方法作重大增补、删除或修改。 ● 工艺路线/流程的改变 ● 关键工艺条件和参数更改，如改变冻干参数、灭菌原理改变 ● 产品内包材的更改 ● 制剂产品过滤器材质发生了变化 ● 产品延长/增加复测期或贮存条件放宽 ● 放宽或删除中控限度，可能对成品总体质量产生重大影响 ● 放宽起始物料（如API）的质量标准的限度，可能对成品总体杂质情况的质量或数量有重大影响 ● 说明书等印刷包装材料信息的变更（原料药标签应客户要求对非影响产品质量信息的变更除外） ● 关键公共设施及系统的变更 ● 药品规格变更 ● 其他评估认为对产品质量有重大影响的变更

10.3.3　制药企业如何控制变更对产品质量的影响

任何制药企业都应建立、执行与药品生产过程有关的变更控制系统，以保证药品生产各个环节的变更得到及时评估与记录，确保产品使用于预定的用途和质量可靠，并且符合注册标准和满足所有的法规要求。良好的变更控制管理是降低变更对产品质量影响的有效手段，目前药品生产企业均能够按照 GMP 的要求建立变更控制的程序，图 10-3 是变更控制的流程。

10.3.4　质量风险管理在变更中的意义

风险管理最早是 FDA 在 2002 年发布的《Pharmaceutical cGMPs for 21st Century Initiative》中出现的，它提出"一种基于风险管理的方法"，鼓励制药企业采用先进的科学技术，运用现代的质量管理手段和风险管理的方法，确保药品的质量。此后，ICH 在 2005 年 11 月发布了《Q9 质量风险管理》，ICH Q9 发布后，各国和地区的监管机构均将质量风险管理引入到 GMP 法规或指南中。

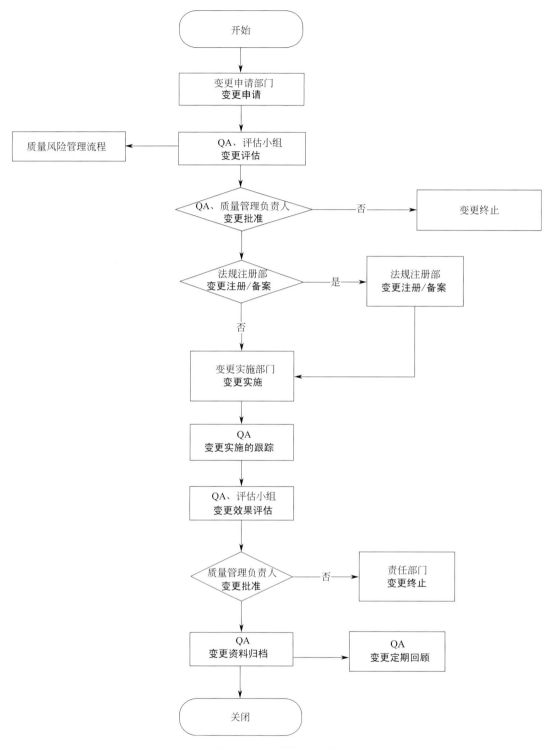

图 10-3 变更控制流程

质量风险管理是贯穿于药品生命周期的各个阶段和各种活动中，目的是对质量风险进行评估、控制、沟通和审核，降低药品生产过程中可能的混淆、差错、污染和交叉污染。质量风险管理在质量管理体系的有效运行中逐渐成为一种有效的控制手段，而变更控制作为质量管理体系的重要因素之一，又是质量管理体系不断持续改进的动力。因此，运用质量风险管理的手段对变更控制进行有效的管理，能够最大限度地降低变更对产品质量带来的影响。

10.3.5 制药企业如何运用质量风险管理进行变更控制

变更控制系统覆盖了药品生命周期的各个领域,如,设备、厂房、设施、工艺、物料、计算机系统和文件等。质量风险管理进入变更控制系统的关键成功因素包括管理层承诺和支持、确保风险管理流程的有效实施、确保为变更识别出的风险控制措施在生产和/或产品放行前完成的方法。

质量风险管理能够提高变更决策的质量、加快变更决策的进程、提高合规性及增加变更实施资源运用的效率,同时也能确保患者的用药安全不会因为变更产生有害的影响。

质量风险管理和知识管理是实施质量管理体系的两个推进器。质量风险管理提供一个前瞻性的方法去识别、评估和控制变更过程中的质量风险。知识管理可以将工艺技术知识和历史经验运用在变更评估阶段,有助于制药企业理解变更可能对产品质量和患者安全产生的影响。

当制药企业发起变更申请时,质量管理部门应当根据提交的变更类型进行适当的风险管理。风险评估在变更控制流程中的两个步骤。首先,使用一个定义的、预先批准的基于风险的方法实施初步风险评估,确定变更是在范围内还是范围外。然后,使用一个更加详细的风险评估方式对变更进行详细审核,风险评估过程中,可以使用正式的风险管理工具比如失效模式和影响分析(FMEA),也可以使用简单的风险管理工具比如头脑风暴。

根据变更的类型组建风险评估小组,风险评估小组的小组成员应当包括变更系统的负责人、各部门负责人、各部门专业人员(例如,质量保证、质量控制、生产车间、研发、工程、生产、临床、EHS 等领域)以及精通风险管理过程的主题专家。风险评估小组共同对变更进行风险评估,从而找出变更可能会影响最终产品质量的不利因素,根据风险评估的结果制定相应的变更实施措施,确保变更始终处于可控的状态。

10.3.6 变更控制中如何选择质量风险管理工具

质量风险的管理工具多种多样,有正式的和非正式的。非正式的管理工具如头脑风暴、流程图、核对表、过程图、鱼骨图等。正式的风险管理工具如失效模式和影响分析(FMEA),失效模式、影响和危害性分析(FMECA),失效树分析(FTA),预先危害分析(PHA),危害和可操作性分析(HAZOP),危害分析及关键控制点(HACCP),风险排序和过滤(RR&F)等。在质量风险管理中,还需要支持性统计工具,统计工具可以支持和促进质量风险管理。支持性统计工具包括合格控制表、数据平均值和警告限的控制表、累积表、常规控制图、加权移动平均法、实验设计、直方图、帕累托图、工序能力分析等。

一般来说,在变更评估阶段引入风险管理的工具,对变更可能影响产品质量的因素进行识别。非正式的风险管理工具往往比正式的风险管理工具更能快速有效地对变更可能带来的风险进行识别,比如使用头脑风暴、鱼骨图的方式可快速对变更过程中的风险进行识别,然后再结合相应的正式风险管理工具对识别出的风险进行评价,最终对识别的风险采取相应的措施,从而保证最终产品的质量。

10.3.7 变更案例分析

(1) 变更项目 A 车间新增沸腾箱式流化床等设备。
(2) 变更内容 A 车间计划新增沸腾箱式流化床、万能粉碎机、摇摆颗粒机、$3m^3$ 清膏储罐、搅拌机设备。

(3) 变更原因　现有设备不能满足 A 车间生产需要，为满足 A 车间生产需要，故新增上述设备。

(4) 风险分析　使用 FMEA 工具对新增设备进行风险评估，如表 10-12 所示。

表 10-12　新增设备风险评估表

序号	可能存在的风险	风险影响	风险分析					降低风险的措施	控制后风险分析				
			严重性	可能性	可检测性	RPN	风险级别		严重性	可能性	可检测性	RPN	风险级别
1	人员是否匹配	生产设备新增后,现有生产人员不能满足生产需要	3	2	1	6	低	根据生产需要新增人员,并对新增人员进行岗位培训,培训合格后上岗,确保人员满足生产需求	3	1	1	3	低
2	设备不能满足生产要求	新购买设备不能满足 URS,无法生产或产生不合格产品	4	3	3	36	高	确保设备选型符合 URS；对设备进行确认,确保符合生产及 GMP 要求	4	1	2	8	低
3	生产工艺发生改变	工艺发生变化,对最终产品的质量产生影响,可能导致产品有效期发生变化	4	3	3	36	高	对产品进行工艺验证,并对验证批次的产品进行加速和长期稳定性考察	4	1	2	8	低
4	现有生产管理文件不适用于设备新增后的生产线生产或文件确实	不能正确指导员工生产,导致无法正常生产或产品质量无法得到保障	4	2	2	16	中	生产技术部、设备工程部、质量保证部等部门共同对现有的生产管理文件、生产工艺、SOP 等进行审核,审核发现不适用时对现有文件进行修改或新增,以便适用设备新增后的生产线生产	4	1	2	8	低
5	生产设备新增对现有生产线的生产产生影响	影响现有生产线生产,现有生产线产出不合格产品	4	2	3	24	中	生产设备新增时单独施工,不与现有生产线直接接触,对接时,现有生产线停产进行对接	4	1	2	8	低
6	生产设备新增未进行备案,生产违反法规	产品无法销售	4	2	3	24	中	设备进行备案	4	1	2	8	低
7	生产设备新增后制粒能力增加,总混能力不足	总混为分次混合,混合时间不够	4	2	2	16	中	生产技术部、设备工程部、质量保证部等部门共同对现有的总混工艺文件进行修订,使总混工艺满足生产设备新增后的生产线生产	4	1	2	8	低

10.4　质量风险管理在供应商审计中的应用

药品原辅料作为药品生产企业质量管理体系的重要一环，也是药品质量控制的重要关口。一般来说，上游企业产品的质量下限在很大程度上影响下游企业的产品质量上限。因此，制药企业质量管理部门需要对主要原辅料供应商的质量管理系统、厂房设施和设备管理系统、物料管理系统、生产管理系统、包装和贴签管理系统、实验室控制系统进行科学的审计评估，良好的供应商评估及管理，可以有效地保障药品生产的安全有效、质量稳定。另外，在 ICH Q7，FDA 21CFR210、211，欧盟 GMP 及中国 GMP 中均强调了供应商审计的必要性，提到"质量管理部门应当对所有生产用物料的供应商进行质量评估，会同有关部门对主要物料供应商（尤其是生产商）的质量体系进行现场质量审计，并对质量评估不符合要求的供应商行使否决权。主要物料的确定应当综合考虑企业所生产的药品质量风险、物料用量以及物料对药品质量的影响程度等因素。"所以，在此阶段使用科学、有效的质量风险管理工具就尤为必要。

纵观当今制药的领域，风险管理的理念已经广泛运用于医药行业供应商管理，目前大型跨国制药公司均有独立的供应商管理部门，管理所在区域内的供应商和合同供应商，例如美国辉瑞公司、礼来公司，英国 GSK 公司、阿斯利康公司以及瑞士罗氏公司、诺华公司均在上海设有供应商管理的职能部门，管理其在亚太区域内的供应商。

对于供应商的风险管理，供应商的现场审计是最有效、最直接评估供应商质量体系的重要手段之一。主要是核实供应商的质量体系、机构组织、设备设施等是否能够保证持续一致地生产出符合质量标准的产品，发现供应商体系的缺陷或者漏洞，或者我们称之为高风险的问题，让其进行整改，从而降低体系中可能威胁到药品安全性有效性的风险。如何进行有效的基于风险的 GMP 现场审计，PIC/S 给出了一个很好的质量风险管理工具，审计官在计划审计频率和 GMP 审计范围的时候可以用到，是基于预计可能会对患者、消费者、动物和药品服用者带来的风险而做出的评价，也考虑到产品本身的质量风险。

10.4.1　供应商审计常用的质量风险管理工具

供应商审计常用的质量风险管理工具如表 10-13 所示。

表 10-13　风险管理工具使用

风险管理工具	使用方法	适用情况
检查表	① 将整个项目看作一个系统，再把系统分成若干个子系统； ② 找出各个子系统存在的风险因素； ③ 针对各个项目风险因素，查找有关控制标准或规范； ④ 根据项目风险因素的大小及重要程度依次列出问题清单	供应商现场审计 供应商质量状态情况调查
鱼骨图	填写鱼头（按为什么不好的方式描述），画出主骨→画出大骨，填写大要因→画出中骨、小骨，填写中小要因→用特殊符号标识重要因素	有因供应商审计、调查 供应商物料异常调查
头脑风暴法	组建 SME 小组，SME 规模以 10~15 人为宜，会议时间一般以 20~60 分钟效果最佳。SME 的人选应严格限制，便于参加者把注意力集中于所涉及的问题	供应商审计计划、报告的编写 供应商审计缺陷的分类 供应商物料异常调查
PHA	① 识别危险和安全问题的关键部位； ② 提高安全专业人员对潜在危险的了解； ③ 风险管理规划； ④ 紧急事故响应规划； ⑤ 适用的环保及安全法规监管； ⑥ 做出事故反应的相应决策	供应商现场审计及审计报告的编写
FMEA	FMEA 是在产品设计阶段和过程设计阶段，对构成产品的子系统、零件，对构成过程的各个工序逐一进行分析，找出所有潜在的失效模式，分析其可能的后果，从而预先采取必要的措施，以提高产品的质量和可靠性的一种系统化的活动	供应商现场审计及审计报告的编写 供应商物料异常调查

续表

风险管理工具	使用方法	适用情况
FTA	① 定义要探讨的不想要事件； ② 获得系统的相关资讯； ③ 绘制失效树； ④ 评估失效树； ⑤ 控制所识别的风险	供应商现场审计及审计报告的编写
RR&F	将一个基本的风险问题分解成所需要的多个组成，以抓住风险所涉及的因素。这些因素被整合成一个单独的相关风险值,则该数值可以用于对风险进行排序	供应商审计缺陷的分类 供应商分级
问卷调查	问卷调查的形式是由一连串写好的小问题组成,然后去访问,收集被访问者的意见、感受、反应及对知识的认识等	供应商审计计划的编写
提问评估	① 首要的是,收集整理关于现状的可信的信息,而不要假设已经拥有完备的可信信息； ② 不暗示倾向于某种原因或者解决方法； ③ 只陈述现状和期望的状态； ④ 在解决问题的过程中,问题的定义可能(有必要)会不断地改进或者转换形式	供应商现场审计 供应商物料异常调查

10.4.2 供应商分类

企业根据风险管理原则，建立物料和供应商风险评估的标准流程，识别物料和供应商质量风险级别，以制定不同级别的供应商审计频次（如：A类供应商审计1次/年、B类供应商审计1次/2年、C类供应商审计1次/3年），合理利用资源，降低物料和供应商的质量风险。对于物料和供应商等级评定，可采用打分法或RR&F进行。

物料等级评估如表10-14所示。

表10-14 物料等级评估表

物料名称	物料类别	质量风险	用量	工艺影响程度	物料等级
A物料	原料/辅料/内包材……	高/中/低(或分值)	高/中/低(或分值)	高/中/低(或分值)	A/B/C

供应商分类评估如表10-15所示。

表10-15 供应商分类评估表

供应商名称	所提供物料	供应商风险(依据供应商前期调查判定)	物料等级	供应商等级
A供应商	A物料	高/中/低(或分值)	A/B/C	A/B/C

10.4.3 供应商审计分类及来源

供应商审计计划是指企业采购部门负责与外部供货商就采购订单和合同进行谈判，在合同中确定"有权审计条款"，保证企业有权在某些情况下对供货商提供产品的生产成本等数据进行审计。通过供货商审计，企业能够有效地防止采购回来的原材料成本过高。

10.4.3.1 计划性审计

(1) 合格供应商周期性审计　企业根据供应商审计周期，对本企业合格供应商清单中的未出现异常的合格供应商进行按频次的周期性审计工作。

（2）新增供应商审计　企业根据自身情况引入新物料供应商，通过对物料供应商的基础调研后，供应部联合质量部、生产部对供应商的质量管理、生产管理等进行现场审计，确定企业是否能够持续稳定地保证物料的合格供应。

10.4.3.2　临时性审计

企业根据药物监管机构、平台提供的通报信息，对物料供应商进行临时性审计。审计的内容包括：

- 物料检验的 OOS/OOT。
- 供应商重大工艺变更。
- 供应商供货批次为重大偏差批次。
- 其他有因审计。

10.4.4　供应商审计计划的制定策略

10.4.4.1　计划性审计

（1）新增供应商审计　对于首次引入的新供应商，企业首先对供应商的基础信息进行调查，可采用调查表进行形式审核，调查包含但不限于"质量标准与企业物料质量标准的匹配性、生产能力匹配能力、供应商供货商范围、供货商资质、市场份额、产品质量报告、稳定性数据等"。

经过对供应商的基础调查后，企业对拟采用供应商执行审计，审计应根据经 RR&F 分级后物料等级确定审计范围和程度。首次审计范围一般根据所供应物料为主线进行，包含并不限于：质量管理系统、厂房设施和设备管理系统、物料管理系统、生产管理系统、包装和贴签管理系统、实验室控制系统。各系统审计要点以物料为主线跟头脑风暴、鱼骨图继续制定。图 10-4 为生产系统审计要点分析图。供应商审计表示例如表 10-16 所示。

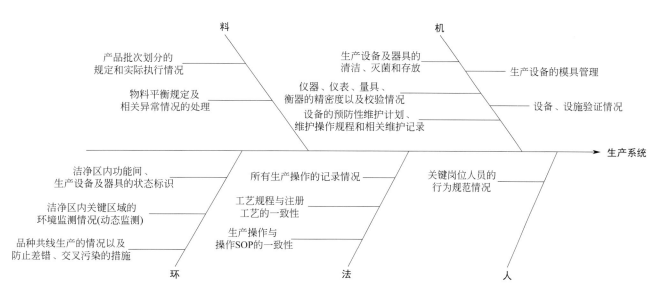

图 10-4　生产系统审计要点分析

表 10-16 供应商审计表示例

考核项目及内容	标准分	实得分	审计情况记录
一、生产管理系统			评价人：
抽查 3 批批生产和检验记录：			
1. 厂房			
①厂房周围的环境处于洁净有序的状态（厂区地面、路面及运输等不会对药品生产造成污染）			
②厂房处于洁净有序状态，有防尘土、防虫鼠、防蚊蝇、防污染、防异物混入设施			
③洁净区的空气按规定监测，监测结果的记录存档保存			
2. 设备			
①检验和计量器具有校验计划的设备清单，并定期维护和校验			
②设备的传输线、管道、阀门均在适当的地方标注内容物，流向等信息			
③纯化水制备系统按文件规定定期清洗、消毒、维护和保养，并有记录			
3. 生产现场管理			
抽查 3 批批生产和检验记录：			
①按标准组织生产，有合理的产品工艺规程、操作规程并经签署批准。生产过程控制符和工艺规程			
②建立批生产记录（包括原材料、包装材料检验、验收原始记录、批生产记录）。批生产记录及时填写、字迹清晰、内容真实、数据完整、并由操作人及复核人签名。原始记录保存至产品有效期后一年			
③对生产过程中对质量有重要影响的参数加以定义，对重要参数进行监测和记录。当发生参数超限可能对质量产生影响的情况时，及时记录并对产品进行跟踪			
二、信用、价格、服务体系			评价人：
①上年度质量投诉和处理情况，纠正和预防措施实施情况跟踪			
②上次审计不符合项改进情况跟踪确认			
③重大变更是否告知我司			
总分			

(2) 周期性审计　对于周期性审计的供应商审计计划，可结合供应商质量回顾的情况，对供应商的质量进行评价，并通过调查问卷/调查表的形式对上一次审计结果、供货期间不合格物料批次、供应商对不合格物料整改信息等方面制定审计计划，确定审计重点。

调查情况一般包含但不限于以下方面。
- 供应商前次审计提出的问题，供应商做出的纠正措施及措施有效性检查。
- 供应商定期评分结果。
- 供应商前次审计至此次期间的供应货品检验情况、相关质量信息。
- 与供应商有关的投诉信息（如外包装、内包装）。
- 供应商质量标准、工艺流程、注册工艺批件等。

供应商审计前调查表如表 10-17 所示。

表 10-17 供应商审计前调查表

供应商名称	物料名称	供应商档案状态查询结果	上次审计缺陷	供应周期内不合格批次	供应商反馈的调查结果及控制措施	其他
A 供应商	A 物料	营业执照过期	C(工艺不符)	2 批次： 批号：190810 批号：190812	对设备进行维护保养，建立相关记录，并后修订 SOP 增加维护频次	无

供应商质量回顾示例如表 10-18 所示。

表 10-18 供应商质量回顾表

项目	评价分数	内容	比例分数
质量	55	1.1 一次检验不合格率	20
		1.2 偏差比率	15
		1.3 生产过程异常反馈率	20
供应	30	2.1 订单满足率	10
		2.2 交货准时率	10
		2.3 供应灵活性	10
服务	15	3.1 反馈响应及时率(一个工作日内响应)	5
		3.2 问题有效解决(未重复发生)	10
持续改进	加分项	质量、供应持续改进(含包装)	5
价格成本	加分项	供应商通过技术改造或者管理创新，在生产、物流等领域降低成本，并且能主动降价、延长付款期	5 分
变更	扣分项	变更信息未及时告知	每次扣 1 分
外部投诉	扣分项	物料问题造成外部投诉	每次扣 1～5 分(根据投诉等级)
其他情况	扣分项	因质量或其他原因导致生产中断	扣 5 分/次
合计	100		100

10.4.4.2 临时性审计计划

（1）对于有因审计　企业可将根据事件使用 FTA 风险管理工具进行风险分析，自上而下逐层展开图形演绎的分析过程，通过对可能造成系统失效的各种因素（包括硬件、软件、环境、人为因素）进行分析，画出逻辑框图（失效树），从而确定系统失效原因的各种可能组合方式或其发生概率，以计算系统的失效概率，采取相应的纠正措施，以提高系统可靠性。根据风险工具的运用的结果，企业来判定对供应商审计的必要性。此过程可能需要供应商提供相关的流程。

企业也可根据有因通报情况，利用对比法对供应商进行审计，并通过检查表、鱼骨图将对比项目扩散调查。

（2）对于根据偏差/变更改变的审计　企业可根据供应商工艺流程，通过鱼骨图制定审计要点检查表，确定审计内容。

10.4.5　供应商审计后的质量风险工具应用

供应商审计结束后，根据审计缺陷可分为关键缺陷、主要缺陷、一般缺陷，如表 10-19 所示。

表 10-19　供应商审计缺陷分类表

A 供应商审计缺陷项	
190802 批 B(4)中间产品含量超过期线下,但并未执行偏差程序	关键
车间化验室对毒性溶液使用后处理记录不全	主要
检验记录不全,样品加溶剂后的称定重量未记录	主要

各项缺陷可根据影响程度使用 FMEA 制定预防与纠正措施,如表 10-20 所示。

表 10-20　供应商审计缺陷 FMEA 评估表

失效模式	失效影响	潜在原因	严重性	可能性	可检测性	风险优先性	预防措施	检测措施	风险评价
A 供应商含量超标未启动偏差调查程序	产品质量不合格	供应商质量保证存在缺陷	H	M	M	H	①暂停供应商供货资格 ②增加新供应商	N/A	风险可控

10.4.6　小结

对药品供应商进行有效管理是制药企业一项非常重要、对药品质量有着重大影响的质量保证环节,而在供应商管理中引入质量风险管理方法,尤其是在现场审计的过程中加以应用,对于保证药品制剂的安全、有效及质量稳定有着极为重要的作用。质量风险管理和供应商现场审计有效结合起来,就能给制药行业的供应商管理提供很好的工具和监管方式,运用质量风险管理的工具,依据对供应商厂家及产品风险、场地风险、工艺风险、合规风险的掌握,把供应商量化的划分为不同的等级,对现场审计的频率及审计策略范围有很好的指导意义和有效性,从而保证制药业供应链的安全。

对于大多数国内的制药企业来说,可以根据 GMP 中质量风险评估的理念和工具,也可以使用 ICH Q9 中所提到的风险管理的工具,借鉴一些量化的风险划分分析程序,对供应商进行风险划分,决定审计的频率,从而可以把有限的资源有针对性地运用到供应商的审计中,确保质量管理的有效和供应链的安全。

10.5　缺陷项目的分类评估

缺陷指欠缺或不够完备的地方。在不同领域又有着不同的含义或不同的称呼,如瑕疵、缺点、欠缺或不完美。制药行业的缺陷有两种:一种为企业内部的生产/检验工艺、过程控制、质量管理或产品出现瑕疵或缺失,如生产过程中出现交叉污染,影响药品的质量,进而影响了患者的安全;另一类为企业在内外部检查过程中,所有检查员记录的偏差或不足,这些偏差或不足经确认后写入检查结果通知中,如客户审计或官方检查过程中发现制药企业存在数据造假,甚至质量管理体系失效。

10.5.1　缺陷分类评定方法

针对出现的缺陷,各行各业有不同的分类原则及分类方法。一般情况下,企业主要通过定性方法、定量方法或两者结合对缺陷进行分类。

定性法是从性质的角度考虑某些缺陷是否关键的方法,评估人员首先分析缺陷性质,如涉及违法或违背 GMP 相关指南、伪造数据或记录、缺陷影响人类健康安全等缺陷。应用定性法判断缺陷的关键程度应该考虑某一缺陷偏离法规的程度或对人类健康的影响程度,即该缺陷是否会对控制目标的偏离产生影响,并且其影响的程度大小是否关键或主要。

定量法是从缺陷物料/产品数量或缺陷发生的频次、缺陷的严重度这一角度来评估其重要程度。一般定量分析从造成的损失入手,如果对于未涉及与产品质量或 EHS、财产相关的缺陷,评估人员应该将其结合定性法与相关内控措施一起来分析。

10.5.2 制药企业缺陷分类概述

根据缺陷发现的主体不同,制药企业主要有两种缺陷:公司内部发现的缺陷(即生产过程控制缺陷或产品缺陷)、公司外部检查缺陷。

生产过程控制缺陷或产品缺陷的分类需综合考虑缺陷的性质、严重程度及对产品质量的影响,对识别的缺陷进行风险分类。对此类缺陷的分类通常会根据企业内部的风险管理流程,同时应用适当的风险管理工具对识别出缺陷进行原因调查并执行风险评估,评定出风险级别,大部分企业最终会给出 3 种风险评定结果:高风险、中等风险及低风险。

检查缺陷一般从多个维度或体系综合评定其风险,最终分为建议项、一般缺陷、主要缺陷及严重缺陷,其风险级别依次升高。综合评定即采用风险管理的原则,综合考虑缺陷的性质、严重程度以及所评估产品的类别、企业的整改情况,在综合评定分类的同时也会考虑同一级缺陷的累积情况,当低一级缺陷累积至一定程度可以上升一级或二级,如当一般缺陷超过 20 条即可升级为主要缺陷;但检查过程中已经整改完成的缺陷同样可以降级。

(1) 严重缺陷 未从根本上遵循 GMP 规范或与药品 GMP 要求严重偏离,对产品质量、安全性和有效性有重要影响,可能对使用者造成危害,需要立即采取纠正预防措施的不符合项,如内部关键控制点(关键工艺、关键系统或其组成部分)的缺失或失效,风险较高的问题或事件等。除此之外,当发现产品、GMP 活动及其相关数据存在欺骗、曲解或篡改时也为严重缺陷,如生产工艺与注册工艺不一致且多次变更但未进行变更控制或其他与药品 GMP 要求严重偏离,给产品质量带来严重风险的行为;有证据证明公司操作人员或技术人员伪造数据、文件或记录,存在不真实的欺骗行为;存在多项关联主要缺陷,经综合分析表明未建立有效的质量管理系统,或者质量管理体系的某一系统不能有效运行,如公司偏差管理系统失效或缺失;中药产品和化药产品共线生产,且无充分的清洁验证数据/资料;现场发现仓库中某批中药材大量发霉,且造假检验报告呈现检验合格等。

(2) 主要缺陷 与 GMP 的符合性有较大偏离的缺陷,需要尽快采取纠正措施的不符合项,如关键内部控制(主要工艺、主要系统或其组成部分)有必要进行重大改进,风险为中度的问题或事件,如不能按要求放行产品或质量受权人不能有效履行其放行职责;库容面积较小,不足以有序存放处于各阶段的生产所用物料;车间不同洁净级别的洁净服混合清洗;空调机组的表冷段冷凝水排放管道未安装防止污染空气倒灌装置;某批产品的检验结果出现 OOS,但未按照 OOS 或偏差进行调查;未对设备改造、设备转移等进行变更控制,设备改造后无文件证明为什么没有进行确认;存在多项关联一般缺陷,经综合分析表明质量管理体系中的某一系统不完善。

(3) 一般缺陷 对偏离药品 GMP 要求,但尚未达到严重缺陷和主要缺陷程度,不影响或对产品质量的影响微小,能够加强内部关键控制的微小缺陷,如原辅料与产品处理的

SOP 内容不完整；未严格限制未经授权人员进入生产区域；对接收物料的检查不完全等。

（4）建议项　观察到的控制措施虽然符合法规、审计标准指南及公司管理要求，但方法老旧或劳效低。审计人员提出的纠正措施为建议的行动，公司可以采纳，也可以说明理由不采纳，或使用其他可接受的替代方案。

10.5.3　缺陷分类评估工具

应用风险管理知识、产品知识及现有的法规知识评估缺陷。评估工具包括但不限于：简单的风险管理工具（如决策树）及复杂的 QRM 工具。如图 10-5 所示决策树方法对缺陷进行分类，当发现缺陷时回答以下问题。

- 该缺陷是否违法或严重违背 GMP 指南？
- 该缺陷是否涉及伪造数据或记录？

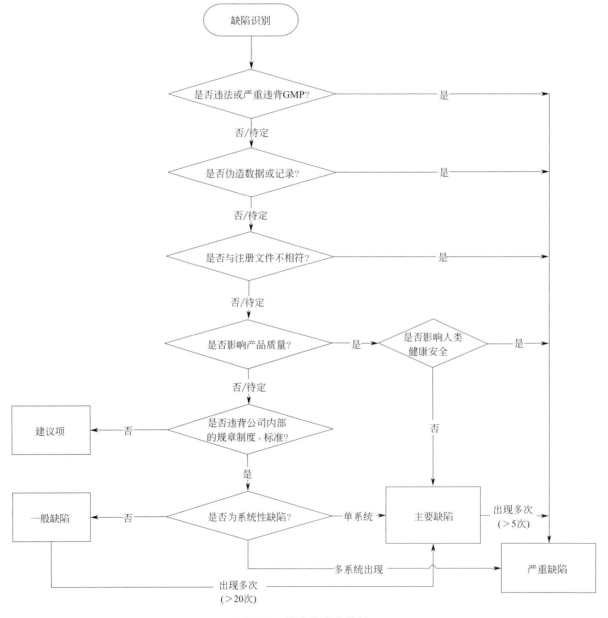

图 10-5　缺陷分类决策树

- 该缺陷是否与注册文件不相符？
- 该缺陷是否影响产品质量？
- 该缺陷是否影响人类健康安全？
- 该缺陷是否违背公司内部的规章制度、标准？
- 是否为系统性缺陷？
- 该缺陷是否连续出现多次（通常 3 次以上）？

如果前六个问题回答均为否，则为建议项，此类建议项不违背公司规定或局域法规，与行业中先进技术或普遍实施情况有一定差距或可通过改善提高其工作效率、产量等；其他情况可依据决策树通向不同缺陷分类的路径，但对缺陷的分类应有充分的记录或文档证据。

10.5.4 复杂质量风险管理工具

除简单风险管理工具外，还可通过使用质量风险管理工具，如 FMEA、FMECA、HACCP、HAZOP、PHA 等，在适用的范围内尽可能基于工艺和产品质量、人类健康的影响（或危害）和风险对缺陷进行分类。尤其在检查过程中发现多个缺陷项时，可通过 FMEA 工具，将缺陷的危害与缺陷发生的可能性或概率结合，进而对缺陷的风险进行排序，评估确定缺陷风险优先性及风险级别，将关注重点放在严重/主要缺陷上。但并非所有缺陷都应采用同样的工具或形式进行管理，否则管理工作将以低效的方式运作。

FMEA 的第一步是通过搜集证据（如生产/检验数据、记录、文件）确认缺陷的危害程度；第二步评估缺陷发生的频率或范围；第三步确定风险级别定义标准（严重性与可能性分别制定标准）；第四步对缺陷进行风险评估，确定风险级别，进而确定缺陷等级。如为外部审计、认证检查缺陷，可通过风险评估初步确定缺陷等级，联合被检查企业的整改情况最终确定其缺陷等级。图 10-6 为缺陷分类的风险水平。

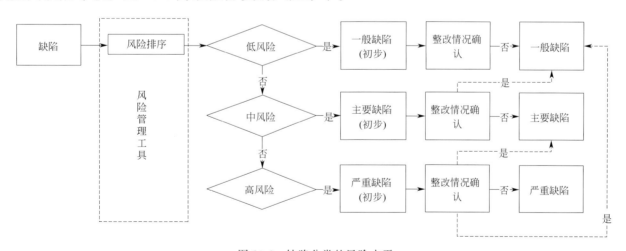

图 10-6　缺陷分类的风险水平

10.5.5 质量风险管理在缺陷分类过程中的应用

10.5.5.1 案例 1

（1）缺陷描述　FDA 检查官在检查某公司时，通过检查与交谈，企业 QC 化验员承认，在上级领导的授意下，在留样日志上记录了错误的目检数据。该化验员负责公司所有 API 留样日志的填写。同时发现使用未经验证的检验方法用于检验关键起始物料和用于生产某 API 的中间体。

(2) 缺陷分类工具　缺陷分类决策树。

(3) 缺陷分类评估　第一，根据 FDA 检查员的检查及与 QC 化验员的交流，该企业存在数据造假、记录造假的现象；第二，使用未经验证的检验方法检验关键起始物料和某些中间体，严重违反了 GMP 要求，导致多品种甚至多剂型产品涉及的起始物料、中间体数据不准确；依据缺陷分类决策树可以得出本缺陷为严重缺陷，需要企业立即采取相应的纠正预防措施。

10.5.5.2　案例 2

(1) 缺陷描述　检查员在对某企业的×××产品进行批准前检查时，发现《××车间物料暂存岗位标准操作程序》中规定无菌高密度聚乙烯袋使用后退回物料暂存间，但没有规定开封后与混合药粉和无菌铝盖直接接触的无菌高密度聚乙烯袋存放时限。

(2) 整改情况　检查当天，企业立即修订《××车间物料暂存岗位标准操作程序》，增加了无菌高密度聚乙烯袋使用后的规定：使用完毕剩余无菌高密度聚乙烯袋不再用于无菌物料使用，而用于其他非无菌产品。并对修订后的文件进行了培训。同时 QA 组织排查了公司内应用无菌高密度聚乙烯袋的其他无菌车间，一并进行了整改。

(3) 缺陷分类工具　FMEA。

(4) 缺陷分类评估

- 步骤 1。某车间所用的无菌高密度聚乙烯袋（用于盛放无菌铝盖，并作为无菌原料药内包装使用），包装形式为 100 个/包，每班次的用量约为 90 个，由于当班使用完毕一个小包装（即：无菌铝盖用袋量 49 个；原料用袋量 41 个，加上退瓶用袋每班大约合计使用量 100 个），因而没有规定开封后与混合药粉和无菌铝盖直接接触的无菌高密度聚乙烯袋存放时限，如果当班无菌高密度聚乙烯袋有剩余，第二个班次继续使用，可能会出现开口后储存不当存在污染的风险。
- 步骤 2。每班用量约为 100 个，为一个整包装。
- 步骤 3。建立风险确定标准，如表 10-21 和表 10-22 所示。
- 步骤 4。风险分析初步确定风险级别，如表 10-23 所示。

表 10-21　风险评价标准

分数	严重性	可能性
1	潜在的次要伤害但不是永久的伤害；次要的药政法规的问题但可以改正	孤立发生
3	潜在的严重伤害但不是永久的伤害；显著的药政法规问题	发生的可能性中等
5	潜在的死亡或永久的伤害；主要的药政法规的问题	某种程度上不可避免

表 10-22　风险确定标准

风险	行动	风险得分
高	此风险必须降低	10～25
中	此风险必须适当地降低至尽可能低	4～9
低	考虑费用和收益，此风险必须适当地降低至尽可能低	1～3

- 步骤 5。确定最终风险级别。

检查当日，企业即对缺陷进行了整改，整改措施有效地避免了剩余无菌高密度聚乙烯袋的污染，整改措施有效，故此缺陷最终定为一般缺陷。

表 10-23　风险级别

严重性		可能性		风险得分	风险级别(初步)
描述	得分	描述	得分		
剩余无菌高密度聚乙烯袋污染，进而污染产品	5	每班用量约为 100 个，为一个整包装，本事件基本不会发生	1	5	中等风险

参考文献

[1] ICH. Q9 Quality Risk Management [S/OL]. 2005-11-09. https://ich.org/page/quality-guidelines.
[2] ICH. Q10 Pharmaceutical Quality System [S/OL]. 2008-06-04. https://ich.org/page/quality-guidelines.
[3] 国家药品监督管理局. 药品生产质量管理规范（2010 年修订）[S/OL]. 2011-01-17. http://www.nmpa.gov.cn/WS04/CL2077/300569.html.
[4] PDA. TR 54-5, Quality Risk Management for the Design, Qualification, and Operation of Manufacturing Systems [S/OL]. 2017. www.pda.org.
[5] AIAG，VDA. FMEA Handbook, 5th Edition [M]. Michigan: Automotive Industry Action Group. 2019
[6] 赵鸿剑，梁毅. 基于质量风险管理的药品原辅料供应商现场审计 [J]. 机电信息，2012，(7): 20-23.
[7] 杨雅静，路慧丽，朱建伟. GMP 环境下基于风险的供应商现场审计 [J]. 中国医药工业杂志，2016，47 (2): 241-245.
[8] FDA. CFR, 21, Food and Drugs, Subchapter C: Drugs: General Part 211-Current Good Manufacturing Practice for Finished Pharmaceuticals [S/OL] 2019-04-01. www.fda.gov.
[9] PDA. TR 54-1, Implementation of Risk Management for Pharmaceutical and Biotechnology Manufacturing Operations [S/OL]. 2012. www.pda.org.

第 11 章 质量风险管理在质量控制中的应用

11.1 分析仪器风险评估

制药行业使用各种各样的分析仪器（以下简称"仪器"，其定义为药品生产或检验过程中用于测量、监控、称量、记录和控制活动的设备），包括简单仪器直至复杂的计算机化系统，以获取有助于确保产品符合其规格标准的数据。其中许多仪器将计量功能与软件控制结合在一起。有多种方法可以证明仪器是合格的并处于控制之下，这些方法包括确认、校准、验证和维护。为确保"符合预期用途"，建议采用基于风险评估的综合方法。本节信息为分析仪器确认（AIQ）执行提供了科学的、基于风险方法的通用指导。

在各国的法规中均体现出了对于验证和确认的要求，其中中国 GMP 第一百三十八条明确提出企业应当确定需要进行的确认或验证工作，以证明有关操作的关键要素能够得到有效控制。确认或验证的范围和程度应当经过风险评估来确定。那么针对分析仪器的风险评估，是基于仪器功能的复杂程度及其预定的用途，从而确定出其风险级别，风险评估的目的是保证分析仪器的确认工作既符合法规的管理要求，又较少地减少实验室对于分析仪器的符合性验证负担。

11.1.1 基于风险的分析仪器分类评估

基于 USP＜1058＞对于仪器的风险评估，主要是针对仪器功能的复杂性或测量的关键性，确定其风险级别，最终对仪器进行级别分类，从而确定确认和活动的范围程度以证明其适用性。一般来说，仪器越复杂或测量的关键性越高，确保生成质量数据所需的工作量就越大。另外，必须注意确保数据完整性和安全性得到维护。

初步的分类评估应在项目的早期，即在仪器界定和仪器订货之间进行，以决定所审查的仪器是否需要进行确认工作。在项目执行详细设计阶段出具的正式版图纸、仪器设备清单等用于进行系统的划分并形成正式版本分析仪器影响性评估文件。

具体的分类评估如下：

① 根据仪器的用途对 GMP 影响性，将其分为有 GMP 影响仪器和无 GMP 影响仪器。无 GMP 影响仪器仅进行验收以确认其符合预期需求。对于有 GMP 影响仪器需根据仪器功

能和风险进行进一步分类。

应注意，同一类型的仪器可以根据其预期用途，归入一个或多个类别。

② 在进行仪器的分类评估之前要进行一些必要的工作，并且在评估时，仅考虑整个仪器系统，而不考虑每个系统中的各个部件（模块），例如，HPLC、UV、摇床等。

• 在评估之前应成立评估小组，小组包括以下成员：仪器使用和管理的相关人员、分析方法的使用人员、自控人员、质量保证人员、风险管理人员。

• 需要准备分析仪器的相关资料，其包括仪器操作使用手册，仪器检验样品信息及检验方法，仪器清单（应含仪器名称、仪器型号、仪器编号、所在房间、仪器用途等信息），实验室检验流程图，仪器平面布局图等。

③ 根据仪器功能和风险级别，对仪器进行风险级别和类别的评估。基于分析仪器风险级别将仪器分为3个风险级别，即A类（低风险系统）、B类（中风险系统）和C类（高风险系统），流程图和确认范围见图11-1。

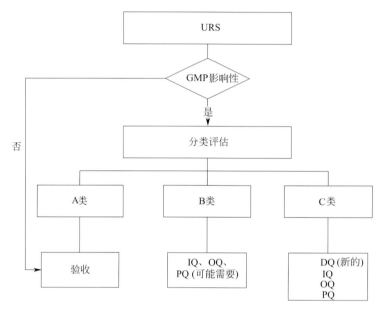

图 11-1 分析仪器确认范围流程

• A类包括最不复杂的标准仪器，这些仪器在没有测量能力的情况下使用，也不需要用户进行校准，比如磁力搅拌器或涡流混合器。

此类仪器仅通过观察确保适当的功能，只进行调试验收不需要进一步的确认活动。

• B类包括可能提供测量或实验条件的仪器，这些仪器可以影响测量。一般来说，这些仪器可能有固件，但不是由用户更新的软件。例如pH计、烘箱、培养箱、稳定性试验箱等。

此类仪器的适当功能可能只需要例行的校准、维护、性能检查或必要的验证。活动的范围可能取决于应用程序的关键性。需要进行安装和运行确认。值得注意的是，如果为确保仪器正常运行需要周期性地对性能进行确认，此类B类仪器也需要进行性能确认，例如，培养箱、稳定性试验箱等持续运行的仪器设备。

• C类包括具有高度计算机化和复杂性的分析仪器，如高效液相色谱仪、质谱仪、气相色谱仪等。

此类仪器所有的确认要素，包括软件验证，都必须被考虑，以确保该组的仪器的正常运行。需要进行需要进行完整的安装确认（IQ）、运行确认（OQ）和性能确认（PQ）。

值得注意的是，当分析仪器的预期用途发生了改变，或者仪器设备清单增加或减少了部分仪器，对仪器设备清单进行了更新，需要重新对有变更的分析仪器进行分类评估。

11.1.2 基于风险的仪器功能性评估

基于 USP<1058>的风险分类，把分析仪器分为了 A 类、B 类、C 类，对于需要进行确认活动的 B 类、C 类仪器，需要评估仪器功能所有的潜在危险及其对患者安全、产品质量和数据完整性的影响。

通过参考用户需求说明、功能说明和初步风险评估的结果，可以识别出对患者安全、产品质量和数据完整性具有影响的功能。其进行风险管理的目标是为了制定控制措施，以使仪器故障的严重性、故障发生的可能性以及故障的可检测性这三者的结合降低到一个可接受的范围。

11.1.2.1 仪器功能性评估

基于风险的仪器的功能性评估，从 3 个方面进行，包括风险评估、风险控制、风险审核。风险评估包括了风险识别、风险分析和风险评价 3 部分。根据风险评估的结果，将会制定相应的风险控制措施，这些控制措施包括仪器的确认、仪器的操作及维护保养，达到风险的降低和接受，风险控制将会贯穿仪器的整个生命周期。其中控制措施是指将风险降低到可接受范围的措施。其控制措施的目标如下。

- 通过流程或者系统的重新设计来消除风险。
- 通过降低故障发生的概率来降低风险。
- 通过提高故障在流程中的可检测性来降低风险。
- 通过制定后续检查手段与错误挑战来降低风险。

11.1.2.2 案例分析

在本节中以最常见和功能较复杂的高效液相色谱仪为例，进行功能性的风险评估。

（1）风险识别、分析、评价 高效液相色谱仪进行分析检验的过程中，有很多影响检验不成功的因素，每个因素都存在着不同的潜在的风险，必须对每个因素充分地进行分析、评估，确保检验顺利地进行，用图 11-2 来表示所有的影响因素，从人、机、料、法、环、测 6 个方面进行风险识别。

图 11-2 鱼骨图分析内容说明如下。

- 人员。人员是质量控制中最大的难点，应保证实验室有足够数量的具备相当教育、经验和培训或综合背景，能够完成指定任务的人员。人员的胜任能力以教育、经验、能力证明和培训为基础。人员的能力和资质可以通过符合相应的培训管理 SOP 的培训记录和上级主管的现场考核加以证实。
- 设备。所有在检验和确认过程中使用的设备，应该经过校准、确认，并在相应的校准有效期、确认有效期内。

例如，在高效液相色谱仪确认过程中使用的其他辅助仪器和器具，天平、pH 计、玻璃容器、移液器具等，都应该经过校准和确认。

- 材料。所用到的试剂、溶液、对照品、配件等都应该为合格供应商处购买或按照标准制备。

例如，在高效液相色谱仪确认过程中使用的试剂和对照品都应该符合其使用级别，从合格供应商进行采购；色谱柱的确认，最新版的欧盟 OMCL 发布了色谱柱的确认指导原则，应该对色谱柱进行确认，保证其准确性。

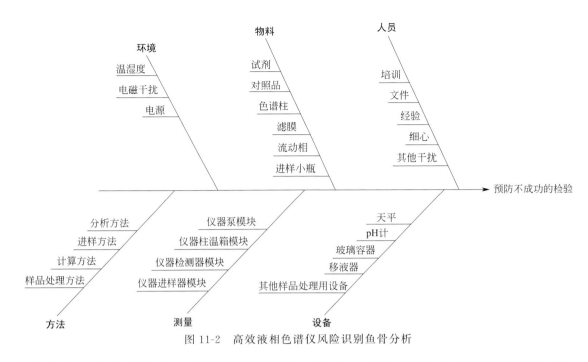

图 11-2　高效液相色谱仪风险识别鱼骨分析

高效液相色谱仪确认时使用的滤膜需要符合要求，材质应和待过滤样品溶液一致，不干扰样品测定、水膜和有机膜。

流动相应按照已批准的检验方法进行配制，比例和 pH 值能达到预定要求。流动相使用前应经过脱气处理，流动相的存储应遵照流动相管理 SOP，存储有效期应经过验证。

高效液相色谱仪确认时使用的进样小瓶，应该保持清洁，如需要重复利用进样小瓶，应按照规定的程序进行清洗、晾干，避免对下次测定的干扰，清洗程序应经过验证。

- 方法。所有方法应该进过验证和批准。

例如，高效液相色谱仪确认时使用到的检验方法、计算方法、样品处理方法等都不应对确认产生影响。

- 环境。仪器/设备所处的环境应该在合适温湿度、无电磁干扰环境中，公用设施等符合标准。

- 测量。需要从系统的各个主要功能部件和工作站进行风险识别和分析，从其功能和性能中确定出其风险点，并且给出最差情况和风险级别。

例如，高效液相色谱仪的泵模块，主要用于流动相的输入，泵及相应的管路性能对检验数据影响较大，所有泵流量准确性、泵流量精密度、梯度流量等对检验数据产生影响，这就是风险点所在，也包括其硬件设施的完好情况也需要进行风险分析，从而降低其风险。

高效液相色谱仪的进样器模块，主要用于样品溶液的进样，进样器的性能亦会直接影响检验数据的质量，所以其进样器准确性、进样器线性能否达到要求，检查进样器位置和移动传感器是否运行正常，都是主要的风险存在。

仪器柱温箱模块，主要为色谱柱提供恒温环境，柱温箱温度准确度、稳定性会影响样品的分离效果，导致检验数据的不可靠，应检查柱温箱温度准确度、稳定性。

仪器检测器模块，检测器主要用于样品的检测，检测器的性能直接影响检验数据的质量，其实仪器数据输出的重要组成部分，应检查紫外检测器氘灯是否达到要求，检查紫外检测器波长准确性、基线是否能达到要求。检查示差折光检测器基线是否达到要求。

工作站模块，工作站是仪器控制的中枢，其对于仪器各部件的控制，是对仪器功能的输出，其风险可控是数据输出的重要组成部分，更是数据完整性的准确体现，其计算、存储、权限、审计追踪功能的设置都应得到控制。

所有风险识别可以以表格的形式列出，从而确定其风险级别。

（2）风险控制　通过对其功能的风险识别，找到风险点，从而找出风险的控制措施。首先通过不同功能模块找出其各模块的风险点，在风险评估矩阵中列出；其次通过不同风险点的风险级别列出其控制矩阵，并且再次进行风险级别的评估，确定风险降低，风险可控，最终接受剩余风险。

本节以高效液相色谱仪为例进行风险的控制策略描述，在风险识别中找出其中高风险所在，然后进行风险控制策略，从而使风险降低和可接受。具体控制策略见表11-1。

表 11-1　风险控制策略

功能	失效事件	风险优先性	建议采取措施
泵模块功能	脱气机故障	H	制定维护保养 SOP，定期维护保养
	泵流量准确性差	H	在 OQ 中进行泵流量准确性检查
	泵流量精密度差	H	在 OQ 中进行泵流量精密度检查
	泵梯度阀故障	H	制定维护保养 SOP，定期维护保养在 OQ 中进行泵梯度检查
进样器模块功能	进样器准确性差	H	PQ 中进行进样器准确性检查
	进样器线性差	H	在 PQ 中进行进样器线性检查
柱温箱模块功能	柱温箱温度准确度差	H	在 OQ 中进行柱温箱准确度检查
	柱温箱温度稳定性差	H	在 OQ 中进行柱温箱稳定性检查
紫外检测器模块功能	氘灯无法达到要求	H	制定维护保养 SOP，定期维护保养在 OQ 中进行氘灯光强度检查
	波长准确性差	H	在 OQ 中进行波长准确性检查
	基线不稳定	H	在 OQ 中进行基线噪音和基线漂移检查
示差折光检测器模块功能	基线不稳定	H	在 OQ 中进行基线噪音和基线漂移检查
工作站软件功能	软件版本错误	M	在 IQ 中检查软件版本及备份
	工作站无法控制泵模块或传导错误	M	在 OQ 中进行泵运行检查
	工作站无法控制检测器模块或传导错误	M	在 OQ 中进行检测器运行检查
	数据丢失或混淆	H	制定 SOP，定期检查、备份数据
	权限控制导致数据完整性减低	H	在 OQ 中进行权限的分配情况
	仪器的审计追踪功能不完整	H	在 OQ 中进行审计追踪的检查

（3）风险总结　最终把所有的风险控制措施进行汇总和分类，在 AIQ 中进行确认，从而确定了仪器确认的程度和范围。最终的目的为质量风险管理已被适当地实施；已有适当方法控制风险；剩余风险是可接受的。值得注意的是，如果在评估之后详细设计发生了变更，必须重新对风险评估，以保证各功能模块没有新获得任何关键功能。

11.1.3　再确认风险评估

分析仪器的再确认可分为两类：变更引起的确认和定期再确认。所有的再确认都应建立在风险评估的基础上进行，从而确定分析仪器的再确认的程度和范围。

11.1.3.1　变更引起的确认

当仪器有下列情况时，其确认状态受到影响，应进行再确认。

- 经历重大维修或更换关键部件。
- 仪器的安装地点发生变化。
- 软件或硬件升级。
- 偏差，数据超出标准或数据趋势分析引起。

此类再确认的范围应建立在风险评估、变更控制和偏差文件的基础上，根据评估结果，重新进行安装确认、运行确认或性能确认。仪器变更应有记录，再确认应按照要求准备确认方案和报告。风险评估的办法可以参考上文中的评估方式。

11.1.3.2 定期再确认

（1）定期再确认的目的　是证明在仪器的日常使用过程中，仪器本身或使用环境的变化没有影响仪器的整体性能。为确保分析数据的可靠性，应定期对实验室分析仪器进行确认状态的回顾评估，根据评估的结果，决定再确认的执行和范围。

（2）再确认周期的确定　如有法规或指南建议的，应按照其建议制定再确认周期。如果没有规定，则通过风险评估确定再确认的周期。风险评估基于使用的频率和复杂程度来确定。

11.1.4　小结

分析仪器存在多样性和复杂性，分析仪器确认的范围和程度需要风险评估来确定，基于风险的分析仪器分类，随着风险级别的升高，不同类别的仪器其确认的范围和程度也在升高。基于风险的分类评估，只是确定分析仪器确认的范围和程度，而各个确认阶段的相关确认项目则需要通过仪器的功能性风险评估来确定，从而保证分析仪器在质量数据中的基础地位，产生符合法规要求和准确可靠的实验数据。

分析仪器生命周期的确认策略如图 11-3 所示。

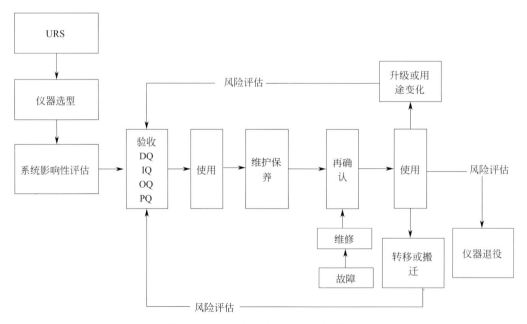

图 11-3　分析仪器生命周期确认策略

在制药行业，产生可靠和一致性数据（质量数据）包括 4 个关键要素，而分析仪器确认组成了获得质量数据的基础，分析仪器确认是收集文件化证据证明仪器的使用符合其预期用途。在分析中，使用已确认的仪器有助于提高对生成数据有效性的信任度。分析仪器确认涵盖仪器的整个生命周期，而风险评估贯穿于仪器的整个生命周期中，从而保证分析仪器的准确性和可靠性。

11.2 分析方法风险评估

本节从基于科学和风险的角度，为分析方法验证（AMV）提供实施指导，同样适用于分析方法开发（AMD）或分析方法确认（AMQ），并包含其他相关方法生命周期步骤的基于风险的指导，例如分析方法转移（AMT）。

提供的指南建立在 ICH Q2（R1）准则的基础上，并包括对分析平台技术（APT）方法的其他考量，利益相关方考虑的影响，以及在 ICH Q8（R2）、ICH Q9 和 ICH Q10 指南中推荐的所有现代质量期望。

本节旨在提供切实可行的策略指导，有效利用历史数据和知识设计合适的基于风险的 AMV 研究，并制定适当的方案验收标准。图 11-4 说明了 AMV 研究前期、期间和后期的典型

图 11-4　分析方法生命周期从选择到确认或验证的步骤

方法生命周期步骤。通常在早期药品开发阶段进行验证前的典型步骤，包括在该图中显示的生命周期步骤早期和晚期之间的依赖性。AMV 过程从验证准备评估开始，并继续进行后验证步骤、维护（验证连续性）、转移和对比研究，因为它们可能会应用于分析方法适用性的连续性证明。如图 11-4 下半部分所示，适用于所有预验证、验证和后验证步骤的典型顺序。

11.2.1　方法验证的一般评估

对已开发/已确认风险评估方法的准备情况进行正常验证是 AMV 研究的重要组成部分。验证主计划可用于描述专门针对分析方法的风险评估流程。一旦整合了所有风险，就可以生成适当的 AMV 研究执行计划和方案的验收标准。

AMD、AMQ 和 AMV 研究可能存在明显的时间滞后。AMD 到 AMV/AMQ 的过渡是由同一个人和/或部门进行处理，或者在不同职能部门和/或地点之间进行，后面的验证准备评估应该是相似的。对分析方法的预期用途、患者和企业所涉及的风险、预期的测试样品构成、生产工艺、工艺能力以及所需方法性能水平的了解越多，就越容易评估验证的准备情况。这种基于风险的 AMV 流程需要相当大的精力来评估 AMV 之前的数据来源和质量预期。图 11-5 描述了典型的准备情况评估过程。表 11-2 中列出的典型信息来源应进行审核和评估，以确定验证的准备情况。

在图 11-5 中开发 AMV 验收标准和进行最终验证风险评估时要考虑的关键步骤是图顶部可能的 3 项输入框内容。并不是所有输入框内容都适用于每项 AMV 研究，但只要它们适用，应予以考虑。如表 11-2 所示，前 3 项输入框内容构成分析方法的预期用途，以及影响制定适当的 AMV 方案验收标准。

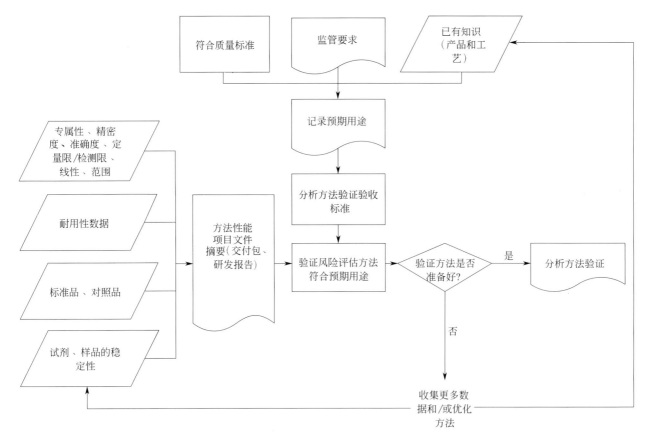

图 11-5　方法验证准备流程的评估示例

表 11-2　一般方法准备评估指南

AMV 准备标准（如可用和/或适用）	待评估的数据和/或文件	典型考虑要素
1. 最终测试方法程序	标准操作规程方法变更历史文件	所有物料和工艺都需要准确反映常规测试方法规程。应审核方法变更历史记录文件，以评估后 AMD 和/或后 AMQ 变化的潜在影响
2. 方法的预期用途由下面规定	验证主计划，方法范围定义，（目标）质量标准	应该明确界定待检测产品、生产工艺步骤和样品
A. 质量标准	原材料、中间样品、放行检验和货架期（目标）质量标准	质量标准中使用的有效数字数量反映了测量精度能力，应在 AMV 期间进行验证
B. 监管和/或内部合规预期	ICH、当地法规指南、现行监管预期、药典和内部规程	AMV 研究设计可能需要调整以反映现行基于风险策略和监管预期
C. 已有知识（产品和工艺）	统计过程控制数据、放大研究、对比研究等（如果适用的话，类似产品和工艺历史记录）	应根据所有已知变化因素来评估实际工艺变化，并考虑 AMV 方案的验收标准
3. 方法性能能力由以下判断	应审核所有相关历史数据来源	
A. AMV 项目（准确度、精密度等）	AMD、AMQ 和 AMT 报告 控制图	应审核所有已有报告和数据来评估方法的准备情况和能力
B. 耐用性	来自 AMD 和 AMQ 研究的实验设计结果	应使用耐用性数据来限制不合适的分析方法工艺条件的使用
C. 关键变化组分	AMD 和/或 AMQ 报告	历史含量分析控制数据也可用于评估方法组成部分（例如分析人员、仪器）变化的影响
D. 系统适用性标准	AMD、AMQ 和 AMT 报告 控制图 无效测试记录	系统适用性标准可能不包括在测试结果报告中。当系统适用性标准设置正确，则无效测试记录可以提供一些额外耐用性指示
E. 参考标准	参考确认记录 分析报告单 稳定性记录	应该考虑参考标准层次（"金标准"、二级标准、工作标准）。应确保稳定
F. 含量分析控制	AMD、AMQ 和 AMT 报告 控制图 无效测试记录	应考虑含量分析控制图表选项 有效的含量分析控制范围应调整到所需方法性能水平
G. 稳定性报告/记录	稳定性数据	已有的稳定性数据可以提供长期分析方法性能的良好评估（中间精密度）

质量标准、历史工艺变化以及可能的监管要求决定了 AMV 方案验收标准的范围，该范围可以依据对患者和企业的风险来制定。然后应将 AMV 方案验收标准的上限或最高限度与历史方法性能进行比较，如开发报告、确认报告、转移报告、含量分析控制图和/或其他有用数据。如果历史方法性能评估完成后明显优于最大性能限度，那么方案验收标准失败的可能性将会很低，该方法可以进行验证。如果风险过高而无法继续进行 AMV 研究，至少应该收集更多的数据来获得更多的信心，表明该方法可以按预期执行。

11.2.2　风险评估流程

可以使用几种风险管理工具来协助基于风险的 AMV 研究。为了简化，将风险管理工具和流程分开列出。每种分析方法的单个风险水平结果可以结合起来用于每种测试方法的验证。总之，系统使用风险管理工具和流程的目标是为以下方面提供可测量的结果。

- 需要执行正式验证研究的次数。
- AMV方案验收标准中所要求的方法性能水平。

需要进行前瞻性AMV研究的次数可以通过区分5种通用AMV情况进行评估，表11-3中的A~E级，分别阐述了5种AMV情况中每一种的典型风险和不确定水平，以及所得到的验证期望。

表11-3 5种通用AMV级别和前瞻性AMV研究

级别	AMV级别描述		典型风险/不确定级别（1代表低，5代表高）	建议前瞻性AMV研究
	分析方法	产品/工艺样品		
A	新	新	4~5	全验证
B	新	旧（已验证）	3~4①	全验证加AMC研究
C	分析平台技术-微小变更②	新	2~3	部分验证
D	旧（已验证）	新	1~2	部分验证或确认
E	药典方法	新	1~2	USP＜1226＞药典方法确认

① 如果由于供应原因需要新的分析方法（强制替代方法），则通常可以认为风险级别更高，因为没有其他选项。由于可能有更多时间用于优化方法性能，因此可以将替代非强制测试方法视为较低的风险级别。

② 对于已验证的APT方法（如不同的样品制备步骤或使用不同的检测系统）进行的某些更改可能不需要完整的验证，因为这些更改只是已验证测试系统的一部分，而大部分保持不变。

按照预期风险和/或不确定水平列出AMV A~E级，其中A级预期风险最高，E级最低。由于产品/工艺和分析方法性能之间的关系可能无法完全获得，因此A级通常对患者和/或企业具有最大的不确定性和风险。因此，这种适用性和性能要求的不确定性较高，通常需要更多的数据支持。

以前已验证和已批准的分析方法和/或分析平台技术（AMV中的C级和D级）通常需要较少的前瞻性AMV研究，因为历史方法性能数据容易获得。E级（药典方法）通常需要最少的前瞻性（确认）研究，因为它们的用途和适用性已被广泛证明。但是，对于药典方法，仍然需要在具有代表性测试样品的实际使用条件下进行前瞻性确认研究。

5种不同通用AMV级别以及由此产生的风险和/或不确定水平应该被认为是典型的情况，但是，对于特定的测试方法，实际的风险/不确定水平可能明显更高。例如，USP/EP无菌检验（AMV E级）风险水平的确认可能高于此处所示的风险水平，这是由于假阴性检测结果对患者潜在影响的严重程度。另一个例子，如果使用药典效价方法代替内部效价方法，也可能引起药典方法的较高风险/不确定水平，因为不同效价结果可能会影响质量标准和/或未来剂量水平。

进一步的风险评估可以考虑从分析方法类型及其预期用途作出。分析方法属于五种通用方法类型之一，用于测试生物技术生产工艺的鉴别、安全性、纯度、质量和效价。如果分析方法无法给出准确和/或可靠的测试结果，则可以考虑通过对患者的潜在风险来评估分析方法的风险。如表11-4所示，需要考虑以下几点，以支持使用与特定分析方法相关的总体风险评估。

表11-4 分析方法总体风险评估的考虑要素

考虑要素	示例	预期潜在风险/影响
方法类型和预期用途（鉴别、安全性、纯度、质量、效价和稳定性）	安全性测试：用新型快速微生物方法的无菌测试	如果无菌测试给出假阴性结果，那么对患者和企业的潜在风险是高的
	质量检测：最终胜出阶段的赋形剂浓度	如果由于在生产过程中定量添加辅料，使质量检测结果不准确，对患者的潜在风险相对较低
	纯度/稳定性试验：储存期间的降解产品	如果稳定性试验不能检测到所有降解产品，那么对患者的潜在风险是高的

续表

考虑要素	示例	预期潜在风险/影响
常规使用替代和/或补充方法	纯度/安全测试：HPSEC 方法用于定量蛋白质聚集水平。第二种电泳方法提供了聚集水平的类似结果	第二种方法是否支持主要方法的结果，如果主要方法提供不准确的结果，对患者的风险可能会降低
生产过程阶段	纯度检测：在纯化前和纯化后检测发酵杂质	如果后期检测提供更准确的结果，那么早期不可靠方法得出的不准确杂质结果对患者的风险是低的
取样和批量均匀性	效价测试：药物样品中的效价测试	收集的中间样品的效价结果可能受到实际取样过程和/或测试前放置时间的影响。因此这种风险对企业可能更高，因为测试结果可能不能代表灌装前的药物批次
分析平台技术（APT）	纯度检测：APT HPSEC 方法用于检测中间样品	如果不同样品类型的影响不显著，那么使用现行 QC 经验和方法性能应降低了对患者和/或企业的风险

一旦风险是可理解并且可衡量，就应该用 AMV 方案中合适的验收标准来控制风险。表 11-5 列出了一些需要考虑的潜在风险。

表 11-5　对患者和/或企业的一般风险

不符合可接受标准	"宽泛的"可接受标准
对企业的风险 　潜在检查发现和总体合规性问题，如果在实施前不完全合理解决	对患者的风险 　AMV 结果接近限度。这可能导致潜在不可接受的产品，因为这个结果可能不准确和/或不可靠
对企业的风险 　项目进展/完成不可能或继续"有风险"。项目完成可能会大大延迟，可能需要额外的资源和时间	对企业的风险 　由不准确和/或不可靠测试方法得出的 OOS 测试结果实际上可能在质量标准范围内并且可以接受。企业不能放行实际可接受的产品
对患者的风险 　失败的 AMV 研究可能会延迟急需药的供应	对企业的风险 　对患者的任何风险对于企业也自动成为风险

11.2.3　制定 AMV 方案验收标准

应设置 AMV 方案验收标准以平衡两个相反的考虑因素，从而防止两者中的一个因素主导了另一个因素。首先考虑的是，为了在给定的（目标）质量标准中显示总体工艺的期望高水平和方法能力，可能会导致分析方法性能制定出较窄的验收标准。如果方案验收标准中显示的方法性能预期过于狭窄，则在正式验证执行研究期间可能难以通过标准。

其次要考虑的是，为了使所有方案验收标准能通过来确保合规和项目完成，可能直接违背第一项考虑。验收标准可能制定得不合适，以确保所有的标准容易通过。因此，尽管实际的方法性能可能不适用于质量标准和/或总体工艺能力预期，但方法性能可能被认为是有效的、符合的且是可接受的。因此，重要的是认识到这种关系，并制定出平衡的验收标准，尽可能地满足这两方面的考虑。

在制定符合所有相关方法性能预期的验收标准时，必须审查所有可能影响测试结果准确性和可靠性以及对患者和企业构成风险的潜在变化和/或不确定性来源。应审核、理解以及用作制定验收标准变化/不确定性的来源，以最终确保分析方法的适用性。为了简单起见，取样过程、运输和储存的潜在变化来源和/或批次均匀性的不一致性被认为是制造过程变化的一部分。

观察到的生产工艺变化受分析方法性能变化和真实生产工艺变化的影响。由于质量标准通常只针对观察到的生产工艺变化，因此通过使用基于风险的验收标准最大允许变化来理解和控制潜在变化来源是至关重要的。

11.2.4　通过持续风险评估来制定验收标准

基于风险的 AMV 方案验收标准应该主要从以下两个关键来源的评估而获得。
- （目标）质量标准。
- 已有知识——产品和/或工艺或相似产品和工艺的历史数据。

诸如监管期望的其他来源可能也会影响验收标准，如果适用应该考虑。如果取样过程的一致性和批次均匀性不是生产工艺变化的一部分或者是未知的，也需要考虑这些变化。

图 11-6 说明了 AMV 方案验收标准应该如何一致地推导出来。质量标准是最大限度范围，所有变化的总和应该落在这个范围内。一般而言，生产工艺和取样过程的典型变化与质量标准相关的程度越高，为达到其预期用途而需要的方法变化越小。

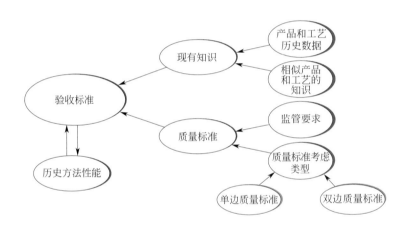

图 11-6　基于风险的 AMV 方案验收标准

应制定验收标准来确保方法性能的最低可接受水平。然后将这些方法性能预期与指示方法性能能力的现有历史数据进行比较。当通过某个期望的性能要求开始这个过程时，这些基于风险的标准应该与历史方法性能数据进行比较，以提供通过验收标准的可能性评估。对两种相反考虑因素做一些平衡可能是必要的。但是，如果历史方法性能数据不能提供足够的证据，或者方法比较简单不适用，那么该方法可能尚未准备好，不能进行 AMV 研究。

某些 AMV 方案验收标准（如线性回归系数）可能不能直接与视觉方法和/或工艺能力指示相关联。例如，通常用于系统适用性和/或 AMV 验收标准的线性回归系数描述了扩大常规含量分析范围内的最佳曲线拟合。为总体曲线拟合设置限值，虽然可用于控制常规测试，但不能直接与总准确度和/或精密度的性能要求进行比较。在这些情况下，可以从历史系统适用性数据中制定验收标准。

在只有少数数据用于评估真实工艺和/或方法能力的情况下，可以使用其他参考数据（如先前批准的 APT 方法性能标准）来协助制定验收标准。无论使用哪个参考数据辅助制定验收标准，方法性能限值的设置都应确保该方法能够在质量标准范围内生成准确可靠的结果。

11.2.5 方案验收标准示例

用于先前已验证生产工艺（包括 AMV 研究）的新容器密闭系统会导致最终药品检测的部分再验证。分析方法本身不变，质量标准保持不变（AMV D 级，见表 11-3）。其他研究和风险评估提供了足够的证据，证明对放行和稳定性试验的影响预计不会很大，因此可能不需要进行全验证研究。为了验证新容器密闭系统的方法性能项目、准确度和中间精密度仍然在可接受限度内，需建立一个部分的、正式的和前瞻性的 AMV 研究。从准确度结果推断新密闭系统（专属性）不受干扰。表 11-6 列出了该 AMV D 级验证的历史数据（修改后的工艺/产品），应该对其进行审核以制定 AMV 方案验收标准。

表 11-6 生产工艺的历史数据、含量测定性能和建议准确度及（中间）精密度的限值

质量标准(使用新旧容器密闭系统)	90%～110%	
统计	平均值/%	标准偏差/%
统计过程控制:生产工艺性能(最近 $n=30$)	100.2	5.0
含量分析控制性能(最近 $n=30$)①	102.3	3.0
从之前 AMV 研究:含量分析控制的中间精密度($n=36$)	99	2.0
从公式:正式(真实)工艺性能(估算)	(100)	(4.0)
建议 AMV 限度的总精密度	98～102	—
建议 AMV 限度的中间精密度	—	3.0

① 现有含量分析控制限度是在 AMV 研究期间/之后设定的，并且保持不变。将结果定期报告给质量标准部门（100%），而对报告部门（100%）的 1/10 数据给出描述性统计。

11.2.6 制定和论证 AMV 方案验收标准

90%～110% 的质量标准范围被用作主要的参考范围。所有工艺的总体变化应该在这个范围内。表 11-6 列出了相关质量标准和观察到的历史工艺/产品以及方法性能数据。根据含量分析控制变化（3.0%）判断的真实的或实际的工艺变化（4.0%）和历史方法性能，估算如下：

$$[5.0\%]^2 = [3.0\%]^2 + [4.0\%]^2$$

实际工艺变化接近 4.0%。当使用建议的准确度可接受标准（98%～102%）时，由此导致的工艺目标的较差情况或约 2% 的中点偏移，对患者和企业的影响被认为是可以接受的。质量标准与未来更差的（可接受的）2% 偏差仍然至少有 2 个标准偏差。以前 AMV 研究结果的准确度为 99% 的平均回收率，除了最近的含量分析控制数据（未变化）外，还建议推荐 AMV 验收标准应易于通过并似乎足够平衡。

在与之前执行的类似 AMV 条件下（2.0%；$n=36$ 中间精密度总的结果）使用的推荐方案验收标准中间精密度（3.0%）时，与几个月前生成的历史含量分析控制性能（3.0%）相比，应该具有同等或更好的性能。含量分析控制数据是在延长的时间段内用最大范围的方法生成，因此提供了更差的长期方法变化评估。之前的 AMV 研究结果（2.0%）与历史的含量分析控制数据变化（3.0%）相比，中间精密度的验收标准似乎进行了适当的平衡。

11.2.7 分析方法转移的风险评估

分析方法转移（AMT）风险评估被分为两种类型。
- 技术风险评估。对所有将分析方法引入接收方的高水平技术风险进行评估。技术风险

包括分析方法的问题、系统适用性和含量验收频繁出现故障、培训员工的困难等。

• 操作风险评估。详细的绘图工作旨在了解分析方法操作中所有可能的变化源，并制定适当的控制。这可根据适当的实验室质量体系进行记录。

如果转出方和接收方的分析方法、分析步骤、仪器和/或仪器参数完全相同，可以简略风险评估。

11.2.7.1 技术风险评估

技术风险评估应识别与接收方在新环境中使用该方法相关的风险。表11-7列出风险评估的问题和提供建议的修复机会。

表11-7 技术风险评估——提出问题并建议修复机会

问题	修复建议
分析方法的操作中有什么已知的问题吗（例如，分析失败率，对单一来源试剂的依赖性，需要高级培训的复杂提取操作等）？	从转出方或方法开发人员寻找修复方案
随着时间的推移这种方法的效果如何？	如果有一个不好的执行的试验，确保补救计划到位
接收方是否执行任何类似的方法或技术（如残留溶剂，多糖等）？	如果测试或技术是新的，寻求一个确保了解如何在转出方进行的测试的培训方案。
接收方的方法限制或过程性能是否可能不同？如果是，这对分析方法的性能意味着什么？	寻求更好的理解为什么会有差异，制定补救计划或接受这些差异
接收方是否有技术和设备需求去执行分析方法？如果没有，是否需要将分析方法转移到第三方？	如果技术或设备是新的，获取设备并向派遣单位寻求培训。供应商的培训也是有益的
接收方的人员是否有关于分析方法技术、培训和教育的需求？	从转出寻求合适的培训，聘用有经验的员工，培训多名员工以确保没有人员流失的损失
在分析方法验证和性能信息方面有哪些不足？	单独解决执行方法验证人员的不足
样品、标准、试剂（特殊试剂）有哪些特殊的制备或贮存要求？	确保适当的培训，适当的贮存和与EHS实践保持一致
是否使用受管制的物质？如果是，它们是如何贮存的？	与接收方的EHS部门合作，在接收前实施适当的控制
接收方是否理解如何获得检验样本（例如，如何从装置中取出物质，如何重新构建等）？	与转出方合作以获得合适的培训和建立合适的规程以确保持续性实践
接收方在已知的标准上进行检验测试以确保转移的可行性，这样有好处吗？	与转出方合作选择标准和/或样品进行测试以确保转移之前系统可行
转移的测试方法是否需要用到特殊的消耗品（例如，样品溶出测试中避免原料物质吸附的滤膜，HPLC用的带盖小瓶和/或避免蛋白质结合的移液器吸头等）？	与转出方合作以确保特殊消耗品在接收方的使用。在进行测试之前先准备好这些消耗品。如果消耗品不能获得（如进口原因），证明为什么等效物是可接受的
要实施这些方法对实验室有何特殊的环境要求（例如，检测吸入制剂或对湿度敏感性产品时需控制湿度等）？	与转出方合作确保理解与环境相关的所有信息，解决所有风险
接收方是否熟悉实时分析技术和模型预测以及如何对分析结果做出反应？	与转出方合作获得合适的培训并建立合适的程序以确保持续性实施

当分析方法转移被认为是低风险时：

• 新产品的成分（如分子/化学和处方）与现有产品相差无几，活性成分的浓度与现有产品相似，新产品的分析方法是接收方使用过的。

• 与已使用的方法相同或非常相似。

• 实施方法开发，方法验证和日常分析方法检测的人员从转出方转到接收方。

如果认定为低风险，则技术转移不需要使用对比实验数据。在某些情况下，风险评估可以确定有些分析方法不适合转移和方法改进，如在进行技术转移之前需要进行方法再开发，这种情况也可能在转移后数据再回顾时发生。

11.2.7.2 操作风险评估

如果存在接收方生成的数据"第一次不正确"或比接收方的经验更复杂，应进行操作风险评估。这种风险评估是用来确定详细的分析方法在转出方进行操作和在接收方进行操作之间的差异。

使用工具是一个很好的做法，如过程图和鱼骨图，系统的识别转出和接收方可能存在的不同变量。

完成技术和操作风险评估，应制定一项计划以解决理解上的任何差距，完成分析方法的本地操作说明的开发，确保产生适合日常使用的数据。

分析方法的转移团队需要确定在培训和/或准备就绪的过程中的试验次数和测试的样品类型。在执行任何转移行动之前，建议在接收方进行一次或多次试验（根据之前的经验确定试验次数）。为评估单位的准备情况、进行的培训和实验方案，有必要进行批次测试作为练习。这种练习通常围绕接收方的如下需求来进行。

- 与现用方法接近。
- 接近和修改的支持性文件（如方法验证报告、方法开发报告、控制图等）。
- 符合适用条件的合适设备。
- 经验证过的合适的软件、模板、手稿等。
- 在单位准备使用的合适的材料、标准和样品。
- 有资质的人员。
- 需要适当的质量体系支持分析。
- 提供额外的样品处理培训。
- 熟练使用类似的分析方法（例如，第一次使用该技术与之前使用该技术的经验相比）。
- 对将要转移的分析方法的复杂性进行评估（例如，pH 与生物测定）。
- 对方法的生命周期状态进行评估（验证的与未验证的）。
- 了解该方法用于的测试（如，稳定性试验表明方法取决于降解途径）。
- 如果在转出方进行培训，预测在接收方完成的准备测试的数量。

如果准备的结果不可接受，应评估确定根本原因，包括但不限于培训、方法实施、设备、材料/样品和计算。

根据每种分析方法的复杂性，来自接收方的代表直接在转出方处观摩分析方法操作是有效的，能确保所有战略知识的转移。这种培训使接收方团队能够将战略知识和风险都写入文字，有助于在操作层面上理解分析方法。此外，派遣转出方团队观察接收方也是非常有用的，以便更好地了解设备，一旦可以即在接收方实际水平上建立检验能力。这些互动可以帮助调动团队成员之间建立良好的沟通。观察结果应该用来建立理解分析方法在双方操作如何不同，对方法的成功转移也是有显著益处的。

11.3 OOS、OOT 的调查与趋势评估

OOS 的概念源于 1993 年发生在美国新泽西州的 Barr 判决。FDA 在对 Barr 药厂进行现

场检查时，发现其生产过程、清洁方法未经验证，年度回顾不完整，没有充分地进行"错误调查（failure investigation）"，并且再检验评估不充分。对于"错误调查"，法官 Wolin 在审判的过程中使用的"out-of-specification（OOS）"一词，已成为药品生产检验偏差分析的专业词汇。对 Barr 的判决书中详细阐述了逸出值、再取样、再检验、评估放行等 OOS 调查的各个方面，并最终确定 OOS 结果来源于 3 种基本情况——实验室检验操作错误、非工艺或操作错误、生产工艺相关错误，为药品生产企业规范地进行 OOS 调查提供了基本框架。美国 cGMP 中规定，生产过程中一批物料、半成品或成品不符合标准时，不论这批药品是否已销售，这些没有得到合理解释的偏差或物料不平衡都应作彻底的调查。这种调查应扩展到该药品的其他批号和与该不合格情况相关的其他药品，调查应当是有规范的，包括做出相应的记录、有确切的结论和跟踪调查。

11.3.1　OOS 的相关法规和指南

11.3.1.1　FDA：21 CFR

（1）211.192

"一批或其中的部分不能符合其标准中的任何项目，这必须得到彻底的调查……

假如同一产品的其他批号和其他产品可能与这些结果有关，调查必须扩展到这些产品，……"

（2）211.194

"调查的书面记录应包括结论和跟进措施……

在每一检测过程中的所有数据的完整记录……

在所有稳定性研究中的数据应得到完整记录……"

（3）211.165

"销售前检测和放行中有以下规定：质量控制部门的取样和检验的接收标准是满足保证那些药品符合各自的规格标准和统计学的质量控制标准。这些标准是批准和发放药品的条件。"

11.3.1.2　FDA 行业指南：药品检测结果 OOS 调查

该指南在 2006 年发布，涵盖了 OOS 调查的所有要素，是最好的参考指南。该指南将 OOS 调查分为实验室初步调查、全面 OOS 调查、调查结论等三部分内容，对 OOS 实验室调查的人员和要求、生产调查的内容、调查记录报告的要求、调查评估和结论、数据的处理等作了具体指导。

11.3.1.3　WHO TRS 957 附录 1

建立了一系列对实验室各个环节要求的指导原则，其中在"18Evaluation of Test Results"中细化了对 OOS 调查的要求，提出实验室必须建立 OOS 及异常数据的调查流程和 SOP。

11.3.1.4　MHRA 的实验室超标结果调查

该指南在 FDA OOS 调查的基础上增加了很多微生物调查的指导，同时对调查流程尤其是实验室调查部分做了详细分解，对于制药企业 OOS 调查的开展具有实践指导意义。同时也包括 OOS 调查的 20 个问题和解释。

11.3.1.5　中国 GMP

"第二百二十四条　质量控制实验室应当建立检验结果超标调查的操作规程。任何检验结果超标都必须按照操作规程进行完整的调查，并有相应的记录。"

11.3.2 OOS 的相关定义

（1）OOS（检验结果偏差）　指检验结果超出设定质量标准，包括注册标准以及企业内控标准。如果对于产品有多个接受标准，结果的评判采用严格的标准执行。OOS 是检验偏差的一种特例，说得是一种检验结果。

（2）OOT/OOE（检验结果超常/超预期）　指随时间的变化，产生的在质量标准限度内，但是超出预期期望的一个结果或一系列结果（比如稳定性降解产物的增加），或未能符合统计学控制标准。如标准规定为 5.5～7.5，测定结果通常是 6.0～7.0，检验结果是 5.8，则该数据构成 OOT 数据。

（3）AD（异常数据）　指检验数据本身可疑或来自异常测试过程的数据或事件。结果出人意料、不规则、可疑、不正常。如仪器设备停机、人为差错、色谱图产生意想不到的峰等产生的数据或事件。

11.3.3　质量体系关键要素 OOS

OOS 与质量体系中的偏差、变更、CAPA 这些要素的关系可以用图 11-7 简单地来概括。企业日常就是在执行各项程序，当出现偏离程序的情况即产生偏差，OOS 也是偏差的一种特殊情况，各项偏差需要去调查评估以制定合理的 CAPA，CAPA 措施中常常会包括变更，变更执行后一般会落实到新的程序规定中。

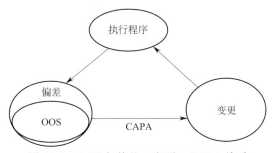

图 11-7　OOS 与偏差、变更、CAPA 关系

从质量体系的角度来看 OOS 其实是偏差的一种，违反的规程是各类质量标准；从实验室调查的角度来看，还有一些情况可能会引发类似的调查，比如 OOT、AD 等实验室异常情况类型的偏差。偏差分级是从对产品质量和体系的影响程度上来判断，分级的目的也是为了评估其风险，从而施以与风险程度相称的各项工作。某种意义上来说，如果按偏差分级，OOS 一定是关键偏差，一旦产生，即便产品作为不合格品处理，也必须进行调查，找出根本原因并实施 CAPA。无效 OOS 率是衡量实验室可靠和稳定性的关键指标，无效 OOS 率作为 FDA 三个质量量度之一，虽然未要求正式执行上报，但 FDA 在检查中已经运用这一性能评估指标，可见 OOS 在质量体系中的关键性。

11.3.4　OOS 调查的一般流程

MHRA 的 OOS 调查指南是以 FDA OOS 指南为基础，涵盖 FDA 的 OOS 指南要求，同时流程上尽量细化使可执行。本节以 MHRA OOS 指南为基础，对 OOS 调查进行简要的流程分析。MHRA 关于 OOS 调查的流程模型如图 11-8 所示。对于其他超常、超预期、异常数据等实验室偏差调查流程和形式可以参考 OOS 调查。

因存在产品特性或检验方式的差异，OOS 调查没有固定的调查流程和调查项目，有些公司会为相对固定的产品建立特定的调查流程，或者为不同的检测方式如液相、气相、紫外、分析化学、微生物等单独建立调查流程和调查项目清单。

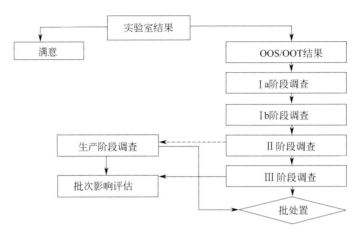

图 11-8　MHRA OOS 调查的流程模型

11.3.4.1　OOS/OOT 结果的报告及调查启动

检验员对每一个分析结果都应依照质量标准和历史趋势进行评判，以鉴定该结果的正确性，是否属于异常结果。

如发现异常结果，应如实记录，并立即向实验室主管报告，同时保留所有的实验用器具及样品溶液，直至实验室调查结束，未经允许，不得擅自进行复验。

如出现忽然断电等不可预计因素，而造成错误，检验员应该立即停止实验并记录所发生的情况，不必进行结果调查，可重新实验或计算。检验员不应该有意地继续无效的分析。

由实验室主管安排按所附调查表内容进行实验室内部分析调查，同时将该异常结果反馈 QA，启动 Ⅰa 阶段调查。

11.3.4.2　Ⅰ阶段——实验室调查阶段

Ⅰa 阶段主要是一些明显的实验室错误识别，如计算错误、断电、设备故障、参数设置错误、明显操作错误等很容易发现的实验室问题，参与人员可能有岗位主管或者只有操作人员，如果确实存在实验室错误，即完成调查，记录过程，修改错误的计算，或者调整仪器、检测方法，重新检测。Ⅰa 阶段调查流程如图 11-9 所示。

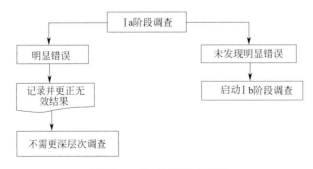

图 11-9　Ⅰa 阶段调查流程

如果未发现原因进入 Ⅰb 阶段，即比较全面的实验室调查阶段，根据一些设计完善的针对检测方法的调查项目逐一进行排查，如物料/取样、设备/仪器、分析过程、取样环境等方面进行调查，参与人员可能是操作人员和 QC 主管，如果仍不能确定原因，进入 Ⅱ 阶段调查。Ⅰb 阶段调查流程如图 11-10 所示。

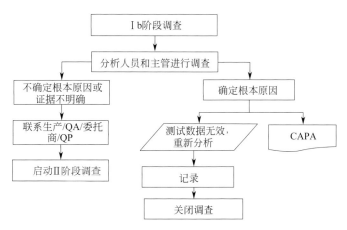

图 11-10　Ⅰb 阶段调查流程

11.3.4.3　Ⅱ阶段——全面调查阶段

可能包括生产调查和实验室扩大调查，参与人员可能有生产、工艺、工程、质量保证、质量控制等部门人员。生产调查按照偏差调查的逻辑和方法，不做详述。实验室扩大调查在此阶段更多的是一些假设测试、复检或重新取样，这三层不同概念的重新检测如何使用、何时开启据实际调查情况而定，但都需要说明原因、经过批准。

进一步调查异常结果是否为实验室原因或者是产品缺陷等因素，评估结果，进行有效的纠正与预防措施，并监督其执行情况。

在 Ⅰ 阶段的基础上扩大调查范围，进行全面调查。开展实验室失败调查时，要按照批准的方案展开调查，很大程度上是假设试验，以确定 OOS 的明确原因。在开展扩大实验之前，生产调查应启动，开展生产偏差调查，如果经调查，生产过程出现异常，直接报告 OOS 结果，以确定是否根本原因是在生产。

如果在生产调查或者分析失败调查中未能找到确切原因解释 OOS 结果，应考虑复检，调查的一部分可能包括一份原始样品的复检。应给予科学全面的原则制定最少复检次数，并在程序中明文规定。复检的决定应当给予全面科学的判断。在复检开始前试验计划必须得到批准。

- 开展的试验能够帮助证实或者缩小根本原因的可能范围，也就是说，可能发生的事情能够被试验得出。例如，可能包括更多的试验关于样品过滤、超声、提取及潜在的设备故障等。可以进行多个假设。
- 如未发现明确的原因，应开始假设试验作为阶段 Ⅰb 的一部分，持续到 Ⅱ 阶段。调查试验不得用于替换原始怀疑的分析结果，它仅用于证实或缩小可能原因的范围。
- Ⅱ 阶段调查全面调查应包括取样调查，样品取样程序是否恰当，容器有没有破损或有没有污染的迹象等，这部分一般由 QA 单独进行调查。
- 科学的复测次数至少要 5 次以上，同时报告每个检测结果和标准偏差。

Ⅱ 阶段调查流程如图 11-11 所示。

11.3.4.4　Ⅲ阶段——评估和批处理

（1）评估　主要是一些回顾总结性工作，对生产过程和实验室调查的所有数据进行回顾，审查完整的生产调查，并与实验室调查与可疑的分析结果相结合，将可能原因的方法验证与获得的结果进行综合考虑。形成的调查报告应该包含：对分析结果进行的评估，对其他

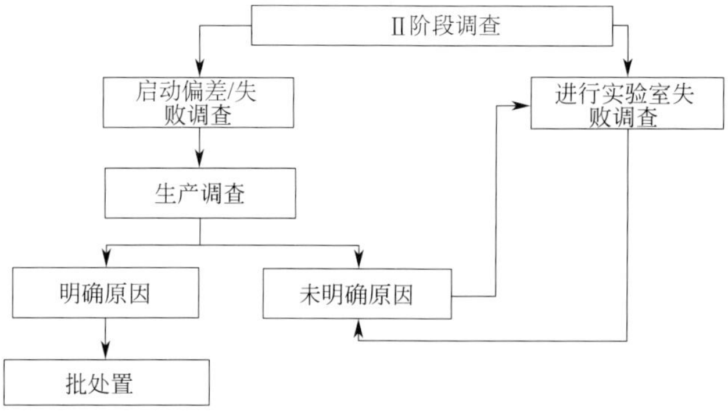

```
                    ┌──────────────┐
                    │  Ⅱ阶段调查    │
                    └──────┬───────┘
          ┌────────────────┴────────────────┐
          ▼                                  ▼
  ┌──────────────┐                   ┌──────────────┐
  │启动偏差/失   │                   │进行实验室失  │
  │败调查        │                   │败调查        │
  └──────┬───────┘                   └──────────────┘
         ▼
  ┌──────────────┐
  │  生产调查    │
  └──┬────────┬──┘
     ▼        ▼
┌────────┐ ┌────────┐
│明确原因│ │未明确原因│
└───┬────┘ └────────┘
    ▼
┌────────┐
│ 批处置 │
└────────┘
```

图 11-11　Ⅱ阶段调查流程

批次的影响，进行中的稳定性研究，验证的流程和检测规程，适当的纠正和预防措施及一个详细的结论。

（2）批处理　根据所有数据综合评估批次处理工作。

11.3.5　OOS 调查的一般原则

实验室调查应当遵循真实、科学、有效的原则，并进行及时、全面和完善的记录审核，遵守合规的调查流程是必须的。

实验室一旦出现 OOS 或 OOT 的结果，必须进行实验室调查以便确认结果是否有效。即使已根据确认有效的 OOS 结果决定产品报废，也需要调查出其产生原因以采用预防再发生措施。

实验室 OOS 调查必须迅速开展，优先权高于其他工作。如果初步调查结论确凿，已上市销售的产品相关的实验室调查（如投诉样品，稳定性考察等），建议应于 24 小时内开始且在最短时间内完成，并及时跟踪调查进展和调查结果。

所有样品、过程溶液、试剂、标准品应保存至实验室所有调查结束。所有检验结果（包括单个）均应记录和保留，供评估和决策使用。

如在检验过程中出现明显的错误（如洒料，突然停电造成仪器损坏、关机，玻璃仪器爆裂，进样错误等），被及时发现，未产生检验结果，在通知部门主管后，可停止实验，并做好相应记录和调查，该实验视为无效。

如果重检验结果合格，但与原 OOS 结果无显著差异（在已知的方法差异内），合格的结果很可能并不比 OOS 结果更能代表样品的真实值。

一般情况下，报告结果是分析结果的平均值（如检验报告），但下列情况不允许进行平均，一是把 OOS 的结果和其他结果平均得到一个符合标准的结果，任何 OOS 个值都需要进行调查，如含量测定的平行样、A/B 级的微生物个数；二是平均那些可以显示批产品个值差异的结果（例如溶出度，含量均匀度）。

有些企业把含量均匀度和溶出度检测规定直接按照Ⅱ阶段、Ⅲ阶段进行检测，而不是进行 OOS 调查。从药典的原则来说，这是没有问题的，但实际上还是有必要根据实际情况来确定，尤其是单制剂单位有明显差别时，往往出来检验问题的可能性是很高的，此时进行 OOS 调查或至少按照 OOS 调查程序进行实验室错误调查还是有必要的。

重新取样应很少发生，必须有科学的理由。重新取样前提是：①有证据表明原来取的样品有问题或者没有代表性；②没有样品或没有足够的样品用于再检查，例如纯化水微生物限度调查用样品不可能保留至检测结果出来；③在怀疑取样过程、样品贮存条件和贮存时间有问题的情况下；④有证据证明原样品被污染或失效；⑤证据表明原取样方法不合适。

在开始实验前必须进行外观检查，如果外观显示可疑，受损或不能在合适的条件下保持（如避光、冷藏等）时，则不能进行实验。

对生产过程调查应由 QA 组织相关部门（包括生产部门、工艺部门、验证部门、工程设备部门等），充分调查生产过程的记录和文件以判断引起 OOS 结果的可能原因。对生产过程调查应进行详细调查和记录，即使不是生产过程导致也应通过详细的调查和记录来证明。

假设性试验、重新检验和重新取样调查的方案应包括以下内容：试验目的；对样品（包括其重复制样）进行的测试次数；预先设定的可接受标准；指定的测试执行人员。

在进行 Ⅱ 阶段调查时，为了缩短调查时间和尽快找到真因，实验室扩大调查、取样调查和生产调查三方面可以同步或穿插进行。

离群值检验可作为调查和分析的一部分，但不能用于评价产品差异性的检验，如混合均匀性。

OOS 适用范围至少要包括原辅料（包括制药用水）、包装材料、中间产品、成品和稳定性，以及工艺验证的检测。但需要注意的是，用于调节设备参数、监测反应/工序进程的中间控制不需要执行 OOS 调查程序；加速稳定性首次超标或不同于以往趋势的超标需要进行调查，而已经确认的超标趋势则不需要再进行调查。

检验中的一些非超标的异常，虽然可以认为是偏差，例如清洁验证采用 HPLC 法时，除标的化合物外，检测到其他未知峰的情况，以及残留溶剂检测时检测出未知峰的情况，采用 OOS 调查的方式比偏差调查更方便，更具有指导性。

11.3.6　FDA 现场检查对 OOS 的关注点

11.3.6.1　FDA 检查 OOS 基本要求

① 对 OOS 的调查应按既定方案进行。
② 特定调查步骤的总结。
③ 其他相关批的评估。
④ 结论和跟进措施。
⑤ 防止同样问题再次发生的措施。
⑥ 30 个工作日内完成调查。
⑦ 在复验前展开调查。
⑧ 完整、诚实地调查 OOS 结果。
⑨ 坚实的科学基础。
⑩ 如果调查发现了原因，必须提出改正措施。

11.3.6.2　FDA 483 警告信的案例及分类

(1) 质量部门没有确保 OOS 结果（偏差）被调查及处理　某公司批放行结果符合规定，但调查员发现该批存在 OOS 结果，没有启动 OOS 调查。

(2) 实验室本身针对 OOS 结果调查不够充分，调查结论牵强

• 案例一。某公司稳定性研究中出现 OOS 结果，没有进行充分的调查，而是将结论归结为色谱柱柱效差，但色谱峰型正常，系统适用性满足要求，实验室管理人员说，保留时间、理论塔板数、拖尾因子显示均正常，没有找到根本原因，但重新复测结果符合规定，所以就作废了起始的 OOS 结果。

• 案例二。某公司稳定性研究的杂质项目出现 OOS 结果，第二名实验员重新配制样品

并用原先老的色谱柱及新的色谱柱重新检测，结果老的色谱柱与新的色谱柱均出现 OOS 结果，但调查结论却是进样小瓶污染，这个结论没有足够的数据支持，通过复测留样，作废起始的 OOS 结果。

（3）反复复测至合格，并以此来作废 OOS 结果　某公司原子吸收项目不合格，复测还是不合格，第 3 次复测发现结果在合格范围内，就在没有理由或调查文件的情况下作废了起始的 OOS 结果。

（4）调查不充分，没有启动生产调查　根据 2006 年 FDA 颁布的 OOS 调查指南，当实验室调查无法确定根本原因时，应进行生产调查，以确保根本原因与生产无关。但很多的药企没有开展这部分工作。例如：

- 案例一。某公司研究有限公司中提到，将稳定性出现的 OOS 和 OOT 结果归结到没有数据支持的样品制备问题，但没有进行生产方面的调查。
- 案例二。某公司 OOS 结果没有进行足够的调查，没有执行合适的纠正和预防措施。很多时候，根据复测的结果作废了原始的 OOS 结果，缺少 I 阶段的实验室调查，也有缺少 II 阶段的调查来评估生产方面潜在的根本原因。

（5）采用"异常事件"模式掩盖 OOS 结果　某公司，2015.02—2017.04 很多的 OOS 通过"异常事件"模式来掩盖，该公司的异常事件程序没有实质性要求调查。

（6）不恰当地使用统计离群值来作废 OOS 结果　某公司将 OOS 结果归结到未知的实验室差错，并将 OOS 结果作为异常值进行作废。

（7）没有执行 OOS 调查制定的纠正预防措施　某公司，由于含量检测失败而拒绝放行，半年后找到根本原因并关闭了调查，但直到 OOS 发生 2 年后，还没有执行纠正和预防措施，但期间质量放行了多批该 API。

（8）无效 OOS 率高　无效 OOS 率定义为报告期内，在批次放行检验和长期稳定性检验 OOS 结果中，因为检验过程中的过失而判定无效的 OOS 结果，除以批次放行和长期稳定性检验的全部 OOS 结果。近期 FDA 的警告信中频频出现无效 OOS 率过高的情况，例如：

- 案例一。FDA 对某公司一所设施的检查中观察到的批检验中无法解释的高 OOS 率提出担心。该 FDA483 警告信中的第一个观察项关注未解释的差异，强调该公司两年内在某些批放行和稳定性测试中的超标（OOS）结果中 87% 无效。
- 案例二。某公司的警告信中提到其某一工厂在 2016 年上半年中存在 72% 无效 OOS 率。
- 案例三。某集团的一子公司的警告信中提到 OOS 调查不彻底和不当的无效 OOS 结果，并要求列出有效期内产品的所有 OOS、无效 OOS、预期外和超趋势（OOT）的中控检测结果。

（9）通过两套记录的模式掩藏 OOS 结果　对某公司进行现场检查的调查员发现实验室有两套记录，其中一套记录中包含 OOS 结果，另一套记录的结果均符合规定，公司没有对 OOS 结果进行调查，检查时，该公司质量部门承认了这种做法。

11.3.7　企业实施注意事项和建议

FDA 和 MHRA 的 OOS 指南是从风险的角度尽可能地降低调查过程判断错误或失误的一个建议流程，很多时候要结合企业实际情况进行灵活的调整，例如：

- 何时启动生产调查？
- 取样可能是质量保证部的工作，是否先启动相关调查？
- 如果实验室调查有一定时间周期，是否提前启动生产调查？
- 微生物 OOS 是否需要更严谨的多方调查才能开启重复检测的工作？

- 物料的 OOS 需要结合供应商的反馈信息？
- 其他如委托实验室和委托生产的情况等。

毕竟不管是生产调查还是实验室调查，都是需要占用和消耗各项资源，如何灵活地开展和运用流程一定要与企业实际情况和风险相结合。

很多企业非常关注 OOS 的调查过程，产生了很多数据和过程记录，却没有最终形成一份调查报告，调查除了根本原因，也有相应的批次处理，却没有针对根本原因制定 CAPA。一份完整的 OOS 记录，建议包含以下内容：

① 基础信息，如产品、日期等。
② OOS 事件描述。
③ 实验室调查。
④ 全面调查，包括生产过程调查和实验室扩大调查（可能有复检和重新取样等工作）。
⑤ 根本原因分析。
⑥ CAPA 制定和实施。
⑦ 扩大调查，可能会影响到相同品种的其他批次，或其他可能有相同问题的产品。
⑧ 产品质量影响的评估。
⑨ 结论。
⑩ 后续跟踪。

制药企业可以根据以上建议，重新制定一份符合企业实际情况的 OOS 调查流程，特别关注⑤～⑩条内容，设计一套完整的 OOS 调查记录，包含清晰的事件描述、完整的调查过程和数据、根本原因分析、影响评估、CAPA、结论及必要的后续跟踪情况。

最后，不希望调查结论是实验室分析正确，但产品确实不合格，更不希望过多的调查结论指向实验室错误这类无效的 OOS。无效的 OOS 反映出不可靠、不稳定的实验室分析操作。制药企业应对 OOS 进行定期回顾，甚至可以结合根本原因类似的 OOT、其他实验室偏差进行回顾分析，制定相应的 CAPA，提高实验室检测的稳定性，让质量控制系统更可靠。

参考文献

[1] USP. <1058>Analytical Instrument Qualification and the Laboratory Impact [S/OL]. 2019-05-01. https://www.usp.org/.
[2] EDQM. Quality Management Document. Qualification of Equipment – Core document，PA/PH/OMCL (08) 73 R5 [S/OL]. 2018-09-01. https://www.edqm.eu/sites/default/files/medias/fichiers/OMCL/Quality_Management_Documents/omcl_qualification_of_equipment_core_document_paphomcl_08_73_r5.pdf.
[3] 国家药品监督管理局. 药品生产质量管理规范（2010 年修订）[S/OL]. 2011-01-17. http://www.nmpa.gov.cn/WS04/CL2077/300569.html.
[4] ICH. Q9 Quality Risk Management [S/OL]. 2005-11-09，https://ich.org/page/quality-guidelines.
[5] ICH. Q2（R1）Validation of Analytical Procedures：Text and Methodology [S/OL]. 2005. https://ich.org/page/quality-guidelines.
[6] PDA. TR57，Analytical Method Validation and Transfer for Biotechnology Products [S/OL]. 2012. http://www.pda.org/.
[7] USP. <1225> Validation of Compendia Procedures [S/OL]. 2019-05-01. https://www.usp.org.
[8] ISPE，Good Practice Guide：Technology Transfer (Third Edition) [S/OL]. 2018-12. www.ispe.org.
[9] ICH. Q3A（R2），Impurities in New Drug Substances [S/OL]. 2006-10. https://ich.org/page/quality-guidelines.
[10] FDA. Guidance for Industry，Investigating Out-of-Specification (OOS). Test Results for Pharmaceutical Production [S/OL]. 2006-10. www.fda.gov.
[11] WHO. TRS957，Good Practices for Pharmaceutical Quality Control Laboratories [S/OL]. 2010. https://www.who.int/medicines/areas/quality_safety/quality_assurance/regulatory_standards/en/
[12] MHRA. Out of Specification Investigations [S/OL]. 2018. https://www.gov.uk/government/organisations/medicines-and-healthcare-products-regulatory-agency.
[13] FDA. CFR，Title 21-Food And Drugs，Subchapter C：Drugs：General Part 211-Current Good Manufacturing Practice for Finished Pharmaceuticals [S/OL]. 2019-04-01. www.fda.gov.

第 12 章 风险管理与运营维保

12.1 精益生产

"精益生产"的定义可以参见精益企业研究所创始人詹姆斯·沃马克的版本:"精益生产是整合价值链的资源,消除流程中浪费的系统化改善原理与方法,使所有活动/步骤都能达到增加客户价值的目的。"

制药行业面临的大环境具有如下特点:合规成本越来越高,人工成本逐年增高,环保压力越来越重,市场全球化。在这些因素的影响下,精益生产越来越得到制药行业的认可,而精益生产也为风险管理提供了强有力的保证。

12.1.1 精益生产的历史

精益生产的历史,可以追溯到 20 世纪初美国泰勒提出的科学管理。后来,吉尔布雷斯夫妇创始了"动作研究",并发明了流程图。1910 年,亨利·福特和他的助手查尔斯.索伦森首次提出了"全面制造战略"的观点,他们把生产制造需要的所有要素:人、机器、工具、产品等看作一个系统,并开始思考在一个持续性的制造系统中,这些要素怎样合理地运用和整合,在 1913 年产生了世界上第一条工业流水线。这些理念和生产方式的崛起,吸引了日本人的注意力。第二次世界大战后的日本丰田公司借鉴了美国人的生产方法,结合自己公司特点,推出了一套生产体系。丰田公司卓越表现引起美国的注意,在美国麻省理工学院数位国际汽车计划组织的专家对日本丰田准时化生产 JIT(Just in Time)生产方式进行调研后,将这一生产方式称之为精益生产,并在 20 世纪 80 年代中期被欧美企业纷纷采用。随后其被越来越多的制造企业所了解并广泛应用,成为提高快速响应能力,降低成本的终极法宝。随着时代的变革,精益生产开始被广泛关注,从制造业逐步延伸至餐饮、医疗、金融等领域。

12.1.2 七大浪费

生产活动分为两类——增值活动和非增值活动。增值活动即客户愿意为之付钱的;而非增值活动就不产生价值，也就是浪费（muda）。一切不增加客户和企业价值的活动都是浪费，意味着每生产一件产品就可能是在制造一份浪费。伴随着企业运营不被察觉或不被重视的浪费，管理界将此比喻为"地下工厂"。在生产现场存在大量的浪费，而这些浪费也注定了企业成本的居高不下。精益生产目标就是要持续消除浪费，经过丰田公司总结，将现场浪费可以分成七大类别——搬运（transportation）的浪费、库存（inventory）的浪费、动作（motion）的浪费、等待（waiting）的浪费、过量生产（over production）的浪费、过度加工（over process）的浪费、不良品（defects）的浪费。可以用首字母缩写进行记忆，即"TIMWOOD"，如图12-1所示。

图12-1　七大浪费

12.1.2.1　搬运的浪费

搬运的浪费是指由于存在不必要的搬运距离，或者由于暂时性放置导致多次搬运等所产生的浪费。其主要表现为：需要额外的运输工具、需要额外的储存场所、需要额外的搬运人员、大量的盘点工作、产品在搬运中损坏等。

其起因主要有：生产计划没有均衡化、生产换型时间长、工作场地缺乏组织、场地规划不合理、物料计划不合理等。

12.1.2.2　库存的浪费

库存的浪费指因原材料、零部件、各道工序的半成品过多而产生的浪费。这些产品过度积压还会引起库存管理费用的增加。主要表现为：需要额外的进货区域、停滞不前的物料流动、发现问题后需要进行大量返工、需要额外资源进行物料搬运（人员、场地、货架、车辆等）、对客户要求的变化不能及时反应等。

其起因主要有：生产能力不稳定、不必要的停机、生产换型时间长、生产计划不协调、市场调查不准确等。

12.1.2.3　动作的浪费

不产生附加价值的动作、不合理的操作、效率低下的姿势和动作都是动作浪费。主要表现为：人找工具、大量的弯腰，抬头和取物、设备和物料距离过大引起的走动、需要花时间确认或辨认、人或机器"特别忙"。

动作浪费的起因主要有：办公室、生产场地和设备规划不合理，工作场地没有组织，人员及设备的配置不合理，没有考虑人机工程学，工作方法不统一等。

12.1.2.4 等待的浪费

在进行生产时，机器发生故障不能正常作业，或因缺少材料而停工等活等，在这样的状态下所产生的浪费都是等待的浪费。主要表现为：人等机器、机器等人、人等人、有人过于忙乱、非计划的停机。

等待浪费的起因主要有：生产，运作不平衡、生产换型时间长、人员和设备的效率低、生产设备布局不合理等。

12.1.2.5 过量生产的浪费

过量生产是指在生产操作过程中，生产出远大于实际需求数量的产品，或者远早于需要时间生产出的产品，既包括成品，也包括半成品。过量生产的浪费就是在没有需求的时候提前生产而产生浪费。主要变现为：库存堆积、过多的设备、额外的仓库、额外的人员需求、额外场地。

过量生产浪费的起因主要有：生产能力不稳定、缺乏交流（内部、外部）、换型时间长、开工率低、生产计划不协调、对市场的变化反应迟钝等。

12.1.2.6 过度加工的浪费

过度加工的浪费亦称为"过分加工的浪费"，一是指多余的加工；另一方面是指超过顾客要求以上的精密加工，造成资源的浪费。主要表现为：没有清晰的产品/技术标准、需要多余的作业时间和辅助设备。

过量加工浪费的起因主要有：工艺更改和工程更改没有协调、随意引进不必要的先进技术、由不正确的人来作决定、没有平衡各个工艺的要求、没有正确了解客户的要求等。

12.1.2.7 不良品的浪费

不良品浪费是指生产过程中出现不合格品（次品、废品），在原材料、零部件、返工或返修所需工时等生产不合格品所消耗的资源方面而产生浪费。主要表现为：额外的时间和人工进行检查，返工等工作、由此而引起的无法准时交货、企业的运作是补救式的，而非预防式的（救火方式的运作）。

不良品浪费的起因主要有：生产系统不稳定、过度依靠人力来发现错误、员工缺乏培训等。

12.1.3 消除/最小化浪费的技巧方法

消除/最小化浪费的技巧方法如表 12-1 所示。

表 12-1 消除/最小化浪费的技巧方法

浪费类型	消除/最小化浪费技巧
不良品的浪费	稳定供应商原材料质量 在线检测 差错预防/减少变化
过量生产的浪费	小批量生产 拉动系统
搬运的浪费	指定路线/频繁供应 小型容器/工具箱/原材料分包装 拉动系统

续表

浪费类型	消除/最小化浪费技巧
动作的浪费	改进工作站设计、标准操作规程 紧缩设备布局和零件呈现 在生产线侧设立工具区域
等待的浪费	标准操作规程 多技能工培训
库存的浪费	连续流畅加工 拉动系统/看板生产 改进运行效率
过度加工的浪费	检查工艺要求 分析工艺

12.1.4 精益工具

精益生产中有很多工具，其中与风险管理关系紧密的有：Gemba Walk、5S、poka-yoke、Kaizen、TPM、多技能工等。

12.1.4.1 Gemba Walk

Gemba 在日语里的意思是"真正的地方"或者"工作现场"，更通俗来讲，现场就是价值被创造的地方。各行各业都存在"现场"，不论是在生产线、工程机构，或是医院、政府部门、购物中心、机场。精益生产一直在强调：不直接创造价值的间接人员和管理人员存在的最大价值就是支持现场取得成功。一切问题的答案都在现场，不论是问题发生、问题解决、增值活动还是改善提升，现场是企业提升竞争能力的重要源泉。

Gemba Walk 强调各行各业的管理者都要到实际工作现场去，亲自观察生产运作现状，激发并促进团队对更高水平、更有效的流程设计有深入的思考和启发，包括管理系统的障碍消除和未来资源的分配。

丰田前董事长张富士夫先生曾说过，领导者需要做三件事：到现场去观察、提出问题、尊重员工。《领导是一门艺术》作者马克斯·杜普雷说过：领导者的首要责任是认清现实。而认清现实最好的办法就是去现场（Gemba）。

了解现场有很多渠道，但效果相差千里，比如通过指标达成情况或下属的工作汇报来了解现场工作。眼见为实，深入现场是用自己的视角和感觉、触觉来采集所有需要的信息，是其他任何渠道都不能代替的一种信息采集方式。另外，现场包含的信息量巨大，每个人需要解决的问题不同，看待问题的视角以及关注的信息也会有差别，通过他人转述或汇总难免会差异，只有亲自深入到现场才能找到答案。

管理层践行 Gemba Walk 是领导力的最佳体现，不仅能现场检查核心业务的实际运营情况，消除浪费，确保业务目标达成，同时还能给予最有效的员工关怀，提升员工工作热情，有助于企业目标的建立及高效达成。

Gemba Walk 目标包括以下几点：
- 转变员工的理念，统一新的思想，形成团队的文化。
- 辅导员工提升技能，统一标准和方法。
- 以身作则体现团队所期望的行为。
- 促进改善，达成业务结果。

- 检查发现现场不良点，跟进及完成。
- 支持并成功地完成浪费消除。

践行 Gemba Walk 最关键的一点是"保护现场"，其目的是观察生产的日常，而不是事先通知准备，只了解参观其最佳状态。细节部分可参考如下指导原则：
- 坚持，可以每周两到三次，可以每天一次，虽然很难，但只要养成习惯就变成了日常工作的一部分。
- 去车间时，通知该区域主管，一起观察效果更好，及时反馈、及时整改。
- 观察员工的行为，对于正面行为予以鼓励表扬，对于负面行为予以提醒制止，严重违反流程的应立即汇报给主管采取措施。
- 运用教练技术与员工进行及时的反馈/互动/指导，注意沟通方式，不经确认的观察项暂时不列出。
- 将观察项与当班主管沟通确认后，记录在记录表上，进行类别划分，并发给相关责任人整改。
- 每周跟踪一次整改进展，实施完成的要进行效果确认，可以安排在下次 Gemba 时进行。

管理者在巡视过程中查看如下内容：5S、EHS、效率、质量、员工状态、生产计划、SOP 执行情况、行为规范、看板、上期 Gemba Walk 的发现整改点等，此外可以查看与法规要求相关的人员着装、设备维护保养、物料半成品管理、生产环境控制、现场文件管理记录等。

对一名管理者而言，Gemba Walk 也是对管理者的一种自我检讨和测试：
- 能看出现象背后的工作原理吗（例如，当看到现场过多的在制品时，可以知道计划的批量不合理）？
- 能通过下属的每天工作反映来了解出他们的思想吗？
- 能让团队成员通过目视化管理来管理现场吗？
- 能推动现场的管理团队去推动改善而不是仅仅停留在会议室吗？

这问题的背后，可以清晰折射出管理者是否足够优秀，能驱使团队高效达成目标，并且在过程中帮助团队有效地解决问题。

通过 Gemba Walk，管理者可以亲自直观查看现场潜在的风险，并做出相应的支持。

12.1.4.2　5S

5S 起源于日本，即整理（seiri）、整顿（seiton）、清扫（seiso）、清洁（seiktsu）、素养（shitsuke），是在生产现场中对人员、机器、物料、方法等生产要素进行有效的管理。到了 1986 年，日本 5S 的著作逐渐问世，从而对整个现场管理模式起到了冲击的作用，并由此掀起了 5S 热潮。

安全始于整理整顿，终于整理整顿。通过 5S 可以识别现场中的安全风险、污染源，并进行整改，最终提升现场安全系数。

整理是改善生产现场的第一步。其要点是对生产现场摆放和停滞的各种物品进行区分，对于现场不需要的物品，诸如用剩的材料、多余的样品、切屑、垃圾、废品、多余的工具、报废的设备、工人个人生活用品等，清理出现场。通过有效的整理可以改善和增加作业面积；现场无杂物，行道通畅，提高工作效率；消除管理上的混放、差错事故；有利于减少空间占用，节约资金。整顿是把需要的人、事、物加以定量和定位，对生产现场需要留下的物品进行科学合理地布置和摆放，以便在最快速的情况下取得所要之物，在最简洁有效的规章、制度流程下完成事务。简言之，整顿就是人和物放置方法的标准化。

整顿的关键是要做到定点、定容、定量。抓住了上述三个要点，就可以制作看板，做到目视管理，从而提炼出适合的物品的放置方法，进而使该方法标准化。生产现场物品的合理摆放使得工作场所一目了然，创造整齐的工作环境有利于提高工作效率、提高产品质量、保障生产安全。使工作地合理布置。

清扫活动的重点是必须按照企业具体情况决定清扫对象、清扫方法、准备清扫器具、实施清扫的步骤，方能真正达到效果。现场在生产过程中会产生灰尘、垃圾等，从而使现场变得脏乱。脏乱的现场更会影响人们的工作情绪。因此，必须通过清扫活动来清除那些杂物，创建一个明快、舒畅的工作环境，以保证安全、优质、高效率的工作。清扫活动应遵循下列原则：自己使用的物品，自己清扫而不要依赖他人；清扫的目的是为了改善，当清扫过程中发现有异常状况发生时，必须查明原因，采取措施加以排除，不能听之任之。

清洁是在整理、整顿、清扫之后，认真维护、保持完善和最佳状态。在产品的生产过程中，永远会伴随着没用的物品的产生，这就需要不断加以区分，随时将它清除，这就是清洁的目的。清洁并不是单纯从字面上进行理解，它是对前三项活动的坚持和深入，从而消除产生安全事故的根源，创造一个良好的工作环境，使员工能愉快地工作。这对企业提高生产效率，改善整体的绩效有很大帮助。

推行 5S 最终要达到八大目的：

- 改善和提高企业形象。整齐、整洁的工作环境，容易吸引顾客，让顾客心情舒畅；同时，口碑相传使企业会成为其他公司的学习榜样，从而大大提高企业威望。
- 促成效率的提高。良好的工作环境和工作氛围，加上很有修养的合作伙伴，员工们可以集中精神，认真干好本职工作，必然能提高效率。如果员工们始终处于一个杂乱无序的工作环境中，情绪必然就会受到影响。情绪不高，干劲不大，又哪来的经济效益？所以推动 5S，是促成效率提高的有效途径之一。
- 提高零件库存周转率。需要时能立即取出有用的物品，供需间物流通畅，就可以极大地减少那种寻找所需物品时所滞留的时间。因此，能有效地改善零件的库存周转率。
- 减少直至消除故障，保障品质。高质量的产品来自清爽整洁的工作环境。工作环境，只有通过经常性的清扫、点检和检查，不断地净化工作环境，能有效地避免污损东西或损坏机械，维持设备的高效率，提高产品质量。
- 保障企业安全生产。整理、整顿、清扫，必须做到存放明确，东西摆在定位上物归原位，工作场所保持宽敞、明亮，工厂有条不紊，意外事件的发生自然就会相应地大为减少，当然安全就会有了保障。
- 降低生产成本。企业通过实行或推行 5S，能极大地减少浪费，从而降低生产成本。
- 改善员工的精神面貌，使组织活力化。可以明显地改善员工的精神面貌，使组织焕发一种强大的活力。员工都有尊严和成就感，对自己的工作尽心尽力，并带动改善意识形态。
- 缩短交期。推动实现标准的管理，现场可视化，使异常现象明显化。消除大量在制品，企业生产能相应地非常顺畅；通过物品的重新定位，作业效率必然就会提高，作业周期必然相应地缩短，确保交货日期万无一失了。

12.1.4.3 Kaizen

Kaizen 方法最初是一个日本管理概念，指逐渐、持续的改善，日本持续改善之父今井正明在《改善：日本企业成功的奥秘》一书中提出，Kaizen 意味着改进，涉及每一位员工、每一个环节的持续不断的改进——从最高管理者到普通管理者,到工人。

企业运用 Kaizen 通过定义,对识别出风险进行专项攻克,可以短平快地进行改善。

(1) Kaizen 和企业领导　企业领导有两个基本工作:保持和改善。保持包括了所有保证现在的技术以及与企业工作有关的标准的活动,其中也包含培训和纪律,"保持"工作要求企业领导努力使企业内的每个人都按照标准的流程来做工作。而改善(Kaizen)则是对现有标准的改进和提高。Kaizen 侧重于通过不断的努力取得连续不断的小步的改善,从而达到目的;而革新则强调通过以新技术工艺或设备的大量投资来取得巨大的进步。在缺乏资金的情况下,革新改造是很困难的。西方企业往往只着重革新而忽视 Kaizen 所能给企业带来的巨大的好处。Kaizen 强调员工职业道德、工作交流、培训、小组活动、员工参与意识和工作自律性——它是一种低投入而又非常高效的,使企业不断进一步完善和进步的方法。

(2) 过程和结果　Kaizen 强调以过程为主的思考方式,只有通过对过程的改善才能得到更好的结果。如果原计划的结果没有实现,那么肯定是某个过程出了问题,这时就要找出产生问题的过程并予以纠正。

Kaizen 强调人在过程中的作用,这一点与西方企业界强调结果的思考方式有显著区别,导入 Kaizen 的过程也需要以过程为主的思考方式,一些 Kaizen 战略如 PDCA/SDCA 循环、QCD(质量、成本、交货期)、TQM(全面质量管理)、TPM(全员生产维修)以及 JIT(准时生产体制),在不注重过程的企业内实施都会失灵。企业领导支持并参与到实施 Kaizen 的过程中,是 Kaizen 活动取得成功的组织保证。

(3) 遵照 PDCA/SDCA 循环　任何工作过程开始的时候都是不稳定的,必须要先将这种变化的过程稳定下来,然后才再引入 PDCA 循环。这时可先采用 SDCA 循环(standardization-do-check-adapt),SDCA 循环的作用就是将现有的过程标准化并稳定下来,而 PDCA 循环的作用是改善这些过程,SDCA 重在保持,PDCA 重在完善,只有当已有标准存在并被遵守且现有的过程也稳定的情况下,才可以进入 PDCA 循环。

(4) 质量优先　质量、成本、交货期这三个企业目标中,质量应永远享有优先权。即使向客户提供的价格和交货条件再诱人,但产品质量有缺陷,也不会在现在竞争激烈的市场上站稳脚跟。

12.1.4.4　TPM

TPM 是英文 total productive maintenance 的缩写,中文意为全员生产维护。

按照日本工程师学会(JIPE)定义,TPM 有如下的定义。
- 以最高的设备综合效率为目标。
- 确立以设备生命周期为目标的全系统的预防维修。
- 设备的计划、使用、维修等所有部门都要参加。
- 从企业的最高管理层到第一线职工全体参加。
- 实行动机管理,即通过开展小组的自主活动来推进生产维修。

(1) 特点　全员生产维护突出一个"全"字,即全效率、全系统和全员参与。

全效率,是指设备寿命周期费用评价和设备综合效率。全系统即指生产维修的各个侧面均包括在内,如预防维修、维修预防、必要的事后维修和改善维修。全员参加即指这一维修体制的群众性特征,从公司经理到相关部门,直到全体操作工人都要参加,尤其是操作工人的自主小组活动。

TPM 的主要目标就落在"全效率"上,"全效率"在于限制和降低以下六大损失:
- 停工和故障的损失。设备失效需要执行维护操作。其原因有机器过载、螺钉和螺帽松开、过渡磨损、缺少润滑油、污染物等。

- 换装和调试的损失。从一种产品到另一种产品换产的时间损失，或运行时对设置的改动。其原因有移交工具、寻找工具、安装新工具、调节新设置等。
- 启动稳定的损失。设备从启动到正常工作所需要的时间。其原因有设备要平缓加速到标准速度、烤箱需升温到设定温度、去除多余的材料、处理相关原料的短缺。
- 降低速度的损失。设备在低于其标准设计速度运行导致的损失。其原因有机器磨损、人为干扰、工具磨损、机器过载等。
- 空转和瞬间停机的损失。由于小问题引起的短暂中断。其原因有零件卡在滑道里、清除碎屑、感应器不工作、软件程序出错。
- 生产次品的损失。由于报废、返工或管理次品所导致的时间损失。其原因有人工错误、劣质材料、工具破损、软件程序缺陷等。

全效率、全系统和全员参与，使生产维修更加得到彻底地贯彻执行，使生产维修的目标得到更有力的保障。

(2) TPM 管理的发展进程　TPM 在日本设备管理中大致经历了 4 个阶段：事后修理阶段、预防维修阶段、生产维修阶段和全员生产维修阶段。

- 事后修理阶段（1950 年以前）。日本在战前、战后的企业以事后维修为主。战后日本经历了设备破旧、故障多、停产多、维修费用高，生产的恢复十分缓慢。
- 预防维修阶段（1950—1960 年）。20 世纪 50 年代初受美国的影响，日本企业引进了预防维修制度。对设备加强检查，设备故障早期发现、早期排除，使故障停机大大减少，降低了成本、提高了效率。
- 生产维修阶段（1960—1970 年）。日本生产受美国影响，逐渐引入美国生产维修的做法。这种维修方式更贴近企业的实际，也更经济。生产维修对部分不重要的设备仍实行事后维修，同时对重要设备通过检查和监测，实行预防维修。为了恢复和提高设备性能，在修理中对设备进行技术改造，随时引进新工艺、新技术，这也就是改善维修。到了 20 世纪 60 年代，日本开始重视设备的可靠性、可维修性设计，从设计阶段就考虑到如何提高设备寿命，降低故障率，使设备少维修、易于维修，这也就是维修预防策略。
- 全员生产维修阶段（1970 年至今）。TPM 是日本前设备管理协会（中岛清一等）在美国生产维修体制之后，于 1970 年正式提出的。在前三个阶段，日本基本上是学习美国的设备管理经验。随着日本经济的增长，在设备管理上一方面继续学习其他国家的好经验，另一方面又进行了适合日本国情的创造，这就产生了全员生产维修体制。

(3) TPM 的 8 大支柱　TPM 主要活动包括八方面内容，常称为八大支柱，即自主维护、专业维护、重点改进、初期管理、事务改善、教育培训、质量维护、安全环境维护。

- 自主维护。自主维护是指设备的操作者、使用者自主地对设备实施保养、维护和管理，防止设备异常波动变化，保持设备的最佳状态。因此，自主管理活动还是 TPM 的中流砥柱，也称为自主保全。
- 专业维护。专业维护是指由专业人员组成设备维修部门对设备进行预防性和计划性维护维修，通过诊断技术提高对设备状态的预知力，指导设备使用操作人员进行日常正确的自主维护管理，确保设备的正常高效运转，也称为专业保全。
- 重点改进。重点改进是指针对设备管理中的重点难点问题，组成专案小组逐项开展课题改进活动。也称为个别改善。
- 初期管理。初期管理是指在设备的开发设计阶段认真考虑设备的可靠性和可维修性问题。从设计、制造之初提高设备可靠性和易保养性，从根本上防止故障和事故的发生，减少和避免维修,直至实现免保养,有效降低设备寿命周期费用。

• 事务改善。事务改善是指间接部门的改善活动,包括生产管理、销售管理、行政后勤管理以及其他间接管理业务的改善活动,目的主要是消除各类管理损耗、减少间接人员、改进管理系统、提高办事或事务效率,更好地为生产活动服务。各部门的强力支持是制造部门提高 TPM 活动成本的可靠保证。

• 教育培训。教育培训是指对全体员工进行转变意识、了解 TPM 活动、提升设备保养维护技能、增长设备工作原理知识、提高设备操作水平和发现问题、解决问题能力的教育训练。

• 质量维护。质量维护是指通过对人、机、料、法、环等设备影响因素与质量的关系分析,采取有效的设备维护与改善,构筑减少乃至杜绝不合格品的保障。

• 安全环境维护。安全环境维护是指创建安全、环保、整洁、舒适、充满生气的作业现场,识别安全环境危险因素,消除事故隐患及潜在危险。

TPM 的八大支柱活动是相互联系和相互补充的,任何局部的活动都很难取得巨大成果,需要各个部门通力协作、相互支持,使得 TPM 各环节协调一致,才能实现最佳设备综合效率和经营效率的目标。需要提起注意的是,现场 5S 活动是现场一切活动的基础,是减少设备故障和安全事故,拥有整洁工作环境的必要条件,也是 TPM 支柱的基石,及 TPM 活动的前提。

(4) TPM 关键指标　推行 TPM 的效果可以从下面 3 个指标上得以反映。

a. 设备综合效率(overall equipment efficiency,OEE)。OEE 是设备最为综合的一项指标。每台生产设备都有自己的最大理论产能,要实现这一产能必须保证没有任何干扰和质量损耗。当然,实际生产中是不可能达到这一要求,由于许许多多的因素,造成时间上的损失,例如,设备的故障、调整、产品间的切换、清场,当设备的表现非常低时,可能会影响生产率,产生次品,返工等。

OEE 是一个独立的测量工具,它用来表现实际的生产能力相对于理论产能的比率,它由时间利用率、性能利用率以及产品合格率三个关键要素组成(图 12-2)。

公式如下:
$$OEE = 时间利用率 \times 性能利用率 \times 合格率 \tag{12-1}$$

其中:
$$时间利用率 = (负荷时间 - 停机损失)/负荷时间 \times 100\% 。 \tag{12-2}$$

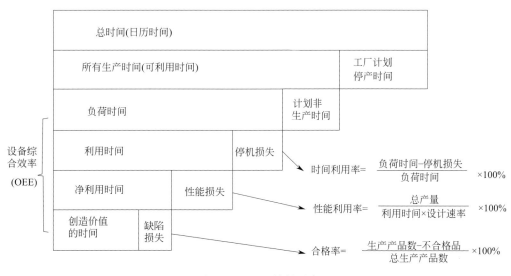

图 12-2　OEE 关键要素

它是用来考虑停工所带来的损失，包括引起计划生产发生停工的任何事件，例如设备故障、原料短缺以及生产方法的改变等。

$$性能利用率=总产量/（利用时间×设计速率）×100\% \qquad (12-3)$$

性能利用率考虑生产速率上的损失。包括任何导致生产不能以最大速率运行的因素，例如设备的磨损，材料的不合格以及操作人员的失误等。

$$合格率=合格产品数/总生产产品数×100\% \qquad (12-4)$$

合格率考虑质量的损失，它用来反映没有满足质量要求的产品（包括返工的产品）。

例如，口服固体车间某包装线 1 天工作时间为 8 小时，班前计划停机 20 分钟，故障停机 20 分钟，更换产品型号设备调整 30 分钟，产品的理论速率为每分钟 76 盒，实际速率为每分钟 74 盒，一天共生产 29800 盒，其中报废 40 盒。求其 OEE 数值。

时间利用率 =（负荷时间－停机损失）/负荷时间×100%

$\qquad =(8×60-20-20-30)/(8×60-20)×100\%=89.13\%$

性能利用率 = 总产量/（利用时间×设计速率）×100%

$\qquad =29800/[8×60-20-20-30)×76]×100\%=95.64\%$

合格率 = 合格产品数/总生产产品数×100%

$\qquad =(29800-40)/29800×100\%=99.87\%$

OEE = 时间利用率×性能利用率×合格率

$\qquad =89.13\%×95.64\%×99.87\%=85.13\%$

OEE 效益如下：

- 企业规划。可以为企业规划提供客观科学的决策依据；可以为企业提供很多的增值意见和建议。
- 生产管理。能收集到生产线的实时数据，建立车间监控管理系统；能分析/跟踪生产线设备的有效利用情况，最大化地挖掘设备生产潜力；能分析/跟踪生产在线的潜在风险和六大损失，以便降低生产成本、提高生产力。
- 设备。降低设备故障以及维修成本，加强设备管理以延长设备的使用寿命。
- 员工。通过明确操作程序和 SOP，提高劳动者的熟练程度和有效工作业绩，从而提高生产效率。
- 工艺。通过解决工艺上的瓶颈问题，提高生产力。

b. 平均故障修复时间（mean time to repair，MTTR）。这个指标是指设备发生故障后进行维修，维修后再正常启动起来的时间。实际上这个指标是衡量维修人员的维修能力。这个时间越短，证明对于故障的响应和修复越快，也就反映维修能力越强。TPM 中的培训教育和设备的初期管理等支柱都对 MTTR 变短有改善。

c. 平均故障间隔时间（mean time between failure，MTBF）。这个指标是指设备发生两次故障的间隔时间，反映的是设备的可靠性。假如对设备的选型和维护都很到位，这个时间间隔就会很长。TPM 的有效开展对于延长故障的间隔时间有极大的帮助。

12.1.5　精益生产与 GMP 合规

近年来，国内很多制药企业通过兼并重组并购模式实现快速扩张的同时，也感受到内部的运营管控方面存在越来越大的管理诉求和提升压力。目前制药企业在如下方面存在着不少提升空间：设备利用率不被有效关注，备品备件费用高；目视化管理有待细化，颜色管理、生产状态、品质状况、效率状况、产量状况等的数据较少在现场展示；由于生产、销售、供应的不匹配，生产均衡性差，生产变动性大；生产缺乏柔性，对计划变动的响应能力差；全员参与改善的积极性没有被充分调动起来，改善仅存在于管理者层面；缺少合理的安全库存管理方式等。

通过精益生产能解决以上问题。同时精益生产和GMP并不冲突，通过两者有效结合能促进制药企业的卓越运营，两者存在着联系和不同点，参见12-2。

表 12-2 GMP与精益生产对比表

类型	GMP	精益生产
目标	保证药品有效性	增加价值
关注点	从产品开发到药品生产的质量保证	价值流
理念	质量第一	质量、交期、成本的同步发展
改善	监管	连续及同步
典型目标	遵守验证后的流程防止偏差	降低成本；提高质量；缩短生产周期；降低库存；改善交货期
方法工具	文件化；人员资格与培训；清洁；验证	价值流图；Kaizen；防错；5S；TPM；SMED；单件流

12.1.6 小结

精益生产助力制药行业消除浪费，节能降耗，实现高效运营。制药行业的精益生产活动将结合制药企业的特征，利用精益生产理念对系统结构、人员组织、运行方式和市场供求等多个维度进行全面优化改善，帮助企业提升市场竞争力，进而促进制药行业实现价值最大化。

12.2 校准

校准是指在规定条件下，为确定测量计量器具或测量系统的示值、实物量具或标准物质所代表的值与相对应的由参考标准确定的量值之间关系的一系列活动。

为确保生命周期管理中的每一个系统、设施的投入水平，规章制度、文件系统与产品质量及特殊运用中的可接受风险相关适应，保持所有的直接影响产品质量的系统与设施处于一个"合格的状态"，需要在运营阶段进行变更管理，持续性能监控（应当与风险水平相适应），定期评估与回顾，包括预防性维护与校准等。因此，校准活动无论是对于新建项目的工程阶段还是对于遗留设施的运营维护阶段，都发挥着至关重要的作用。如果工艺监测仪表失灵或者QC检测仪器失准，则无论工艺过程控制还是成品质量检验都将面临问题。

近年来，数据完整性成为制药行业全球关注的焦点话题。常见的数据的来源主要有：人的感官、仪器的传感与监测、计算机化系统的传输与处理、摄影摄像技术等。对于采用仪器仪表监测的数据，为确保其数据属性ALCOA+的最后一个"A（accurate，准确无误）"属性，则对产生数据的仪器设备予以校准、确认和维护是必不可少的。

校准本身属于通用工业制造业的最基本基本要求，广泛应用于汽车、能源、军事、电子、化工、医药、航空航天等方面。但是，由于药品有别于其他商品，以及全球制药监管的特殊性，因此在制药行业的校准活动被赋予了新的特殊要求。本节主要论述针对制药行业的校准管理特殊特殊要求。

因此,基于科学——质量源于设计(ICH Q8),基于风险——质量风险管理(ICH Q9),基于生命周期——生命周期的管理(ICH Q10),这些理念也将在校准管理活动中引入。

12.2.1 概念与定义

检测仪表 用以确定被测变量的量值或量的特性、状态的仪表。

检验 对产品或过程等实体,进行度量、测量、检查或试验并将结果与规定要求进行比较以确定每项特性合格情况所进行的活动。

检定 由法制计量部门或法定授权组织按照检定规程,通过试验,提供证明来确认测量器具的示值误差满足规定要求的活动。

校准 在规定条件下,为确定测量仪器仪表或测量系统的示值、实物量具或标准物质所代表的值与相对应的由参考标准确定的量值之间关系的一系列活动。

调整 为使测量器具达到性能正常、偏差符合规定值而适于使用的状态所进行的操作。

计量 是实现单位统一、量值准确可靠的活动。

强制检定 指由政府计量行政主管部门所属的法定计量检定机构或授权的计量检定机构,对部分测量仪器实行的一种定期的检定。

非强制检定 由使用单位自己或委托具有社会公用计量标准或授权的计量检定机构,对强检以外的其他测量仪器依法进行的一种定期检定。其特点是使用单位依法自主管理,自由送检,自求溯源,自行确定检定周期

12.2.2 校准与 QTPP/CQA/CPP/CA/CDE 的关系

借鉴 ICH Q8 药品开发的知识模型,自上而下的基于科学的质量风险管理如图 12-3 所示。

自上而下的基于科学的质量风险管理与校准关系,如图 12-4 和图 12-5 所示。

采用 ISPE C&Q(第二版)系统风险评估(SRA)方法示例,参见表 12-3。

表 12-3 系统风险评估示例

操作顺序/工艺流	工艺描述	CQA	CPP	对CQA的影响	是如何影响CQA的	设计控制	配方参数	相关的报警	程序控制	评论	确定残留风险
结晶工序	结晶	晶型	结晶温度T001	直接影响	温度不当会导致晶型变化	温度值警戒限和行动限	(10±0.5)℃	超温/低温报警	操作程序定义报警事件中所需的行动	无	低

12.2.3 仪表校准关键性评估及功能性风险评估

关键性评估应当由 SME 来执行,成立关键性风险评估(CRA)小组,其组员包括(但不限于)生产部门的代表(工艺的负责人或专家)、工程技术员、自动化操作和质量部门人员等。仪表在使用中应当正确地确认其工艺范围与偏差,这些信息应当写入校准记录中。通过仪表关键性评估流程,将仪表分为如下 4 类——产品关键性仪表、业务关键性仪表、安全/环境关键性仪表和非关键性仪表(参考 ISPE GAMP GPG 校准管理)。

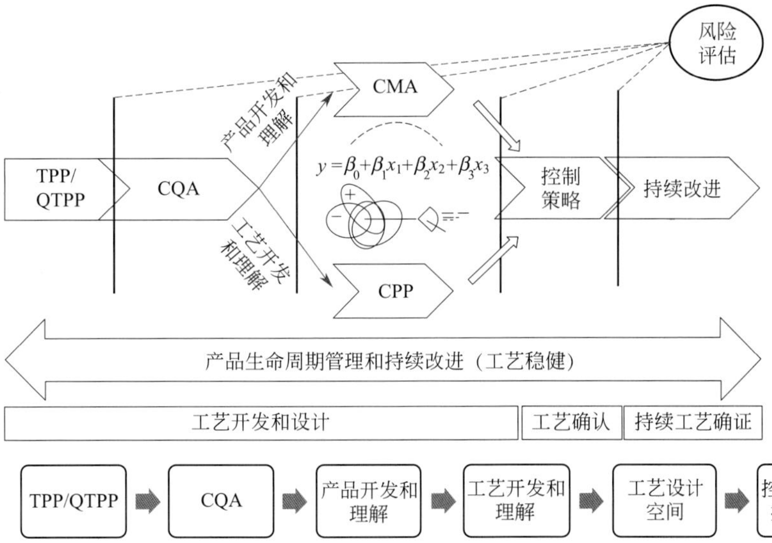

图 12-3 自上而下的基于科学的质量风险管理

注：1. 在产品开发过程中确定关键质量属性（CQA）。例如对产品而言非常重要的纯度、效价、稳定性、溶解性。建立 QTPP 与 CQA 的关联；
2. 确定可能会影响任何关键质量属性（例如纯度可能会受输入原料的纯度、工艺温度、设备洁净度等影响）的原材料属性和工艺参数；
3. 确定这些原材料属性和工艺参数的设计空间（即确定在保证良好产品质量的同时其所允许的变化范围）以确定哪些是关键质量属性或关键工艺参数并对其进行影响性评定；
4. 使用该信息为将保证操作在设计空间范围内并保证收集证明这些的数据的流程而提出的控制策略；
5. 确定影响关键工艺参数的关键方面（CA）；
6. 确定影响关键方面的关键设计要素（CDE）；
7. CDE 要求即是编制系统/设备 URS 过程中对于相应监测仪表选型与校准要求的重要依据。只有其量程、精度及监测频次满足对 CPP 的监测与控制要求，才可能最终实现工艺的正常与稳定运行，才能最终达成产品的 CQA，才可能保障药品最终的安全、疗效与质量。

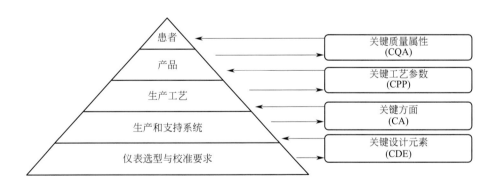

图 12-4 自上而下的基于科学的质量风险管理与校准关系

图 12-5 自上而下的基于科学的质量风险管理与校准关系示例

- 产品关键性仪表（product critical instruments）。其偏差或失效会对产品质量和患者安全产生高的潜在影响的仪表。产品关键性仪表评估流程如图12-6所示。

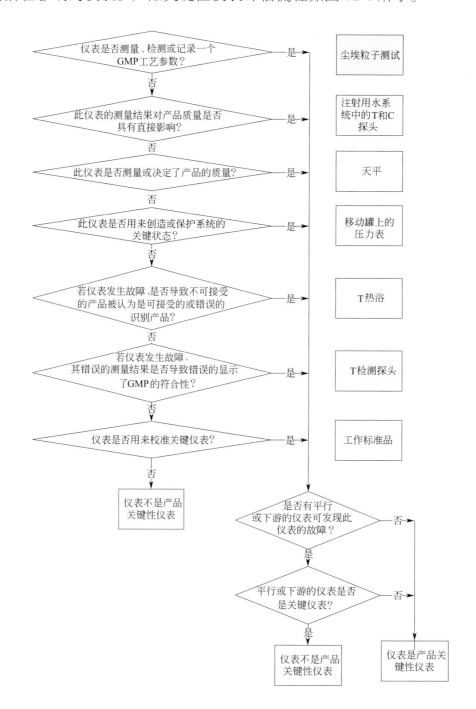

图 12-6　产品关键性仪表评估流程

- 业务关键性仪表（business critical instruments）。其偏差或失效会对工艺有效性和其他业务方面产生高的潜在影响的仪表。业务关键性仪表评估流程如图12-7所示。
- 安全/环境关键性仪表（safety/environmental critical instruments）。其偏差或失效对操作者安全或者环境产生高的潜在影响的仪表。安全/环境关键性仪表评估流程如图12-8所示。

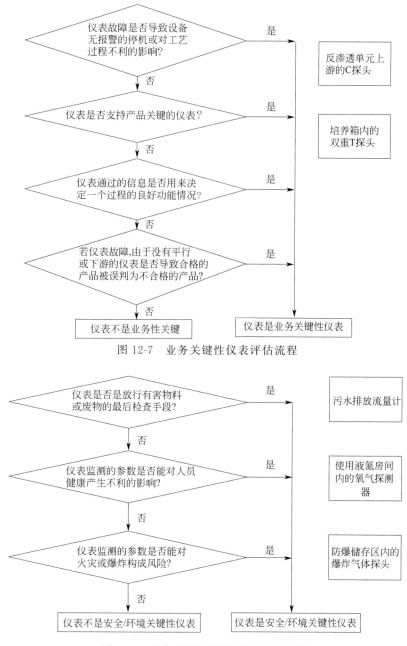

图 12-7 业务关键性仪表评估流程

图 12-8 安全/环境关键性仪表评估流程

- 非关键性仪表（non-critical instruments）。其偏差或失效不会对以上所述的产品、业务、安全/环境等产生高的潜在影响的仪表。非关键仪表还包括监视类仪表，该类仪表仅用于监测意图，其操作、连接、数据、控制、报警或失效将对产品没有任何直接或间接的影响。

评估确立仪表关键性分类之后，结合上述 SRA 结论，对已经选定的仪表实施功能性风险评估，此时评估需要考虑的要素如下。

- 超标或失效对产品质量的影响程度。
- CPP 参数范围实现的难易（工艺控制能力）。
- 既往经验下超标或失效发生的概率。
- 超标或失效发生后被检测和感知的能力（如，在特别关键的位置有可能采用一备一用的仪表监测，来相互印证超标或失效的发生，基本可实现 100% 检测感知）。
- 使用环境的恶劣程度（如高温、超低温、强腐蚀、强振动等）。
- 使用过程是否会涉及频繁拆装的操作。
- 其他可能产生影响的因素。

结合前述风险影响的分析，确立出适宜的校准方法和校准周期，参考表 12-4。

表 12-4　校准方法和校准周期评估表

仪表名称	关键性判定结果	量程/精度	配方参数	风险评级	校准方法	校准周期
结晶温度传感器 T001	产品关键性	0.0～50.0℃；精度 0.1℃	(10±0.5)℃	高	环路校准	≤6 个月

12.2.3.1　仪表校准方法分类

常见校准方法有环路校准、比对校准、模拟校准与工作台校准 4 种（参考 ISPE GAMP GPG 校准管理）。

- 环路校准（loop calibration）。使用一个稳定的由可追溯的测试设备所监控的校准源，得出量值被应用到仪表/元件以及由此得出显示值/错误记录。
- 比对校准（comparison calibration）。将测试设备放置到尽可能接近被测装置或与环路并联的位置，以便在相同条件下测量被比较装置的视值。
- 模拟校准（calibration by simulation）。从环路上断开主元件，输入等效的可溯源的信号到环路中，调整信号以覆盖环路的整个工艺范围。
- 工作台校准（bench calibration）。当仪表无法实施一个完整的环路校准或在公司内不能满足校准所需的特定专业技术，可将主要元件和变送器分别取出并校准（实验室工作台条件下）。剩余的环路组件应按照上述信号输入方式进行模拟校准。

12.2.3.2　仪表校准周期

校准周期（即频次）的确定参照以下原则。

- 根据政府规定，强制检定类器具的检定周期，由当地政府计量行政部门指定的计量检定机构制定。当地不能检定的，向上一级政府计量行政部门指定的计量检定机构申请周期检定。
- 用于工艺控制目的的仪表一般不属于强制检定范畴仪表，则可以采用校准的方式。选择校准周期时，首先考虑风险评估的结果，一般情况下，与生产相关关键仪表的校准周期不大于 6 个月，或通过风险评估及有效的、足够的历史数据证明，缩短或延长校准周期。根据生产工艺中的工艺精度要求和使用频次，相同的仪表可采用不同的校准周期。
- 对于实验室关键精密的测量仪器，如 pH 计，分析天平、水分仪，电导仪等；以及生产中使用的称量类仪表。必须每天检查校准或每天第一次使用前进行校准，校准结果应进行相应的记录。
- 校准期限时间表示可以用"年/月/日"，也可用"年/月"表示。用"年/月"表示校准周期的仪器，校准期限为当月的最后一天。

在确定校准周期时，还需考虑以下因素。

- 计量检定规程或校准规范。
- 现行《中国药典》。
- 制造厂商的要求和建议。
- 仪表的关键性、适用场合和使用频次。

- 仪表维护和使用记录。
- 以往校准记录所得的趋向性和漂移量的数据。
- 校准失败的结果。
- 经验等。

12.2.4 仪表的生命周期管理

仪表生命周期阶段分项目阶段和运行阶段 2 个阶段（参考 ISPE GAMP GPG 校准管理），如图 12-9 所示。

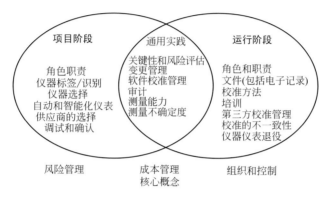

图 12-9 仪表生命周期管理

（1）项目阶段工作流程 基于新工艺或遗留车间旧工艺，成立关键性风险评估小组，确定相关设备工艺范围和允许误差，确定仪表的分类，定义需校准仪表的量程和精度，确定校准的周期，选择仪表和关闭关键性风险评估。对于关键性仪表采用校准和确认的策略（GMP），对于非关键性仪表采用调试和功能测试的策略（GEP）。

（2）运行阶段工作流程 基于主校准仪表清单、可用资源的计划（人员、仪器、第三方校准合作公司、设备的停机时间）以及非计划性的紧急事件等情况，颁布校准工作指令或需求，取得在校准有效期内的可向上往国家计量标准追溯的仪器，取得行政许可或证实文件（如果必要的话），实施校准工作，判断校准的结果，关闭校准指令或需求。其间将涉及标准器的管理、文件的管理、定期的回顾、OOT 流程等。

12.2.5 仪表校准的溯源

为了保证仪表校准参照的一致性，校准使用的更高要求的标准源必须可追溯至一个公认的标准（如国家或国际计量标准），且相比被校准仪表应具有更高的精确度。只有这样才能真正实现量值追溯或传递的准确，参见如下溯源示意图（图 12-10）。

国家（或国际）计量标准
↑
现场测试设备
↑
需校准的仪表

图 12-10 仪表校准溯源示意

12.2.6 仪表校准量程范围和允许偏差

结合上文的描述，在仪表选型时，需要考虑其与 CPP 的关系与影响，同理在校准过程中，也需要结合实际的工艺控制的需要进行量程与允许偏差的选择。校准的范围必须至少和确认的范围一致。然而，对于非线性仪表或确认范围太小不足以证实仪表线性的情况下，采用一个较大的范围是比较有益的。仪表校准量程范围和允许偏差如图 12-11 所示。

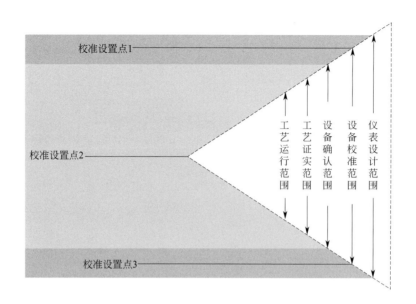

图 12-11　仪表校准量程范围和允许偏差

校准的允许误差确定原则如图 12-12 所示。

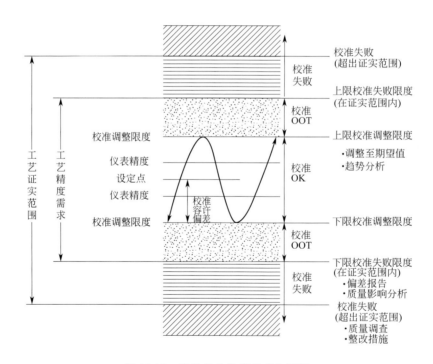

图 12-12　校准的允许误差确定原则

12.2.7　仪表校准变更管理流程

如果变更不加以管理控制，也将会对产品质量、患者安全、EHS 等产生影响。因此对于关键性仪表，GxP 变更管理要求同样适用于仪表校准管理。校准变更管理流程示意参见图 12-13（也可以考虑将其纳入更广泛的变更管理系统之内）。

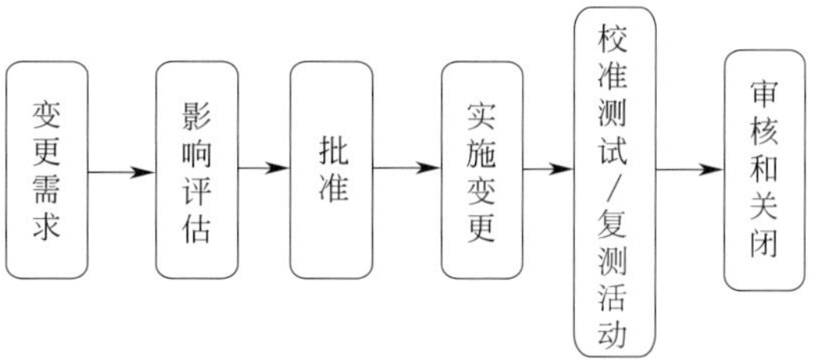

变更需求 → 影响评估 → 批准 → 实施变更 → 校准测试/复测活动 → 审核和关闭

图 12-13　仪表校准变更管理流程

12.2.8　仪表校准不符合项调查流程

校准不符合项调查流程示意参见图 12-14。

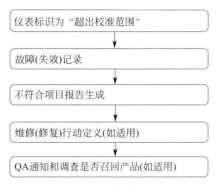

图 12-14　校准不符合项调查流程

12.2.9　仪表校准 OOT 流程

校准 OOT 流程示意参见图 12-15。

12.2.10　仪表校准相关文件（含标签）基本要求

在 GxP 的要求之下，一切关键活动都需要留下文件化的证据。校准相关的文件（包含台账、计划、证书、标签、培训记录等）必须遵循公司的文件管理规范的要求。相关的电子记录必须遵循公司的电子记录管理规范以及 21CFR Part11 相关要求。所有的记录必须按预定法规要求予以适当的存档和维护。

校准相关文件包括（但不限于）如下。
- 校准主清单（或校准台账）。
- 各特定量值（如温度、压力……）仪表校准 SOP。
- 标准源操作及管理 SOP。
- 校准计划。
- 仪表关键性评估 SOP 及评估报告。
- 校准报告（或证书）。
- 仪表状态标签。
- 人员培训记录。

最后，对校准用于制药行业的关键要求总结如下。
- 每个仪表应该有一个长期保留的主历史文件记录。

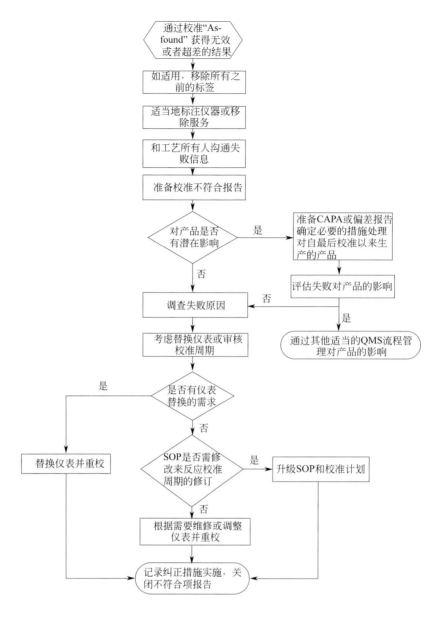

图 12-15 校准 OOT 流程示意

- 所有仪表应分配了一个唯一的编码和标签。
- 校准方法应被定义和批准。
- 应为每台仪表定义校准的频率和工艺限值。
- 校准状态应确定在仪表上（如状态标签）。
- 所有的记录应予以保持维护。
- 任何电子记录必须符合 21CFR Part 11。
- 校准用标准源相比被测仪表必须更准确和更小的偏差。
- 每个标准源必须是可追溯至一个公认的标准。
- 所有的仪表必须符合使用条件（如特殊的环境、安装方式适用性等）。
- 校准所涉及所有人员的培训记录必须得到维护。
- 变更控制系统必须在位。
- 仪表必须符合 GxP 要求的定义（如 FDA、EMA、NMPA 等）。

12.3 维护

GMP要求，"设备的维护和维修不得影响产品质量"。

在现代的药品质量体系中，维护是保证产品始终处于受控状态的重要因素之一，与SOP、OOS调查、物料/组分的规格标准等共同构成保证产品质量的支持系统。

维护是自然规律的必然要求。依据热力学第二定律，一个孤立系统总是向着熵增加的方向变化，即系统总是从有序走向无序。随着时间的流逝，一个制药企业的设施、设备、系统总是逐渐趋向"混乱"的状态，即使其都经过了验证，也不能保证这些设施、设备、系统始终处于受控状态，验证只能保证当时的状态。为了维护系统始终处于受控状态，人为干预/维护就是扭转系统趋于"混乱"的必要和重要的手段之一。

维护系统是一门科学。维护管理的每一次进步都伴随着设备装备的改进和革新。从最初的故障处理的反应式维护，逐步发展到依托于计算机管理的预防式、预测式和系统的维护活动。现代的维护理论已经在各个行业得到了充分的应用和实践。

越来越多的制药企业认识到了维护的重要作用。在遵循普遍规律的前提下，制药行业的维护活动表现出一定的特殊性。如，制药行业的维护是在合规的前提下，更加关注其对产品质量和患者安全的影响，需要促进系统/设备在生命周期内的持续改进，同时控制维护成本。

12.3.1 维护实践的分类

维护是基于风险的活动。按照ISPE《维护》指南，将制药行业的维护分为三类，即：
- 基本维护实践。
- 良好维护实践。
- 最佳维护实践。

基本维护实践应用于非直接影响的设备、系统和设施中，是行业内公认的标准维护实践，包括针对每个设备制定标准维护规程、制定维护周期、提供备件目录、人员的技能培训以及必要的维护文档，如安装图纸、维护记录、操作和维护手册、检验或校准证书等。

良好维护实践是在基本维护实践的基础上增加了符合GMP要求的内容。良好维护规范是基于对产品风险评估的结果而确定的维护实践，通常只应用于有GMP影响的系统/设备。在实际情况下，可以利用系统分类评估（SC）的结果，来确定哪些系统/设备是GMP相关的。对GMP相关的设备，应用良好维护实践；非GMP相关的设备，应用基本维护规范即可。

对GMP相关设备系统，进一步评估设备系统部件/功能的关键性，那些影响产品CQA的关键方面或关键设计要素（CDE）是GMP关键部分，在维护实践中应遵循GMP的特定要求，如强化的系统文档要求、合理规范的审批流程、变更控制、质量部门和用户的积极参与以及风险评估等。可以看到，良好的维护实践与基本维护实践相比，流程更复杂，质量部门参与更深入以及具有更多的文档要求和风险评估，重点是增强了对合规和产品质量的保证。

最佳维护实践是良好维护实践的延伸，一般用于提高产品的商业价值和降低风险，其通常超越了GMP的要求，会明显增加成本。

12.3.2 维护活动的构成

12.3.2.1 维护体系

公司或组织的维护体系是个结构化的系统，由维护程序、维护策略、维护计划和方案及维护指令和记录等组成，如图 12-16 所示。

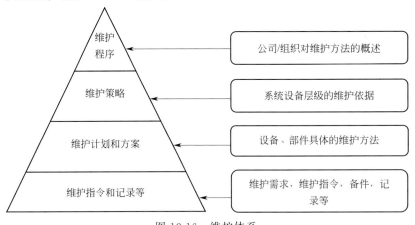

图 12-16 维护体系

维护程序是一个公司/组织对维护方法的描述，涉及许多方面的问题，如维护计划和工作指令、风险评估、备件管理、缺陷/偏差、变更、培训、性能管理、自检等。维护程序规定了公司如何对不同对象分别实施基本维护实践、良好维护实践和最佳维护实践；规定了如何进行主动维护和被动维护，以及紧急维护的流程。维护程序由专业的维护工程师主导，工程部门、生产部门、技术部门和质量部门参与其中。最后，由质量部门批准维护程序。

维护策略是制定维护方案的依据或标准。维护策略的产生基于一系列的输入要求，包括系统描述、系统和部件分类、风险评估、设备生产商的建议、历史数据回顾、类似设备的维护经验、备件的要求、维护频率等。维护策略是解决"为什么"的问题。

维护方案是关于具体的设备、系统、部件的维护保养的详细说明。维护方案的制定除了要基于供应商的推荐以及原有经验以外，积极应用风险管理的理论和原则也同样重要。维护部门采用风险评估的方法识别维护中的潜在风险，识别可能影响产品质量和患者安全的因素，并采取措施，降低相应的风险。风险评估可以帮助维护部门识别：

- 直接影响产品质量和患者安全的系统和部件。
- 影响设备资产可靠性和性能的系统。
- 为了业务用途而实施的额外维护。

维护方案通常包括下述的两部分。
- 设备系统的具体信息，如设备的唯一编号、设备基本信息、维护类别等；
- 设备维护说明，如维护的任务编号、维护类型、技术要求、人员要求、维护时间、所需工具/材料等。

12.3.2.2 维护类别

维护依据其反应方式分为两类，即主动式维护和被动式维护。主动式维护是在故障发生前，对设备进行干预的维护方式，包括预防维护、预测性维护、监测性维护、条件监控式维护以及纠正式维护等多种方式。被动式维护就是在设备发生故障或停机之后，采取维修措施的维护活动。两种维护类型各有其优缺点，良好的维护程序就是要平衡两者的优缺点，达到最佳的运行维护效果，最大化地保护产品质量和患者安全。

预防维护（preventative maintenance）是基于时间或日期的维护活动。即按照一定的时间间隔，主动对设备进行维护，包括加油、更换备件、修理潜在故障等。预防维护是有计划的活动，维护周期或频率的确定要依据多方面的信息输入，如供应商的建议、设备的实际运行时间、生产计划的安排（停产时间）以及设备的实际运行状态等。如果设备不是连续运行，而是间断运行，那么依据设备的具体运行时间确定维护周期更加合理。此外，结合工厂的停产安排合理安排设备维护/检修，可以最大限度地减少因维护而造成的设备停机、生产中断，从而提高设备利用率，创造更大的价值。

预防维护计划应得到设备、生产和质量部门的审核批准。偏离维护周期应遵循公司组织的偏差处理流程进行处理。适当的、合理的维护周期的容差应在维护策略中提前定义，以避免大量的偏差出现。通常的维护周期和容差建议如下。

- 每周预防维护：±2天。
- 每月预防维护：±7天。
- 3个月或更长预防维护：±30天。

预测性维护是基于条件的维护活动，即通过识别和监控设备运行的关键运行参数，确定什么时间进行维护。此方法可以在设备最需要维护的时间进行维护活动，从而取得生产效率和保持设备状态之间的最佳平衡。预测性维护的缺点是，需要随时对设备进行维护，不适用于计划性停产。解决此缺点的方法是利用生产的停机间隙进行维护，尽可能地减少对生产和洁净区的影响。

预测性维护最关键的部分是选择和确定最佳的监测参数。显而易见，不同的设备需要监测不同的运行参数和范围。预测性和监测性维护活动的典型的指示标志包括如下。

- 振动。
- 压力。
- 超声。
- 润滑油的理化分析。
- 红外测温。
- 热图像分析。

此外，在没有监测仪表的情况下，经验丰富的维修人员的眼看、手摸、耳闻等都可以作为检测手段，从而确定预防维护的时机。

当无法采取主动性维护方式时，应进行被动性维护/紧急维护。当设备出现故障，参数超出范围或设备停机时，提前制定的被动维护或紧急维护方案突显其价值，包括提前制定的备件储备和供应方案，能够有效减少设备的停机时间，减少对生产造成的损失。此外，应急维护还要保证设备的验证状态没有受到破坏，可能采取的措施如下。

- 再确认。
- 明确恢复生产的要求/条件。
- 开机测试。
- 采用同等功能或相同的备件。

12.3.2.3 维护管理

维护管理系统是为了提高维护活动执行力和有效性而建立的管理体系。管理体系的具体形式多种多样，有传统的基于纸质记录的维护管理系统，有基于计算机技术的维护管理系统，以及两者的混合系统。忽略这些外在表现形式的不同，这些管理系统通常包括以下要素。
- 设备、设施和系统的记录。
- 人力资源。
- 维护方案。
- 备件。
- 维护文件系统。
- 工作指令管理。
- 文件评估。

设备、设施和系统记录包含一些基本信息，如设备的唯一编号、生产厂家、型号/系列号，GMP影响性，安装位置，类型，技术数据，验证状态等。

维护管理系统中还应该涵盖可以利用的人力资源，如技术人员和操作人员清单、人员的资质和经验、人员的技能和培训等，这些都是保证维护体系正常运转的必要条件。

备件管理是维护系统的一个重要组成部分。维护管理系统包含主要设备的推荐备件清单，此清单来源于供应商推荐列表，并在实际运行过程中动态调整。依据对风险的接受程度，采取不同的备件应用和使用策略。首先，采购和使用设备制造商推荐的同样或功能相当的备件。采用供应商推荐的备件通常认为不需要考虑变更控制，即使此备件是影响产品质量的关键备件。如果采用非供应商推荐的备件，则需要进行评估。评估此备件的材质、规格、功能、性能、清洁度和安全性是否符合使用要求，对产品质量是否有影响。此类活动需要遵循变更控制流程的要求。可以通过以下措施确保更换的备件不会影响到设备的受控状态。

- 使用相同或"等同"的备件。
- 使用功能一致的备件。
- 运行前测试。
- 再验证。

设备系统的维护文档应妥善保管，包括设备的基本资料、维护工作的记录文件、变更记录、人力资源的记录、合同文件等。真实、完善的维护记录对维护设备状态、再验证评估、偏差调查等具有重要意义。

12.3.2.4 维护指令系统

一个良好的维护实践工作指令产生流程举例如图12-17所示。

工作指令的产生流程大致分为以下几个步骤。

(1) 生成并确认维护需求　生产岗位遇到需要维护的情况，可以通过各种方式，如电话，邮件，面对面交流等方式生成初步的维护需求。维护人员接到需求后，立即判断维护是否是紧急的，如是，则进入紧急维护程序，正式的工作指令应在24小时内补充填写；如否，则继续判断需求是否为必需的。维护人员应基于专业的知识判断初步需求是否是合理的和必需的。剔除不合理的和非必需的维护需求之后，生成正式的维护工作需求单。

(2) 判断维护的GxP影响　正式的维护需求应记录维护需求的生成时间、请求岗位以及维护需求的具体内容。维护人员判定请求的维护活动对药品质量的可能影响，判定结果须经QA批准。判定的结果传递至维护工作指令。

(3) 变更需求　对有GxP影响的维护工作指令，应遵循公司/组织的变更控制管理规程，判定维护活动是否触发变更流程。无须申请变更的，直接生成维护工作指令；否则，启动变更控制流程，由质量部门决定变更是否被允许。被拒绝的变更，直接通知申请者；批准

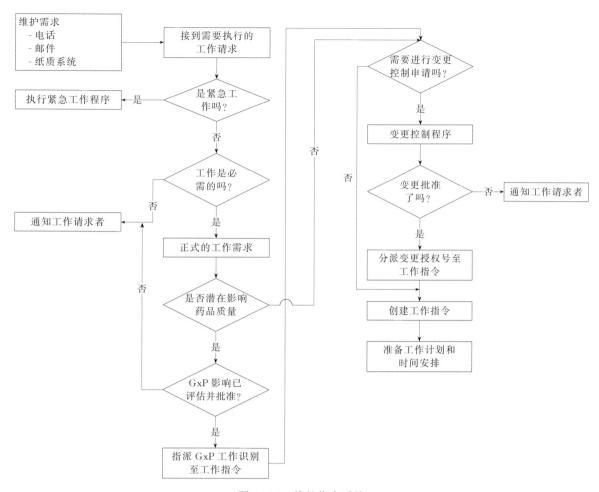

图 12-17　维护指令系统

的变更，分配变更控制号至维护指令。

（4）生成工作指令　在完成上述变更需求步骤后，创建维护工作指令。

（5）维护准备　在维护工作指令中，应包含维护工作所需的适当的资源，包括具有相应资质和技能的维护人员、所需的维护工具、需要更换的备件种类和数量、维护所需的时间以及恰当的执行时机等。

（6）维护实施　由维护人员在预定的日期/时间，执行计划好的维护内容，并记录。

（7）归档　将维护需求单、工作指令、计划安排、维护记录以及维护后的设备测试记录等文件收集归档。

12.3.3　维护活动中的支持系统

12.3.3.1　培训

鉴于维护活动在维持设备状态方面的重要作用，提高维护人员的基本技能和对维护工作的认识已成为一项必然要求。维护人员不仅包括工程或设备部的人员，还包括生产操作人员，以及第三方外包工作的人员。所有此类人员都应参加必要的培训，如技能培训，维护人员应具备最基本的维护技能，缺乏此类技能的人员必须经过充分的培训才能从事相应的工作。此外，对某些专用的、稀有的设备，或者工作原理特殊的特种设备，需要对人员进行针对此类设备的专业培训，以提高其维护水平，从而最终保护产品质量和患者安全。

对于有 GMP 影响的设备，维护人员还应该了解如下。
- 维修是怎样影响产品质量的。
- 更衣的要求。
- 维修工具进出 cGMP 区域的控制。
- 维修材料，如润滑剂，的使用控制。
- 变更对设备验证状态的影响。
- 变更控制和变更管理程序。

还需要进行适当的文件培训和 EHS 培训。培训的效果应进行有效性的评价，评价的方式可以是口头和笔试的方式，也可以通过问答和现场演示的方式来进行。考核方式多种多样，只要能够证明培训的技能是适当的，以及维护人员掌握的程度适宜其所从事的工作。

12.3.3.2 变更

变更是维护活动中保持系统处于验证状态的必要手段，是保持系统状态可追溯的必要手段。维护程序的设计必须为变更的介入留有接口，一旦有 GMP 影响系统的维护活动可能影响产品质量，变更就应该介入。在设备的生命周期中，很难避免产生某种非常规的维护活动或应急事件，这些都需要变更流程进行控制。某些影响设备/系统关键设计要素的备件更换，如使用功能结构类似而非等同的备件，对产品质量的影响同样需要评估，需要进行变更控制。

系统/设备经过变更控制后，应经过某种测试，以确定其参数仍然处于已证明的接受范围内（PAR），其功能与维护前相当。

12.3.4 小结

设备/系统的维护是保持其处于验证状态的重要过程控制手段，是追溯设备运行状态、评估审核/再验证周期的重要数据来源。基于风险评估的结果，建立并遵守科学的维护程序，遵循管理规程和良好的文件管理规范，科学的维护必然能够为提升产品质量，提升企业运行效率，保护患者安全提供更大的助力。

12.4 退役

本节将讨论单一设备设施退役和生产车间退役两种情况的流程，重点讨论退役活动在 GMP 范围内的影响，如验证、数据完整性等。退役活动还可能涉及 EHS 管理流程、财务管理流程。

退役的原因多种多样，可能包括如下。
- 产品退市。
- 设备设施老化。
- 运营费用高。
- 有合规风险。
- 使用外部资源。

12.4.1 设备/系统退役

基于生命周期管理的原则（图 12-18），当设备将无法有效满足工艺需求时应做退役处理。当设备退役时，还应处于受控状态。

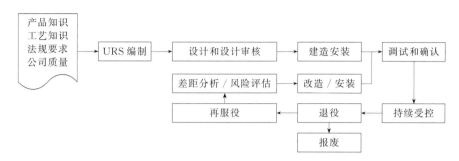

图 12-18　设备/系统生命周期管理

12.4.1.1　设备性能监控

应基于日常数据（设备自身生成数据、工艺监控数据、维保情况、变更/偏差、再验证测试数据等）对设备性能进行监控。如发现性能趋势偏离工艺要求（仍处于受控状态），应及时进行维护；假设经维护设备性能未恢复初始状态，应进行风险评估；如为低风险，可以继续使用但需加强日期监控，如为高风险，设备需做退役处理，如图 12-19 所示。

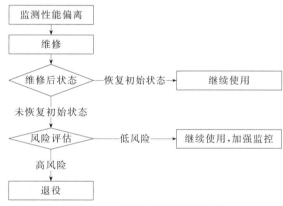

图 12-19　设备/系统退役流程

12.4.1.2　设备退役管理流程

应建立退役管理规程，包括如下。
- 评估方法/工具。
- 角色和职责（表 12-5）。
- 审批要求。

表 12-5　设备/系统退役流程中角色和职责

角色	职　责
用户	确认系统被正确定义； 如需测试，确认测试过程及标准满足要求
工程	确认系统被正确定义； 如需测试，确认测试过程及标准满足要求
EHS	确认退役过程符合当地法规及公司的 EHS 要求
QA/验证	确认退役过程符合当地法规及公司的 GMP 要求

• 后续处理流程。

如设备退役对 GMP 领域产生影响，退役流程应置于质量部门监管之下。部分特殊的设备/设施退役可能需要监管部门的批准。

当做出设备退役的决定后应编制退役计划，包括如下。

① 对设备状态进行回顾，确认与此设备相关的变更、偏差等已关闭。

② 退役前的校准、再验证测试计划。

③ 对工艺的影响评估（如，多产品共用情况下是否有替代设备）。

④ 设备清洁计划，某些对生产环境存在交叉污染的设备，如青霉素生产设备，需要进行灭活处理后才能进行后续处理。

⑤ 识别受影响的范围，如公用设施中的排水系统，并制定后续的处理计划。

• 数据/文件处理计划。
• 设备相关的使用维护记录、验证文件、图纸等应归档备查。
• 更新现场相关图纸、文件。
• 更新相关的管理文件，如维保计划等。
• 设备自身生成的数据，包括纸质和电子数据，应及时备份存档。

⑥ 拆除/转移计划。

⑦ 设备后续处理计划。

• 如判断无利用价值将进行报废处理。
• 如还有利用价值，应进行保养（如，传动部件添加润滑剂）后在适宜的（可能的要求：干净的、温湿度合适、避光等）位置封存（包括对应的备品备件的处理）。

12.4.1.3 旧设备处理流程（再服役）

当设备计划重新启用，应进行利旧设备风险评估/差距分析，确认利旧设备满足需求。如满足要求，应核实设备档案完整性并及时更新现场图纸、操作维护 SOP 等；如不满足，需判断经改造后是否满足要求（对改造方案进行设计审核）。改造设计过程可能涉及改造费用与新购的比较，但这些不是本小节的讨论内容。

当设备需要重新安装时，应进行安装运行测试，以确保设备状态满足设计要求。随后应按照新的工艺要求对设备性能进行测试。

对利旧设备的备品、备件进行检查并核实采购途径，确保后续使用维护的及时性。

12.4.2 生产车间退役/关闭

当决定生产车间退役/关闭，其流程将比设备退役复杂。可能还需要考虑市场供应计划、员工的后续安排等。下面将探讨生产车间退役/关闭的活动。

12.4.2.1 车间退役/关闭的确定

基于某种原因（如，产品退市、合规风险等）决定在某车间停止生产并将其退役/关闭，退役流程如图 12-20 所示。

基于图 12-20 所示的活动模型编制退役计划。

• 识别退役涉及范围，如，核心生产区、外围的支持系统等。
• 对市场供应的影响评估，备用的供应链（如产品退市，还需按照退市流程考虑产品退

图 12-20 车间退役流程

市支持计划)。
- 人力支持计划-退役车间涉及的人员后续安排，如再培训转岗、遣散等。
- 评估退役过程的法规因素，如，某些高致敏性产品需对生产车间灭活（包括设备内部、排风管/高效过滤器等）。
- 文档/数据处理计划。对设备/系统生成的电子/纸质数据，生产相关记录（批记录等）按照流程进行归档处理。
- 测试计划。应进行适当的测试，以证明退役前设备/系统/实施仍满足生产要求；对退役过程的某些处理结果进行测试（如灭活），以证明这些处理方法/过程是合适的，满足相关要求。
- 拆除计划。应确保拆除过程的合规性，包括拆除过程中的 EHS 要求、对相邻 GMP 区域的影响，并考虑对周边社区/交通的影响。
- 后续处理计划。报废处理，或计划转移至其他车间，或出售给其他制药公司继续服役；这些工作还会涉及财务流程。

12.4.2.2　持续供应
需基于技术转移（包括产品注册）的进度决定生产运营的期限，此阶段为 GMP 受控阶段（需要有效的质量保证，包括后续的储运、召回、销毁等）。在此阶段为保证市场持续供应，可能会准备额外库存。另外，也需和外部供应商（如物料供应商等）进行相关商务沟通。

12.4.2.3　技术转移
应及时有效地将产品、工艺转移至第三方，并完成相关注册、GMP 认证等工作。

12.4.2.4　员工安排
应与人力资源部门沟通，制定适当的策略并与员工及时、有效地沟通。

12.3.2.5　退役
基本流程如前文所描述。
- 确保退役前满足工艺及法规要求。
- 为服务在售产品及留样产品，保留部分硬件设施。
- 确保退役过程满足 EHS 要求，如高危害产品的有效灭活、废弃物的处理等。

- 及时将相关数据进行归档，包括GMP相关数据（如设备日志等）、退役过程生成的数据等。
- 后续的资产处置计划。

12.4.3 小结

设备设施/生产车间退役/关闭应建立退役计划，并重点关注如下。
- 是否为GMP监管范畴，如是，应置于质量部门监管之下，并基于生命周期的理念确认退役时仍满足工艺/监管要求，必要时进行校准、确认测试等，确保涉及的偏差、变更等已关闭。
- 涉及EHS的，应满足相关监管法规要求（包括退役过程）。
- 确保相关文档记录（包括电子文件）及时更新存档。

参考文献

[1] [美] 詹姆斯·P. 沃麦克，[美] 丹尼斯·T. 琼斯，[美] 丹尼尔·鲁斯著；沈希瑾，李京生，周亿俭，等译. 改变世界的机器 [M]. 北京：商务印书馆，1999.
[2] 文川，王凤兰著. 精益企业之TPM：管理实战（图解版）[M]. 北京：人民邮电出版社出版，2020.
[3] [日] 今井正明著；周亮，战凤梅译；王洪艳校. 改善：日本企业成功的奥秘 [M]. 北京：机械工业出版社.2010.
[4] 国家药品监督管理局. 药品生产质量管理规范（2010年修订）[S/OL]. 2011-01-17. http://www.nmpa.gov.cn/WS04/CL2077/300569.html.
[5] ISPE. GAMP GPG，A Risk-Based Approach to Calibration Management (Second Edition) [S/OL]. 2010-11. www.ispe.org.
[6] GB 50093—2013. 自动化仪表工程施工及质量验收规范 [S].
[7] 中华人民共和国强制检定的工作计量器具明细目录.
[8] ISO 10012：2016. 测量管理体系标准 [S].
[9] ISO/IEC 17025：2017. 检测和校准实验室能力认可准则 [S].
[10] ISPE. Good Engineering Practice，Maintenance [IS/OL]. 2009. www.ispe.org.
[11] ISPE. Good Engineering Practice：Decommissioning of Pharmaceutical Equipment and Facilities [S/OL]. 2017-06. www.ispe.org.
[12] ICH. Q10 Pharmaceutical Quality System [S/OL]. 2008-06-04. https://ich.org/page/quality-guidelines.

第 13 章 质量风险管理在药品生产中的应用

13.1 质量风险管理在原料药生产中的应用

相对于制剂工艺，原料药的生产往往包含复杂的化学变化和生物变化过程，工艺流程长，具有较为复杂的中间控制过程，生产过程往往会产生副产物，从而通常需要纯化过程，不同品种的生产设备与操作工艺大为不同，同一反应设备通常不用于不同的反应。另外，在原料药生产过程中通常会使用大量的溶剂，溶剂的质量控制，在药品的残留控制以及对外部环境的污染等都是原料药生产中需要重点考虑的。

原料药生产过程中的风险评估应结合其预期用途进行，如口服固体制剂、注射剂等。根据预期的用途和对患者的风险，进行厂房设计、工艺控制、物料控制等。

13.1.1 安全环保风险评估

原料药的生产，涉及大量的废水、废气、废弃物处理、由于化学反应以及溶剂的使用，在厂房设计时要考虑防爆要求，危险化学品存储要求等，因此在生产过程中要符合环保的法规要求。

对于员工安全，需要分析各个工序以及其他操作，如维修操作。当有投料等操作时，是采用人工、电葫芦辅助，还是自动上料机；投料过程中，如果是高危害物料，需要进行防护。对于工艺过程中有可能泄漏的位置，要进行泄漏检测，尽管有些设备不是直接影响系统，但对其安全性方面的测试是必要的。

13.1.2 厂房、设施与设备

原料药的设施/设备与其他类型制药行业的设施相比，有很大的不同，其是针对特有工艺进行设计的，跟其他制剂生产设施/设备很少有相似之处。需要大量的公用设施支持，其管路非常复杂。很多化学反应利用溶剂作为反应物或用于物料的分离，那么有些管路会应用到不同的设备上，容易产生差错。有时一些设备，没有围挡，露天放置，完全暴露在大气中。要考虑到极端气候条件下的影响。对于一些反应，需要控温，罐体会配夹套，配有冷却水、工业蒸汽等公用设施，如果采用自动控温会降低操作时的人为差错。

随着抗肿瘤和疼痛治疗领域创新药品获批数量不断增加，这种高效的原料药的密闭生产需求也会持续增加。在厂房设计和设备选择时要考虑到高危害药物的设计和生产策略。

13.1.3 对产品的理解

产品的化学纯度一般要满足一定的效价要求。杂质会引起不良反应，制剂一般也无法对原料药进行纯化，因此原料药对杂质的控制是非常严格的。企业应当按照ICH Q3A中的要求对杂质进行报告、鉴定和界定，有机杂质要求如表13-1。另外，根据ICH Q3D中的要求评估可能涉及药品中的元素杂质。

表 13-1 杂质限度

每日最大剂量①	报告限度②③	鉴定限度③	界定限度③
≤2g/d	0.05%	0.10%或每天摄入1.0mg(取限度低者)	0.15%或每天摄入1.0mg(取限度低者)
>2g/d	0.03%	0.05%	0.05%

① 每天摄入的新原料药的量。
② 更高的报告限度需要进行科学的评估。
③ 如果杂质的毒性很大，应当降低限度值。

对于原料药来讲，除了要控制化学纯度和收率外，物理参数也是需要考虑的，如粒径、形状和密度等。例如，受到下游制剂设备的一些要求，比如流动性，需要对粒度进行控制；需要确定所需要的晶型，因为不同晶型有可能产生完全不同的药理特性。

13.1.4 对工艺的理解

对工艺的理解是识别关键步骤、关键操作单元和关键参数的基础。

关键步骤的界定可依据经验、前期小试/中试研究的结果和惯例。举例如下。

- 依据经验。尖顶型反应对环境、条件要求苛刻，可能为关键步骤，需重点考察其工艺参数、规模放大对参数的影响。例如傅-克反应、格氏反应需严格控制环境、设备、试剂的干燥情况。
- 依据前期研究的结果。如前期研究水解步骤为关键步骤，其中pH值、水解温度、水解时间等都需要严格控制。
- 依据惯例。越靠近最终产品的步骤，对原料药质量的影响越大，如最后的精制和纯化步骤，直接影响原料药的有关物质、残留溶剂、晶型等，粉碎步骤中粉碎模式和粉碎时间会影响原料药的粒度。

13.1.5 分析方法

原料药与制剂还有一个显著的区别是必须进行大量的分析方法验证。因为原料药操作步骤多，中间控制环节多，除了对产品的分析方法进行验证外，还需要对主要副产品以及所需的化学成分进行鉴别与定量。

13.1.6 物料和取样管理

原料药活性成分生产的供应商的选取，应考虑到供应商的供货能力，对产品质量的影响。

对物料供应商需进行分级管理，对产品质量有直接影响的物料，应该采用更加严格的方式进行管理，如审计的方式和审计的频率。

对于原料药的取样操作，多为大宗原辅料，所取样品多为粉末或结晶性物料，那么取样的均一性必须要加以考虑。对于中间产品，如冻干托盘上的物料，应该考虑取样的代表性。

13.1.7　生产过程控制（污染和交叉污染）

在识别出关键工艺步骤、关键操作单元和关键工艺参数后，企业需评估原料药工艺中潜在的污染风险，可从暴露的可能性（如开放系统还是密闭系统，短时暴露还是长时间暴露），以及操作的关键性（是否有外部的污染）方面进行考虑。对于多产品共用的生产线，要考虑交叉污染的风险。

13.1.8　溶剂回收和重新使用

在原料药生产中使用回收溶剂是很普遍的，正确地给这些物料制定标准，由有资质的设计院对回收工艺进行设计和验证，并对回收的溶剂进行测试。

13.1.9　多次收获

结晶过程有时采用多次收获的方式，以最大限度地分离产品。即使所分离的产品成本不高，通过第二、第三甚至第四次收获来增加整个过程收率的能力已经成为日常工艺的一部分。这个验证是工艺开发的一部分，并需要在商业化生产中进行重新确认。

13.1.10　返工

对于中间产品或产品需要进行返工，以减少杂质改变其晶体大小或其他不符合的情况。这些工艺需要进行验证。如有前期的开发，则相对容易实现。

13.1.11　催化剂的重复使用

贵金属以及一些其他物料在某些化学反应中，通常作为催化剂使用，例如氢化反应。当催化剂在某些特定反应中用量极低时，这些金属的价格就决定了是否有必要回收。由于所需的化学反应催化剂用量一般是过量供应，经常将催化剂重新加入起始的操作步骤中，而不导致实际产率损耗。这种形式的催化剂重复使用必须要有适当的开发作为支持。

13.1.12　清洁

煮沸就是用工艺中使用的溶剂（也可以是水）来煮沸，并加热至回流，通过蒸发/凝结可以将设备上的任何残留物溶解到溶剂中，从而达到设备内表面清洁的作用。

很多原料药采用阶段性生产，即生产相同的产品中间可能不间断有小清洁，这样必须要考虑最多批次或最差设备使用时间，对最差条件进行清洁验证，阶段性生产的残留积累很容易造成对下一种产品或下一批产品的污染。

对于高危害物料的清洁，需要防止员工被暴露在清洁物料中。

中控实验室可以设置在生产区内，但实验室不得对生产工艺操作和物料有负面影响，工艺操作对实验室测定的准确性没有负面影响。

13.1.13 案例分析

下面以某无菌原料 A 生产进行举例，生产工艺如图 13-1 所示。

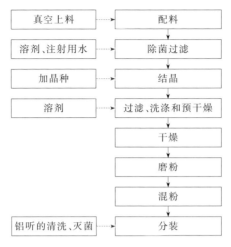

图 13-1　原料 A 生产工艺

背景介绍：原料 A 在投料时有粉尘暴露，采用了真空上料的方式。该无菌原料药是采用无菌工艺生产，溶剂需要进行除菌过滤，除菌过滤后的管路和设备需要采用无菌控制。

13.1.13.1　安全因素

以下展示了几个风险考虑的因素。
- 涉及溶剂的区域，需要设置为防爆区，并在屋内设有报警的传感器。
- 溶剂回收区域的安全风险需要进行分析，如对此区域的排风应考虑为主动排风。
- 设备需采用在线清洁的方式，但要对清洁取样人员进行防护。
- 设备运转时，如混粉机在运转时，需要防止对人员意外经过的伤害，比如当有人员经过时，设备会自动停止。
- 设备维修时，应有第二个人在现场，并做好标识。防止其他人员，突然启动设备，对人员造成的伤害。

13.1.13.2　物料控制

以下展示了几个风险考虑的因素。
- 活性成分和关键物料的质量控制，需要满足药典和工艺的要求。对于无菌产品的起始物料，其质量标准中应包含微生物质量要求。
- 对有温度要求的物料的保存、转移、取样过程的控制，以及取样后样品的处理应该进行确认，防止样品在取样后检验前降解。例如，对于需要 2~8℃ 储存的某辅料 A，建议样品在运输过程采用被动的保存方式进行保护，如冰袋。取样后到检验前这段时间需要进行确认，保证这段时间该物料不会发生降解。
- 对于无菌原料药，如果在无菌操作中使用注射用水作为溶剂，则应使用无菌注射用水，若无法使用最终灭菌注射用水，则应采用除菌过滤的方式对注射用水进行处理。
- 对于除菌过滤前的微生物负荷应确立控制标准并每批进行测试，必要时监控内毒素的水平。
- 进行回收溶剂的质量标准与过程控制，回收工艺的验证。

- 该工艺用到了晶种,对于晶种的管理也是一个风险因素,防止误用不同质量标准的晶种。

13.1.13.3 工艺控制

- 原辅料配制。识别出 CQA,即料液的浓度、pH 值和均一性。CPP 为温度、搅拌速率、投料量、加入顺序。尽量减少溶液从开始配制直到灭菌或进行除菌过滤处理的时间间隔,根据产品的组分和规定的贮存方法,设定允许的最长时限。
- 除菌过滤。确立除菌过滤器的材质,为何要选择该材质的过滤器。欧盟的建议是在使用前灭菌后检查过滤器的完整性,并在使用后立即采用适当的方法,如起泡点、扩散流或压力保持试验等方法进行测试确认。事先应对过滤器的过滤性能进行实验室研究,一般包括细菌截留试验、化学相容性试验、可提取物或浸出物试验、安全性评估和吸附评估等内容。对于除菌过滤器应该按照关键耗材进行管理。对过滤器使用前的灭菌工艺需进行验证。还需要在过滤器验证时确定过滤一定量溶液所用的时间和过滤器两侧压差,一般过滤器不可使用超过一个工作日。对于非在线灭菌的除菌过滤器,应该确保其在转运和安装过程中不被污染。
- 结晶。由研发建立结晶工艺曲线,如流加速率、结晶时间(含养晶时间)、温度、晶种的质量要求、搅拌速率。在此过程中,由于加晶种属于暴露操作,需要进行环境的控制。
- 过滤、洗涤和预干燥。该步为纯化工艺,因此对于最终产品杂质的含量影响很关键。每次洗涤溶剂的用量、洗涤时间、搅拌速率、温度、真空度、压滤压力都需要进行控制。
- 干燥。干燥工艺会影响最终产品的水分和残留溶剂,在此过程中要根据设备不同采用不同的 CPP,对于单锥干燥器,干燥过程中的转速、温度、真空度、时间都影响了 CQA。需根据干燥曲线确定最佳的干燥时间。
- 磨粉。要根据工艺需求选择磨粉机,并设定磨粉参数。
- 混粉。在研发和验证阶段对混粉参数,如混合量、转速、时间进行确认。如果控制策略采用了基于性能的方法(在线 NIR 检测器),能够实时对混合均匀性进行监测,使用配有混合操作参数反馈控制的 NIR 检测器,可以减少依靠混合速率和时间来确保工艺控制的需求。因此转速和时间就不是既定条件,而 NIR 分析方法和混合均匀性标准应为既定条件,通过对混合步骤以及输出参数的理解能支持更宽的生产范围。
- 胶塞、铝盖和铝听。采用清洗机进行清洗,该设备要进行验证,灭菌设备也需进行验证。灭菌后的保存、保存时限及如何传递都是需要进行控制的。
- 分装。分装前的清场很重要,防止混淆。分装用到的称重设备需要进行校准,下料的方式和软件控制会影响分装的精度,需要进行验证。在此步骤中,对于产品质量来讲,极为重要的是控制物料不被外界环境污染,因此需要进行在线的环境监测,做好分装环境的消毒。分装的时间影响了产品的保留时间,需要进行控制。分装铝听的密封完整性需要进行确认。
- 标签。标签的打印准确性需要有第二个人进行复核。
- 物料平衡。每个步骤都应该做物料平衡的核算。对于收率应该作为重要工艺参数进行控制。
- 清场。防止混料和污染。

13.1.13.4 清洁和消毒

- 对于无菌药品,所使用的清洁剂和消毒剂应进行微生物的监测,配制后的溶液应当保存在预先清洁过的容器内，存放时间不得超过规定的时限。对于 A 级和 B 级洁净区所使用的消毒剂和清洁剂在使用前应是无菌的。

- 无菌原料药 A 采用阶段式生产方式，应按照清洁 SOP 的规定，确定连续生产的批数或可连续生产的时间，在连续生产一定批次/时间后对设备进行清洁，然后再取清洁验证的相关样品，以此考察清洁验证的最差条件。
- 如果该工艺仅生产一种产品，也应进行清洁验证。对于活性残留，如果所有部分都可以进行目视检查，则可仅进行目视检查。其目视检查的方法需要经过确认。但需要考虑清洁剂或降解副产物的影响。因此需要通过评估确定是否需要进行残留的检查。对于有机残留溶剂限度，需要根据 ICH Q3C 指导原则建立。对于该产品，还需要测试微生物残留和内毒素。

13.1.13.5　其他

- 人员作为洁净区的最大污染源，除了常规的培训，需要对其根据产品特性进行无菌更衣、洁净区进出程序、洁净区的行为规范、人员防护（如危险化学品）等方面培训。
- 人员和物料进入洁净区，在气闸的时间应该充足以保证进行了足够的自净。
- 待检和合格的物料，需要用不同的托盘或其他措施进行区分，进行清晰地标识，并进行追溯。对于危险的物料需要隔离处理。
- 对于员工的盥洗设施必要时安装冷热水。企业根据情况提供沐浴和更衣设施。
- 对于不同区域的洁净服，需要分开清洁、干燥，必要时进行灭菌。

13.1.14　小结

原料药对于最终的制剂的质量有直接影响，是一个关键的输入，原料药质量的工艺控制能力对制剂的控制也非常关键。因此需要根据药品特点，结合工艺，通过头脑风暴、鱼骨图等分析原料药生产各个环节的控制点，针对不同的方面采用不同的评估方法，如对工艺的分析可采用 HACCP、FMEA，对安全风险分析可采用 HAZOP 的方法，根据风险水平制定合理的控制措施，由于风险是变化的，所以要定期对风险评估进行审核，更新控制措施。

13.2　质量风险管理在无菌药品生产中的应用

对于无菌药品生产企业以及洁净工程、设备供应商而言，制药设施、设备的设计、建造、调试和确认、维护是一个极大的挑战。无菌药品的生产需符合特殊要求，以减少微粒、微生物和内毒素污染的风险。无菌工艺的目标是生产出无菌产品，最大限度减少或消除潜在污染源。应在整个无菌生产设施内实施污染控制策略，以便评估无菌药品生产采用的所有控制和监测措施的有效性。

13.2.1　污染控制策略

欧盟于 2017 年 12 月发布了 GMP《附录 1　无菌药品的生产》征求意见稿。这是一份全新的无菌附录，并非现行版的修订，无论从语言、架构等其他方面都是全新的版本，而且格式也是完全不一样。其后又在 2020 年 2 月修订后发布了第二次的征求意见稿（名称改为《无菌产品的生产》）。2017 年 12 月版本的征求意见稿着重强调了"污染控制策略"这一概念在无菌药品生产中的使用要求，2020 年 02 月版本的征求意见稿在此基础上又进行了细化。控制策略（CS）最早由 ICH Q10（2007）提出，但其实质含义更早见于 ISO 14698-1（2003）提出的生物污染控制原则。该版征求意见稿首次在法规层面对其进行了系统的要求，包括如图 13-2 所示。

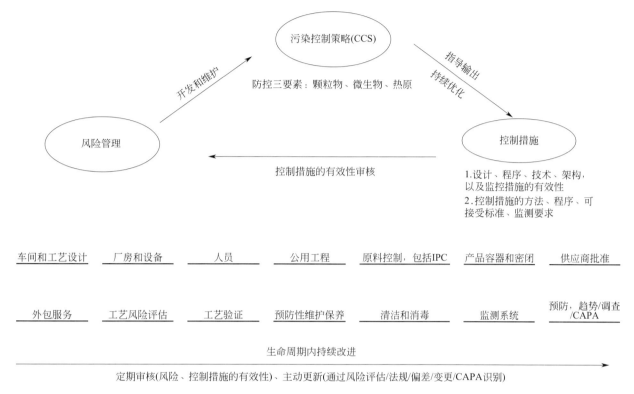

图 13-2 污染控制策略概览

污染主要指颗粒物、微生物和热原。根据 ISPE《基准指南 7 基于风险的制药产品生产》中说明，污染和交叉污染可能的方式包括残留、混淆、机械转移和空气转移，是故需要从这 4 个方面考虑控制策略，CCS 通常包括设计、规程、技术、架构以及监控措施。如图 13-2 所示，污染控制策略需要通过风险管理来开发和维护，并需要进行定期的审核和主动更新。

控制策略的概念亦可扩展到生产和质量上，这是一个非常有用的工具，是对产品和工艺的高度总结，并将有助于提高所生产无菌产品的系统认知，将更好地指导 URS、C&Q、SOP、人员培训以及日常生产。

13.2.2 重点集中在质量风险管理方法

应将有效的风险管理体系整合到产品生命周期中，以最大限度地减少微粒、微生物和热原污染，确保无菌生产的药品的安全性、质量及有效性，包括无菌保证。

欧盟 GMP 附录 1（2020.02 征求意见稿）指出"工艺、设备、设施和生产活动应按照 QRM 原则进行管理，该原则提供了一个前瞻性的方法，用于识别、科学评估和控制潜在的质量风险"。这也是符合 ICH《Q9 质量风险管理》的指导思想。目前行业内多见的是识别出存在的风险并提出控制措施，但是否真的将风险控制在可接受的水平，即控制措施的有效性检查相对关注不足；相对于 C&Q 和偏差/变更中风险管理工具的成熟使用，在设计阶段的风险管理亦存在缺失的情况。这些不是一份风险评估报告所能一次性解决的，需要从产品工艺的生命周期、设备设施的生命周期的角度，始终贯穿地进行风险管理。

13.2.3 强调对产品和工艺需求的理解

无菌制剂工艺分为最终灭菌工艺和非最终灭菌工艺。常见的剂型有水针（安瓿或西林瓶）、大输液（玻瓶或塑瓶或软袋）、吹灌封、冻干粉针（西林瓶）、粉针（西林瓶）、预灌充等，以冻干粉针为例，常规生产工序（步骤）风险管理的重点，如表13-2所示。

表13-2 冻干粉针工序风险

序号	工序	工艺设备举例	存在风险
1	称量	称量罩或隔离器、天平	称量准确、操作人员安全防护
2	配液	配液罐、工艺管路、除菌过滤器	药液浓度、除菌效果、内毒素去除效果
3	洗瓶	超声波清洗机、隧道烘箱	内毒素去除效果、微粒去除效果
4	胶塞处理	胶塞清洗机或脉动灭菌柜	灭菌效果、内毒素去除效果、微粒去除效果
5	铝盖处理	铝盖清洗机或脉动灭菌柜	灭菌效果、内毒素去除效果、微粒去除效果
6	部件处理	部件清洗机、脉动灭菌柜	灭菌效果、内毒素去除效果、微粒去除效果
7	其他物料(记录、培养基等)处理	传递窗、VHP传递舱	灭菌效果
8	洁净服处理	洗衣干衣一体机、脉动灭菌柜	干燥效果、灭菌效果
9	灌装	灌装机、RABS或隔离器	无菌组装、灌装装量、空气质量、隔离器灭菌效果
10	进出料	自动进出料系统、RABS或隔离器	无菌组装、空气质量、隔离器灭菌效果
11	冻干	冻干机	冻干产品水分和性状、CIP效果、SIP效果
12	轧盖	轧盖机、RABS	轧盖密封效果、RABS空气质量
13	外壁清洗	外壁清洗机	活性物质残留
14	灯检	智能灯检机	微粒或异物的检出、人员资质
15	包装	贴标机、赋码系统、装盒机、装箱机等	粘贴质量、印字质量、包装质量

无论是出于产品无菌保证，还是操作人员健康考虑，当前越来越多的项目开始选择隔离器作为生产操作的屏障系统。如果使用的是隔离器系统，其整个布局就会较RABS系统有所不同，其所需要考虑的风险点也会增加，如表13-3所示。

表13-3 隔离器系统与风险管理

序号	操作	存在风险
1	无菌传递(胶塞、其他部件)	传递的难度增加，造成污染产品
2	无菌组装或干预	组装或干预的难度会增加，造成污染产品或操作时长
3	泄漏	手套和腔室泄漏，污染产品或威胁操作人员健康
4	VHP灭菌	灭菌失效，污染产品

产品和工艺要求通常决定了无菌药品生产设施的基本布局。应了解无菌药品的关键产品属性（CQA）和关键工艺参数（CPP）。

对于每种具体产品或一类产品，企业应当评估产品特征/属性和工艺步骤。应当定义并了解产品的CQA，以适当地设计设施和相关工艺。应当设计设施、公用设施和工艺设备用于满足生产相关产品所必要的CPP。

13.2.4 强调质量源于设计

欧盟GMP《附录1 无菌产品的生产》（2020.02征求意见稿）2.2中提到："QRM的优先顺序应该包括首先对设施、设备和工艺进行良好的设计，然后实施设计良好的程序，最后使用监控系统作为最后的元素，以证明设计和程序得到了正确的实施，并继续按照预期执行。仅进行监测或检测不能保证无菌"。这里在法规层面明确了质量源于设计的要求。

无菌药品生产减少微生物、悬浮粒子及细菌内毒素污染的风险或是多产品公用设施中的潜在交叉污染，需要在早期考虑通过设计或其他控制措施来降低风险。

产品特性需要在设计阶段考虑，包括如下。
- 是液体、悬浮液、乳剂、粉末、半固体还是冻干粉？
- 是否支持微生物生长？
- 是否是强效的、有毒的和/或放射性的（即，可能在制造过程中对人员造成潜在伤害，或在多产品设施中存在交叉污染的风险）？
- 是否受到光照、氧气、温度、湿度或接触特定材料的不利影响？
- 是否是易挥发的？
- 是否具有生物活性（例如，活疫苗）？

另外，工艺特性也影响无菌产品生产设施的设计，包括如下。
- 产品剂型（西林瓶、安瓿瓶、软袋、预填充等）。
- 规模和产能要求。
- 产品在生产区域中的转移方法。
- 工艺生产时分批次生产，还是连续生产？
- 多产品共线或多功能产品共线设施潜在的交叉污染。
- 预清洗或预灭菌以及一次性部件和技术的使用。
- 直接接触包装部件（如即用型部件）的转移方法。

相应的合规性要求以及确认和验证策略也需要在设计阶段进行考虑。

13.2.5 整合药品质量体系

无菌药品的生产是一个复杂的活动，该活动需要额外的控制和措施以确保所生产产品的质量。因此，药品质量体系（PQS）应当包括并强调无菌药品生产的特定要求，以确保所有的活动均得到了有效的控制，以使所有成品不受到微生物或其他污染。

13.2.6 其他关键项目

13.2.6.1 Mockup

无菌生产过程中，可能会用到较多的隔离手套、半身服等，例如在 RABS 或隔离器之中进行的诸如转移、组装、取样等干预操作，虽然在一定条件下可以短暂地开门操作（必须有证据证明不会干扰 A 级区气流），但这些操作均会不同程度地影响 A 级环境下的空气（流向或质量）以及相应产品或部件的洁净状态。故此在设计或改造阶段有必要进行 Mockup 测试。

Mockup 是通过模拟各种操作来评估手套（或半身服、全身服）的规格、位置的可靠性、人员操作的便捷性，以及诸干预操作对产品质量、无菌环境的预期影响。所以在 Mockup 执行前应识别出所有可能的干预操作（如操作、环境监测、取样、清洁等），建立一个干预清单。干预清单主要来源于两个方面：其一改造前已有的、同公司或可借鉴的同类型设备的干预经验，以此为基础进行评估；其二对于无可借鉴的情况，则直接通过评估来识别。

需要说明的是，干预清单的作用除了在此处进行模拟之外，在后期的烟雾研究和模拟灌装测试中均会用到。

完善干预清单之后，按照此干预清单进行模拟操作，根据操作结果将这些操作分成不可操作、难于操作、易于操作3类，对于难以操作和不可操作的内容需要考虑完善设计或优化流程。

13.2.6.2　烟雾研究（烟雾测试）评估

无菌生产过程中很多工序都会涉及气流，例如单向流区域，在单向流区域下如何保证 First Air 原则是被关注的重点。

欧盟 GMP 附录 1（2020.02 征求意见稿）4.4 中描述"A 级区：为高风险操作或在首次风保护下进行无菌连接的关键区域（如无菌生产线、灌装区、胶塞斗、开口的安瓿瓶和西林瓶）。通常情况下，这些条件是由局部气流保护装置提供的，例如单向流工作站、RABS 或隔离器。在整个 A 级区域内，单向流的维护应进行证明和确认。操作人员对 A 级区域的直接干预（如没有屏障和手套端口技术的保护）应通过厂房、设备、工艺和程序设计降至最低"；4.15 中要求："洁净室和洁净区域内的气流模式应可视化地证明气流从低级别区域侵入到高级别区域，以及无气流从低洁净区域（如地面）流入或经操作人员或经设备转移污染物至高级别区域。当空气流动对洁净区或关键区域构成风险时，应采取纠正措施，如设计改进。气流模式研究应在静态和动态时进行（如模拟操作员干预）。应该保留气流流型的录像。在制定设施的环境监测计划时，应考虑可视化气流流型研究的结果"；4.21 "用于无菌工艺的 RABS，其背景环境应至少达到 B 级。开放式隔离器的背景环境，基于风险评估应达到 C 级或 D 级。应进行气流研究，以证明在诸如开门等干预措施时没有其他空气侵入"；4.32 "由单向流系统提供的风速应在包括风速测试位置在内的确认方案中明确说明。应设计、测量和维持风速，以确保在工作高度具备适当的单向流（例如，在高风险操作和产品和/或组件暴露的区域）为产品和暴露的组件提供保护。除非 CCS 另有科学证明，单向气流系统应在工作位置提供 0.36～0.54m/s（指导值）范围内的均匀气流速率。气流可视化研究应与风速测量相关联"。烟雾研究（烟雾测试）是用于证明气流合规以及产品无潜在污染风险的最好工具。

烟雾研究关注点有以下几方面。
- 腔室内气流流型是否符合预期要求（URS、法规等）？
- 腔室内部件位置是否影响 First Air 原则？
- 腔室内部件的运动是否影响气流？
- 腔室内某些部件（风机、真空泵等）是否影响气流？
- 腔室内可能的干预动作是否影响气流？
- 腔室与外部，或必要位置是否存在压差？

烟雾研究位置和动作评估的第一步是识别出所有潜在的位置和干预动作，干预动作可以引用 Mockup 中的干预清单，位置的识别可以由 SME 的头脑风暴来识别，将位置和干预动作信息汇总之后，可通过上述问题的答复来判定是否必要纳入烟雾研究的范畴。

烟雾研究执行之后，针对不符合预期的动作或位置需要考虑进行整改，完善设计或优化流程。

13.2.6.3　人员资质评估

在洁净区涉及无菌操作、关键检测操作的人员需要进行资质确认，欧盟 GMP 附录 1（2020.02 征求意见稿）规定："2.1 人员应具有适当的资质、经验、培训和态度，并特别注重无菌产品在生产、包装和分销过程中保护的原则。"和"7.7 应建立取消人员进入洁净室资质的规程，基于包括持续评估和/或人员监测计划的不良趋势的识别，以及/或参与失败 APS 在内的诸方面。一旦被取消资质，应在允许操作员进一步参与无菌操作之前完成再培训和再确认。对于进入 B 级洁净室或进入 A 级区域进行干预的操作人员，此再确认还应包括成功参与 APS 的考虑。"这就需要增加人员资质的管理。在无菌制剂生产过程中，以下两个需要评估资质的案例。

（1）无菌操作人员资质　人是无菌工艺中最大的污染风险源。对于无菌操作的人员来说，评价其是否具备无菌操作资质的主要关注点如下。
- 无菌生产区的行为规范，有无违规操作记录？
- 无菌操作的熟练程度。
- 个人卫生习惯。
- 健康状况。
- 是否参加无菌相关培训及考核？
- 是否定期参加模拟灌装试验并通过？
- 是否参加更衣确认并通过？

（2）灯检人员资质　目前灯检主要是有 2 种方式——智能灯检与人工灯检。灯检通过意味着产品微粒和异物检查通过，产品将放行到市场，故此灯检设备或目检人员的检出能力是关乎患者健康的。另外即便是智能灯检的方式，也需要人工灯检人员的目检抽查以及进入到灰色区域的产品的复核检查，而且，设备的检出性能判定也是通过人工比对实现的，故此人工目检能力是一项重要的实操能力。

如何评估目检人员资质呢？根据 ECA《注射用药物的灯检——良好实践指南（V3.2）》，其评估关注点有如下方面。
- 人员的视力、有无色弱、色盲等辨识异物（或色彩）的能力。
- 目检培训是否完成？
- 检出能力测试。
- 有无检出失败的记录（缺陷等级为关键缺陷或主要缺陷）？

13.2.6.4　环境监控风险评估

根据 PDA TR13—2014，环境监测的范围应包括空气质量、人员、水以及气体，此处只就洁净区内的空气质量进行讨论。欧盟 GMP 附录1（2020.02 征求意见稿）4.30"关键的工艺位置的判定应基于文件化的风险评估和对该区域工艺和操作的了解"；4.33"洁净室的微生物浓度应作为洁净室确认的一部分进行测定。取样点的数目应根据有文件证明的风险评估，包括分级的结果、气流可视化研究以及对在该区域进行的工艺和操作知识"；9.4"应进行风险评估，以建立全面的环境监测程序，即取样点、监测频次、所用监测方法和培养条件（例如时间、温度、有氧和/或无氧条件）。这些风险评估应基于详细的工艺输入和最终产品知识、设施、设备、特定工艺、涉及操作、历史监测数据、在确认期间获得的数据，以及从环境中分离出的典型微生物种类。还应考虑其他信息如气流可视化研究。应对这些风险评估进行定期回顾，以确认工厂环境监测程序的有效性。应在趋势分析和工厂 CCS 的整体环境下考虑监测程序"。环境监控系统的风险评估的目的是识别出影响区域内微生物或悬浮粒子的各种风险，进而采取定期监控或持续监控。

风险点位的识别主要有两种方式。

① 组建评估团队，依靠团队中 SME 或供应商的经验，识别出可能存在的风险点位，然后进行 FMEA 等方式的评估，最后筛选出关键点位。

② 将所需监测的区间划分成不同面积的网格，然后依次对各个网格进行风险识别和分析，筛选出关键点位。

以下是网格评估的案例。

首先取得最新的设施或设备布局图将所评估的区域划分成网格，网格的面积可按表 13-4 执行。

表 13-4 网格面积

级别	A级	B级	C级	D级
网格面积	0.5m²	2m²	3m²	4m²

对每一个网格进行编号，然后对每一个网格进行风险分析，从以下 6 个方面，如表 13-5 所示。

表 13-5 网格风险分析

序号	风险描述
1	设备或表面清洁的可能性和便捷性,即是否表面光滑易于靠近清洁?
2	有无物流活动?
3	与无菌物料或与物料直接接触部件的距离
4	有无人流活动?
5	人员干预的频次
6	人员干预的复杂程度

评估的方向是评价微生物或悬浮粒子产生和/或进入区域的情况。对环境暴露于无菌组分、设备和产品的风险，根据其暴露的接近程度和持续时间进行评估。各个风险均分为高、中、低三个层级，然后综合得出该网格的风险级别。对风险为高或中的网格进行优先的监测布点。

13.3 质量风险管理在生物制品生产中的应用

13.3.1 引言

中国 GMP《附录 生物制品》指出，生物制品是以微生物、细胞、动物或人源组织和体液等为原料，应用传统技术或现代生物技术制成，用于人类疾病的预防、治疗和诊断。人用生物制品包括疫苗、抗毒素及抗血清、血液制品、细胞因子、生长因子、酶、体内及体外诊断制品，以及其他生物活性制剂，如毒素、抗原、变态反应原、单克隆抗体、抗原抗体复合物、免疫调节及微生态制剂等。

生物制品区别于其他小分子制品，在于从原料到工艺过程以及分析方法都具有更强的变异性，因此质量风险管理需贯穿生物制品的产品以及工艺的整个生命周期。对产品的生命周期各个阶段进行有效的实施，并且质量风险管理的实施程度需同相对应阶段获得的工艺知识以及工艺复杂程度相适应。

生物制品的质量风险管理从研发阶段开始，将质量风险管理纳入至工艺设计中，随着工艺和产品知识的不断积累，质量风险管理可有助于工艺的不断改进。

13.3.2 法规要求

13.3.2.1 WHO 关于生物制品的 GMP

(1) 原则及一般考虑　在生物材料的生产和检测中由于固有的风险产生及操作致病性和传染性微生物，GMP 必须优先考虑生物制品使用者的安全。操作人员的操作安全和对环境的保护。因此，QRM 原则用于开发生产的所有阶段并实现控制策略一致性显得尤为重要，并可以减少可变性和降低污染与交叉污染的机会。风险评估也将有助于识别可能导致不必要的或意料之外的因素，如影响产品的纯度、效力、安全性、有效性和稳定性，评估的有效性措施可以管理或减少这些风险，并能够帮助识别在开发和验证阶段的关键产品属性和过程控制参数。

（2）药品质量体系和质量风险管理　在生物制品的生产和实验操作中，需要具备生产和操作致病性、传染性微生物所固有风险的专门知识。其结果是，QRM 原则对于这类物料尤为重要，并应当依据 WHO 指导方针和 ICH Q10 运用于开发各个阶段的供应链。

QRM 工具可使用包括危害分析及关键控制点（HACCP）和失效模式、影响和危害性分析（FMECA）对工艺相关的风险进行预防性的评估，根据需要通过 WHO 在制药中的 HACCP 方法以减少不确定性的水平。

13.3.2.2　EU GMP

（1）《附录2　人用生物原料药与药品生产》　生物原料药与生物制剂涉及生物工艺以及物料，例如细胞培养或从活机体提取物料。这些生物工艺可能会显示出其固有变异性，所以其副产品的范围和性质可能会变化。因此，QRM 原则对于这类物料尤为重要，应用于制定整个生产阶段的控制策略，以使变异最小化，并减少污染与交叉污染的机会。

（2）《第 4 部分　ATMP 先进治疗药品生产质量管理规范指南》

"ATMP 制造商基于风险的方式的应用

基于风险的方式（"RBA"）适用于所有类型的 ATMP。它适用于所有类型的环境。无论是在医院、学术还是工业环境中开发，ATMP 的质量、安全性与有效性以及符合 GMP 要求都应该得到保证。

制造商对于他们生产的 ATMP 的质量负责。基于风险的方式允许制造商设计并具有符合 GMP 的组织、技术与结构化的措施，从而根据产品与生产过程的特定风险确保产品的质量。虽然基于风险的方式带来了灵活性，但也意味着制造商有责任采取必要的控制/缓解措施来解决产品与生产过程的特定风险。

与 ATMP 相关的质量风险高度依赖于细胞/组织的生物学特性与起源、载体的生物学特性（例如复制能力或逆转录）与转基因、所表达的蛋白质的水平与特性（对于基因治疗产品）、其他非细胞成分（原料，基质）的性质以及生产过程。

在确定每种情况下最适合的控制/缓解措施时，ATMP 制造商应根据所有可用信息考虑与产品或生产过程有关的所有潜在风险，包括对产品的质量、安全性与有效性潜在影响的评估，以及对人类健康或环境的其他相关风险。当出现可能影响风险的新信息时，应评估控制策略（即应用的控制措施与缓解措施的总体情况）是否继续适当。

风险与控制/缓解措施有效性的评估应以当前的科学知识与积累的经验为基础。最终，这种评估与保护患者有关。

投入与文件记录水平应该与风险水平相称。使用正式的风险管理规程（使用公认的工具，和/或，内部规程，例如标准操作规程）既不总是适当也不总是必要的。使用非正式的风险管理规程（使用经验工具和/或内部规程）也可被认为是可以接受的。"

13.3.3　生物制品的风险管理

质量风险管理的首要工作是建立质量风险管理程序，由于生物制品工艺的特殊性和变异性，需要从整个工艺生命周期考虑建立质量风险管理程序，例如（包括但不限于）：

- 生物安全质量风险管理程序。

- 细胞库质量风险管理程序。
- 原液工艺质量风险管理程序。
- 制剂工艺质量风险管理程序。
- 无菌工艺质量风险管理程序。
- 清洁工艺质量风险管理程序。
- 包装工艺质量风险管理程序。
- 运输工艺质量风险管理程序。

一个科学而完善的质量风险管理程序文件体系,能够有效地指导各个专业的质量风险管理流程以及考虑的侧重点,并且可以对现有规程进行有效的评估,如对当前的规程、指导原则、程序以及操作规程进行差距分析,从而识别执行质量风险管理的方向,同时差距分析也可以确认质量风险管理的方法以及可能用到的统计学工具。

质量风险管理应包括协调、促进和提高风险相关的科学决策的系统过程。所有质量风险管理活动,不论其本质上是前瞻性还是回顾性的,都应在启动任何风险评估前进行充分的计划。计划的严密性应与潜在风险对产品质量的影响相一致。计划活动应包括如下(取决于评估的正式程度)。

- 确定问题描述、范围、已知的假设和期望的结果。
- 确定由主题专家组成的适当团队,以及一个公正(尽可能)、经过培训的协调人。
- 确定风险管理的正式程度,选择适当工具以获得预期结果。
- 确定如何记录质量风险管理活动。
- 识别并收集相关信息、参考文件和潜在风险或其对产品和患者影响的相关数据。
- 指定风险管理过程的期限、预期目标和适当的决策。
- 确定一个报告和沟通计划。

适当记录这些计划要素并获得管理层对质量风险管理活动的支持(包括资源分配)也是很重要的。

13.3.4 生物安全风险评估

在生物制品生产和检测中,不仅有固有的风险,而且有由于操作致病性和传染性微生物而带来的风险,故需要考虑生物制品接受者以及操作人员的风险,还应按照国家相关法律法规、标准要求等对生物安全进行管控。根据计划生产病原微生物的危害水平,确定生物安全等级(bio-safety level,BSL),从而保证生物安全。

中华人民共和国卫生行业标准《WS 233—2017 病原微生物实验室生物安全通用准则》中根据病原微生物的传染性、感染后对个体或者群体的危害程度,将病原微生物分为4类,整理如表13-6所示。

表13-6 病原微生物危害程度分类

类别	描述
第一类病原微生物	是指能够引起人类或者动物非常严重疾病的微生物,以及我国尚未发现或者已经宣布消灭的微生物
第二类病原微生物	是指能够引起人类或者动物严重疾病,比较容易直接或者间接在人与人、动物与人、动物与动物间传播的微生物
第三类病原微生物	是指能够引起人类或者动物疾病,但一般情况下对人、动物或者环境不构成严重危害,传播风险有限,实验室感染后很少引起严重疾病,并且具备有效治疗和预防措施的微生物
第四类病原微生物	是指在通常情况下不会引起人类或者动物疾病的微生物

其中，第一类、第二类病原微生物统称为高致病性病原微生物。

中华人民共和国卫生行业标准《WS 233—2017 病原微生物实验室生物安全通用准则》中对实验室生物安全防护水平分级与分类进行了说明，根据实验室对病原微生物的生物安全防护水平，并依照实验室生物安全国家标准的规定，将实验室分为一级（biosafety level 1，BSL-1）、二级（BSL-2）、三级（BSL-3）、四级（BSL-4），具体内容整理如表13-7所示。

表13-7 实验室生物安全防护水平分级

类别	描述
BSL-1	适用于操作在通常情况下不会引起人类或者动物疾病的微生物
BSL-2	适用于操作能够引起人类或者动物疾病，但一般情况下对人、动物或者环境不构成严重危害，传播风险有限，实验室感染后很少引起严重疾病，并且具备有效治疗和预防措施的微生物
BSL-3	适用于操作能够引起人类或者动物严重疾病，比较容易直接或者间接在人与人、动物与人、动物与动物间传播的微生物
BSL-4	适用于操作能够引起人类或者动物非常严重疾病的微生物，我国尚未发现或者已经宣布消灭的微生物

BSL-1、BSL-2、BSL-3、BSL-4表示仅从事体外操作的实验室的相应生物安全防护水平。

风险管理在生物安全实验室的厂房设施、生产系统的设计、建造和管理等承担了关键作用。

① 生物安全评估。根据实验室活动涉及的生物危险因子，如危害程度分类、生物学特性、传播途径等风险因素，确定实验室设施和设备的防护水平。

② 设施设备风险评估。根据生物安全防护水平，评估设施设备等与国家相关要求的符合性和可靠性。此部分风险评估关注在建筑设施和关键防护设备两个方面，包含建筑布局、装修、空调净化系统、气流组织、生物安全柜、高压灭菌器、活毒废水处理系统等。

③ 操作风险评估。根据实验室活动中可能遇到的风险进行系统的评估，并实施必要的控制措施，应急方案、意外事件处理。此阶段的风险评估还应涵盖应急程序、管理水平等要素。

④ 实验室人员的评估。包含人员的专业背景，生物安全知识，操作技能，对风险的认知，心理素质，意外事件的处理能力，健康状况、培训等内容。

⑤ 持续风险评估。为持续的风险评估，风险评估活动是动态的，由于风险存在不确定性，故实验室应持续进行风险评估。

综上所述，需根据国家的相关法规指南和风险评估确定的生物安全防护水平、控制策略等内容进行生物安全实验室的设计、建造、检测、验收、操作、管理等活动的设计，以保证生物安全。

13.3.5 生物制品的风险评估

风险评估是质量风险管理的一部分，也是生物制品生命周期中管理风险的根本组成部分。生物制品风险评估过程由风险识别、风险分析和风险评价组成。严格的程度和风险评估的类型应与潜在影响、对相关风险的认识相一致。风险评估的严格和正式程度应与风险对患者或产品质量的潜在直接影响以及对过程和风险的理解程度相对应。对患者或产品质量有直接和关键影响，并且对危害、过程和风险的理解不完整或不确定，则风险评估的严格和正式程度应最高。相反，对患者没有和具有很小的潜在影响，并且对危害、过程和风险有非常全面的认识，则所需的严格和正式程度较低。当无法估计风险对患者安全的特定临床影响时，评估风险对产品质量的影响就变得很重要。

在进行风险评估前确定参与风险评估的专业人员，组建风险评估小组。确保组员具有必要的专业知识，经过风险管理培训。对于正式的风险评估，需要协调员来指导、整改风险管理的过程以及参与评估和管理风险的跨部门专家团队是非常必要的。制定采用何种风险管理工具，可使用不同的风险管理工具或风险管理工具的组合，进行风险识别、风险分析和风险评价。

13.3.6 风险评估

识别可能对产品质量或患者安全造成不利影响的潜在危害和伤害，是生物制品风险评估过程中最重要活动之一。风险识别是通过对信息的系统利用，识别风险问题或问题描述相关的危害和潜在伤害。

生物制品生产过程通常包括 6 个主要部分。
- 设施/设备。
- 人员。
- 方法。
- 环境。
- 物料。
- 检测。

13.3.6.1 设施/设备

（1）厂房设施　厂房设施在风险评估中应当考虑的方面包括：厂房应当有充足的面积（尺寸）、建设（如建筑材料、建造技术、布局等），并且应易清洁，易于操作。表面材料和部件应当易于清洁，不能与清洁剂发生反应，或者被腐蚀，这些可能影响厂房或产品的质量。在对材质和组件选择时，应当包括对药物成分质量的潜在影响的评价。与产品接触的表面应当不会被腐蚀以影响产品质量（如吸附，与组分或消毒剂发生反应，物料在灭菌时的耐受性等）。

清洁的定义应该是可操作的、可以实现的并适用于设备、厂房的，包括在工艺步骤或产品中的。消毒剂应当验证有效性，并且无生物学或化学残留。设备或厂房的清洁依照批准的书面程序进行。清洁剂应当根据其目的评估有效性和适用性，清洁程序的性能应当有记录。这些记录应当保存好，以便在出现问题的调查中提供。

① 产品和工艺的性质（如密闭/开放的工艺，易受污染/不易受污染的工艺）。由于生物制品的产品及工艺特性，对工艺的密闭程度要求较高。根据工艺的需要，不同的操作系统对密闭系统有不同的要求级别。有些系统的隔离要求可能是"绝对的"，而其他则要求较低的隔离度。物理密闭的水平取决于用于工艺的有机体和试剂。一个密闭的工艺可以有效地防止产品的泄漏以及外来污染物进入到工艺流中，密闭工艺可有效地保护对污染敏感的工艺，同时也可以提高安全性。

在工艺条件未将工艺流暴露在潜在的风险下或潜在的污染很小时，开放工艺是可以接受的。但是当存在开放的工艺，对外来污染物在厂房设施可能造成风险时，应当注重对厂房设施的设计进行风险识别，如人员流动的相互影响和对工艺的介入/物料以及产品流动可能造成相互之间的交叉污染/废弃物的流向，区域的划分如洁净区与非洁净区的划分，需考虑产品对各个工艺步骤的要求以及可能的风险等，开放工艺的类型（如短时间/长时间开放），需根据风险类型和级别的开放持续时间制定依据，开放区域与密闭区域是否需要有效的物理隔断等。活生物体和细胞的处理，包括其取样期间的设备，应当设计成在处理过程中防止交叉污染。开放系统可以用在特定的步骤，比如在适当保护下的纯化柱收集的部分。

局部保护工艺（系统）：在开放工艺步骤或系统中使用适当的控制措施，适当的控制措施包括高效过滤器过滤的气流、手套箱/隔离器和简易的手套箱。或者其他的适当的方法、规程或设备设计特点，以保证产品免受潜在的环境污染。

典型的生物密闭系统包括：
- 密闭工艺设备来维持密闭性级别。
- 在生物密闭区域使用独立的空调系统，采用的直排或者在不同的生产区或不同的生物隔离要求区域采用压差方法隔离（多使用负压）。
- 在暴露之前使用流通蒸汽进行灭活。

② 隔离。当一个产品的工艺需要一些联合的操作时，从设计上考虑保护产品不受污染。
- 主要隔离。用于解决直接的环境污染威胁的隔离方法或策略，如在特殊的开放操作步骤时设置环境控制的外层。
- 次要隔离。用于保证产品的保护状态（如在密闭的条件下）或用于减少厂房和人员可能造成混淆机会的隔离措施或策略。

③ 工艺的批量和复杂程度。工艺的批量和复杂程度在厂房设施的风险主要考虑为厂房设施的面积/尺寸/材质是否与工艺需求相匹配，如操作/维护的空间，是否有利于清洁等，工艺的复杂程度需要考虑工艺从上游向下游的传递过程中的风险，例如跨级别的转运流程和途径，各个工序步骤间相互可能造成的影响等。

④ 厂房中的产品的种类和数量。对产品生产厂房是生产者在同一个厂房中生产两个或更多的不同的产品（兼容的）的情况。这类厂房在设计和操作时应当考虑适当的方法防止污染和交叉污染以及混淆，从厂房设计的风险考虑可参考"6.4 多产品共线评估"的相关内容。

（2）公用设施

① 水系统。选择水或蒸汽系统的质量，应对产品需求和过程能力进行评估，例如，进行纯化和内毒素的去除能力。其风险分析应侧重工艺对不同水质的要求，如纯化水通常用在上游以及清洁的预清洗，注射用水通常用在下游以及清洁的终淋洗等。

② 空调系统。因为生物制品的工艺流和组分通常都会支持或促进微生物的生长，因此应该对微生物污染的风险进行关注。适当的 HVAC 设计是对潜在粒子污染整体的控制策略。良好的 HVAC 系统的设计可以有效地处理洁净区域内空气质量、气流组织、房间压差、相对湿度和温度的控制，以便不同区域的微生物控制在相应的可接受标准范围内。对于有菌区/无菌区以及有毒区/无毒区的洁净环境需要不同的空调机组分别进行控制，以防止不同区域间的微生物污染。如果一个操作容易受到来自微生物、环境或人员干预带来的污染的影响，可能对生产过程产生不良的影响，因此需要建立环境监控程序，以提供一个保证等级免受工艺和产品受到影响。环境监控程序的设计应当保证定义的环境质量可以得到维持。

环境监控程序可能包括但不限于房间温湿度、压差、悬浮粒子和表面微生物，并且，程序应当定义取样点和频率、警戒限和行动限、数据审核和环境超标时的反应。在早期设计的时候应当考虑在厂房中监测的可操作性。

（3）工艺设备　工艺设备和管道的设计规格需要和厂房的设施布局、公用设施、洁净区级别、工艺流、材质和人员相一致。在整个厂房设施的设计早期进行介入，是进行性能优化、设备和设施的生命周期成本要素考虑的要点。批量的大小决定设备的尺寸，设备尺寸决定设计方案。工艺设计考虑影响房间、空调需求、密闭工艺系统所要求的条件，包括取样、流向、传递等。

① 材质。产品接触表面的材料，进行与产品相容性风险的考虑（通过中间体到最后的剂型），是至关重要的。尤其是生物制品生产中常用的一次性使用设备，如一次性生物反应器、一次性配制系统等，需对一次性设备所采用的聚合物材质与其相接触的工艺产品的相互作用（如溶出/浸出）的风险进行考虑。

虽然不是必需的，但在生物制品工艺设备的材质方面，316 或 316L 不锈钢是一种普遍被接受的与产品接触的材料选择。

② 密闭性。主要的密闭设备应对完整性进行设计并在最初进行合格和验证的确认，以防止生物因子外泄到直接工作的环境中。基于相关指南和 QRM，主要的密闭设备还应当进行周期性检查以确保其处于合适的工作条件下。密闭系统的关键部分（如生物反应器）应当经过适当的确认（如压力衰减率、灭菌介质保持），用来证明系统能够防止产品外泄和外界环境污染物的进入产品。重新建立密闭情况的验证程序应该是生产工艺的一部分。

③ 清洁及排水。由于生物制品的加工条件通常有利于微生物的生长，因此清洁的相关操作是关键性的，同时生物制品的残留物大部分为蛋白质类物质，相对于其他制品来说清洗的难度以及对清洗的要求更高。因此选择易清洗、可拆卸的离线或在线清洗显得十分重要。在考虑风险时，应考虑设备在设计中是否存在如死角，难清洁的部位或者清洁难以达到的位置等。

表面光洁度的选择在一定程度上支持清洗规程，同时对保持清洁工艺一致性和维护性有着重要的支持作用。容易受到污染（如上游各工序步骤）的工艺步骤，高水平的表面光洁度可能更便于清洁。

设备及管路清洁后应当能够有效地排空，防止残留的水分引起微生物的生长。

④ 压力/温度仪器仪表的连接
- 温度探头应在护套中或与介质相分离。
- 压力仪表应与介质相分离并使用液体进行密封。安装应能够完全排空。
- 仪器仪表的表面光洁度应与管道系统和/或设备的要求相一致。

⑤ 灭菌和消毒。由于生物制品在工艺过程中通常包含有活性的物质，因此，灭菌系统在去除和控制微生物生长过程中起到了显著的作用。灭菌和消毒有两种基本的途径，如利用蒸汽在线和离线进行灭菌。采用蒸汽进行灭菌常用的方法，但也可以对设备和管道进行消毒以达到减少生物负荷的作用。

⑥ 自动化控制。生物制品的生产过程由于其变异性需要进行严格控制，工艺对于设备以及设备操作产生的偏差比较敏感，为了保持工艺以及其质量属性的稳定性，生物制品所采用的设备往往需要更高的自动化程度及自动化控制。当采用高自动化控制时，需要考虑的风险包括数据的收集系统、持续的数据收集以及分析有利于及时发现工艺过程可能出现的变异并采取的相应控制措施、数据的输入/输出以及数据完整性等方面的要求。自动控制利于过程一致性的评估，并且利于评估后的改进过程。过程失败时更容易对可用于评估一致性的数据进行追溯。收集和分析详细的批次历史数据可以便于对工艺进行改进，同时这些数据也可以帮助识别控制过程中的薄弱点，通过例如增加传感器或控制设计进行提升。另外，清洁以及灭菌应尽量采用 CIP/SIP 的方式进行，以便减少污染所带来的风险。验证 CIP/SIP 能够有效地降低或维持生物负荷到预定水平并且能够将系统返回到之前的密闭条件下是有必要的。

⑦ 微生物负荷控制。生物制品微生物负荷控制通常包括如下。
- 实验室接种/种子扩增时的无菌操作。玻璃器皿、培养基和其他组件使用前消毒。在 A 级单向层流罩下进行操作。
- 发酵和/或细胞培养的无菌操作。培养基、流加液以及其他组件要经过加热或过滤进行除菌。气体需要经过除菌过滤。设备及管道通常在位蒸汽灭菌。正压层流或清洁蒸汽加压用来保持无菌屏障。

- 纯化工艺、切向流超滤和/或离心提取、目的产物在细胞内时通常使用高压匀质或其他方法进行细胞破碎，上述这些操作通常不需要在无菌条件下进行，但是需要对微生物负荷进行控制。

13.3.6.2 人员

由于生物制品工艺的复杂性，对从事生物制品的人员水平及技能往往需有更高的要求，如生物学、微生物学、病毒学、免疫学等相关的专业背景知识。应对人员根据不同的专业方向以及所从事的工作性质制定培训计划，并根据风险程度，如风险较高的无菌操作岗位人员、进行无菌取样的检测人员及菌种制备人员等制定周期性的培训计划。A/B区域内工作人员的微生物监测应在关键操作之后及离开A/B区域时进行。应根据监测计划的结果以及可能相关的其他参数建立一个取消人员资质的制度。一旦丧失资质，在操作员参与无菌操作之前需要进行再培训/再确认。建议再培训/再确认包括参与成功的工艺模拟试验，从而降低人员可能造成的风险。

为将交叉污染风险降至最低，应限制所有人员的流动。一般而言，人员（或任何其他人员）不应直接从有活微生物、转基因生物、毒素或动物暴露的地方通往处理其他产品、灭活产品或不同生物的地区。如果这样的通道是不可避免的，应该采取适当的控制措施（考虑到风险）。当一个人从一个洁净室移动到另一个洁净室（从高级别到低级别或从低级别到高级别）时，应采取适当的消毒措施。应该遵守相关等级所要求的服装要求。

涉及生物安全的生产人员应遵循生物安全的要求进行防护、培训和健康卫生管理工作。

13.3.6.3 方法

生物制品生物学的测定方法一般需要使用动物、细胞或生物分子进行，往往具有很大的可变性，因此质量风险管理的实施应当涵盖生物制品分析方法的学开发、建立以及验证的整个过程。用于生物制品质量控制的所有的分析方法应具备良好的表征，对可靠的标准进行充分验证和记录以便得到可信的结果。对于定量测定方法应尽可能减少方法的变异，验证的结果仍应能证明该方法具有相当的准确性和可靠性，并应以能够有效控制产品质量为基本标准。对于非标准方法，需要进行严格的验证并提供相关的数据及资料。

13.3.6.4 环境

（1）生产环境　生物制品的生产操作应在符合规定的相应级别的洁净区内进行，表13-8为引用的中国GMP《附录　生物制品》洁净区级别的参考。

表13-8　洁净区级别与生物制品生产操作示例

洁净区级别	生物制品生产操作示例
B级背景下的局部A级	《附录　无菌药品》中非最终灭菌产品规定的各工序 灌装前不经除菌过滤的制品其配制、合并等
C级	体外免疫诊断试剂的阳性血清的分装、抗原与抗体的分装
D级	原料血浆的合并、组分分离、分装前的巴氏消毒 口服制剂其发酵培养密闭系统环境（暴露部分需无菌操作） 酶联免疫吸附试剂等体外免疫试剂的配液、分装、干燥、内包装

另外，基于 QRM 原则基础的考虑，一些区域可使用单向的空气系统。对于高致病性病原微生物实验，生产活动所需的空气系统，应通过 HEPA 过滤器过滤去除并定期检查其性能，BSL-2 以上的区域与任何相邻的不含有微生物的区域应始终保持负压差。

（2）存储/运输环境　生物制品的成品，原液及中间体等的存储通常需要在低温（2~8℃）下进行存储，因此需对存储环境进行控制，如冷库、冰箱等存储设施，需建立有效的监控措施并进行确认。

生物制品的运输环境通常采用冷链运输管理，在质量风险管理中需要考虑工作区域方面的设计，如接收区的空气级别、存储空间及必要的清洁程序，待检区的状态标识及可视范围。需要考虑转运过程中的时间控制，如需要，应与稳定性试验进行综合的分析。运输的过程需要考虑运输设备、路线及方法，并根据风险评估进行确认，其风险识别的考虑要点如表 13-9 所示。

表 13-9　生物制品运输风险评估要点

序号	风　　险
1	系统的生命周期管理是否完善？
2	系统使用的频率及维护保养状态
3	特定环境下存储/运输的时间
4	产品运输过程中所用设备的确认（如冷藏箱、转运设备等）
5	产品存储空间的需求
6	产品退回的管理
7	产品是否有暴露的风险？
8	系统适用性分析（如在不同国家是否符合当地的药政要求）
9	季节的影响
10	运输系统的复杂程度
11	异常情况的分析（如设备故障）

13.3.6.5　物料

应用基于风险的方式要求制造商对原料在生产过程中的作用非常了解，特别是对生产过程以及产品最终质量有关键作用原料的性质的了解。

原料应具有适用于预期用途的质量，特别是培养基的生长促进特性应证明适用于其预定用途。必须评估生物来源原料在供应链中传播的风险，重点是病毒与微生物安全性。还应考虑到与生产设备或产品直接接触的其他物料（如用于工艺模拟测试的介质及可能与产品接触的润滑剂）造成的污染风险。

对于生物制品的起始物料的来源、产地和适用性需进行明确的界定。生产厂家应该保存描述其生物材料来源和质量的相关信息，其风险识别的考虑要点如表 13-10 所示。

表 13-10　物料风险识别要点

序号	风　　险
1	供应商的管理制度
2	起始物料存储条件/定置区域划分/标签的管理
3	起始物料质量标准的制定
4	起始物料的接收程序
5	起始物料的取样规程

13.3.6.6 生产工艺

由于生物制品固有的变异性，其质量属性，如生物活性、安全性和有效性与其结构的复杂性和工艺密切相关，因此生物制品质量的控制需要从工艺的构建开始建立，遵从QbD的理念，采用基于科学以及基于风险的策略对生产工艺可能出现的变异进行有效的控制。

以下为质量风险管理在生物制品生产工艺过程中的应用。

采用基于风险管理的方法对生产工艺的每个单元操作进行评估，以确定可能对产品质量和工艺性能造成风险的工艺参数和属性，应用风险评估来识别质量属性关键性，评估质量属性关键性通常需要收集4种关键的信息，包括如下。

- 现有产品的知识。
- 实验室数据。
- 非临床数据。
- 临床数据。

以质量风险管理生物制品下游工艺的应用为例，生物制品下游工艺通常包括从澄清的收获液中收获所需的目的蛋白质，并通过色谱单元的组合操作得到纯化目的蛋白质。通过现有的产品的知识，构建纯化的工艺，包括如下。

- 澄清过滤。
- 蛋白质A亲和色谱。
- 离子交换色谱。
- 除病毒过滤。
- 超滤浓缩。

初步风险评估的目的是初步识别生产工艺中的关键质量属性及关键工艺参数，这些初步识别的关键质量属性及关键工艺参数为DoE提供研究基础。

采用广泛的现有知识，进行初步的风险评估以确定纯化工艺的各步骤对产品质量的影响，见表13-11。

表13-11 纯化工艺初步风险评估示例

质量属性(ICH Q6B)	对产品质量属性的影响				
	澄清过滤	蛋白质A亲和色谱	离子交换色谱	除病毒过滤	超滤浓缩
鉴别	×	×	×	×	×
蛋白质含量	×	×	×	×	√
澄清度	√	×	×	×	×
pH	×	×	×	×	√
杂质(宿主蛋白质残留、蛋白质A残留、残留DNA等)	×	√	√	√	×
微生物	×	×	×	×	×
内毒素	×	×	√	×	×
病毒安全性	×	×	√	√	×

蛋白质A亲和色谱为澄清过滤及离子交换色谱的中间工艺步骤，同时为色谱工艺步骤的第一步，采用固定的蛋白质A填料，结合澄清过滤后的目的蛋白质，工艺产生的杂质，如宿主蛋白质及残留DNA等在穿流和清洗过程中被去除。风险评估依据工艺过程中的变量对CQA的影响，采用风险排序的方法对工艺过程中的变量进行排序，如表13-12所示。

表 13-12 工艺变量对 CQA 影响排序

影响程度	影响程度的定义	对属性影响的排序	对工艺性能影响的排序
主要影响	预期的参数对属性的影响超出可接受范围	3	3
微小影响	预期的参数对属性的影响在可接受范围内	2	2
没有影响	预计参数不会产生影响属性/无法检测到影响	1	1

蛋白质亲和色谱工艺首先将保存液从柱子中的冲洗出来，经过柱平衡后进行上样。控制上样载量，用平衡缓冲液冲洗色谱柱。使用洗脱液将目的蛋白质从亲和色谱柱洗脱下来进行样品收集，将工艺参数对质量属性的影响进行初步评估，如表 13-13 所示。

表 13-13 工艺参数对质量属性影响初步评估

工序阶段	参数	影响质量属性的优先级	评估依据（DoE 实验结果）
上样	流速	2	低流速下存在杂质的影响
	温度	1	低温度下,杂质量有提高但浸出蛋白质 A 降低,但操作环境不太可能出现低温度的情况
	载量	3	高蛋白质载量会引起杂质量的提高
	上样浓度	1	不产生影响

将上样阶段的工艺参数对工艺性能指标的影响进行初步评估，如表 13-14 所示。

表 13-14 工艺参数影响工艺性能指标初步评估

工序阶段	参数	影响性能指标的优先级	评估依据（DoE 实验结果）
上样	流速	2	对产品收率有显著的影响
	温度	1	在操作环境下不产生影响
	载量	3	对产品收率有显著的影响
	上样浓度	1	不产生影响

上样阶段初步风险评估对工艺参数的分析总结如下。
- 蛋白质载量对杂质有显著的影响，同时对收率有显著的影响为关键的工艺参数。
- 流速对杂质的影响在预期的范围内影响较小，在可接受范围内，但对收率有显著的影响，为重要的工艺参数。
- 对于关键和重要的工艺参数在工艺设计中需要进行多变量 DoE 的研究以确认各变量之间的相关作用及关系，并根据实验结果制定可接受范围及控制策略。

13.3.7 控制策略

控制策略的目的是高度保证产品质量符合质量标准。控制策略通常包括输入物料的控制、规程文件的控制、工艺参数的控制、中间控制的检测、放行的检测、可比性研究以及工艺过程控制。

总体的控制策略是在对工艺的理解和认知的基础上，采用质量风险管理的原则进行，以保证关键质量属性始终控制在可接受范围内。

在采取控制策略之前，采用 FMEA 的方法对每个 CPP 进行整体的风险评价，如表 13-15～表 13-17 所示。

表 13-15 严重性的评估标准

影响	标准	分数
非常高	工艺参数的偏差明确会对产品质量造成影响,相关批次需要认定为不合格	10
高	工艺参数偏差可能会造成对产品质量影响,以下的一项或者两项会发生:启动偏差、经过重大补充检测之后对产品进行评估、评估包含了加速稳定性研究	8
中	工艺参数的偏差可能潜在的影响产品质量,以下一项或两项会发生:启动偏差、需要 t_0 点样品进行额外检测后评估	6
低	工艺参数的偏差可能不影响产品质量,以下二者都会发生:不需要额外的检测,但是需要记录这个偏差;同时放行这一批产品	4
微小	工艺参数偏差不影响产品质量	2

表 13-16 发生可能性的评估标准

影响	标准	分数
非常高	工艺参数的失效可能会每 100 个单位或者更高出现一次	10
高	工艺参数的失效可能会每 1000 个单位或者更高出现一次	8
中	工艺参数的失效可能会每 2000 个单位或者更高出现一次	6
低	工艺参数的失效可能会每 5000 个单位或者更高出现一次	4
微小	工艺参数的失效可能会每 10000 个单位或者更高出现一次	2

表 13-17 可检测性的评估标准

影响	标准	分数
非常高	这类失效可以在检查、中控测试、监控控制中立刻或是轻易地被发现,且发现于下一步单元运行操作之前	10
高	中控测试或监控无法监测到这类失效,但是在下一步单元运行过程中绝对可被探测到	8
中	中控测试或监控在单元运行过程中无法捕获到这类失效,但是可以在后续几个单元运行过程中或在 COA 放行测试前被发现	6
低	中控测试控制或监控无法探测到这类失效,但是 COA 放行测试可以发现这类失效	4
微小	这类失效在中控测试或 COA 放行测试中没有办法被检测到	2

对 CPP 进行确认,采用如表 13-18 所示的标准。

表 13-18 CPP 确认标准

RPN	CPP 确认标准
RPN≤48 或更低且严重性<8	工艺参数不被认为是 CPP
48<RPN≤72,严重性<8	该工艺参数需要进一步进行 CPP 评估,评估分析包括历史数据回顾、文献审查以及评估生产操作控制范围和可接受范围。可能的纠正措施需要通过降低发生率或提高可检测性来降低 RPN
严重性<8 或 RPN>72	该工艺参数为 CPP。为了将这个工艺参数变为非关键,需要采用额外的研究,分析或控制来降低 RPN,或者危害性评级

13.3.8 变异性评估

应当对工艺中可能产生的变异进行评估,对变异来源进行确认并进行相应的评估,根据风险级别制定相应的控制措施,这些控制措施可作为整体控制策略的一部分,工艺过程中的变异通常来源于如下。

- 原料的不同批次/存储及运输。
- 辅料的不同批次。
- 生产批量/生产场地/生产日期。
- 生产设备。
- 生产区域及环境。

- 生产的操作人员及班组。
- 取样方法/取样数量。
- 生产工艺条件。
- 包装容器及密闭性。
- 生产中断。

13.3.9 风险控制

生物制品的风险控制可能包括，但不限下列措施。
- CQA 的控制。中间体和产品 CQA、规范、取样计划、分析方法、可接受标准、程序的控制。
- CPP 和其他工艺参数、运行范围、设定点、工艺控制系统的控制。
- CMA 的控制。CMA 比如原料、辅料、内包材及其取样计划、分析方法以及可接受标准的控制。
- 厂房设施控制、公用设施、清洁、环境系统监测、工艺控制系统、运行条件的控制。
- 单元操作控制。这些操作对产品质量没有影响，但对于工艺的一致性非常重要。

风险控制策略的方式如表 13-19 所示。

表 13-19 风险控制策略表

典型的信息	内容描述
表达系统	所使用表达系统的风险识别（例如，细菌系抗生素或哺乳动物细胞系病毒和支原体）
工艺流中支持或抑制微生物生长的能力	工艺包括促进生长或支持生长的工艺步骤，微生物污染工序的易感性应该被定义。固有的与工序相关的抑菌或杀菌属性，比如有机溶剂的存在、离散剂、极端的 pH 值、具体的清洗工艺减少了污染的风险，可以清楚地定义。应该包含数据、引用和/或科学原理，表明微生物生长被抑制
潜在的工艺污染物	声明潜在的工艺污染可能来自如下： ● 开放工序 ● 多产品生产设施 ● 通过设施的产品流、人流、废物流和/或原料流 ● 工艺中的人员互动或干预
污染控制元素	列出下列措施来控制工艺和在上面的章节识别出来的污染风险。控制措施包含如下： ● 关闭的或局部保护的系统 ● 通过设施的产品流、人流、废物流和/或原料流 ● 操作程序和控制 ● 色谱工艺的控制包括填料的准备、装填、操作、再生等 ● 区域分类 ● HVAC 的设计 ● 清洁 ● 设施表面和表面处理 通过工艺构成要素的详细说明来控制过程输入，比如： - 原材料 - 生产所用原料，如缓冲液 - 气体 - 生物反应器培养 - 主要的公用设施，比如水和蒸汽 - 人员更衣 - 专用的设施/系统 - 专用的设备 关键控制工艺步骤的关键功能可以被识别。研究数据/验证活动可以被讨论。每一个污染控制元素对应的工艺步骤之间的关系可以被讨论

典型的信息	内容描述
结论	结论可能处理如下内容： ● 污染风险如何降低（基于在线污染控制的类型） ● 低风险可以接受的依据 ● 区域分类要求 ● 设施表面 ● 环境监测取样计划

13.3.10 风险接受

见 6.4.5.4 节。

13.3.11 风险审核

见 6.4.5.6 节。

13.4 质量风险管理在口服固体制剂中的应用

药物口服固体制剂包括散剂、颗粒剂、片剂、胶囊剂、滴丸剂等，在药物制剂中约占 70%。该类制剂虽然未列入高风险品种范畴，但由于其具有品种多、产量大、用途广、使用和贮运方便、质量稳定等特点，使其临床应用极为广泛。OTC 目录中多为该类剂型，尤其是片剂，在《中华人民共和国药典》（简称《中国药典》）和其他许多国家药典所收载的制剂中均占 1/3 以上。

质量风险管理的应用范围很广，包含质量和生产的各个方面，贯穿产品的整个生命周期。口服固体制剂项目中应用质量风险管理的活动，从药品开发、技术转移、商业化生产到产品退市。

本节将以口服固体制剂为例介绍质量风险管理的具体应用。

13.4.1 口服固体制剂关键质量属性与关键工艺参数的评估

在工艺设计阶段，质量风险管理的应用可以支持对产品工艺、生产设备/系统的认识，有助于早期工艺的开发。质量风险管理原则的合理应用可以实现以下目标。

- 根据减少对产品质量和对患者的风险来设计产品和工艺。
- 优先进行必要的开发实验以收集并提高对产品的认识。
- 建立稳定的控制策略以实现对关键质量属性（CQA）的充分风险管理。

在工艺设计阶段，质量风险管理主要用于以下几个方面。
- 识别关键质量属性。
- 设计能重复实现关键质量属性（CQA）的工艺。
- 识别关键工艺参数（CPP）和物料属性（MA）。
- 确定关键工艺参数、物料属性和过程控制的合理范围。
- 支持的合格供应商选择。

工艺设计阶段所执行的风险评估为变量控制和监测奠定基础，早期的风险评估有助于确立可以为工艺设计和优化提供目标的产品潜在的关键质量属性（CQA）及其可接受的范围。基于此评估，有效和高效开发研究（如实验设计）的实施能够用来开发关于工艺边界的知识和用来判断工艺失败的可能性。这些风险不仅可以通过设计移除，也可以通过工艺过程控制来降低。关键质量属性是产品符合预期用途的根本。明确药品的关键质量属性及其影响程度，一方面使对产品质量有影响的产品特性得以研究和控制，另一方面明确在工艺验证以及商业化生产中需持续关注的项目，保持工艺的稳健性。产品关键属性是一个连续体，并不是一个非是即否的问题。其风险评估分析通常使用"严重性与不确定性"，而不是通常的"严重性与发生可能性"。以下以关键质量属性评估为例进行说明，关键性风险评估矩阵见表5-1。

对于口服固体制剂，CQA的一般举例为：鉴别、含量、含量均匀度、溶出度、杂质等。

以关键质量属性评估为基础，初步定义生产工艺，实施质量风险评估进行初始的参数分类，初始的工艺参数分类可以使用粗犷的风险评估方法，通常为因果性分析，基于对工艺控制的初始理解从质量/工艺和控制程度进行评估，如表13-20所示。

表13-20 关键工艺参数评估

	窄范围(和/或难控制)	宽范围(和/或易控制)
质量	**关键的** 工艺中一个可调节的参数(可变的)，需要在窄的范围内进行维护，以保证不会影响到关键的产品质量属性	**非重要的** 工艺中一个可调整的参数(可变的)，被证明是可以在较宽的范围内很好的控制的，虽然在极端条件下会影响质量
工艺	**重要** 工艺中一个可调节的参数(可变的)，需要在窄的范围内进行维护，以保证操作的一致性	**非重要的** 工艺中一个可调整的参数(可变的)，被证明是可以在较宽的范围内很好的控制的，虽然在极端条件下会影响工艺性能

通过初始评估识别的关键工艺参数，应在实验设计时进行研究，制定工艺参数的操作范围。工艺表征实验完成后，应基于研究数据，以关键性为基础，对参数进行最终分类，最终确定商业化生产工艺的关键质量属性和关键工艺参数，并建立控制策略控制风险。控制策略为确保工艺控制以及每个批次符合这些关键工艺参数和关键质量属性提供了理论基础。初始评估最终输出如表13-21所示。

表13-21 初始关键评估

关键质量属性	关键工艺参数	设备	控制范围
含量均匀度	混合均匀度单位剂量	混合机 压片机	混合转速±3r/min 片重±5mg
黏度	黏合剂添加速率	配料泵	5L/min±3%

13.4.2 口服固体制剂生产工艺风险评估

口服固体制剂生产工艺流程及关键控制点如图13-3所示。

13.4.2.1 案例分析1：应用质量风险管理的方法确定制粒工序的关键控制点

制粒是片剂、硬胶囊和颗粒剂等生产中非常重要的一道工序，也是影响整个产品质量非常关键的一步，直接影响产品重量、崩解时限、硬度和脆碎度等关键质量属性，是口服固体只集中工艺控制水平很高的一个工序。通过制粒解决主药与辅料混合时组分分离和粒径差异的问题，提高API含量的均匀性，解决药物混合后黏积及流动性差的问题，制备之后的颗粒提高了药物的流动性并因其黏合剂均匀分散在颗粒中，改善了片剂生产的可压性和胶囊生产的可填充性。

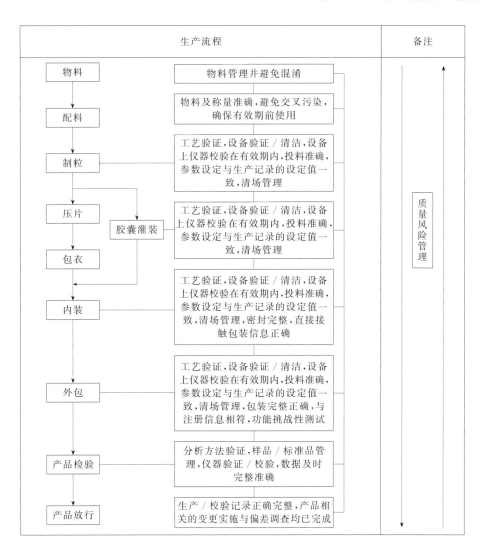

图 13-3　口服固体制剂生产工艺流程及关键控制点

以制粒工序为框架，制作制粒工序细节流程图，如图 13-4 所示。

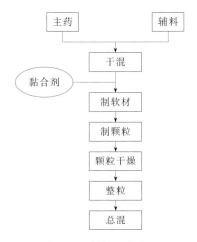

图 13-4　制粒工序流程

制粒工序由干混、制软材、制颗粒、颗粒干燥、整粒等子步骤构成，在实际生产实践中，子步骤的质量标准按照企业内部生产工艺规程要求控制。工艺规程按照科学标准以及长期生产实践积累，结合企业客观情况，规定子步骤的关键控制参数。按照工艺规程标准，关键控制参数为主药与辅料的质量用量，黏合剂的应用，颗粒干燥温度，工序节点时间控制等。

在药品生产过程中，一般考虑确定风险对象相关的操作人员、物料、操作方法、环境、设备等基本环节，简称人、料、法、环、机，以固体制剂制粒工序失效模式鱼骨图为例进行分析，如图13-5所示。

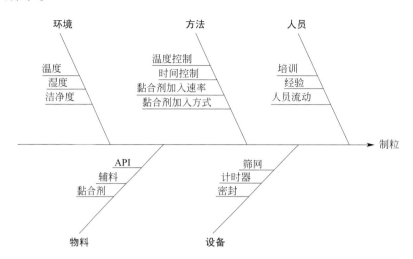

图 13-5　固体制剂制粒工序失效模式鱼骨分析

图13-5表明制粒的关键在于黏合剂用量、种类、黏合剂加入方式和速率、工艺节点时间控制、温度控制、整粒时筛网的完好性及粒径选择、原辅料用量以及人员等环节，是否按照工艺规程设定的参数进行操作和控制，若偏离设定参数不符合生产工艺规程要求，则被辨识为制粒失效形式。综合图13-4和图13-5进行制粒失效形式综合分析形式，如下。

① 制粒准备阶段，原辅料的质量是影响制粒的关键因素。

② 物料干混阶段，干混时间控制是影响的关键因素。干混时间过短，则造成物料混合不均匀，过长则易使某些物料变性，导致药物理化性质发生变化，设备的密封性造成的粉尘问题及干混后物料的回收方法是影响颗粒收率的关键。

③ 制软材阶段，黏合剂的选择、黏合剂灌注方法与用量、搅拌时间控制是影响制粒的关键因素。黏合剂的灌注速率、灌注量与颗粒载药量存在相关性，黏合剂的用量影响软材结块的大小、灌注速率影响颗粒的均一性与粒径大小，影响最终产品的溶出度与降解以及颗粒密度；搅拌时间过短易造成颗粒分布不均匀，过长则导致软材升温理化性质变化。

④ 颗粒干燥阶段，干燥温度与时间控制是制粒的关键因素。温度过高或时间过长易导致有效成分降解，温度过低或时间过短则干颗粒水分超标。

⑤ 整粒阶段，筛网的目数选择以及筛网的完好性是影响颗粒粒度的关键因素。

⑥ 总混阶段，总混时间控制是影响颗粒均匀度的关键，时间过长，易导致物料分层、颗粒分布不均，出现过混合现象。

可用 FMEA 对制粒工序进行风险评估，如表13-22所示，建议采取的控制措施如表13-23所示。

表 13-22　制粒工序风险评估表

工序	失效模式	失效影响	潜在原因	严重性	可能性	可检测性	风险优先性
制粒前物料准备	原料质量错误	含量均匀度不合格	API称量错误	H	L	M	M
	辅料质量错误	含量均匀度不合格	辅料称量错误	H	L	M	M

续表

工序	失效模式	失效影响	潜在原因	严重性	可能性	可检测性	风险优先性
干混	混合时间不准确	含量均匀度不合格	混合时间不准确	H	L	M	M
制软材	黏合剂加入速率不准确	溶出与降解不合格	黏合剂加入速率不准确	H	L	M	M
制软材	黏合剂加入方式不正确	含量均匀度不合格	黏合剂加入喷嘴安装不正确	H	L	M	M
制软材	搅拌时间不准确	含量均匀度不合格	搅拌时间不准确	H	L	M	M
颗粒干燥	干燥温度过长或过短	降解不合格	干燥温度过长或过短	H	L	M	M
颗粒干燥	干燥水分控制不合适	降解不合格	干燥水分控制不合适	H	L	M	M
整粒	筛网目数选择不合适	颗粒均匀度不合格	筛网数目选择不合适	H	L	M	M
整粒	筛网材质不合格	颗粒污染	筛网材质不合格	H	L	M	M
总混	混合时间控制过长或过短	颗粒流动性不合格	混合时间控制过长或过短	H	L	M	M

表 13-23 制粒工序风险控制表

过程	失效模式	风险优先性	建议采取措施	严重性	可能性	可检测性	风险优先性	风险评价
制粒前物料准备	原料质量错误	M	进行操作人员培训,校准天平 SOP中清楚描述工序操作,包括双人复核	H	L	H	L	风险可控
制粒前物料准备	辅料质量错误	M	进行操作人员培训,校准天平 SOP中清楚描述工序操作,包括双人复核	H	L	H	L	风险可控
干混	混合时间不准确	M	SOP中清楚描述工序操作,明确混合时间 测量中间体含量均匀度	H	L	H	L	风险可控
制软材	黏合剂加入速率不准确	M	SOP中清楚描述工序操作,明确黏合剂加入速率	H	L	H	L	风险可控
制软材	黏合剂加入方式不正确	M	确认中确认黏合剂喷嘴安装正确	H	L	H	L	风险可控
制软材	搅拌时间不准确	M	SOP中清楚描述工序操作,明确搅拌时间 测量中间体含量均匀度	H	L	H	L	风险可控
颗粒干燥	干燥温度过长或过短	M	SOP中清楚描述工序操作,明确干燥温度	H	L	H	L	风险可控
颗粒干燥	干燥水分控制不合适	M	SOP中清楚描述工序操作,明确干燥失重限度,过程中取样检测中间体水分	H	L	H	L	风险可控
整粒	筛网目数选择不合适	M	确认过程中检查筛网目数选择是否正确	H	L	H	L	风险可控
整粒	筛网材质不合格	M	确认过程中检查检查筛网材质报告	H	L	H	L	风险可控
总混	混合时间控制过长或过短	M	SOP中清楚描述工序操作,明确总混时间	H	L	H	L	风险可控

在对失效模式分析过程中，失效模式的判定、评价标准的制定时易受到实施者的经验与知识结构的限制；同时，对制粒工序进行风险分析时，只能根据制粒的流程将制粒步骤分解为一系列子步骤分析，但是不能从整体上对制粒工序进行 FMEA 分析，必须合并全部可能的因素，然后逐次进行分析，这样处理数据工作量较大，并且耗费时间与资源也会增多。

总之，FMEA 应用于药物口服固体制剂制粒工序的风险管理中，虽然有一定的局限，但仍将制粒工序风险降至可控水平，是一种良好的风险分析工具，保证了颗粒的质量，进而优化产品质量，实现风险管理的最终目的。

13.4.2.2　案例分析 2：应用质量风险管理的方法降低包衣工序（缓释片包衣）的质量风险

包衣是口服固体制剂片剂生产的重要操作单元，包衣具有增加药物稳定性、掩盖不良嗅味、改善外观、控制药物释放部位和速率等作用，特别是对后两者在生产中的质量风险应予以充分关注。肠溶包衣通常采用丙烯酸树脂类、纤维素及其衍生物等包衣材料，其衣膜耐胃酸，进入肠道某部位后能迅速崩解并释放药物发挥药效。肠溶聚合物的作用机制是其在不同的 pH 介质中溶解度不同，低 pH 值保持完整，较高 pH 值溶出并释放药物。释放度是评价肠溶片生物利用度的重要指标，包衣工序同时也影响到片剂的外观等质量指标。本节以控制药物释放部位的肠溶包衣片 A 产品为例，对 HACCP 方法在口服固体制剂的质量风险管理中的具体应用进行探讨。

危害分析及关键控制点（HACCP）是确保产品质量、可靠性及安全性的、系统的、前瞻性的和预防性的工具。它是一个结构化的方法，通过采用技术和科学原则去分析、评价、预防和控制由于产品的设计、开发、生产和使用带来的风险或危害的不利结果。HACCP 的 7 个原则：①对过程的每一步进行危害分析并确定预防措施；②确定关键控制点；③建立关键控制限度；④建立监测关键控制点的体系；⑤当监测显示关键控制点并不在受控状态时，应当采取的纠正措施；⑥建立体系以证实 HACCP 系统在有效运转；⑦建立文件保存系统。HACCP 体系是一个持续改进的体系，它通过对企业原有关键控制点的评价与控制，鼓励企业不断改进、完善自己的工艺和设备，并在技术、管理方面努力创新。

(1) 危害分析程序

① 片芯质量。包衣片片芯的质量直接影响包衣的外观，片芯硬度、脆碎度不够会导致包衣片碎裂、边缘磨损等问题，通过制定片芯的硬度和脆碎度内控标准可控制片芯的质量，使之符合包衣工序的要求。

② 包衣液配制。包衣液配制是影响释放度和包衣片外观的重要因素之一。包衣液不均匀或溶解不完全可能导致包衣片色斑或释放度改变，应对溶解温度、搅拌时间加以控制；包衣液聚合物浓度变化会引起黏度变化导致释放度改变、包衣液物理化学性质发生变化也可能引起释放度变化，应控制包衣液的存放时间和温度，配制后应及时使用，不宜长时间存放；包衣液中固状物细度不够会产生包衣片表面细度不均的现象，也有可能堵塞喷枪影响喷雾，应规定筛网目数控制包衣液中固状物细度。

③ 薄膜包衣。包衣过程是一个持续动态的工艺控制过程，工艺参数之间相互关联。片床的流动应该均匀，片芯低载或超载均会导致包衣片混合不均匀，使包衣片的批内释放度偏差过大，故应确认装载量。此外，包衣锅转速过慢会使包衣片黏片、衣膜出现裂纹、破裂、剥落或边缘磨损，应适当控制转速。包衣液搅拌速率快产生的气泡使包衣片产生针孔，搅拌速率慢包衣液不均匀，会使包衣片释放度不合格，可对搅拌速率进行适当控制。包衣后片子表面质量的关键在于整个操作条件的掌握，要处理好干燥温度、雾化量、包衣滚筒转速三者之间的关系，这是薄膜包衣操作过程中的重中之重。影响喷液与干燥之间的平衡参数有两

类。一类与喷液有关，喷枪类型、数量、喷射的距离和角度影响到包衣片包裹的均匀程度，最终影响到释放度，要使每粒片子得到等量的包衣材料，应确定喷枪类型、数量、喷射的距离和角度；喷液速率快、包衣片过湿会导致黏片，雾化压力低、雾滴大会产生"桔皮"膜，二者都可能导致释放度不合格，应控制喷液速率和雾化压力；喷液量多少最终也会影响释放度，可通过包衣片增重确定喷液量是否足够。另一类与干燥有关，进风温度、进风量为自变量，调节进风温度、风量，锅内呈合适的负压，使出风温度、片床温度得到控制，可避免包衣片过湿而导致的黏片或释放度不合格。

（2）制定 HACCP 计划表　根据 A 产品的工艺流程，国际食品法典委员会（CAC）推荐的关键控制点（critical control point，CCP）决策树的逻辑推理方法（图 13-6），鉴别包衣工序中的 CCP，通过回答 4 个问题（问题 1：对已确定的显著危害，在该步骤/工序或后步骤/工序上是否有预防措施？问题 2：该步骤/工序可否把显著危害消除或降低到可接受水平？问题 3：危害在该步骤/工序上是否超过可接受水平或增加到不可接受水平？问题 4：后续步骤/工序可否把显著危害降低到可接受水平？）判断得出 11 个关键控制点，制定出 HACCP 计划表（表 13-24）。

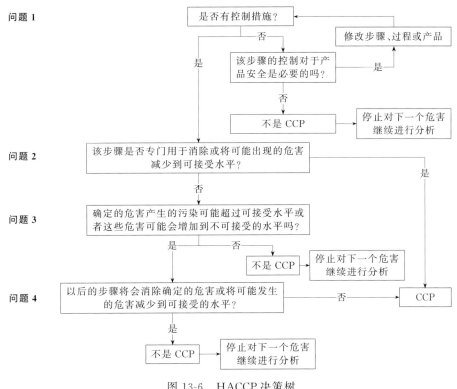

图 13-6　HACCP 决策树

表 13-24　A 产品包衣工序 HACCP 计划表

关键控制点	潜在危害	纠正与预防措施	关键限值	监控频次	制定文件或记录
片芯质量	包衣片碎裂、边缘磨损	片芯硬度和脆碎度控制	硬度≥4kg/cm² 脆碎度仪 25r/min，8min 片芯完好	1 次/批	制定硬度检测 SOP、记录 制定脆碎度检测 SOP、记录
包衣液配置	释放度改变，包衣片表面细度不均	确认包衣液配制的温度、搅拌时间、筛网目数	溶解温度 15～25℃，搅拌时间＞4h，120 目筛过滤	1 次/批	工艺验证报告 工艺规程 包衣液配制记录
包衣液存放条件	释放度改变	存放时间和温度控制	存放时间≤24h，存放温度 15～30℃	1 次/批	工艺规程 包衣液配制记录

续表

关键控制点	潜在危害	纠正与预防措施	关键限值	监控频次	制定文件或记录
装载量	释放度改变	确认包衣锅装载量 确认片芯装载量	110kg	1次/批	包衣机性能确认报告 工艺验证报告 工艺规程
包衣液搅拌	释放度改变,片面针孔	搅拌速率控制	80r/min	2次/批	工艺规程 包衣生产记录
喷枪	释放度改变	确认喷枪类型、数量、喷射的距离和角度	气喷枪,数量3个,距离25~30cm,角度45°	1次/批	工艺验证报告 工艺规程 包衣生产记录
包衣时间	释放度改变,黏片	确认包衣时间	6~8h	1次/批	工艺验证报告 工艺规程 包衣生产记录
风量和温度	释放度改变,黏片	温度控制器、压力表校准 确认进风量、锅内负压、进出风温度、片床温度	进风风量1200m³/h,锅内负压200Pa,进风温度初始1h内70℃,随后60~80℃;出风温度30~50℃;片床温度30~45℃	2次/批	包衣机性能确认报告 工艺验证报告 工艺规程 包衣生产记录
喷液	释放度改变,黏片	蠕动泵流量校准 确认喷液速度 包衣增重控制	喷液速率初始1h内80ml/min,随后130ml/min,增重5%~7%	2次/批	包衣机性能确认报告 工艺验证报告 工艺规程 包衣生产记录
雾化压力	包衣片片面"桔皮"膜	压力表校准;确认雾化压力	>0.4MPa	2次/批	包衣机性能确认报告 工艺验证报告 工艺规程 包衣生产记录
锅体转速	包衣片黏片、裂纹、剥落、边缘磨损	确认锅体转速	初始1h内3~4r/min,随后4~6r/min	1次/批	包衣机性能确认报告 工艺验证报告 工艺规程 包衣生产记录

HACCP的实施将有助于减小批间和批内释放度的差异,降低A产品包衣工序的质量风险。通过对A产品生产工艺的危害分析,评估对释放度和外观的影响程度,查找出潜在的风险因素,确定片芯的硬度和脆碎度控制、包衣液配制和存放条件的要求,以及包衣过程中装载量、包衣液搅拌、喷枪、包衣时间、风量和温度、喷液、雾化压力、锅体转速11个关键控制点,通过建立恰当的标准控制片芯质量、对仪表进行校准保证设备性能、产品工艺验证确认关键限值等纠正预防措施,并规定监控频次加以控制,解决了A产品释放度不佳的质量问题,从而有效地降低风险。

参考文献

[1] ICH. Q7 Good Manufacturing Practice Guide for Active Pharmaceutical Ingredients [S/OL]. 2000-11-10. https://ich.org/page/quality-guidelines.
[2] ISPE. Baseline Guide, Volume 1 Active Pharmaceutical Ingredients (Second Edition)-Revision to Bulk Pharmaceutical Chemicals [S/OL]. 2007-06. https://ispe.org/publications/guidance-documents/baseline-guide-volume-1-active-pharmaceutical-ingredients.
[3] 国家药品监督管理局. 药品生产质量管理规范(2010年修订)[S/OL]. 2011-01-17. http://www.nmpa.gov.cn/WS04/CL2077/300569.html.
[4] ICH. Q9 Quality Risk Management [S/OL] 2005-11-09. https://ich.org/page/quality-guidelines.
[5] 国家食品药品监督管理局药品认证管理中心编写. 药品GMP指南 原料药[M]. 北京:中国医药科技出版社,2001.
[6] EU. GMP Annexl Manufacture of sterile medicinal products, draft [S/OL]. 2020-02-20. https://ec.europa.eu/health/documents/eudralex/vol-4_en.

[7] FDA. Guidance for Industry：Sterile Drug Products Produced by Aseptic Processing ［S/OL］. 2004-09. https://www.fda.gov/.
[8] ECA. Visual Inspection of Medicinal Products for Parenteral use（V3.2）［S/OL］. 2020-05-13. https://www.gmp-compliance.org/gmp-news/press-announcement/new-version-of-the-eca-visual-inspection-guidance.
[9] PDA. TR 13 Fundamentals of an Environmental Monitoring Program ［S/OL］. 2014. https://www.pda.org/publications/pda-technical-reports.
[10] ISPE. Baseline Guide，Volume 3，Sterile Product Manufacturing Facilities（Third Edition）［S/OL］. 2018-04. www.ispe.org.
[11] FDA. Guidance for Industry：Sterile Drug Products-Produced by Aseptic Processing ［S/OL］. 2004. https://www.fda.gov/.
[12] 国家药品监督管理局. 第85号通告附件3 无菌工艺模拟试验指南（无菌制剂）［S/OL］. 2018. http://www.nmpa.gov.cn/WS04/CL2138/299909.html.
[13] ISO 14644-1. Cleanrooms and Associated Controlled Environments Part 1：Classification of Air Cleanliness by Particle Concentration ［S］.
[14] ISO 14644-3. Cleanrooms and Associated Controlled Environments Part 3：Test methods ［S］.
[15] ISO 14698-1：2003. Cleanrooms and associated controlled environments-Biocontamination control-Part 1：General principles and methods ［S］.
[16] 国家药品监督管理局. 药品生产质量管理规范（2010年修订）附录 生物制品 ［S/OL］. 2020-4-23. http://www.nmpa.gov.cn/WS04/CL2138/376853.html.
[17] 中华人民共和国疫苗管理法 ［S/OL］. 2019-07-02. http://www.nmpa.gov.cn/WS04/CL2076/338648.html.
[18] EU. GMP Part IV Guidelines on Good Manufacturing Practice specific to Advanced Therapy Medicinal Products ［S/OL］. 2018-04. https://ec.europa.eu/health/documents/eudralex/vol-4_en.
[19] EU. GMP Annex 2 Manufacture of Biologicalactive active substances and Medicinal Products for Human Use ［S/OL］. 2018-06. https://ec.europa.eu/health/documents/eudralex/vol-4_en.
[20] WS 233—2017 病原微生物实验室生物安全通用准则 ［S］.
[21] GB 50346—2011 生物安全实验室建筑技术规范 ［S］.
[22] GB 19489—2008 实验室 生物安全通用要求 ［S］.
[23] WHO. Laboratory Biosafety Manual，Third Edition ［S/OL］. 2004. https://www.who.int/.
[24] ICH. Q10 Pharmaceutical Quality System ［S/OL］. 2008-06-04. https://ich.org/page/quality-guidelines.
[25] ICH. Q8（R2）Pharmaceutical Development ［S/OL］. 2009-08. https://ich.org/page/quality-guidelines.
[26] FDA. Guidance for Industry：Process Validation-General Principles and Practices ［S/OL］. 2011-01. www.fda.gov.
[27] ISPE. Good Practice Guide：Practical Application of the Lifecycle Approach to Process Validation ［S/OL］. 2019-03. www.ispe.org.
[28] ISPE. Baseline Vol-2 Oral Solid Dosage Forms（3rd Edition）［S/OL］. 2016-11. www.ispe.org.
[29] 国家食品药品监督管理局药品认证管理中心. 药品GMP指南 口服固体制剂 ［M］. 北京：中国医药科技出版社，2011.
[30] ISPE. A-Mab：A Case Study in Bioprocess Development，CMC Biotech Working Group ［Z/OL］. 2009-10-30. www.ispe.org.
[31] 徐绚华. HACCP在口服固体制剂包衣工艺中的应用 ［J］. 上海医药，2013，34（15）：56-59.

第 14 章 数据统计分析

14.1 监管机构的"统计"期望

在制药行业中,药品的开发和生产面临着众多的不确定性,从药品的生产场地、厂房设施到各种工艺参数、设备参数、物料属性,以及复杂的环境变量(如,温度、湿度、压差、风速、粒子等),每一种变量都或多或少地对药品的质量属性产生着影响。如此复杂多变的因素,突显了基于风险的方法和工具,如统计学,在现代制药行业中的重要作用。

统计学是一门面向不确定性的科学。任何时候,都可以利用统计学的方法对收集到的数据、信息和知识进行科学的分析和评估,深刻理解数据的本质,并基于数据做出正确决策,以及对未来做出合理预测。

统计可以大致分为描述性统计和推断性统计。前者是研究如何对总体全面地进行调查,以及数字的计量、概括和表示的方法。后者是研究如何通过部分样本数据去推断总体的情况。从总体到样本,涉及取样的问题;而从样本到总体,就是从有限的样本数据推断总体的状况,大致分为假设检验和参数估计两类。

FDA 21 CFR Part 211 指出,"有关取样的 cGMP 法规对验证提出了若干要求:样品必须代表所分析的批次(§ 211.160(b)(3));取样方法必须产生统计学置信度(§ 211.165(c)和(d));批次必须符合其预设规格"。

14.2 取样方法简介

取样应有计划。取样计划至少包括取样数量、取样位置和取样方法的内容。科学合理地取样,能够保证样品所具有的代表性,能够最大限度地、准确地反映总体的情况。取样可以分为简单随机取样、系统取样、分层取样和整群取样 4 种方法。

① 简单随机取样。在总体中随机地抽取样本的方法。其特点是,每一个个体被抽到的概率是相等的,例如抽签、抓阄等,就是日常生活中最常见的简单随机取样方法。实践中,如果总体个数有限,可以对每个个体编号,采用计算机随机选取的方法,进行随机取样。

② 系统取样。把总体中的所有有限个元素进行编号排序,随机确定起点后,按照一定

的间隔进行取样的方法。例如，从 2000 支西林瓶冻干产品中抽取 100 支进行检查。首先，对每支产品进行编号排序，然后确定分组大小（2000/100 = 20 支/组）；在 1—20 中，随机抽取一个数（比如 4），以此数为起点，每隔 20 个抽取样品，即抽取编号为 4，24，44，64，84，104，……，1984 的个体组成样本。需要注意的是，系统取样法有固定的间隔，如果总体呈现周期性变化，则此方法误差较大。

③ 分层取样。与系统取样方法类似，把所有个体按照某种特征（如年龄、地域、时间等）进行分层，然后在每个层内，可以按照前两种方法进行取样，即得到分层取样结果。分层取样法的代表性好，但是操作较繁琐。

④ 整群取样。将总体分成若干群，每个群由个体按照一定方式组成，随机地抽取若干群，群中的所有个体最终组成样本。注意，整群取样的代表性可能较差。

14.3 描述性统计量

在当今信息（数据）爆炸的时代，如何处理海量的数据是个棘手的问题。杂乱无章的原始数据是个"金矿"，挖掘这个"金矿"就需要借助统计学的工具，而描述性统计量就是表征总体的数字特征的有力工具。数据的数字特征分为两类，分别用于度量其集中程度和离散程度。

14.3.1 集中程度

描述数据的集中程度的统计量有均值、中位数和众数等。

(1) 均值　样本均值反映了数据的位置状况，它反映了随机变量的中心位置。样本均值是全部样本的算数平均值（n 为样本总数），即

$$\overline{X} = \frac{1}{n} \sum_{i=1}^{n} X_i \tag{14-1}$$

(2) 中位数　样本中位数同样是描述数据位置的统计量。即，将样本按照从小到大的顺序排序，位于样本中间的数值即为中位数。样本量为奇数和偶数时（n 为样本总数），中位数为：

$$\widetilde{X} = \begin{cases} X_{\frac{n+1}{2}}, & n\text{ 为奇数} \\ \frac{1}{2}(X_{\frac{n}{2}} + X_{\frac{n+1}{2}}), & n\text{ 为偶数} \end{cases} \tag{14-2}$$

相对于均值，中位数对异常值不敏感，也就是说中位数更加稳健。用中位数来表征样本或总体，可以一定程度地减少"被平均"的风险。

(3) 众数　众数是数据中出现频率最高的数值。众数可能并不唯一。众数的应用不多，不再累述。

(4) 第一四分位数（$Q1$）和第三四分位数（$Q3$）　第一四分位数是这样一个数，即将全部数据从小到大排列，小于它的数据占 25%，大于的占 75%。第三四分位数相反，小于的占 75%，大于的占 25%。第一四分位数按照如下的方法计算。首先，设 n 为样本总数，计算 $(n+1)/4$，并取其整数部分 k；其次，将余下小数部分乘以 $(X_{k+1} - X_k)$，再加上 X_k，即得到第一四分位数。第三四分位数的计算与其类似，只是在计算 k 值时，将 $(n+1)/4$ 改为 $3(n+1)/4$ 即可。

例如，有 10 个从小到大排列的数据（3，5，9，10，13，16，18，20，24，30），计算

$(n+1)/4=2.75$，取整 $k=2$，即第一四分位数介于第 2 个和第 3 个数之间，即介于数值 5 和 9 之间。取小数部分 0.75，$Q1=X_2+0.75(X_3-X_2)=5+0.75\times(9-5)=8$，即第一四分位数为 8。计算第三四分位数，$3(n+1)/4=8.25$，其位于第 8 个和第 9 个数之间（即 20 和 24 之间），$Q3=20+0.25\times(24-20)=21$，第三四分位数为 21。

分位数是统计中的一个重要概念，常用的还有百分位数，如 95% 分位数经常用于置信区间或假设检验的计算。

14.3.2 离散程度

描述数据离散程度的统计量有方差、标准差、极差等。

(1) 方差　为了表示数据的离散程度，用每个数据与均值差的平方和来衡量。样本的方差为：

$$S^2 = \sum_{i=1}^{n} \frac{(X_i - \overline{X})^2}{n-1} \tag{14-3}$$

总体方差用希腊字母 σ^2 表示，计算公式与样本方差的公式近似，只是将 $(n-1)$ 代换为 n。

(2) 标准差　标准差是方差的平方根。方差和标准差各有所长，有各自的适用场所。方差的计量单位是原始数据的单位的平方，使用不便，而标准差的单位与原始数据一致。方差具有可加性，标准差则不具备此特点。这一点很重要，在方差分析中，整体的方差即可分解为各因子的方差与随机因素方差之和。

(3) 极差 (R)　极差又称为全距，是样本中最大值和最小值的差，即 $R=X_{\max}-X_{\min}$。需要注意的是，对某些取值范围涉及正负无穷的分布，没有极差的概念。某些情况下，极差可用于估计标准差。

(4) 四分位数间距 (IQR)　四分位数间距由第三四分位数减去第一四分位数得出。由第一四分位数和第三四分位数的定义可知，四分位数间距 ($Q3-Q1$) 的范围内涵盖了 50% 的数据。四分位数间距越大，数据越分散；四分位数间距越小，数据越集中。

$$IQR = Q3 - Q1 \tag{14-4}$$

14.4 数据的可视化

简单而有效的图形胜于千言万语。将数据可视化的一个益处就是能够更清晰地展示数据。恰当地选择图形工具能够充分展示数据的特征，如数据的分布形状是否正态分布，数据大致的集中范围，数据是否对称，数据的分散程度，最大值和最小值，以及异常值的情况等。恰当地选择图形工具是一项非常重要的能力。常用的图形化工具包括直方图、箱线图、饼图、散点图和时间序列图等。

需要注意的是，数据的可视化/图形化在给人清晰和直观的感觉的同时，也可能给人造成错觉。比如，错误选择的坐标系，人为地局部信息放大，都会诱导人产生错误的认识。收集数据、汇总数据和图形化地展示数据既是一门艺术，更是一门科学。数据的图形化显示益处多多，但不应被人为夸大。

14.4.1 直方图

直方图 (histogram) 可以用于了解数据的分布形状、位置和离散程度。直方图的横轴代表样本，纵轴代表样本的频率，而每个长条的宽度则代表了组距。人工绘制直方图的步骤较为繁复，可以直接使用 Minitab 统计软件生成图形。需要注意的是，直方图和条形图虽然看上去类似，但是有很大的区别，条形图的宽度就没有实质含义。一个反映辊压机转速的直方图的示例如图 14-1 所示。

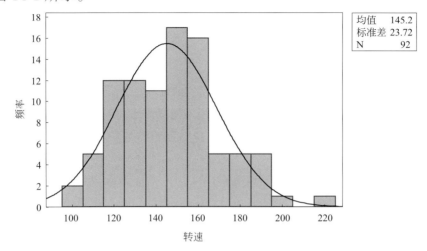

图 14-1　辊压机转速的直方图示例

从图 14-1 的直方图可以看出，整体数据大致呈现正态分布，其转速的中心位置大致在 145 附近，最大值在 220 附近，最小值在 100 附近。添加的正态拟合曲线能够更清晰地显示数据的分布。

14.4.2　箱线图

箱线图（box plot）由箱体、上下须触线和星号组成。箱线图在一张图中集成了 5 个数据统计量。上须触线顶点为最大值，箱体上缘代表第三四分位数，箱体中间的实线代表中位数，箱体下缘代表第一四分位数，下须触线顶点为最小值。星号（*）代表异常值。此外，图中还可以增加均值等信息。辊压机转速的箱线图的示例如图 14-2 所示。

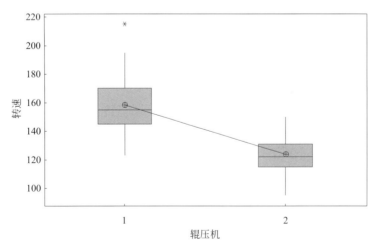

图 14-2　辊压机转速的箱线图示例

图 14-2 展示了 2 台辊压机的转速情况对比。成组出现的箱线图可以用于多组数据的对比，并能够反映不同组数据之间的差异变化。

14.4.3 饼图

饼图可以表示整体的成分构成以及各成分所占总体的比率。饼图表示的关系清晰明了，在实际中应用较广。

图 14-3 展示了某公司 2019 年全年的对外培训支持的统计汇总。从图中可以看出，排位前 2 名的培训支持数据超出总数的一半以上。

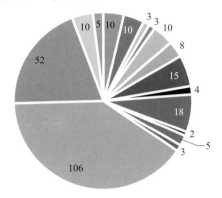

图 14-3　某公司 2019 年全年对外培训支持统计饼图

14.4.4 时间序列图

时间序列图是表示变量与时间关系的图形。适用于反映变量随时间的波动情况，以及随时间变化的趋势。图 14-4 反映了某地平均温度随时间（月份）变化的趋势。

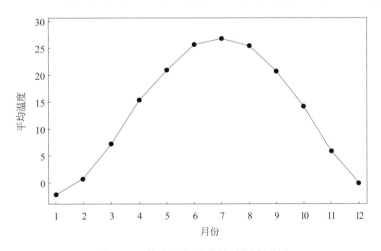

图 14-4　某地平均温度的时间序列图

数据的图形化显示，是数据分析的一个重要步骤。数据的可视化，能在进行详细地数据分析之前，了解数据的大致分布和变化趋势，能为人们进行进一步的数据分析提供认识和指导。

14.5 推断性统计量

14.5.1 统计区间

经常用到的统计区间有置信区间（confidence interval，CI）和容忍区间（tolerance interval，TI)，用以对总体的某些数字特征进行推断。其中，置信区间反映了对总体参数取样的不确定性。置信区间的计算公式如下：

$$CI = \bar{X} \pm \frac{ts}{\sqrt{N}} \tag{14-5}$$

式中，$\bar{X}$ 为样本均值；N 为样本量；s 为样本标准差；t 为自由度，是 $(N-1)$ 的 t 分布常量，与置信水平有关。

总体均值的95%置信区间意味着，从总体中反复取样，均值落在此区间内的概率为95%（注，对置信区间的含义解释可能会有不同）。

实例

检测一批药片的含量，抽取了10片药片进行检测，其含量均值为99.1%，标准差为2.6%，试计算其置信度为99%的置信区间。

① 药品的含量符合正态分布区，由于总体方差未知，可以考虑 t 分布；
② t 分布的自由度为 $N-1=9$；
③ 查 t 分布表，双侧分布以及1%的条件下，$t=3.25$；
④ 置信区间 $CI = \bar{X} \pm \dfrac{ts}{\sqrt{N}} = 99.1 \pm \dfrac{3.25 \times 2.6}{\sqrt{10}} = 99.1 \pm 2.672 = [96.4, 101.8]$

即，我们有99%信心确认，这批片剂的含量均值的真值在 [96.4，101.8] 之间。

容忍区间为总体的一定比例提供置信限度。例如，95%/99%的容忍区间将提供一个限度，即在99%的置信水平下，总体的95%置于此限度范围内。容忍区间的计算公式如下：

$$TI = \bar{X} \pm ks \tag{14-6}$$

式中，$\bar{X}$ 为样本均值；s 为样本标准差；k 为常数，可以查表得到。

计算上例的容忍区间 TI。
① 查 k 值表，在99%置信水平以及考虑总体95%条件下，$k=4.265$；
② 容忍区间 $TI = \bar{X} \pm ks = 99.1 \pm 4.265 \times 2.6 = 99.1 \pm 11.1 = [88, 110.2]$。

即，我们有99%的信心确认，这批片剂中的95%，其含量位于 [88，110.2] 之间；我们有99%信心确认，这批片剂的含量均值的真值在 [96.4，101.8] 之间。

14.5.2 假设检验

假设检验是对总体参数的性质、分布做判断的方法。假设检验的基本思想是假设原来的情况没有变化，在此前提下，进行统计推断，如果出现小概率事件，则说明此前提假设是不成立的，从而拒绝原假设。具体步骤如下：

① 建立假设，包括原假设 H_0 和备择假设 H_1。
原假设和备择假设一般有3种形式：

$$H_0: \mu = \mu_0 \quad H_1: \mu > \mu_0$$
$$H_0: \mu = \mu_0 \quad H_1: \mu < \mu_0$$
$$H_0: \mu = \mu_0 \quad H_1: \mu \neq \mu_0$$

需要注意的是，一般情况下，"="都在原假设 H_0 中。

② 确定检验统计量和显著水平 α。如果对总体的均值进行检验，则选用 $\bar{X}$ 作为统计量；

如果对正态总体的方差进行检验，则选用 S^2 作为检验统计量。检验统计量还要考虑总体的情况，如均值是否已知。

确定显著性水平就是确定多"小"的概率才算是小概率事件，即发生显著性变化的阈值。

③ 确定拒绝域的形式。根据 H_1 的形式不同，拒绝域可以分为双边拒绝域和单边拒绝域。

④ 求出临界值，确定拒绝域。拒绝域的边界是由 α 决定的。根据检验统计量的分布情况，计算或查表，得出其临界值，确定拒绝域的范围。

⑤ 根据样本值，计算检验统计量的值。将取样数据代入检验统计量，得出样本的检验统计量的值。

⑥ 判定结果。根据上步计算结果，判定是否原假设结果。通常有 3 种方法，可以用来判定结果。

- 临界值法。此方法适用于手工计算。即首先计算样本观察值的检验统计量，并与临界值进行比较。样本值落入拒绝域的，就拒绝原假设；否则，不能拒绝原假设。
- p 值法。所谓 p 值，就是原假设成立时，出现样本值现状的概率。当依据样本观察值，计算的概率小于显著性水平（通常情况，与 0.05 做比较）时，也就是说，在原假设成立的情况下，观察样本出现了小概率事件（<0.05），此时，拒绝原假设 H_0；当样本观察值概率大于 0.05 时，没有理由拒绝原假设。
- 置信区间法。依据样本观察值计算总体参数的置信区间。如果置信区间不包含原假设，则拒绝原假设 H_0；否则，不能拒绝原假设 H_0。

14.5.3 t 检验

当对正态总体的均值进行假设检验时，如果总体标准差已知，则使用 Z 检验。

$$Z = \frac{\overline{X} - \mu}{\sigma / \sqrt{n}} \sim N(0,1) \tag{14-7}$$

实际上，多数情况下，总体的标准差是未知的，则此时使用 t 检验。

$$t = \frac{\overline{X} - \mu}{S / \sqrt{n}} \sim t(n-1) \tag{14-8}$$

t 检验可用于单样本或双样本均值的检验。

实例

某台灌装机的装量均值为 20mg，标准差未知。经过设备调整后，操作人员抽取了 16 支样品，希望确定灌装量是否发生了变化。具体样品数据如表 14-1 所示。

表 14-1 样品数据表

编号	装量	编号	装量	编号	装量	编号	装量
1	19.95	5	20.07	9	20.21	13	20.10
2	20.11	6	19.88	10	20.25	14	19.99
3	20.16	7	20.09	11	19.96	15	20.15
4	19.99	8	20.11	12	19.91	16	20.07

① 建立假设。

$$H_0: \mu = 20 \quad H_1: \mu \neq 20$$

② 确定检验统计量和显著性水平。装量遵循正态分布，均值检验，因为总体标准差未知，以样本标准差 S 代替 σ 构造统计量，应用 t 检验，即：

$$t = \frac{\overline{X} - \mu}{S/\sqrt{n}}$$

显著性水平取 $\alpha = 0.05$。

③ 确定拒绝域的形式。

$|t| > t_{1-\alpha/2}(n-1)$，式中 $t_{1-\alpha/2}(n-1)$ 为 2.131，是自由度为 ($n-1=15$) 的 t 分布的 $(1-\alpha/2)$ 分位数，经查表得出。

④ 求出临界值，确定拒绝域，计算样本值。

$$t = \frac{\overline{X} - \mu}{S/\sqrt{n}} = \frac{\overline{X} - 20}{S/\sqrt{16}} = \frac{20.0625 - 20}{0.1068/\sqrt{16}} = 2.34 > 2.131$$

⑤ 样本 t 值大于拒绝域阈值，即拒绝原假设，此灌装机装量发生了显著变化。

使用 Minitab 软件计算结果如表 14-2 和表 14-3 所示。

表 14-2 描述性统计量

N	均值	标准差	均值标准误	μ 的 95% 置信区间
16	20.0625	0.1068	0.0267	(20.0056, 20.1194)

表 14-3 检验

原假设	$H_0: \mu = 20$
备择假设	$H_1: \mu \neq 20$
T 值	p 值
2.34	0.033

从表 14-2 和表 14-3 显示的 2 种计算的统计结果可以看出，依据样本计算的统计量的值大于临界值；均值 μ 的置信区间不包含原假设 H_0；且 p 值小于 0.05。即使用 3 种判定结果的方法，得出同样的结论：在此样本量的情况下，发生了小概率事件，此原假设不成立。灌装机经过调整后，装量发生显著变化。

14.5.4 方差分析

这里以多总体单因子方差分析（ANOVA）为例，介绍方差分析的原理和过程。与 t 检验相比，方差分析可以比较多总体的参数，如均值。

对总体的数字特征（如，均值、方差）进行测量，其结果必然包含一定的误差。误差是由组内误差和组间误差组成的。依据统计学的基本原理，可以用样本实测值与均值的差的平方和来表示误差的大小，称为离差平方和。从数学上可以证明，样本数据总的离差平方和等于组内（水平）离差平方和与组间离差平方和之和，即：

$$SS_T = SS_E + SS_A \tag{14-9}$$

组间的离差平方和 SS_A 与组内离差平方和 SS_E 之比越大，说明组间差异越大，即因子效应越大；反之，则因子效应越小。因为离差平方和与数据的多少有关，所以，上述的

SS_A 和 SS_E 还应该除以各自的自由度，得到 MS_A 和 MS_E。统计量 $F=MS_A/MS_E$（服从 F 分布），即 F 大于一定值，就可以说因子显著。

实例

对 3 台灌装设备进行灌装装量的测量，收集了 20 个数据，进行方差分析，确定 3 台设备的装量是否一致（使用 Minitab 进行 ANOVA 分析，显著水平 0.05，截取部分输出如表 14-4 所示）。

表 14-4 方差分析示例

来源	自由度	Adj SS	Adj MS	F 值	p 值
设备	2	44.31	22.15	1.06	0.367
误差	17	353.72	20.81		
合计	19	398.03			

① 第一列来源，表明误差的来源有 2 个，设备和误差（随机误差）。
② 第二列自由度，总共 20 个数据（n），自由度为 $n-1=19$；有 3 台设备，自由度 $k=3-1=2$；随机误差的自由度 $=(n-1)-(k-1)=19-2=17$。
③ 第三列离差和 SS，为各自的实测值减去均值的平方和。
④ 第四列平均离差和 MS，为 SS/自由度。
⑤ 第五列 F 值，为 MS_A/MS_E。
⑥ 第六列 p 值，为遵从 F 分布的 F 值对应的 p 值。
从表中可以看出 $p=0.367>0.05$，说明没有理由拒绝原假设，即 3 台设备的分装装量没有显著差别。

14.6 统计过程控制

1928 年，美国的休哈特博士首先提出了质量控制图的概念。经过多年的发展，现代的质量管理体系特别注重统计过程控制和统计技术的应用。统计过程控制（SPC）在很多行业中得到了广泛的应用。SPC 的主要表现形式为各种控制图的应用和相应的过程能力分析。

14.6.1 控制图

控制图的基本原理是基于这样一个事实，即在正态分布中，$(\mu \pm 3\sigma)$ 范围包含了总体中的 99.73% 的数据，那么超出此范围的数据就可以认为是由特殊原因引起的异常值。也就是说，可以以 $(\mu \pm 3\sigma)$ 为界限将特殊因素和随机因素区分开。实际的控制图有多种方式，图 14-5 是 Minitab 软件提供的控制图选择的决策树，供参考。

① 根据数据类型是连续型还是离散型（属性），确定控制图类型；对离散型数据，选择计数型图形，即选用 P 控制图或 U 控制图。
② 对连续型数据，确定数据是否分为子组，如果不分组，则选择单值-移动极差控制图（I-MR）控制图。
③ 如果数据分组，则按照子组是否大于 8，分别选择均值-极差控制图（Xbar-R 控制图）或均值-标准差控制图（Xbar-S 控制图）。

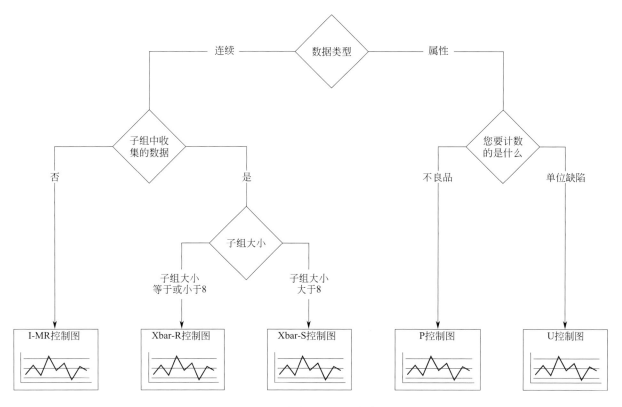

图 14-5　控制图选择决策树

这里以最为常用的均值-极差图（Xbar-R 控制图）为例，介绍控制图的基本制图过程。

① 对分组的数据，分别计算子组的均值 $\overline{X}$ 和极差 R。

② 计算子组均值的均值 $\overline{\overline{X}}$ 和极差的均值 $\overline{R}$，作为均值图和极差图的中心线。

③ 查表 D_3、D_4 和 A_2 的值，按照下式计算均值 $\overline{X}$ 和均值 $\overline{R}$ 的上下控制限 UCL 和 LCL。

$$UCL_R = D_4 \overline{R}$$

$$LCL_R = D_3 \overline{R}$$

$$UCLx = \overline{\overline{X}} + A_2 \overline{R}$$

$$LCLx = \overline{\overline{X}} - A_2 \overline{R}$$

④ 绘制均值图和极差图。

⑤ 分别对极差图和均值图进行分析。

使用 Minitab 软件可以直接绘制 Xbar-R 控制图，无须进行繁复的手工计算。图 14-6 展示了一台压片机片重数据的控制图。

需要注意的是，分析数据时，应首先分析 R 图，确定样本组间的差异是否显著，然后再分析样本的均值图。数据异常的 8 条判定标准如下。

① 任意一个点距离中心线大于 3 个标准差。

② 连续 9 个点在中心线同一侧。

③ 连续 6 个点，全部递增或全部递减。

④ 连续 14 个点，上下交错。

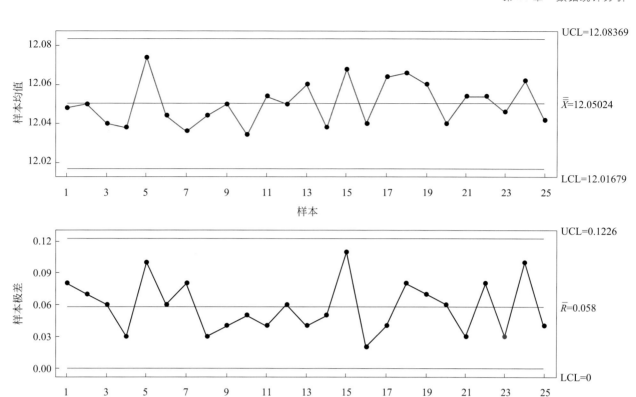

图 14-6 片重的 Xbar-R 控制图示例

⑤ 3 个点中有 2 个点，距离中心线（同侧）大于 2 个标准差。
⑥ 5 个点中有 4 个点，距离中心线（同侧）大于 1 个标准差。
⑦ 连续 15 个点，距离中心线（任一侧）1 个标准差以内。
⑧ 连续 8 个点，距离中心线（任一侧）大于 1 个标准差。

从数学上可以证明，上述 8 条判异原则（事件）出现的概率都较为接近 0.27%，一旦出现，可以认为是特殊因素引起的异常情况。上述的标准仅仅是建议值，各个行业/公司可以根据自己的具体要求，调整上述的判异原则中的具体数值。

在某些情况下，同一组数据的 I-MR 控制图和 Xbar-R 控制图会得到不同的结论，即可能 I-MR 控制图会出现异常值，而 Xbar-R 控制图却体现出完全受控状态。出现这种情况，要仔细分析原因，I-MR 控制图的控制限的计算是选取的相邻样本的移动极差；而 Xbar-R 控制图的控制限是依据组间的 R 计算得出。出现两种图得出不同的结果，可能就是因为组内和组间样本数据存在较大的差异导致的。这种情况下，可以进一步分析组内和组间的差异的显著性，以及采用 I-MR-R 控制图进一步分析。

14.6.2 过程能力分析

通过控制图确定过程处于统计受控状态后，还要进行过程能力分析，以确定过程是否有能力满足具体工艺需求。

过程能力分析同样可以分为针对属性型数据和连续（计量）型数据，本节只讨论对连续型数据的过程能力分析。过程能力分析需要计算 C_p、C_{pk}、P_p 和 P_{pk}，如图 14-7 所示。

$$C_p/P_p = \frac{\text{USL} - \text{LSL}}{6\sigma} \tag{14-10}$$

$$C_{pk}/P_{pk} = \min\left(\frac{\text{USL}-\mu}{3\sigma}, \frac{\mu-\text{LSL}}{3\sigma}\right) \tag{14-11}$$

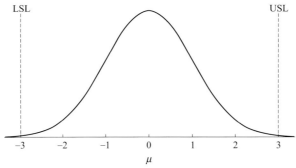

图 14-7　过程能力分析示例

通常情况下，总体标准差 σ 总是未知的。对于 C_p 和 C_{pk}，σ 的值可以用样本的极差 $\overline{R}$ 来估计（$\overline{R}/d_2$），这时 C_p 和 C_{pk} 被称为短期能力指数。对于 P_p 和 P_{pk}，σ 的值可以用样本的标准差 s 来估计，这时 P_p 和 P_{pk} 被称为长期能力指数，因为其考量的变异性（σ）是由随机因素和特殊因素共同作用引起的。

从通常的质量管理的角度看，过程能力指数的数值越大，说明过程能力越强。通常，$C_{pk}>1$ 表明设备具有足够能力，能够满足工艺要求。

14.7　小结

FDA 等监管机构对验证的"统计"期望——统计、信心、保证，深刻地理解统计及其在制药行业中的地位对成熟的风险管理认知至关重要。

国内制药行业对统计知识的应用还存在很多问题，突出表现如下。

- 对统计技术了解不深刻，对统计知识的使用还停留在浅表层次——把数据收集起来，然后均值、方差，控制图。
- 不能给予验证充分的"科学"支持，验证仍是建立在"沙滩上的高楼大厦"。
- 缺乏认识和规划，不能系统地收集数据；来自工艺开发阶段的支持不充分。
- 缺乏数据的深入分析和应用，大量数据还停留在纸面上，未被充分利用。

直面现状，眺望未来。统计学在制药行业中越来越得到重视，典型的应用场景包括：DoE 在研发阶段的应用；确定 PPQ 批次的统计方法；CPV 中的统计应用；稳定性研究中的统计学。用统计学的语言和思维去理解药品生命周期中的数据和信息，建立对产品质量、工艺流程和控制策略的充分信心，才能建立真正的基于科学的药品全生命周期的管理方法。

参考文献

马逢时，周暐，刘传冰编著. 六西格玛管理统计指南——MINITAB 使用指导（第 3 版）[M]. 北京：中国人民大学出版社，2018.

第 3 部分

质量风险管理与相关指南

第 15 章　质量风险管理与监管组织

第 16 章　质量风险管理主要指南简述

第 15 章 质量风险管理与监管组织

药品行业需要面对各种外部检查,其中以官方检查为重。不论是什么目标市场,是何种监管方,其检查的核心都是保证药品的安全性、有效性和质量可控性。这也是从事药品行业的企业和个人需要重点关注的质量风险管理因素。

15.1 NMPA

中国国家药品监督管理局于 2017 年 6 月加入 ICH 组织后,中国制药企业开始全面执行 ICH 指南要求,包括 ICH《Q9 质量风险管理》。《中华人民共和国药品管理法》由于 2019 年 8 月 26 日修订通过,自 2019 年 12 月 1 日起施行。药品管理应当以人民健康为中心,坚持风险管理、全程管控、社会共治的原则,建立科学、严格的监督管理制度,全面提升药品质量,保障药品的安全、有效、可及。风险管理成为药品管理的三大原则之一。

中国药品监管形成了以国家制定监管机制,控制源头的研制环节;各省级药监局负责监管生产环节;市县两级监管流通和使用环节的全程管控网络。陆续推出的监管制度,都是以质量风险管理为原则,在新的药品监管制度中,质量风险管理无处不在。

15.2 ICH

ICH 是非政府的国际性组织。主要目的是协调全球药品监督系统标准化。ICH 文件分为:
- Quality Guidelines(质量)。稳定性、验证、规格等文件。
- Safety Guidelines(安全性)。药理、毒理、药动学等文件。
- Efficacy Guidelines(有效性)。临床试验设计、研究报告、GCP 等文件。
- Multidisciplinary Guidelines(综合学科)。术语等文件。

ICH 公布《Q8 药品开发》(QbD)、《Q9 质量风险管理》(QRM)、《Q10 药品质量体系》(PQS)、《Q11 原料药研发和生产》,为了实现药品质量的控制状态,应从 QbD、QRM、PQS 这三方面着手。

15.3 FDA

FDA 的使命是通过保证人用药、兽药和生物制品的安全性、有效性以及用药安全，来保护公众健康。批准安全有效的产品进入美国市场。药品的批准过程包括对临床前研究、临床试验数据和化学、生产及控制（chemistry, manufacturing and control, CM&C）的审查，来保证药品的特性、剂量、质量和纯度。FDA 对药品生产厂家进行现场检查，来保证药品生产符合美国现行药品生产质量管理规范（current Good Manufacture Practices, cGMP）。每年向 FDA 发出的各类注册认证申请中，中国企业都占很大比重。FDA 的现场检查有 4 种类型。

- 批准前检查（pre-approval inspections）。当企业向 FDA 申请新药上市时进行。批准前检查的目的是核实申请中包含的数据及确认生产设施适合生产药品。
- 常规检查（routine inspections）。法律规定开展的，采用一种基于风险的方法确定检查频率。企业应时刻为检查做好准备。
- 合规性跟进检查（compliance follow-up inspections）。前次检查中，接收到重大 483 观察项或其他执法行动（如警告信或禁令），FDA 就会进行后续合规性检查。
- 有因检查（for-cause inspections）。FDA 接收到问题举报时进行的检查。另外，发生可报告性事件（可能已造成重大伤害、死亡或产品召回）时，也会进行有因检查。

FDA 483 报告，也称现场观察报告，是 FDA 检查员用来记录他所发现的缺陷项的表格。它在检查结束时签发，企业 15 个工作日内做出正式的答复。警告信（warning letter），主要是在发现了严重缺陷项，并且 483 回复不充分时签发。影响可能是产品不批准或进口禁令。公司调查报告（establishment investigation report, EIR），也是由检查员准备的，它需要在 30 个工作日内完成并交由责任中心或 FDA 区域办公室审查，按缺陷情况签发以下状态。

- NAI（no action indicated），无行动。
- VAI（voluntary action indicated），自愿行动。
- OAI（official action indicated），官方行动。

2004 年 FDA 在《21 世纪制药行业 GMP：基于风险的方法》指南中，首次提出基于风险的药品管理和 QbD 概念。FDA 检查关注"质量"，它包含两个含义：质量标准和质量体系。对于企业来说，也应该从这两个质量含义进行把控。第一个质量含义，需要重点控制标准的建立和维护过程风险。第二个质量含义，从特定角度来说，所有进入市场的产品都是未检测的，所有只有把体系做好，产品质量才有保证，也是中国药企越来越关注的。当与制造过程、产品特点相结合，并且使用有效的风险管理策略时，现代质量系统更能够处理各种设施、设备和生产工艺的变更。拥有完善质量系统和恰当生产工艺的制药企业能够进行多种类型改进，而且，一个有效的能够降低制造风险的质量系统，可以减少 FDA 每次检查的时间和检查频率。

15.4 欧盟

欧盟负责制药行业总体事务的机构是欧盟委员会企业理事会下属的药品部，与我国制药行业关系密切的机构有欧洲药品管理局（European Medicines Agency，EMA）和欧洲药品质量管理局（European Directorate for the Quality of Medicines，EDQM）。EMA 是欧洲官方药管机构之一，负责欧盟市场药品的审查、批准上市，评估药品科学研究，及监督药品在欧盟的安全性、有效性。EDQM 作为另一重要欧洲官方药事管理机构，职能如建立药品的质量标准以供欧洲药典委员会使用，制备标准品 CRS，执行 COS 程序最终颁发 COS（CEP）证书等。

欧盟自 2005 年开始实施 QRM，而且在 ICH Q9 公布前，欧盟 GMP 指南中有很多风险管理的参考内容。2008 年更新的"第 1 章 药品质量体系"中要求将 QRM 作为 PQS 的一个因素，与 ICH Q9 建立联系。此后陆续更新的"厂房设施设备""物料管理""附录准则"中都要求将风险评估与具体实施和运用相结合。欧盟还将质量风险管理直接用于检查和风险评估活动中：检查计划的制定（频率、强度和资源分配），检查后对结果进行评估并执行 CAPA，质量缺陷评估、CAPA 和所有市场活动，市场风险监管试验等。ICH Q9 的 QRM 直接作为欧盟 GMP 第 3 部分，强调药品生产企业必须关注质量风险管理系统。

15.5 PIC/S

PIC/S 是药品监管公约和药品监管合作计划两个并行的国家和卫生组织之间联合的国际组织，成立于 1995 年，为世界上唯一由各国 GMP 检查权责机关组成的国际合作组织，成立的宗旨为了消除药品贸易中的障碍，提高药品获取许可的一致性，确保药品质量，促进国际 GMP 法规标准的协和及 GMP 检查质量的一致化。目前近 50 个成员代表组成的永久性委员会每年至少召开两次会议，提出建立适用于不同类型产品生产和质量管理（GMP）的新指南。

PIC/S GMP 分为"第 1 部分 药品的基本要求""第 2 部分 原料药的基本要求"以及"附录部分"，分类结构与欧盟 GMP 相似。

15.6 WHO

世界卫生组织（World Health Organization，WHO）是联合国下属的一个机构，其宗旨是使全世界人民获得尽可能高水平的健康。WHO 的主要职能包括：促进流行病和地方病的防治；提供和改进公共卫生、疾病医疗和有关事项的教学与训练；推动确定生物制品的国际标准。

WHO 供应商预认证（WHO Pre-qualification，简称 PQ 认证），是 2001 年启动的一项联合国行动计划，用于扩大选择的优先药物获取，目标是确保国际基金（如全球基金 GFTAM、联合国援助国际药品采购机制 UNITAID）和 NGO 组织等采购药品的质量、疗效和安全性，服务发展中国家的患者。中国制药企业在国际拓展项目中，除了 FDA 认证、欧盟认证以外，还应对 WHO PQ 认证给予足够重视。WHO PQ 认证在全球许多国家是公开认可的，一旦通过了 WHO PQ 认证，有利于在许多进口国的注册，还可以获得符合国际 GMP 要求的确认，减少其他进口国的检查。许多发展中国家的药品采购项目是由国际基金支持的，几乎所有主要的药品采购机构都要求优先采购通过 PQ 认证的或通过严格的监管管理局（SRA）批准的药品。随着国际药品事业的发展，为了最大限度地改善人类公共卫生风险，WHO 受理的产品范围和品种正逐渐扩大。

15.7 行业组织

15.7.1 ISPE

国际制药工程协会（International Society For Pharmaceutical Engineering，ISPE）创立于 1980 年，是致力于培训制药领域专家并提升制药行业水准的世界最大的非营利性组织之一。ISPE 在全世界已拥有数万名会员，涵盖制药及生产行业的所有技术领域。2008 年 4 月 ISPE 设立中国办公室，为所有中国地区的会员提供服务。ISPE 每年在中国举办春秋两次年会，举办多场专题培训会。针对制药生产各热点议题提供最佳解决方案和建议，对规章制度提出解释。ISPE 技术指南分为基准指南系列、良好自动化生产实践指南系列和良好实践指南系列等不同的系列。

15.7.2 PDA

美国注射剂协会（Parenteral Drug Association，PDA）成立于 1946 年，由制药企业发起，全球已有数万名会员，承担起推动最新技术和法规交流的使命，让快速发展的信息应用于制药生产，提高质量。PDA 编写了很多行业指南，成为全球制药和生物制药行业提供科学、技术和法规信息的最重要的组织之一。

15.7.3 ASTM

美国材料与试验协会（American Society for Testing and Materials，ASTM），是美国历史最长、最大的非营利性的标准学术团体之一，主要任务是制定材料、产品、系统和服务等领域的特性和性能标准、试验方法和程序标准，促进有关知识的发展和推广。

在制药行业中应用较多的指南有《ASTM E2500—13 制药和生物制药生产系统与设备的规范、设计和确认的标准指南》。

ASTM E2500—13 以风险和科学为基础的方法，对潜在可能影响产品质量和患者安全的生产系统和设备的规范、设计和确认进行描述。同时还描述了一个系统的、高效的和有效的方式，确保生产系统和设备符合预期的使用目的，而且对关乎产品质量和随后患者安全的风险进行有效管理，受系统和设备影响的风险都在范围内。ASTM E2500—13 总的目标是提供生产能力，以支持明确的、受控的工艺能够持续生产出符合质量规范的产品。

另外还有《ASTM E3106—18 基于科学和风险的清洁工艺开发和验证的标准指南》，该指南旨在指导清洁工艺开发阶段与清洁验证的过程，并对要点内容提供指导。

ASTM E3106—18 在生命周期的清洁开发与验证过程中基于 3 个方面进行考虑。
- 基于科学的方法应贯穿于清洁工艺开发和验证的整个过程。
- 质量风险管理应贯穿于清洁工艺开发和验证的整个过程。
- 适当的统计学分析应贯穿于清洁工艺开发和验证的整个过程。

15.8 小结

中国制药行业作为世界制药行业中举足轻重的一部分,已经深深地在各个环节参与了世界医药行业的合作与竞争。国内制药企业不仅积极在国内医药市场谋局布篇,也积极参与国际医药市场的竞争和拓展。最初,中国制药企业处于国际竞争的低端位置,主要是原料药企业参与国际竞争。随着中国制药企业的实力增强,中国更多的制剂企业、新型药品开发企业开始积极拓展国际市场。在越来越多的企业走向国际化道路过程中,应用QRM建立稳健的质量风险管理和质量管理系统,提高企业合规性,从容应对国际市场监管。

参考文献

[1] ICH. Q9 Quality Risk Management [S/OL]. 2005-11-09. https://ich.org/page/quality-guidelines.
[2] 中华人民共和国药品管理法 [S/OL]. 2019-08-27. http://www.nmpa.gov.cn/WS04/CL2076/357712.html.
[3] 国家药品监督管理局. 药品生产质量管理规范(2010年修订)[S/OL]. 2011-01-17. http://www.nmpa.gov.cn/WS04/CL2077/300569.html.
[4] ICH. Q10 Pharmaceutical Quality System [S/OL]. 2008-06-04. https://ich.org/page/quality-guidelines.
[5] ICH. Q8(R2) Pharmaceutical Development [S/OL]. 2009-08. https://ich.org/page/quality-guidelines.
[6] FDA. Pharmaceutical Cgmps for The 21st Century—A Risk-Based Approach [S/OL]. 2004-09. www.fda.gov.
[7] PIC/S. PE 009-14 GMP Guide [S/OL]. 2018-07-01. https://picscheme.org/en/publications#selSection_PIC/S GMP Guide.
[8] ASTM. Standard E2500—13, Standard Guide for Specification, Design, and Verification of Pharmaceutical and Biopharmaceutical Manufacturing Systems and Equipment [S/OL]. 2014-02-13. https://www.astm.org/.
[9] ASTM. Standard E3106—18, Standard Guide for Science-Based and Risk-Based Cleaning Process Development and Validation [S/OL]. 2018-09-01. https://www.astm.org/.

第16章 质量风险管理主要指南简述

风险管理是一个组织赋能发展的关键驱动器,风险管理可以在各个应用领域实践。制药行业中,质量风险管理以患者安全为核心,应用质量风险管理进行决策。药监机构和组织发起了"基于科学和风险"的监管策略,同时发布了多份法规指南来阐述对质量风险管理的应用和监管期望。诚然,质量风险管理应用到制药行业中的各个专业领域,每个专业中也有相应的风险管理相关指南参考,不再逐一列举。本章对如下三份质量风险管理主要指南进行简述。

16.1 ICH《Q9 质量风险管理》

ICH《Q9 质量风险管理》提供了一种质量风险管理的"系统"思维和方法,已经广泛应用于制药行业中,质量风险管理不仅贯穿药品生命周期,还涵盖了药品质量体系的方方面面。该指南对质量风险管理、风险等多个术语进行了说明,并提出了质量风险管理的两条基本原则:其一,对质量风险的评价要以科学知识为基础,与保护患者的最终目标相关联;其二,质量风险管理过程的力度、正式程度和文件化程度都应该与风险水平相适应。该指南提供了典型的质量风险管理流程图,并说明了多个风险管理工具和方法。

具体内容请参见 ICH《Q9 质量风险管理》原文。

引用来源:https://ich.org/page/quality-guidelines。

16.2 WHO《质量风险管理指南》

WHO 技术报告系列 No. 981,2013,附件 2《质量风险管理指南》主要描述了质量风险管理的渊源以及 WHO 的危害分析及关键控制点(HACCP)与质量风险管理的关系、应用范围与意义。

其在指南中说明了国际药品监管机构(MRA)针对风险管理的一些考量,本文摘录如下:

"为了在药品的质量、安全性和有效性方面保护患者,国际药品监管机构(MRA)建议药品生产商对药品的生命周期采用基于风险的方式。一些 MRA 要求对药品生命周期中的某项区域采用基于风险的方法,例如,无菌药品生产中的环境监测。随着药品从早期开发到常规生产的进展,QRM 活动的水平和相关文件的数量将随之提高。"

在 WHO 的质量风险管理中有 4 个基本原则,其中两个基本原则来自 ICH Q9,另外两个是 WHO 补充的内容,具体如下。

- 对质量风险的评估应基于科学知识,并最终与保护患者相关联。(ICH Q9)
- 质量风险管理流程的投入的努力、形式和文件的水平应与风险的级别相适应。(ICH Q9)
- 当应用 QRM 时,使用 QRM 方法的流程应该是动态的、迭代的并且对变化能做出响应。(WHO)
- 持续改进的能力应该融入 QRM 流程中。(WHO)

该指南对质量风险管理过程进行了描述,包括 QRM 启动、人员参与 QRM、熟悉产品和过程、风险评估、风险控制、风险回顾、验证的过程和方法及风险沟通和文件 8 个步骤。

药管当局在质量风险方面的考量是指南中的一个重点章节,描述检查员在现场检查中对质量管理项下质量风险管理的检查要求。说明内容如下:

- 质量风险管理(QRM)应用于检查策略。
- 生产场地的质量风险管理(QRM)检查。
- 质量风险管理(QRM)应用于提交文档的评审(评估)。

同时指南中还对常用的风险管理工具和方法进行了总结,应用要点是对 ICH《Q9 质量风险管理》工具和方法的补充,如表 16-1 所示。

表 16-1 WHO《质量风险管理指南》中的风险管理工具

风险管理工具	属性描述	潜在应用
工具		
图表分析 ● 流程图 ● 检查表 ● 工艺流程图 ● 因果图	● 是通常用于收集和组织数据、构建风险管理流程和促进决策制定的简单技术	● 汇总观察项、趋势或其他经验信息,以支持各种不太复杂的偏差、投诉、错误或其他情况
风险排序及筛选	● 风险比较和排序方法 ● 通常涉及评估每种风险的多种不同定量和定性因素,以及加权因子和风险评分	● 确定审计或评估运营区域或生产场地的优先级 ● 适用于风险和潜在后果不同且难以使用单一工具进行比较的情况。
失效树分析	● 用于识别假定失效或问题的所有根本原因的方法。 ● 用于一次评估一个系统或子系统的失效,但可以通过识别因果链来整合多失效原因 ● 在很大程度上依赖于对整个流程的理解来识别起因	● 调查产品投诉 ● 评价偏差
危害和可操作性研究(HAZOP)	● 该工具假设风险事件是由设计和操作意图的偏差引起的 ● 使用系统性技术来帮助识别与正常使用或设计意图的潜在偏差	● 评估生产工艺、供应商、设施和设备 ● 通常用于评价工艺安全性危害
危害分析及关键控制点(HACCP)	● 识别并实施持续有效地防止危害情况发生的过程控制 ● 自下而上的方法,考虑如何防止危害的发生和/或传播 ● 强调预防控制措施的力度而不是检测能力	● 预防性应用优于被动性应用 ● 有价值的指导或工艺验证的补充 ● 评估关键控制点的有效性以及在工艺中持续执行它们的能力

风险管理工具	属性描述	潜在应用
失效模式和影响分析（FMEA）	● 假设对工艺有全面的了解，并且在开始评估之前已经定义了 CPP。该工具确保满足 CPP 的要求 ● 评估工艺的潜在失效模式，以及对结果和/或产品性能的可能影响 ● 一旦知道失效模式，就可以采取风险降低措施来消除、减少或控制潜在的失效 ● 高度依赖于对评估中的产品、工艺和/或设施的深入理解 ● 输出的是针对每种失效模式的相对"风险评分"	● 评价设备和设施；分析生产工艺以识别高风险步骤和/或关键参数

引用来源：https://www.who.int/medicines/areas/quality_safety/quality_assurance/regulatory_standards/en/。

16.3 PIC/S《质量风险管理实施备忘录》

PIC/S PI 038-1《质量风险管理实施备忘录》（以下简称《备忘录》）不仅对检查员有指导意义，而且对接受检查的企业更有指导意义。其为 PIC/S 及欧盟 GxP 现场检查中的质量风险管理实施确立了检查标准，为企业实施质量风险管理指明了方向。

该指南描述了检查的基本要求以及备忘录的使用。详细描述了现场检查中对质量风险管理的要求，以及要求的具体操作。明确了 QRM 如何实施、实施程度、如何检查、检查内容等要点。指南中同时说明，在检查期间，需要为 QRM 体系的检查分配专门的时间。

《备忘录》说明了检查评估的 5 个方面。

16.3.1 综合体系

《备忘录》这一部分的目的是确定一个公司在多大程度上证明其采用了系统性方法将 QRM 原则整合到其运营系统中，以及高级管理层的认可和积极支持。QRM 不应当是一个独立的 QA 体系，它应当完全嵌入到 QA 或 QM（质量管理）体系中。

16.3.2 关于应如何实施 QRM 的期望

质量风险管理流程所投入的努力、形式和文件的水平应与风险的级别相适应。在检查期间对 QRM 原则应用的形式和程度的期望将取决于环境以及正在接受检查的操作。风险管理流程的结论应当是合理的并进行记录。

16.3.3 在实施 QRM 过程中对特定领域和活动的期望

《备忘录》这一部分提供了使用 QRM 原则进行识别、优先排序和降低风险活动的指导。PIC/S GMP 附录《质量风险管理》提供了实施建议。《备忘录》的这一部分旨在指导检查员。

16.3.4 剩余风险的审核

实施质量风险管理后，公司应定期对其风险评估的效果和风险管理计划的结果进行审查、交流和记录。《备忘录》的这一部分寻找证据表明，在发生重大变更或出现新信息的情况下，具有对风险评估及其相关管理计划进行常规和触发性审查的机制。ICH Q10 中提供了管理评审模型。风险登记簿或同等文件有助于公司和检查员审查。

16.3.5　QRM 活动的审核与改进

质量风险管理实施后，公司应定期对 QRM 体系完全融入其活动的程度进行审查、沟通和记录，并对其进行有效的管理和实施，以促进体系的持续改进。ICH Q10 中提供了管理评审的模型。

表 16-2 摘录了上述 5 个方面的部分关键指标和相关问题。

表 16-2　PIC/S《质量风险管理实施备忘录》关键指标和相关问题摘录

序号	关键指标和相关问题
1.1	是否有高级别的受控文件描述了公司的 QRM 政策和方法？
2.3	从科学知识基础和证据考虑现有科学知识和任何未注重的风险
2.4	是否有系统化的方法引导，是否有风险降低恰当证据的支持？
3.1	该公司在多大程度上使用了 ICH Q9 中建议的 QRM 的潜在应用？
4.1	是否有一个健全的系统来确保所有风险降低措施（通过减缓或避免）都已经按风险评估中出现的方式进行了实施？
4.2	是否定期对每一个风险评估与结果的有效性进行审核、控制和再评估？ 它们是否仍与正在进行的情况和控制有关？ 在发生重大变更或出现投诉、调查、变更控制等新信息的情况下，是否有机制触发风险评估和管理计划的审查？
5.1	QRM 流程是否接受了定期和触发性的审查？

注：具体内容请参见 PIC/S PI 038-1《质量风险管理实施备忘录》。引用来源：https://picscheme.org/。

16.4　小结

除了上述质量风险管理指南，企业还可以参考行业组织发布的相关指南，这些指南具有很强的实操性和可执行性。无论如何，质量风险管理指南的应用需要结合企业的产品特性和工艺特性。

除了药品领域的参考应用外，在医疗器械和药械组合产品领域，监管组织也发布了若干法规要求对医疗器械和药械组合产品的风险进行系统分析、控制和监测，这些要求对确保产品安全和有效至关重要，可以参考《ISO 14971：2019 医疗器械及药械组合风险管理标准》，其提供了技术和方法，有助于医疗器械及药械组合产品实施风险管理程序。